인물로 보는 한국 선사상사

· 한 권으로 읽는 한국 선의 역사 ·

인물로 보는 한국 선사상사

· 정운 지음 ·

운주사

추천사

운문사 출신 졸업생들이 2,100여 명이나 되다 보니, 졸업생 제자들이 사회 및 불교계 전반, 여러 분야에서 혁혁한 활동을 하고 있다. 정운 수좌는 운문승가대학 25회 졸업생 제자이다. 운문승가대학을 졸업한 이래, 대학에서 공부를 마치고 20년 가까이 강의를 하고 있으며, 다양한 주제의 책을 출판하고 있다.

10여 년 전부터 정운 수좌가 출판한 책을 빠짐없이 읽어 왔다. 이번에 출간하는 『인물로 보는 한국 선사상사』는 정운 수좌가 불교신문에 연재하였던 원고를 정리한 것이라고 한다. 근 2년에 걸쳐 연재하는 동안 내가 한 번도 빼놓지 않고 찾아 읽었고, 나에게도 큰 공부가 되었던 귀중한 글이다.

한국불교사 전반을 꿰뚫는 불교 역사서는 출판물이 그다지 많지 않다. 그나마 신라 말기에서 고려 말기까지의 책이 다수이고, 또 근현대 선지식의 사상에 관한 책이 좀 있는 편이다. 그런데 이번 정운 수좌가 출판하는 책은 신라 때부터 시작해 근현대 경허 스님에 이르기까지 통괄해서 불교사를 다루고 있다.

정운 수좌가 한국불교 및 대한불교조계종의 사상을 연구해 책을 내게 되어 매우 기쁘게 생각한다. 운문승가대학 출신 제자가 이렇게 열심히 살고 있어 늘 고맙게 생각하고 있는 터에 추천사 부탁을 받았다. 앞으로도 정운 수좌가 비구니로서 더욱더 열심히 공부하고 연구해 조계종의 정체성을 밝혀주기를 고대한다.

2020년 3월 16일
호거산 운문승가대학
회주 명성

서문

먼 길이었다.
한 권의 글모음을 위해 길~길~에서 한참을 서성였다.

'글쟁이'가 된 지 20년째, 『인물로 보는 한국 선사상사』는
마치 20주년을 위해 준비한 책인 것 같다.
전생의 무슨 인연인지, 약관弱冠의 나이에 야반도주하듯 집을 나와
부처님 제자가 된 이래 근래에 이르기까지,
필자는 부처님으로부터 선택받은 인생이었음을 자부한다.
출가자의 삶, 학자로서의 길, 글쟁이로서 누리는 인생.
이보다 값진 길이 어디 있겠는가?!
이에 … 내 나라 불교의 역사를 표현할 '밥값'을 해야 했다.

이 책은 2018년 1월~2019년 7월 초까지
18개월 간 불교신문 한 면에 걸쳐 연재된 원고이다.
우리나라 불교는 선종이요, 선종은 곧 대한불교조계종의 역사이다.
대학과 사찰불교대학에서 한국불교사(조계종사) 강의를 하면서
우리나라 선사상사에 애착을 두고 있었다.
선이 우리나라에 유입된 신라 말기~근현대에 이르기까지
우리나라뿐만 아니라 중국의 수백여 선사를 원고에서 언급했다.

문제에 봉착한 것은 조선 시대이다.

물론 조선 불교가 통한의 역사이지만,

고려 말기까지는 연구가 풍부한 반면 조선 불교사는 매우 빈약했다.

종단이나 학자들의 소홀함도 한 몫 한다.

사진은 오랜 기간 필자가 찍은 사진들이다.

북한이나 구할 수 없는 경우는 자료 사진을 활용했다.

사진은 수백여 장 보유하고 있으나 책에는 일부만을 실었다.

원고는 신문에 연재한 내용보다

두 배 이상으로 수정되고 첨가하는 등

매무새를 다시 해서 한 권의 책으로 만들었다.

1,600여 년 한국 선사상사가 환희와 고난의 역사이듯

신문 연재를 시작하면서부터 끝날 때까지,

그리고 이 책이 나오기까지

필자의 삶 또한 격동으로 출렁거렸다.

15년간 머물던 벽지를 벗어나

한양 사대문 안으로 들어와 신분이 상승되었다.

원고를 시작하기로 약속한 시점, 예상치 못한 복병이 튀어나왔다.

마음자리 하나만 튼튼하면 몸뚱이는 당연히 튼튼할 거라고

자부했건만 내 맘대로 되지 않았다.

대학 강의는 접을지라도 원고 완성할 것을 부처님께 서원했다.

그만큼 한국선을 정립하는 원고에 애착을 두었다.

건강이 내 발목을 잡았지만, 시간이 약이 되었고,

선사들의 행적을 찾기 위해 수천 킬로미터를 다녔다(물론 그 이전에

다녀온 곳이 많음).

출가자 삶이 그러하듯, 누군가와 동행한 적이 없는…, 늘 홀로였다.

2018년 늦여름, 교육원 불학연구소에 둥지를 틀었다.

내 인생에서 전혀 생각지도 못한 길을 걸으며 종단을 걱정하고,

조계종의 미래를 염원하는 시간을 보내고 있다.

잠깐일 거라고 생각했는데, 오래 머물고 있다.

신문 원고를 한 번도 거르지 않고 읽으시고, 전화로 격려해주며,

출판까지 염려해주신 운문사의 명성 회주스님의 배려는

이 책이 세상 밖으로 나오는 원동력이 되었다.

『인물로 보는 한국 선사상사』

한 귀퉁이에서나마 조계종의 정체성을 밝히는 등불이 되기를

간절히 소망한다.

나무아미타불

불기 2564년 꽃피는 봄날,

교육원 불학연구소에서

지겸 정운

추천사 • 5

서문 • 7

1. 한국선의 초석이 다져지다 /15

01 길을 떠나며 • 17

02 동아시아 불교는 어떻게 시발점을 이루고 전개되었는가?! • 20

03 인도와 중국문화의 조화 – 중국에서 불교가 발전할 수 있었던 이유 • 23

04 한국불교! 어떻게 바라봐야 하고, 미래 비전은 무엇인가? • 25

05 한국불교사적인 측면에서 본 승려들의 다양한 삶 • 28

06 한국의 선사상과 조계종의 특징 • 30

07 한국불교의 기저를 이루는 고대 구법승들 • 33

08 동아시아 선종 초기의 위대한 선지식, 정중 무상 • 44

2. 신라 땅 곳곳에 선의 씨앗이 뿌려지다 /57

09 나말여초 선사상의 원류 • 59

10 우리나라 최초의 선 전래자는 누구인가? • 62

11 한국 선사상과 조계종의 법맥 문제 • 65

12 나말여초 선사상의 시대적 · 불교사적인 배경 • 67

13 조계종의 종조, 가지산문 도의국사 • 71

14 최초로 산문을 개산한 실상산문 홍척 • 82

15 무설설 무법법의 선자, 동리산문 혜철 • 89

16 진정한 성자, 성주산문 무염 • 98

17 화엄과 선의 일치를 강조한 사자산문 도윤 • 106

18 참 본성을 강조한 봉림산문 현욱 • 113

19 민중의 희망과 안식처, 사굴산문 범일 • 121

20 보살행의 롤모델, 쌍계사 진감 혜소 • 129

21 원상으로 선을 전한 오관산문 순지 • 137

22 불·유·도교 융합 추구한 희양산문 도헌 • 145

23 수미산문 이엄을 포함한 사무외 대사 (형미·경유·여엄) • 158

3. 한국선의 꽃을 피우다 /165

24 고려 초기, 조동종계 법맥의 선사들(경보·찬유·현휘) • 167

25 고려 초기의 선사들①(대통·행적·충담) • 175

26 고려 초기의 선사들②(개청·신의·홍각·홍법) • 182

27 고려 개국에 도움 준 도선국사 • 190

28 나말여초 산문의 특징 • 198

29 고려 초기의 불교 상황 • 205

30 도봉산 도봉원의 원 주인인 혜거국사 • 209

31 법안종 도입과 법안종계 선사들(영준·지종·석초) • 214

32 임제선을 전한 혜조국사 담진과 그 문하 • 222

33 청도 운문사의 수호신, 원응국사 학일 • 230

34 고려 3대 명필, 대감국사 탄연 • 238

35 우리나라 거사불교의 선구자, 청평거사 이자현 • 246

36 한국선의 개척자, 보조국사 지눌 • 254

37 선시의 보고『선문염송집』의 저자, 진각국사 혜심 • 273

38 한국선의 이론을 정립한 천책과 지겸 • 280

39 『삼국유사』의 저자, 보각 일연 • 290

40 한국 간화선풍을 꽃피운 몽여·혼원·천영 • 297

41 한국 간화선의 기틀을 다진 충지·만항·복구 • 305

42 간화선을 토착화한 선원사와 몽산 덕이의 선풍(연감과 혼구) • 313

43 고려 말기의 시대적·불교사적 배경 • 321

44 대한불교조계종의 중흥조, 태고 보우 • 324

45 세계 최초 활자본 『직지심경』의 저자, 백운 경한 • 337

46 조선불교의 초석을 세운 위대한 고승, 나옹 혜근 • 345

47 고려 마지막 국사인 환암과 마지막 왕사인 목암 • 361

4. 통한의 역사 속에서도 한국선의 열매를 맺다 /369

48 배불에 항거한 선지식, 함허 득통 • 371

49 납자들의 요람 벽송사 주인장, 벽계 정심과 벽송 지엄 • 379

50 은둔자적 수행자, 부용 영관과 경성 일선 • 387

51 조선불교의 중흥조, 허응당 보우 • 395

52 조선의 간화선 선풍을 정립한 서산 휴정 • 402

53 호국불교의 선구자, 사명 유정 • 411

54 서산의 제자들(일선·태능) • 419

55 서산의 막내 제자, 편양 언기 • 427

56 무소유의 롤모델, 부휴 선수 • 433

57 진정한 도반, 벽암과 고한 • 441

58 불의에 항거한 백곡 처능 • 449

59 조선 시대 보살행자들 • 458

60 조선의 혜능인 화악, 자비의 화신보살인 정암 • 464

61 화엄선의 선구자, 환성 지안 • 472

62 환성 지안의 문하 및 대흥사 13대 종사 • 479

5. 다시 한국선의 깃발을 올리다 /487

63 조선 후기, 200여년에 걸친 선禪 논쟁 • 489

64 한국의 다성, 초의 • 501

65 한국의 영원한 선지식, 경허 • 509

66 경허의 세 아들, 삼월 • 518

67 자랑스런 그 이름, 한국불교 • 530

에필로그 • 539

법맥도
도 표
한국 선사상사 시대 구분 • 32
석두계 및 조동종 신라 법맥 • 181
마조계 신라 법맥 • 203
나말여초 개산한 선종 산문 • 204
3대 부동산문 • 213
고려 법안종 법맥 • 220
송광사 16국사 • 298
대흥사 13대 종사 • 479

부 록
동아시아[중국 · 한국 · 일본] 선종사 법맥도 • 542
고려말~근현대, 한국 선사 법맥도 • 543

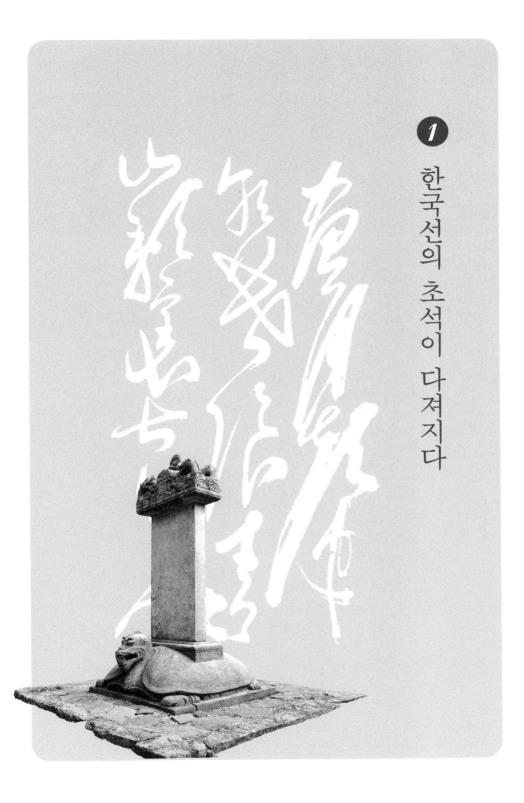

1

한국선의 초석이 다져지다

01 | 길을 떠나며

불교학이든 불교사든 같은 주제를 다루더라도 역사학자와 불교학자의 견해가 다르다. 또한 같은 내용일지라도 불교학과 선학에서 바라보는 관점이 다르다. 게다가 동일한 주제도 문제의식에 있어 재가 학자와 승려 입장의 관점이 다르다. 필자는 선학 전공인데다 재가 신분이 아닌 승려 입장이다. 어찌 보면, 내 집안의 일을 관망하기 때문에 주관적인 관점으로 흘러갈 수 있다. 이에 스스로의 브레이크가 필요할지도 모르겠다.

영국의 역사학자 아놀드 조셉 토인비(Arnold J. Toynbee, 1889~1975)는 '20세기의 가장 획기적인 사건은 불교가 서양에 전해진 것'이라고 하면서 '동양의 불교가 서양에서 기독교를 대체할 것'이라는 말을 남겼다. 몇 년 전에 작고한 애플의 스티브 잡스(Steve Jobs, 1955~2011)는 20대부터 명상을 했으며, 미국의 유명한 농구 선수 마이클 조던(Michael Jordan, 1963~)도 선수 시절 하루 1시간씩 명상을 일상화했다는 인터뷰 기사가 있었다. 2016년 겨울에 발간된 세계 경제잡지 〈Forbes〉에서는 "글로벌 기업 문화에서 명상은 이제 주류 문화가 되었다."라고 하면서 세계 CEO들의 명상을 소개하였다.

이처럼 서구에서 21세기 인류의 새로운 대안으로 불교(특히 불교

가운데 선, 서양에서는 meditation(명상)]를 내세우고 있다. 불교는 더 이상의 동양 종교가 아닌 전 세계인의 문화 코드로 자리잡았다고 볼 수 있다.

이렇게 근자 들어 전 세계인에게 선과 명상이 보편화되어 있는 시점에서 조계종은 어떤 카드를 내놓을 것인가? 한국불교의 중심은 조계종이고, 조계종은 선종禪宗에 속한다. 게다가 조계종은 세계 유일의 간화선 종주국이다. 1,600여 년의 역사를 자랑하는 한국불교의 현주소는 어디인가? 화두로 삼아야 할 이즈음이다.

필자는 10년 전, 외국 선방에서 1년여 가까이 지낸 적이 있다. 당시 귀국하면서 '앞으로 내가 한국불교를 위해 무엇을 할 것인가?'라는 마음 밭에 씨앗을 심었다. 그런데 씨앗에 자양분을 주고, 가지를 뻗게 해 이파리가 무성한 나무로 성장하지 못했다. 늘 원고와 강의로 씨름하며, 차일피일 미뤄졌다. 이번 기회에『인물로 보는 한국 선사상사』를 출판하면서 한국불교를 위해, 그 무언가를 할 수 있을 것 같은 자부심이 마음 한켠에 자리잡는다.

한국의 선은 중국선을 받아들였고, 우리나라 선사들은 중국 선사들로부터 법맥을 이어받았다. 이에 한국선의 원류에 해당하는 중국의 선사들과 사상을 먼저 언급하지 않을 수 없다. 실은 중국에서 발전된 선은 우리나라뿐만 아니라 일본·베트남 등 동아시아의 보편적인 사상이다. '한국선인데, 왜 중국의 선을 먼저 언급하느냐?'는 경고 카드를 내밀지 않았으면 한다.

이 원고의 전체적인 조망도는 역사적인 관점에서 시대별로 불교 사상과 선사들의 선사상을 살펴보는 것이다. 즉 한국선의 원류가 되는 동아시아 선의 보편성을 언급하고, 이어서 한국의 선종과 선사상사에 이정표를 남긴 옛 어른들의 진면목과 사상을 살펴볼 것이다. 고대~중세~근세 선사의 발자취를 현대적 관점으로 정확히 인식한 뒤, 한국불교의 미래지향적 비전을 담고자 한다.

02 | 동아시아 불교는 어떻게 시발점을 이루고 전개되었는가?!

한국불교의 원류는, 물론 석가모니 부처님의 진리가 원칙이지만, 현실적으로는 중국불교로부터 전래되었다. 중국에서 받아들여 발전시킨 선禪은 곧 동아시아 불교의 시발점이기도 하다.

중국에 불교가 전파된 경로는 여러 이설이 있지만, 역사적인 전거에 의하면, 67년 후한 효명제(58~75 재위) 시대이다. 중국은 중앙아시아 실크로드를 통해 대승불교를 받아들였다. 중국이 불교를 처음 받아들일 무렵, 인도와 스리랑카에서는 불교가 비약전인 발전을 하는 때였다. 즉 스리랑카에서는 기원전 94년에 대사大寺에서 빨리(pāli) 대장경이 결집되었다(곧 승려들이 암기해 왔던 것을 처음으로 문자화함). 또한 1세기 무렵, 당시 인도에서는 대승불교가 싹트고 발전하고 있었으며, 한편으로 이전의 상좌부 불교도 함께 존속하고 있었다.

이와 같은 여러 정황을 볼 때, 중국에 처음 유입된 불교는 대승불교만이 아닌 상좌부 불교사상이 함께 수입되었을 가능성이 없지 않다. 안세고의 『안반수의경』이 번역되었고, 지루가참이나 축법호에 의해 선 관련 경전이 한역되었으며, 초기 습선자들이 있었다. 차츰 시간이 흐르면서 인도 상좌부 불교나 스리랑카 불교보다는 대승불교사상이 중국인의 코드에 맞았을 것으로 생각된다. 즉 중국인의 습성에 대승불교사상이 더 매력적이었을 것이다.

　외래 종교인 불교가 중국 사회에 뿌리를 내리는 데는 당연히 우여곡절이 적지 않았다. 5호 16국 시대(4~5세기)에 불교가 중국에서 뿌리를 내리면서 북위 때는 극도로 성행하게 되었는데, 그 상징물이 바로 현재 세계문화유산으로 지정된 운강석굴이나 용문석굴 등이다. 위·진 남북조 시대 이후로 경전 번역이 성행하였으며, 수대부터 이 경전을 중심으로 여러 종파가 형성된다. 대표적 역경승인 구마라집(鳩摩羅什, 344~413)·보리유지(菩提流支, ?~527)·진제(眞諦, 499~567) 등 수많은 역경사들에 의해 역경이 이루어졌다. 이들에 의

섬서성 서안 종남산 초당사에 모셔진 구마라집 탑 당우

21

하여 소·대승의 경율론 삼장이 중국에서 거의 한역되었다.

이렇게 수·당대 초기에 이르기까지 한역된 경전을 중심으로 종파불교가 형성되었다. 여러 종파가 생겨났다가 단멸하였는데, 대표적으로는 8종이다. 8종은 천태종·법상종·밀교·남산율종·삼론종·정토종·화엄종·선종이다. 당나라 시대는 중국 역사상 문화적으로도 최고였지만, 불교도 최고의 불학佛學 시대라고 해도 과언이 아니다. 이 가운데 화엄학과 천태학은 중국불교의 정화精華라고 할 만큼 중국적 사유가 깃든 고도의 철학적인 면이 담겨 있다.

중국에 불교가 처음 유입되었을 때와는 다르게 후대로 갈수록 중국인의 실용성 추구와 실천 성향의 종파인 선종과 정토종만 남고, 그 이외 교종은 거의 단멸되었다. 이 점은 지금까지도 중국불교에 흐르고 있는 성향이다(실은 현재 중국에는 계율종과 천태종이 유지되고 있으며, 밀교나 화엄종 등이 없는 것은 아니다).

03 | 인도와 중국문화의 조화
– 중국에서 불교가 발전할 수 있었던 이유

불교가 중국에 유입된 이래 중국에서 불교가 발전하게 된 데는 나름대로의 이유가 있다. 그 점을 보자.

첫째, 불교사상이 원융을 바탕으로 하기 때문에 불교가 중국에 유입되었을 때 자연스럽게 중국문화와 결합하였다.

인도문화는 신비적이고, 환상적이며, 상상력이 매우 풍부하다. 이점은 불교경전에도 드러나 있다. 반면 중국은 실용적이고, 현실적이며, 현세 지향적인 문화이다. 방거사(?~808)의 게송에서 보면, "신통과 묘용은 물 긷고 땔나무 줍는 일이로다(神通幷妙用 運水及搬柴 -『전등록』)."라고 하였다. 즉 일상생활 속에서 깨달음을 추구하는 성향이 바로 이 점이다. 인도 사상과 비슷한 양상을 띠고 있는 사람들은 장자와 노자이다. 이들은 현실을 초월한 면에 있어서는 인도 선사상과 비슷한 면이 있지만, 그 내면을 들여다보면 장자의 넓은 바다와 하늘을 초월한 상상력은 인도의 선사상과는 다른 점이 있다. 장자는 구름을 타고 비상해 대붕大鵬 위에 올라타는 것을 이상으로 한다. 그 후 도교는 장생불사의 약을 먹고 천계天界에 오르는 것을 이상으로 삼았다. 당연히 도교의 도사들은 사람들과 떨어진 깊은 산속에서 거주하는 측면이 있었다. 8세기 중엽에 형성된 조사선祖師禪도 중국적인 사유思惟(도교)가 깃든 점임을 감안할 때, 중국인의 성향이나 민족성이 불교에 가미될 수밖에 없었다.

둘째, 중국에 한자문화권이 자리잡고 있었다.

불교가 처음 유입되면서 불경의 한역이 원만하게 진행될 수 있었던 배경에는 한자문화가 있었다. 곧 불교라는 본체에 중국문화라는 옷을 입고 인도와는 다른 성향의 불교가 형성·발전되었다고 볼 수 있다.

셋째, 중국인들은 유교와 도교의 한계점을 불교에서 찾았다.

도교는 불교가 들어오기 이전부터 존재했던 중국의 민속신앙이나 다름없다. 구마라집의 한역 이전, 불교는 도교 사상에 견주어 불경을 번역했는데, 이를 '격의불교格義佛教'라고 한다. 그런데 구마라집에 의해 어느 정도 격의불교가 극복되었다고 볼 수 있다. 하지만 도교는 실제 수행적인 측면이나 정교화된 교리가 부족했다. 실은 당나라 때 도교에서도 경전을 만들어 도장道藏이라고 했는데, 이는 불교경전을 본떠서 만든 것이다. 또한 도교에서 행하는 의례도 불교에 비추어 형식화하였다. 다음 유교 문제를 보자. 유교는 종교적인 차원보다는 자신을 수양하고, 부모에게 효를 다하며, 국가에 충실한 인간의 기본 윤리를 받침으로 하고 있다(현 중국의 5대 종교 가운데 유교는 포함되지 않음). 불교가 들어오면서 중국의 사상계는 불교교리로 인해 크고 넓은 시야로 발전했다. 또한 불교는 송나라 때 성리학이나 명나라 때의 양명학에도 영향을 끼쳤다. 이와 같이 여러 정황으로 볼 때, 유교와 도교는 종교로서나 사상면에 있어 불교 영향권 아래 있었다고 볼 수 있다.

04 | 한국불교! 어떻게 바라봐야 하고, 미래 비전은 무엇인가?

한국의 역사는 한국인만의 민속적인(무속적인) 신앙에서 불교로 변모되었고, 다시 불교에서 유교로 변천되었으며, 다시 유교에서 다종교 사회로 흘러왔다. 한국사에서 불교사 1,600여 년은 문화적으로나 정신사상적인 측면에서 우리나라 문화의 중심추를 이룬다. 고대와 중세에 승려와 불교의 사회적인 역할은 결코 적지 않았다. 한국 역사의 흐름 속에서 '불교'라는 코드로 찬란한 한국의 문화를 형성 발전시켰던 것이다.

그런데 한국사에서 한국불교는 결코 찬란하지만은 않다. 처음 불교가 우리나라에 유입되었을 때는 왕권과 밀착되어 있었다. 자장율사나 의상 대사처럼 승려 신분에서 국가에 도움을 주고자 했던 순수한 마음도 있지만, 왕권 입장에서는 지배체제 아래 승려들을 정치적 목적으로 이용하기도 하였다. 신라에서는 화엄사상을 중앙집권적 통치 체제에 유용하게 활용하였다. 그러면서 신라 때는 '왕즉불王卽佛' 사상, 즉 왕이 곧 부처라는 사상까지 팽배하였다(이 점은 중국도 마찬가지다).

하지만 한국불교사 전체를 볼 때, 불교는 왕권이나 권력 편보다는 민중들 곁에 있었다. 전쟁과 기근, 권력의 수탈로 고통받는 민중들

불교가 우리나라 문화의 중심축으로 자리잡아 온 데는 선禪 수행을 통해 해탈한 선사들이 다양한 가르침을 바탕으로 늘 민중과 함께해 온 것이 큰 힘이되었다. 중국인들에게 '지장보살의 화신'으로 추앙받는 김교각金喬覺 스님이하나의 예이다. 그의 육신상(사진 위)은 안휘성 구화산 육신보전肉身寶殿에봉안돼 있다.

에게 삶의 희망을 품게 하였다. 근래 들어 불자뿐만 아니라 학자들까지 가세해 교계 안팎에서 한국불교가 위기에 처해 있다고 이구동성으로 말한다. 그런데 불교가 우리나라에 유입된 이래 지금에 이르기까지 위기 아닌 때가 있었던가?! 어느 시대고 사상적으로나 교단 내부에서, 그리고 외부세력에 의해 끊임없이 위협받았다.

그런 부조화와 불협화음에도 한국불교는 들판에 핀 야생화처럼 모진 풍파를 견뎌내며 묵묵히 꽃을 피웠다. 권력이 알아주지 않아도, 권력으로부터 위협받아도 야생화는 피고 졌다.

지금보다 조선 500년 불교는 통한痛恨의 흐름이었다. 승려가 천민 대접을 받고 나락으로 떨어지면서도 불심은 면면히 흘러 민중들의 가슴 한켠에 자리잡아 왔으며, 앞으로도 영원히 존립할 거라고 본다.

05 | 한국불교사적인 측면에서 본 승려들의 다양한 삶

이 책은 인물(특히 선사들)을 중심으로 전개되는데, 불교사적 관점에서 보면 역대 우리나라 승려들은 다양한 삶의 형태와 수행의 면모를 보여준다.

첫째, 한국불교의 대표 종파인 조계종과 관련해 볼 때, 선사들은 법맥에 의해 사자상승을 이루었다. 하지만 법맥과는 무관하게 한국불교사상에 큰 업적을 남긴 승려들이 많이 있다. 고구려의 승랑僧朗, 신라의 자장율사慈藏律師·원효元曉·의상義湘, 고려 시대 의천義天 등은 한국불교사상의 큰 축을 이룬다.

둘째, 똑같은 출가자이지만 출가 이후 수행자로서 다양한 길을 걷는다. 교종 승려로서, 선종의 선사로서, 율사로서, 강사로서, 사경승寫經僧으로서, 범패 전수자로서, 다인茶人으로서, 포교사로서의 삶과 수행에 있어서 다양한 면이 있다.

셋째, 우리나라가 아닌 이역만리 타국에서 수행력을 평가받은 승려들이 있었다. 전반적으로 이 승려들은 타국에서 수행하고 그곳에서 열반한 경우가 많다. 중국 삼론종의 체계를 세운 승랑(僧朗, 5~6세기), 『왕오천축국전』의 저자인 혜초慧超, 중국인들에게 지장보살의 화신으로 추앙받는 김교각, 성덕왕의 셋째 왕자인 정중 무상淨衆

無相, 남종선의 상산 혜각常山慧覺, 유식 서명파인 원측圓測, 천태종의 제관諦觀 등이다.

넷째, 국사와 왕사로서 왕에게 진리를 설하거나 나라에 도움 주는 경우도 있지만, 유생이나 사대부에게 반기를 들었던 승려들도 있다. 즉 국사나 왕사로서 역사에 곱게 이름을 남긴 승려도 있지만, 한국사에 요승妖僧이나 괴승怪僧이라는 호가 따라다니는 승려도 적지 않다(이런 점에서 한국사 측면과 불교사적 측면에서 승려를 보는 관점이 다르다).

다섯째, 귀족 출신 승려와 일반 승려의 삶의 형태가 다르다. 고려 시대 천태종 승려 의선(義璇, 1284~1348)은 당시 실권자 조인규의 아들로, 비록 출가했지만 출가 후에도 귀족의 삶을 누렸다. 문벌 귀족 출신 소현(韶顯, 1038~1096), 문종의 4왕자 대각국사 의천(義天, 1055~1101) 등은 출가 후에도 힘들지 않은(?) 삶이었다. 반면 사찰에 참배 온 양반집 규수의 가마꾼 노릇을 해야 했던 승려도 있었으며, 조선 시대에 노역에 시달리다 영양실조와 병으로 죽어간 승려들이 있다.

06 | 한국의 선사상과 조계종의 특징

우리나라는 대승불교 국가이지만 근래에 위빠사나 수행자가 늘어나면서 자연히 초기불교 관련 경론과 수행법이 보편화되고 있다. 그러니 대승이든 상좌부 불교이든 어느 하나가 정법이라고 우기는 것 자체가 어불성설이다. 어느 하나라도 배제할 수 없는 것이 한국불교의 현황이다. 어떤 수행법이든, 어떤 불교학이든 부처님의 소중한 가르침인 것이다.

한국불교를 대표하는 조계종은 선을 표방하지만, 그 안에는 화엄사상·법화사상·정토신앙 등 다양하다. 이는 법당의 내부 구조와 의식 속에도 드러나 있다. 또한 행법으로 참선·간경·염불·주력 등 다양한 수행법이 있으며, 불교의례도 다양하게 행해지고 있다. 이런 통합적인 조계종의 면모를 비유로 들면, 잡화포와 조주석교에 비견된다.

무無자 화두로 유명한 조주 종심(趙州從諗, 778~897)과 관련된 기연 가운데 '조주석교趙州石橋'가 있다. 곧 조주를 찾아오는 길에 석교가 있었다. 한 학인이 조주에게 와서 "조주의 돌다리 소문을 들었는데, 막상 와보니 외나무다리뿐이다."라고 핀잔한다. 조주는 "외나무다리만 보았을 뿐, 돌다리는 보질 못했군."이라고 한다. 학인이 "돌다리

조주석교. 조주의 도량 백림선사에서 4km 떨어진 곳에 석교가 위치해 있다.(하북성 석가장)

가 어떤 것이냐?"고 하자, 조주는 이렇게 말했다.

"나귀도 타고 말도 건너지."

곧 조주석교란 어떤 중생이 찾아오든 그 중생의 근기에 맞게 제도해 준다는 뜻이다. 또 위앙종의 앙산 혜적(仰山慧寂, 807~883)은 자신이 속한 파(남종의 마조계)를 '잡화포雜貨鋪'에 비유하였다. 잡화포란 다양한 물건을 다 파는 가게를 말하는데, 곧 다양한 사람들의 근기에 맞춰 제도해 준다는 의미이다. 이렇게 조주석교나 잡화포처럼, 조계종은 선을 표방하지만 다양한 교리와 수행법이 존속되어 왔다. 이런 측면에서 한국 조계종의 특징을 원융과 화쟁사상이라고 볼 수 있다(대부분의 사학자들은 이 경우에 통불교라는 말을 사용). 어찌되었든 조계종의 근간은 선禪이고, 수행을 통해 해탈한 선사들이 배출되었기에 조계종은 면면히 존속될 수 있었다. 바로 눈 밝은 선사들이 배

출되었다는 점, 이것이 조계종의 힘이다. 앞으로 거론할 한국 선사
상사를 중국 선사상사와 견주어 보면 이러하다.

① 구산선문 이전, 최초로 선을 전한 법랑法朗과 정중종의 무상 대사
② 나말여초 구산선문 및 기타 산문 (마조계 홍주종의 선종 도입)
③ 고려 초기~중기 선사와 산문 (조동종·법안종의 전개와 교종 발달)
④ 고려 중기~말기 (보조 지눌과 수선사 16국사의 간화선 전개)
⑤ 고려 말기의 선사들 (태고·나옹·백운을 중심으로 임제선 도입)
⑥ 조선 초기 척불과 선사들의 통한 (태고계와 나옹계 법맥)
⑦ 조선 중기 (서산 휴정과 그 문하의 4대 문파)
⑧ 조선 말기의 선 논쟁 (백파와 초의 등 150여 년에 걸친 선법 논쟁)
⑨ 구한말~현대 (경허·용성·수월·만공·혜월 등)

〔한국 선사상사 시대 구분〕

한국 선사상사				중국 선사상사
한국선 태동	❶❷신라 말 고려 초	구산선문 이전과 나말여초의 여러 산문	조사선	여래선·조사선
한국선 전개 및 발전	❸❹고려 중기	담선談禪 및 보조 문하의 결사 운동	간화선	간화선·묵조선
	❺❻고려 말기 ~조선 초기	몽산 덕이의 사상 태고·나옹·백운	간화선· 임제종	간화선·묵조선· 염불선
	❼❽조선 시대	서산 휴정과 그 문하	간화선· 염불정토	염불선이 주류
한국선 정립	❾구한말~ 현대	경허 및 그 문하	간화선· 위빠사나	

07 | 한국불교의 기저를 이루는 고대 구법승들

10년 전 홀로 중국 사찰을 순례하였다. 매섭게 추운 겨울, 섬서성 서안(고대 실크로드 시작점)부터 시작해 둔황~우루무치 부근까지 홀로 버스를 타고 이동한 적이 있다. 이동 중 버스 안에서 창밖을 보면, 보이는 것이라고는 황량한 사막뿐이었다. 게다가 바람은 드세었고, 끝도 없는 사막의 나레이션이었다. 서역을 지나 인도로 가는 길, 399년 법현法顯 삼장이 구법 길에서 '해골과 뼈를 이정표 삼아 걸었다'는 기록이 있을 정도이다. 7세기 현장 법사가 지날 때도 유사했다. 새벽 기도예불 중에 "지심귀명례 서건동진 급아해동 역대전등 제대조사 천하종사……"할 때마다 한국·중국·일본 등 수많은 선지식들의 구법정신에 즉금의 불교가 현존할 수 있었음을 떠올리며, 감사 올린다.

중국 승려들은 자국의 한자로 불교를 공부하지만, 고대 우리나라 승려들은 중국 유학이 최선의 길이었다. 그런데 고대의 한족은 자국을 제외하고 주변 국가는 모두 오랑캐라고 칭했다. 좋게 보면 자부심일지 모르지만, 오만방자하다는 말이 맞을 듯하다. 이런 민족이 우리나라 구법승들을 고승으로 인정하는 경우가 많았는데, 한국인으로서 자부심을 느낀다. 나말여초에 산문이 개산되기 이전, 우리나라 구법승들의 구도역정을 보자.

(1) 승랑

고구려의 승랑(僧朗, ?~?)은 중국 삼론종의 학문체계를 정립한 인물이다. 승랑은 장수왕(413~491 재위) 때 구법의 길을 떠났다. 처음 여러 곳을 유력하다가 종남산終南山 초당사草堂寺에 머물렀다. 이곳에서 주옹周顒에게 삼론학을 가르쳤는데, 이후 주옹은 『삼론종』을 저술하였다. 이후 섭산(攝山, 현 南京) 서하사西霞寺에 머물며 주지 소임을 맡았다. 이곳에 머물 때, 스님의 명성에 양무제가 학인 10명을 보

승랑이 머물면서 삼론학을 강의한 곳(섬서성 서안 초당사草堂寺)인데, 지금은 작은 사찰이지만 고대에는 구마라집, 규봉 종밀 등 역대 고승들이 머물렀던 곳이다.

내어 수학케 하였다. 이때까지만 해도 중국에서 성실론과 삼론학이 불분명했으나 승랑 이후로 삼론학의 학문적인 체계가 정립되었다고 한다. 승랑이 고구려로 돌아왔다는 기록은 보이지 않으며, 섭산 서하사에 입적한 것으로 추론된다.

(2) 혜초

혜초(慧超, 707~787)는 신라 승려로서, 당나라에 들어가 719년 중국의 광주에서 인도 승려인 금강지(金剛智, 669~741, 남인도 승려)에게서 밀교를 배웠다. 723년경, 금강지의 권유로 바닷길로 인도 동해안에 도착해 오천축 불적지를 순례하고, 육지로 중국에 돌아왔다. 혜초는 10년 정도 인도를 순례하면서 인도여행기인『왕오천축국전往五天竺國傳』3권을 저술하였다. 733년에 장안의 천복사荐福寺에 거주했는데, 이때 금강지가『대승유가금강성해만수실리천비천발대교왕경』을 번역할 때 필수筆受를 맡았다. 혜초는 불공삼장(不空三藏, 705~774, 북인도 출신으로 금강지의 제자로서 당나라 3대에 걸쳐 황제의 귀의를 받음)에게서 법을 받았다. 780년, 오대산 건원보리사에서 거주하다 그곳에서 입적하였다.『왕오천축국전』은 이름만 전하다가, 20세기 초 둔황석굴에서 발견되어 사료적 가치를 인정받았다.

(3) 김교각

김교각(金喬覺, 696~794)은 신라 고승으로, 24세 때 당나라로 건너가 99세에 그곳에서 열반하였다. 후대 중국인들은 스님을 지장보살의 화신으로 섬기고 있다. 중국에서 4대 불교성지는 문수보살도량 오대산(山西省), 보현보살도량 아미산(四川省), 관음보살도량 보타산(浙江省), 지장보살도량 구화산(安徽省)이다. 중국의 불자들은 4대 도량의 성지순례를 발원하고 실천에 옮긴다. 왕자 출신인 김교각 스님은 719년 왕권쟁탈에 환멸을 느끼고 당나라 때 안휘성 구화산으로 들어갔다. 그곳에 들어간 뒤, 산봉우리와 동굴 안에서 뼈를 깎는 수행을 하였다. 한 번은 스님이 동아봉 큰 돌 위에 앉아 염불하였는데, 이때 독벌레에게 물렸는데도 자세를 흩트리지 않고 계속 정진하였다. 이에 산신이 감동하여 미인으로 둔갑하여 약을 갖다 주고 맑은 샘물을 바쳤다. 이때부터 스님이 앉은 돌에서 샘물이 솟았다고 한다. 스님이 수행할 때, 어느 일행이 산에 왔다가 석굴에서 면벽하고 있는 스님을 보았는데, 스님의 발우에는 흰 모래와 소량의 쌀이 담겨져 있었다. 이들은 스님의 정진력에 감화를 받아 사찰을 보시했는데, 구화산 입구에 위치한 화성사化城寺이다. 화성사는 757년 구화산의 개산開山 사원인 셈이다. 화성사 건립 이후 스님의 명성이 널리 알려져 찾아오는 승려와 신도들이 끊이지 않았다고 한다.

스님은 이곳에서 70여 년을 수행하고, 99세에 좌선한 채 입적하였다. 이때 갑자기 산이 진동하고 돌이 굴렀으며, 종을 치니 종이 소리 없이 땅에 떨어지고, 지붕의 서까래도 크게 훼손되었다. 제자들은 스님의 육신을 큰 항아리에 모시고 뚜껑을 봉했다. 3년 후 개봉해 보니, 옷은 부패하였지만 살은 그대로이고 얼굴색은 생전과 꼭 같았다. 또한 관절에서는 쇳소리가 났는데 석탑 속에 육신을 안장할 때 신비한 빛이 감돌았다고 한다. 유골이 담긴 항아리를 전각 안에 모시고, 그 당우를 육신전肉身殿이라고 하였다. 지금도 스님의 육신은

김지장 스님이 모셔져 있는 월신보전月身寶殿 당우(안휘성 구화산 육신보전肉身寶殿)

육신보전肉身寶殿에 안치되어 있으며, 2004년 장쩌민(江澤民) 주석이 월신보전을 시찰하고 '호국월신보전護國月身寶殿'이라는 편액을 써주었다.

(4) 혜각

상산 혜각(常山慧覺, ?~774)은 정확한 기록은 전하지 않는다. 최치원의 '지증대사적조탑비'에 이름만 전할 뿐이다. 혜각의 비문은 문화혁명 때 어느 시골집의 식탁으로 쓰이다 후대에 발견되어 그의 진면목이 드러나고 행적이 밝혀졌다. 혜각은 신라 교학에 한계를 느끼고 중국으로 향했다. 당나라에 도착한 스님은 그곳에서 선지식을 찾아 10여 년을 발초첨풍*하였다. 혜각은 형주 개원사에서 승적을 받고, 이후 하택사荷澤寺의 하택 신회(670~762) 문하에 머물렀다. 오랜 정진 끝에 신회로부터 남종선의 법맥을 계승했다. 신회가 만년에 탄핵을 받아 유배 길에 오르자, 제자들이 뿔뿔이 흩어졌다. 혜각은 하북성 형주邢州 칠천사漆泉寺에 상주하며 남종선법으로 제자들을 지도하였다. 이때 수많은 이들이 귀의하였으며, 스님은 이곳에서 7~8년 머물다 열반하였다.

(5) 원측

또 한 분의 구법승이 있는데, 유식학의 대가인 원측(圓測, 612~696)이다. 현재 서안 홍교사興敎寺 도량 내에 원측의 탑이 현장(玄奘, 602~664) 법사의 탑 좌우로 규기(窺基, 632~682)의 탑과 나란히 모셔져 있다. 그러나 현재 비춰지는 것보다 원측은 생전에 마음고생이 심했다. 『송고승전』에 의하면, 함께 동문수학했던 규기 법사가 원측을 이단으로 내몰았다. 현장 법사가 인도에서 돌아와 유식 강의를 할 때, 원측이 떳떳하지 못하게 몰래 듣고서 『성유식론소』를 발표했다는 것이다. 이는 원측이 신라승이라는 점만으로 후대에 누군가에 의해 조작되었을 가능성이 크다. 원측은 여러 대승경전 및 유식에 밝은 학자였으며, 실차난타의 『화엄경』 역경에도 참가하였다. 원측의 저서는 『해심밀경소』·『반야심경찬』·『인왕경소』 등이다. 『성유식론소』는 현존하지 않지만, 규기의 제자 혜소와 원측의 문하 대현(신라

---

* 발초첨풍撥草瞻風: 풀을 뽑으며 바람을 우러르다. 험난한 길을 헤쳐 나가고 선지식의 덕풍을 우러른다는 뜻. 남송의 영은보제(靈隱普濟, 1179~1253) 선사가 지은 『오등회원五燈會元』 가운데 「동산록洞山錄」에 나온다.

승), 일본 승려 선주의 저술에 인용되어 있다. 『해심밀경소』는 티베트어로 번역되어 티베트 대장경에도 입장入藏되어 있다. 생전에 측천무후는 원측을 자은사慈恩寺 주지로 임명하였고, 스님이 입적했을 때 고종(649~683 재위)은 "짐이 국보를 잃었도다."라며 한탄했다고 한다. 또한 신라 신문왕을 비롯해 왕실에서 원측에게 귀국할 것을 요청했으나, 원측은 학문과 제자 양성에만 몰두한 것으로 생각된다. 스님의 유식학은 서명파西明派라 하는데, 동아시아에서 널리 인정을 받았으며, 불교사에 큰 족적을 남겼다.

원측과 비슷한 시기에 현장 문하의 4대 제자 중 신라의 신방神昉과 도륜道倫이 있다. 신방은 현장의 한역에 참여해 번역의 일익을 담당했다. 도륜은 규기의 제자인데, 법상종의 논서 『유가사지론』을 주석

왼쪽부터 규기 법사, 현장 법사, 원측 법사의 탑(섬서성 서안 흥교사)

원측 법사 탑 내부에 모셔져 있는 원측 법사 상.

한 『유가론기』를 저술하였다.

이외에도 다 거론할 수 없지만, 고대에는 수많은 구법승들이 있었다. 천태종의 석파야(562~613)·인법사·실법사·지황 등이 있다. 또 7세기 초, 신라 유학승 아리야발마는 인도 나란타에 머물며 율장과 논장을 공부했으나 고국에 돌아오지 못하고 그곳에서 입적하였다. 이외 혜업·현태·구본·현각·혜륜·현유 등이 인도로 갔으나 현태만 고국으로 돌아오고 모두 그곳에서 열반하였다.

앞에서 언급했지만, 중국인들은 자신의 나라를 중심으로 주변 국가는 오랑캐(하열하고 미개인)라고 하였다. 하다못해 『육조단경』에 육조 혜능에게 '오랑캐 족이 어떻게 깨달을 수 있겠냐?'는 표현이 나올 정도이니, 한족의 기고만장한 아만심이 대단했다고 볼 수 있다. 하여튼 한국과 중국은 역사적으로나 불교사적으로 인연이 매우 밀접하다. 고대 우리나라 구법승들의 정진력과 법력이 동아시아 불교계에 미치는 영향이 적지 않았다는 점, 이런 선지식들이 있었기에 즉금의 한국불교가 존립하는 것이다.

(6) 『경덕전등록』에 전하는 우리나라 선사

① 『경덕전등록』은 어떤 경전인가?

『경덕전등록景德傳燈錄』은『선문염송禪門拈頌』과 함께 우리나라 승과僧科 및 선종선禪宗選의 시험과목으로 채택되었으며, 선사들은 이 책의 내용을 문답식 공개 시험에서 해독해야만 선사나 대선사 등 품계를 받을 수 있었다. 또한 고려 중기에 진각국사 혜심(眞覺國師 慧諶, 1178~1234)이『선문염송』을 찬술할 때, 중요한 저본이 되었다. 근래에도 우리나라 선원에서 선객들에게 애독되고 있으며, 선학자들의 논문에도 가장 많이 인용된다.

『경덕전등록』30권은 경덕景德 원년元年인 1004년 법안종法眼宗의 승천도원承天道原이 엮었다. 양억楊億이 교정하고, 송나라 진종眞宗에게 상진하여 입장入藏이 허락되었다. 당시 진종의 '경덕景德' 연호를 붙여『경덕전등록』이라고 하였다. 선종의 전등록 가운데 가장 대표적인 문헌으로 꼽힌다. 도원이 처음 지었을 때의 이름은『불조동참집佛祖同參集』이라고 하였다. 도원에 관해서는 생몰연대가 밝혀지지 않았으나 법안종에 속했던 스님으로 천태 덕소(天台德昭, ?~1762)의 제자이다.

『경덕전등록』은 선종사의 법을 전한 내력을 담고 있는 사서史書로, 중국 선종의 계보가 밝혀져 있는 책이다. 모두 30권으로 구성되어 있으며, 한자 글자 수가 3십2만1천여 자에 달한다(321,662字. 지관 스님,『한국불교 소의경전 연구』참고).

『경덕전등록』에는 과거 7불로부터 서천西天 28대, 동토 6조를 거쳐 법안 문익에 이르기까지 1,701명 선사들의 기연機緣을 언급하고 있다. 951명 선사들의 전기가 전하고, 750여 명은 이름만 등장한다. 즉 5가五家 52대에 이르기까지 법맥 순서대로 행적·법어·게송·오도송·선문규식禪門規式·법계法系·전법傳法 등을 기록한 방대한 전등서이다.

② 『경덕전등록』에 전하는 우리나라 선사들과 재가자

우리나라 선사들과 그 제자들의 행적을 권별로 살펴보면 다음과 같다.

6권에 본여本如 선사(남악 회양의 법사)의 이름이 전한다.

9권에는 도의(가지산문)·혜철(동리산문)·홍척(실상산문)·무염(성주산문)·현욱(봉림산문)·각체(장경 회휘 제자) 등 6명이 실려 있다.

10권에는 도윤(사자산문)·범일(사굴산문)·대매 법상의 제자인 가지迦智와 충언忠彦·대모大茅(귀종 지상 제자) 등 5명의 행적이 실려 있다.

제11권에는 언충彦忠(천룡의 제자), 대증大證과 대증의 법사인 문성대왕과 헌안대왕, 홍척(실상산문)과 법사인 흥덕대왕과 선강태자의 이름이 전한다.

제12권에는 순지順支(앙산 혜적 제자)·지리산 화상智異山和尚의 기록이 있다.

제16권에는 흠충欽忠·행적行寂(사굴산문 2조)·낭랑·청허淸虛 등 4명의 기록이 전한다.

제17권에는 금장金藏·청원淸院·와룡臥龍·서암瑞巖·박암泊巖·대령大嶺 등 6명의 기록이 전한다.

제19권에는 대무위大無爲의 기록이 있다.

제20권에는 운주雲住·경유慶猷·혜○慧○ 등 3명의 기록이 전한다.

제26권에는 고려 초기 영감靈鑑의 기록이 전한다.

위의 선사에 관한 사자師資 관계 및 법맥은 본서 p.181 '석두계 및 조동종 신라 법맥'과 p.203 '마조계 신라 법맥'에 자세히 나타나 있다.

08 | 동아시아 선종 초기의 위대한 선지식, 정중 무상

한국불교 조계종의 연원은 구산선문九山禪門 가운데서도 가지산문이다. 이 가지산문을 포함한 아홉 산문, 그리고 여러 산문이 신라 말에서부터 고려 초까지 개산開山되었다(821~932년). 이렇게 선의 산문을 연 승려들은 당나라로 유학 가서 최소한 7년에서 30여 년간 수행한 뒤 스승에게 법을 받아 왔다. 그런데 신라 땅 곳곳에 선이 유포되기 이전, 당나라로 건너간 구법승 중에 선사가 되신 분이 있다. 바로 정중 무상(淨衆無相, 684~762) 대사이다.

무상 대사는 현종(712~756 재위) 때 입당하여 중국 선종사에 큰 영향을 미쳤으며, 그곳에서 입적한 선사이다. 무상은 비록 중국에서 활동하였지만, 한국 선사상 입장에서도 중요한 위치를 차지한다.

(1) 역대 왕족들의 출가

『유마경』 13품 「법공양품」에는 보개왕 아들의 출가 이야기가 나온다. 신심 깊은 보개왕에게 아들이 1,000명 있었는데, 이들은 모두 아버지의 영향을 받아 부처님께 공양 올리는 데 극진하였다. 왕자 가운데 월개왕자는 신심이 가장 뛰어나 약왕여래께 수기를 받고 출가해 비구가 된다.

또『법화경』27품「묘장엄왕본사품」에는 두 왕자가 부모를 부처님께 귀의시키는 이야기가 있다. 운뢰음숙왕화지 부처님 때 정장과 정안 왕자는 신심이 극진했다. 두 왕자가 출가하고자 할 때, 왕비는 왕자들에게 '부처님 시대에 태어나기 어려운데 출가하는 것이 기특하다'며 적극적으로 권유한다. 이후 두 왕자가 출가하였고, 부친인 묘장엄왕과 모친을 부처님께 인도하여 이들도 모두 출가토록 한다.

이렇게 경전에는 왕족들의 출가가 종종 묘사되어 있다. 물론 석가모니 부처님도 왕족이었고, 부처님 재세 시 육사외도 가운데 하나인 자이나교의 마하비라도 왕족 출신이다. 이런 영향인지『해동고승전』에 보면 신라에 불교 수입을 공인한 법흥왕(514~540 재위)도 출가하여 법명을 법운法雲이라고 하였고, 왕비도 비구니가 되어 묘법妙法이라고 하였다. 법흥왕에 이어 진흥왕(眞興王, 540~576 재위)도 말년에 승려가 되어 법운이라고 하였고, 그 부인도 또한 영흥사에서 비구니가 되었다. 또「순치황제출가시」로 유명한 청나라 3대 황제인 순치제(1643~1662 재위)가 있다.

우리나라에는 또한 왕자 출신 승려가 매우 많다. 심지心地는 신라 41대 헌덕왕(憲德王, 809~826 재위)의 아들로서 15세에 대구 팔공산에서 출가하였고, 훗날 동화사의 창건주가 되었다. 또 앞에서 언급한 원측도 신라 왕손이며, 무루無漏는 신라 어느 왕의 왕자로서 당나라에서 활동하다 그곳에서 입적하였다. 고려 때는 삼국시대보다 왕손 출가자 더 많다. 의천(義天, 1055~1101)은 문종의 4왕자로서 11세에 출가하였고, 징엄(澄儼, 1090~1141)은 숙종의 4왕자로서 의천을 스승으로 출가하였다. 종린(宗璘, 1127~1179)은 인종의 아들로서 징엄을 스승으로 출가하였고, 이어서 충희(沖曦, ?~1182)는 인종의 4왕자로서 종린의 제자이다. 각응(覺膺, ?~1250)은 희종의 5왕자이고, 현응(玄應, ?~1139)은 숙종의 아들이며, 요일寥一은 명종의 숙부이다. 증통證通은 태조 왕건의 5왕자이다. 도생道生은 문종의 6왕자이고, 각관覺觀도 왕실 출신이고, 지인(之印, 1102~1158)은 예종의 왕자이다.

왕족인 석가모니 부처님은 삶의 고뇌에서 해탈하고자 출가하였다. 그런데 모든 왕족들의 출가가 부처님과 같지는 않다. 우리나라 왕족들의 출가 경향을 보면 세 가지이다. 첫째는 경전 내용처럼 순수함으로 출가한 경우이고, 둘째는 왕족으로 태어나 왕이 되지 못하는 비운을 극복코자 출가를 선택하는 경우이며, 셋째는 왕권 강화를 위해 왕자 출신 승려가 필요해 그 요건에 부응해 출가한 경우이다. 고려 때 왕자 출신 승려들이 대부분 승통이나 왕사, 국사를 역임한 점을 볼 때, 세 번째에 해당하는 경우이다. 그렇다면 여기서 언급코자 하는 무상 대사는 어떤 마음으로 출가하였을까? 필자의 추측이지만, 첫째인 신심적인 면도 있지만, 두 번째인 왕족으로서 태어난 운명에 대한 도피의 성격도 없지 않은 것 같다(『송고승전』에 신라 사신이 무상을 해하려고 했던 내용이 언급되어 있다).

(2) 무상 대사의 행적

① 유년 시절과 출가

무상 대사는 신라 성덕왕(成德王, 702~737 재위)의 셋째 왕자이다. 성덕왕은 신문왕神文王의 둘째 아들이며 효소왕孝昭王의 친동생이다.

효소왕이 아들이 없이 타계하자, 성덕왕은 화백회의에서 추대되어 왕위에 올랐다. 성덕왕은 재위 기간에 약 43회 정도 사신을 당나라에 파견할 정도로 당나라의 선진문화를 받아들였던 뛰어난 개혁군주였다.

『역대법보기』에는 대사의 출가에 대해 이런 내용이 전한다.

무상 대사가 어릴 적, 바로 손위 누나가 출가하기를 간절히 원했는데, 왕가에서는 그녀를 억지로 시집보내려고 하였다. 누나는 칼로 본인의 얼굴을 찔러 자해하면서까지 출가코자 하는 굳은 의지를 사람들에게 보였다. 무상은 누나의 간절히 출가하고자 하는 불심을 지켜보면서 '여린 여자도 저런 마음을 갖고 출가하고자 하는데, 사내대장부인 내가 출가해 어찌 법을 구하지 않을 수 있겠는가!'라고 강한 의지를 품었다.

이후 성인이 된 무상 대사는 군남사群南寺로 출가하였고, 얼마 후 728년(성덕왕 27) 44세에 당나라로 건너갔다.

② **입당과 구법**

무상은 당나라에 들어가 여러 곳을 다니며 수행하다가 현종 (712~756 재위)을 알현했다. 현종은 무상에게 섬서성 장안(현 西安)에 위치한 선정사禪定寺에 머물도록 하였다. 대사는 현종의 지시대로 선정사에 머물다 사천성으로 옮겨갔다. 대사는 당대에 선의 위상을 떨치고 있던 자주資州의 덕순사德純寺 당화상(唐和尙. 姓이 '당'씨)이라고 불리는 처적處寂 선사를 찾아갔다. 여기서 처적의 법맥을 보면, 4조 도신 → 5조 홍인 → 자주 지선 → 처적이다. 처적의 생몰연대는 대략 669~736년, 648~734년 등 정확하지 않다.

무상이 덕순사(현 寧國寺)로 찾아가 처적 선사 뵙기를 간곡히 청했으나 처적은 병을 핑계로 무상을 만나주지 않았다. 무상은 며칠 동안 제자로 받아들여 줄 것을 간청했으나 번번이 거절당했다. 이에 무상은 자신의 구법 의지를 보여주고자 소지燒指 공양(손가락을 태우는 것인데, 수행의 의지를 보이는 뜻)을 감행하였다.

무상은 2년간 덕순사에 머물며 처적 선사의 가르침을 받았다. 무상은 가르침을 받는 와중에 더욱 정진하기 위해 천곡산(天谷山. 현 四川省 靑城山)으로 들어가 두타행을 하다가 다시 덕순사로 돌아와 처적으로부터 가사와 법을 받고 '무상無相'이라는 호를 받았다.

무상이 처적으로부터 법을 받고 수행한 도량인 덕순사(현 寧國寺), 사천성 자주현

무상 대사가 처적 선사에게 가사를 받고 다시 천곡산으로 돌아가 수행하였는데, 이 부분에 대해『역대법보기歷代法寶記』에 이렇게 전한다.

김화상은 가사를 받고 천곡산 바위굴에 숨어버렸다. 풀을 엮어 옷으로 삼고 음식을 줄였으며, 음식이 없어지면 흙을 먹을 정도로 수행했다. 맹수들이 무상 대사에게 감화를 받아 그를 호위해 주었다. 무상 대사는 이런 신이한 영험이 있었다.

또『송고승전宋高僧傳』에는 무상 대사의 수행에 관해 이렇게 전한다.

무상 대사는 한 번 선정에 들 때마다 5일간 삼매에 들었다. 어느 날 갑자기 눈이 많이 내렸는데, 두 마리의 짐승들이 먹을 것을 찾아 무상 대사 앞에 나타났다. 무상 대사는 벌거벗은 채로 짐승들에게 보시하려 하였으나 짐승들은 무상 대사의 머리부터 발끝까지 냄새를 맡으며 둘레를 돌다가 돌아갔다. 대사가 밤중에 좌선하는 와중에 호랑이의 수염과 털이 손에 잡힐 정도였다. 무상 대사가 산속에서 수행한 지 점차 오래되어 갈수록 옷이 다 헤지고 머리가 길어 사냥꾼들이 그를 이상한 짐승으로 여기고 활을 쏘려다가 그만두기도 하였다. 무상 대사는 마을 부근인 성에 들어와서도 낮에는 무덤 사이에 머물렀고, 밤이면 나무 아래에서 좌선을 하는 등 두타행을 하였다. 이에 대사를 존경하며 섬기는 이들

사천성 덕순사(德純寺, 현 寧國寺) 보리도량 당우 내부에 무상의 행적이 그려
진 벽화가 있다.

이 점차 많아졌다. 또 어떤 사람은 대사를 위해 무덤 옆에 사찰을
지어주는 사람도 있었다.

『역대법보기』와 『송고승전』에는 대사에 대한 기록에서 무상을 신
이한 고승으로 묘사하고 있는데, 이 점은 무상이 중국인들에게 미친
영향이 매우 컸음을 반증하는 부분이다.

③ 만년의 행화

무상은 10여 년간 스승 문하에서 수행한 후, 성도成都의 절도사 장구
대부章仇大夫(739년)의 요청에 의해 성도 정중사淨衆寺에 주석하였다.

장구대부의 귀의에 대해 『송고승전』에서는 '무상 대사가 두타행으로 일관되게 수행하는 모습에 감화를 받아 정중사에 머물도록 하였다'고 전한다. 또한 성도의 많은 사람들이 대사에게 귀의하며 존경하였다.

사천성 성도 대성자사에 모셔진 무상

무상 대사를 따르는 사람들이 점차 많아지자, 성도의 관리였던 양익楊翌은 '사람을 현혹시키는 요사한 승려'로 의심하고, 병사 20여 명을 이끌고 무상 대사를 찾아왔다. 그런데 병사들이 무상 대사를 보자마자 심신이 전율되어 벌벌 떨었고, 큰바람이 불어 모래와 돌이 날아왔다. 양익은 이때서야 머리를 조아리고 무상 대사 앞에 무릎을 꿇고 귀의해 참회하자, 회오리바람이 멎었다고 한다.

이렇게 사람들이 무상 대사에게 귀의를 하면서 대사에게 보리사菩提寺·영국사寧國寺 등 사찰을 보시하였고, 그곳에 머물기를 권청했다. 당시 성도 밖 지역에서는 무상 대사를 위해 창건한 사찰이나 종과 탑들이 셀 수 없이 많았다고 한다. 여러 사찰 가운데 무상 대사는 정중사에 오래 머물렀다.

무상의 나이 72세 무렵, 사천성 성도에 머물며 수행할 때 당시 현종玄宗이 안사의 난(755~763)을 피해 섬서성 장안(현 西安)에서 사천성으로 피신 왔다.

이 무렵 현종은 성도에 머물고 있는 무상 대사에게 '대성자사大聖慈寺'라는 현판을 하사하고, 이 사찰을 중건 불사해 머물도록 하였다. 당시 대자사는 96개의 정원과 천여 폭의 벽화가 있을 정도로 성도에서 가장 큰 도량으로, 진단제일총림震旦第一叢林이라고 불렀다. 절 주변은 당시 해외 외국인들이 교류하는 국제시장이 열리는 곳이었다.

대사는 말년에 정중사에 머물며 제자들을 지도하였다. 762년 5월 19일, 제자들에게 "나에게 깨끗한 새 옷을 주어라. 나는 목욕하고 싶다."라고 말한 뒤, 자시子時가 되자 좌선한 모습으로 입적하였다. 『역대법보기』에는 무상 대사 열반 후에 신이한 모습을 이렇게 언급하고 있다. "해와 달은 빛을 잃고, 천지는 백색으로 변했다. 법의 깃대는 부러지고, 니련선하의 강물이 말랐으며, 사람들은 희망을 잃어버렸고, 수행자들에게는 의지처가 끊어졌다." 무상이 사천성에 머문 지 34년째, 세속 나이 79세로 고국이 아닌 타향에서 입적한 것이다.

(3) 무상 대사의 선사상

무상의 대표적인 선사상은 인성염불引聲念佛과 3구설법三句說法이다. 『역대법보기』에 전하는 내용을 보기로 하자.

무상 대사는 매년 12월과 정월달에 사부대중 백천만 인에게 계를 주었다. 그는 엄숙하게 도량을 시설하고 스스로 단상에 올라가 설법하였다. (제자들과 불자들에게) 먼저 소리를 내어 염불하도록 하고(引聲念佛), 마음을 다하여 집중해 소리가 가늘어지면서 끊어지려는 무렵, 이렇게 말씀하셨다. "무억無憶·무념無念·막망莫妄하라."

첫째, 무상 대사가 대중들에게 '소리를 내어 염불하도록 하였다'는 것이 바로 인성염불을 말한다. 무상 대사는 염불행자이거나 정토행자는 아니다. 다만 삼매(선정)에 쉽게 들기 위한 방편으로 염불을 활용하였다. 단지 부처를 염함으로써 자신의 청정한 자성 자리에 입각한 본성을 자각하기 위한 것이 무상 대사가 활용한 인성염불의 의미이다.

둘째, 원문 마지막의 무억·무념·막망을 3구설법이라고 한다. 무억無憶은 생각으로 억측하거나 번뇌가 만든 상相을 떠나는 것이고, 무념無念은 일체 번뇌스러운 생각인 망념을 일으키지 않는 것이며, 막망莫妄은 어떤 것이든 허망한 생각이 없이 본성에 입각해 올바르게 사유하는 것이다. 무념의 선지禪旨를 강조하기 위해 제시하는 3구설법과 3학三學을 구체적으로 실천케 하는 하나의 수단으로 인성염불을 도입한 것이다. 무상 대사는 앞에 전개한 3구를 수행 차원에서 계·정·혜 3학에 배대해 이렇게 말하고 있다.

"무억은 계戒이고, 무념은 정定이며, 망념이 없는 것은 혜慧라고 한다. 이 3구가 총지문總持門이다."

규봉 종밀은 『원각경대소초』에서 무상 대사의 3구에 대해 이렇게 말하고 있다. "무억은 지나간 과거에 대해 집착하거나 추억하지 않는 것이고, 무념은 미래의 일에 대해 염려하지 않는 것이며, 막망은 현재의 일에 대해 지혜와 상응해 잡되거나 혼란스럽지 않은 것이다."

(4) 무상의 동아시아 불교사 및 선종사적 위치

첫째, 무상은 사천성 성도 정중사에서 20여 년을 머물며 수행했는데, 사찰 이름을 따서 그를 정중종淨衆宗의 개조開祖라고 한다. 무상대사가 활동하던 무렵 선종은 중국에서, 특히 양자강 이남인 남방에서 발달하였고, 남방을 중심으로 선수행자가 많았다. 혜능이 열반하고(713년), 혜능의 문하에서 배출된 제자들이 활동하는 시기였다. 이때는 선종도 여러 각 파가 있었고, 선사들이 자파의 선을 정립하려는 시기였다. 정중종은 남방이 아닌 서남 지역의 유일한 선종으로서 중국 초기 선종사에 미친 영향이 결코 적지 않다.

둘째, 무상의 선(정중종)이 티베트 불교에 최초로 영향을 미쳤다는 점이다. 원래는 선종사에서 치손데첸왕 때에 북종선北宗禪의 마하연摩訶衍 선사가 781년 티베트의 수도 라싸에 들어감으로써 티베트에 선을 전한 최초의 선사로 알려져 있었다〔티베트 왕실에서 거행한 '라싸의 종론宗論'이라는 유명한 법론인데, 마하연이 라싸에 들어가서 인도 승려 카마라실라(kamalasila)를 상대하여 돈문파 선승의 대표로서 돈점이문頓漸二門의 교학적 우열을 다투었다고 함〕. 그런데 중국의 북쪽 돈황에서 고대의 유물과 경전이 출토되어 『역대법보기』가 발견되면서 이전의 기록만으로는 알 수 없었던 무상의 모습이 여실하게 드러났다. 즉 돈황의 자료가 발견됨으로써 티베트에 최초 선 전래자는 무상 대사로 재평가된 것이다. 또한 티베트의 고사서古史書 『바세(sBa bzhad)』에도 이 점이 드러나 있다.

치덱첸왕은 왕자 치손데첸(742~797)을 위해 불교를 들여오려고 산시(Sangshi) 등 4인을 중국에 사신으로 보냈다. 산시는 중국 황제를 알현하고 1,000권의 경전을 가지고 돌아가는 도중 김화상金和尚을 만났다. 김화상은 티베트의 사신들에게 다음과 같이 예언했다. "부왕은 이미 죽었고, 불교를 배척하는 대신들에 의해 파불 사건이 일어나고 있다. 앞으로 왕자가 왕이 되어 불교교리에 대해 물을 때, 신왕新王에게 해설해 주면, 왕은 신심이 일어날 것이다." 무상은 산시에게 불법을 가르치고 3경(三經: 『십선경十善經』·『금강경金剛經』·『도간경滔竿經』)을 주었다. 이후 산시 일행은 두 달 동안 김화상 곁에 머물다 티베트로 돌아갔다. 이들이 귀국해 보니, 김화상의 예언대로였다. 산시는 가지고 간 경전을 보호하기 위해 땅에 파묻었다. 이후 세월이 흘러 왕자가 치손데첸왕이 되

운남성 대리 숭성사 오백나한전에 모셔진 무상

55

어 불법을 물을 때, 산시는 "이전의 조상들께서는 노자경에 따랐으나 나라에 좋은 일이 일어나지 않았습니다."라고 하며 산시는 땅에 파묻었던 3경을 꺼내어 차례로 읽어 주었다.

셋째, 무상에 관해서는 오래 전부터 밝혀진 바지만, 무상은 중국불교에서 공인한 오백나한 가운데 455번째 나한으로 모셔져 있다. 중국의 오백나한은 석가모니 부처님을 비롯해 부처님의 첫 제자들 5비구 가운데 한 사람인 교진여가 포함되고, 선종 초조인 달마 대사는 307번째 나한이다. 반면 육조 혜능과 임제 의현은 제외될 정도이다. 무상 대사가 나한으로 모셔져 있다는 사실도 우리나라에서는 20여 년 전에 알려졌다.

넷째, 동아시아 선사상에 큰 영향을 미치고 있는 선사가 마조 도일(馬祖道一, 709~788)인데, 이 마조가 무상의 제자라는 내용이다. 처음 주장한 승려는 규봉 종밀(圭峰宗密, 780~841)이다. 선교일치를 주장한 강사이자 선사인 종밀은 『중화전심지선문사자승습도中華傳心地禪門師資承襲圖』와 『원각경대소초』, 『송고승전』에 무상 대사와 마조가 사제관계라는 점을 밝히고 있다. 이후 근현대에 들어 중국 사학자인 호적(胡適, 1891~1962) 박사가 이를 주장하였다. 호적 박사는 이 내용을 연세대학교 민영규 교수에게 전했고, 민 교수는 제자들과 함께 무상 대사의 행적을 연구하였다.

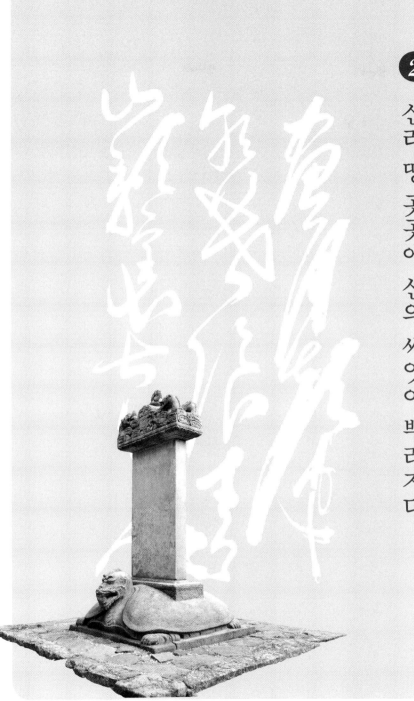

2

신라 땅 곳곳에 선의 씨앗이 뿌려지다

나말여초 산문이 받아들인 선법禪法은 중국 당나라 때의 조사선이
다. 조사선은 한국선의 원류에 해당한다고 볼 수 있는데, 간단하게
살펴보기로 하자. 조계종교육원에서 간행된 『간화선(조계종 수행의
길)』에는 조사선의 시작과 발달을 이렇게 언급하고 있다.

> 부처님께서 가섭에게 세 곳에서 마음을 전하였고(三處傳心: ①영
> 산회상염화미소靈山會上拈花微笑, ②다자탑전분반좌多子塔前分半坐, ③사라
> 쌍수곽시쌍부沙羅雙樹槨示雙趺), 이 법이 전승되어 28번째 보리달마는
> 동토東土의 첫 조사가 되었다. 이후 육조 혜능이 실질적으로 조사
> 선을 정착시켰으며, 마조와 석두는 조사선을 크게 융성시킨 인물
> 이다.

실은 조사선을 정착시킨 인물들은 마조와 석두이고, 혜능은 조사
선이 일어나게 하는 근원점이라고 해야 옳다. 앞에서 중국이 불교를
수용하고 어떻게 발전하였는지의 양상에 대해 언급했는데, 그 연장
선으로 보면 좋을 듯하다. 520년 달마가 중국에 입국한 이래 중국의
선은 시작되었다고 볼 수 있다. 중국 선종의 시작은 달마이지만, 달

마 이전에 보지공(寶誌公, 418~514)이나 부대사(傅大士, 497~569) 등 선수행하는 선자禪者가 없었던 것은 아니다. 즉 선종의 역사는 달마를 기점으로 하지만, 선사상은 달마 이전에도 존재했었다.

당나라 시대는 중국 역사상 문화적으로나 대외적·경제적으로나 최고의 전성시대이다. 그런데 755년 안사의 난을 계기로 경제·정치·문화 등 당나라 사회가 총체적으로 위축되었다. 불교인 경우, 교종은 쇠퇴하지만 선종은 최고의 전성기가 시작되었다. 게다가 정치도 중앙 집권에서 지방 분권으로 분산되는 양상을 띠었다. 바로 8세기 후반부터 지방을 주축으로 발전하는 선이 조사선이다. 우리나라에서는 조사선이 중국보다 80여 년 후에 전개되었다(뒤에 '구산선문' 부분에서 자세히 나옴). 현재 우리나라의 선은 실천 방법은 간화선이지만, 이론은 조사선에 기반을 둔다.

'선'이라는 말에 '조사'를 붙여 조사선祖師禪이라는 용어가 활용되었다. 이 조사선 확립으로 중국의 선종이 완성되었다고 봐도 과언이 아니다. 조사선은 인간을 중시하는 관점에서 출발하여 인간의 본바탕인 자성自性이 청정하다는 주제의식을 강조하는 데 역점을 둔다. 이 선사상은 중국 기존의 문화(도교)적인 성향 아래 인도와는 다른 중국 선종의 새로운 태동이라고 보면 옳을 듯하다. 조사선 이전의 선을 여래선如來禪이라고 하는데, 달마가 제자인 혜가에게 『능가경』을 전하며 수행의 지침을 삼으라고 하여 조사선 이전을 여래선이라고 칭한다. 『능가경』에서는 4종선(愚夫所行禪·觀察義禪·攀緣如禪·如來禪)을 언급하고 있는데, 최고의 선을 여래선이라고 하기 때문에 선종사에서 이렇게 호칭하고 있다.

초조 달마부터 시작해 2조 혜가~3조 승찬 대까지의 선사들은 두타행자나 다름없었다. 즉 왕권의 도움으로 교학불교가 크게 번성할 무렵에 초기 선종은 왕권이나 귀족들의 도움 없이 수행하였다. 4조 도신과 5조 홍인의 선법을 '동산법문東山法門'이라고 하는데, 어느 정도 조직적인 승가 형태를 이루었다. 5조 홍인으로부터 배출된 신수계를 북종北宗이라 하였고, 혜능계를 남종南宗이라고 하였다. 이렇게 '남종'·'북종'이라고 명명한 선사는 혜능의 제자인 하택 신회(荷澤神會, 670~762)이다. 신회는 북종을 방계라고 하고 수행법은 점수漸修라고 하였다. 즉 북종선의 습선적인 병폐를 비판하면서, 혜능이 달마의 법통을 이어 받은 적손이며 남종은 반야와 돈오頓悟 사상이라고 주장하였다. 육조 혜능(六祖慧能, 638~713) 이후부터 선종의 역사는 큰 물줄기를 형성하게 되었다. 그런데 선종의 역사는 신회가 생각지도 못했던 일파에서 발전되었다. 혜능의 제자인 남악 회양과 청원 행사 문하에서 선종이 크게 발전한 것이다. 남악 문하에서 마조 도일(馬祖道一, 709~788)이 배출되었고, 청원 문하에서 석두 희천(石頭希遷, 700~791)이 등장한다.

마조 문하에서 위앙종과 임제종, 석두 문하에서 운문종과 조동종·법안종이 형성되었다. 다시 북송 시대 임제종에서 황룡파와 양기파로 나뉜다. 이를 5가 7종이라고 한다. 처음 송대 초기만 해도 운문종과 법안종이 위세를 떨쳤는데, 점차 황룡파로 옮겨갔고, 다시 양기파의 선사상이 발전하였다. 훗날 양기파에서 간화선이 등장한다. 우리나라는 구산선문 외에도 수많은 선종이 개산되었는데, 모두 5가 7종이 수입된 것이었다.

10 │ 우리나라 최초의 선 전래자는 누구인가?

조계종의 종조는 가지산문의 도의국사라고 하지만, 한국 선사상적 측면에서 보면 우리나라 최초의 선 전래자는 7세기의 법랑(法郎, 신라 진덕왕대, 647~653 재위)이다. 최치원이 쓴 「봉암사지증대사적조탑비鳳巖寺智證大師寂照塔碑」 비문에 의하면, "법랑이 중국으로 건너가 도신의 법을 이어왔다."라는 기록이 전한다. 법랑은 4조 도신(四祖道信, 580~651)의 제자이다. 중국에서 선종이 발전하면서 도신 이후부터 수행자들이 집단생활을 하였다. 도신은 기주蘄州 쌍봉산(雙峰山, 湖北省 黃梅縣)을 중심으로 법을 전개하며 활동하였다.

또 북종선(北宗禪, 대통신수계 선사상)을 전래한 사람이 있는데, 법랑의 제자인 신행(神行, 704~779)이다. '봉암사지증대사적조탑비'에 "쌍봉의 제자 법랑·손 신행·증손 준범·현손 혜은·말손 대사(지증)"라는 내용이 전한다. 이어서 다음과 같이 신행의 행적이 전한다.

신행의 도는 시기가 적합지 못해 전해지지 못했다. 선사의 가르침은 바다에 떠 있는 듯, 하늘에 들리는 듯하였다. 숙종 황제는 몸소 시를 써서 "제자가 바다를 건너는 데 뗏목을 의지하지 않았고, 봉의 아들이 마음을 고요히 비웠으니, 달마저 잊어버렸구나."라

고 하였고, 신행神行 선사는 이에 "산조해룡山鳥海龍"이라는 구절
로써 답했으니, 깊은 뜻이 있다.

또한 현존하는 「단속사신행선사비斷俗寺神行禪師碑」에서 신행의
행적을 알 수 있다. 신행은 일찍이 경상도 호거산에 은거해 있던 법
랑의 문하에서 수학해 법을 받았다. 법랑이 입적한 후 그는 입당하
여 북종 대통 신수(大通神秀, 606~706)의 제자인 보적(普寂, 651~739)
의 제자가 되는 지공志空을 만났다. 비문에 의하면, 지공이 신행에게
"그대는 지금 본국으로 돌아가라. 가거든 미혹에 싸인 중생들의 마
음을 깨우쳐서 선의 바다를 물결치게 하여라."라고 하였고, 이 말을
듣고 귀국한 신행은 산청군 단성면丹城面 단속사斷俗寺에서 수행하

우리나라 최초로 선을 전한 법랑 선사의 스승인 4조 도신의 도량(호북성湖北
省 황매黃梅 사조사四祖寺)

다가 신라 제36대 혜공왕 15년(779), 76세로 입적하였다.

「단속사신행선사비」에 의하면, 법랑이 신행에게 선법을 전한 것으로 되어 있을 뿐 법랑의 행적과 사상은 전혀 알 수가 없다. 단지 「봉암사지증대사적조탑비」의 비문에서 법랑의 법통을 추측할 뿐이다.

이와 같이 우리나라 최초로 수입한 선은 법랑에 의한 4조 도신의 법, 신행에 의한 북종선이었지만 널리

봉암사지증대사적조탑비. 높이 273cm. 국보 제315호이다. 최치원의 사산비명 가운데의 하나이다(경북 문경 봉암사).

보급되지는 못했다. 이후 신행 문하에서 준범遵範이 나오고, 다시 혜은惠隱에게로 전해졌으며, 이어 지증(智證, ?~882)에게로 법이 이어졌다. 이 산문이 우리나라 대표 선원인 봉암사 희양산문이다.

11 | 한국 선사상과 조계종의 법맥 문제

우리나라 선사들의 법맥은 중국 선사로부터 이어져 온다. 더 거슬러 올라가면 부처님이 가섭에게 전한 삼처전심三處傳心이지만, 인도 28 조인 보리달마가 중국에서는 초조가 되어 6조인 혜능에 이르기까지, 그리고 그 이후로 법맥은 전승되어 왔다. 물론 이런 법맥 법통설은 중국 선에서 발전된 것인데, 중국불교의 8종 가운데 제일 늦게 성립된 선종이 종파의 정당성을 주장하기 위함도 배제할 수 없다.

법통 문제는 여러 이설이 있으며, 난제이다. 현재 조계종의 법통과 관련해 종헌에서 "조계종의 종조는 도의국사이고, 고려 보조국사의 중천을 거쳐 중흥조는 태고 보우이다."라고 하고 있으며, 이어서 "조선의 서산과 부휴 선사의 양대 법맥으로 발전되었다."라고 언급하고 있다.

한편 조계종의 법통설에서도 보조 지눌을 비판하기도 하고, 고려 말기 나옹 법통설과 태고 법통설이 있지만, 필자는 이런 문제를 염두에 두지 않는다. 자칫 잘못하면, 필자가 주장하는 대로 법맥을 꿰맞추다 보면 오류가 있을 수 있기 때문이다. 또한 한계가 드러남으로써 문중에 폐를 끼칠 수 있기 때문이다.

어찌되었건 선사들의 사상을 언급하다 보면 당연히 법맥 문제가 거론될 수밖에 없는데, 혹 어떤 이는 '법맥이 뭐 그렇게 중요하냐?'고 항변할지도 모르겠다. 앞에서도 언급했지만, 근래에는 초기불교와 위빠사나, 서양의 불교학(자국적 문화가 개입된 명상), 티베트 불교등 다양한 불교사상이 있다 보니, 법맥을 부정적으로 보는 이들도 있다. 하지만 이 법맥은 승가의 절대적 가치요, 승가의 자존심이다. 무조건 추앙하라고 강요하지 않지만, 왈가왈부하는 이가 있다면 그개인의 가치관으로 남겨둔다.

12 | 나말여초 선사상의 시대적·불교사적인 배경

(1) 구산선문이 유입되기 전, 신라 말기의 불교사적 배경

일전에 어느 학술 모임에 참가했는데, 필자 옆자리에 퇴임한 한국불교 전공 교수님이 앉아 있었다. 교수님과 대화를 하는 중에 이런 질문을 하였다.

"교수님께서는 한국불교사에서 최고의 고승이 누구라고 보십니까?"

"의상 대사와 원효 스님입니다."

잠깐 숨도 고르지 않고 말씀하신 답변에 놀라지 않았다. 개인마다 의견 차이가 있지만, 불교학자라면 누구나 공감할 수 있는 분들이 원효와 의상이기 때문이다.

신라의 원효 대사와 의상 대사는 출발점이 같다. 두 분은 함께 당나라 현장 법사의 유식을 배우기 위해 유학길에 올랐다. 당항성에서 한밤중에 해골 물을 마신 원효는 다음날 유학을 포기하고 신라로 돌아왔고, 의상은 입당했다. 한 분은 뒷걸음질, 한 분은 전진해 나아갔다. 과정상 깨달음의 길이 다르고 중생교화의 방편이 다를 뿐, 두 분에 대해 어떤 저울질에 의미가 없다고 본다.

원효(617~686) 대사는 귀족적인 불교에서 탈피해 지방의 촌락, 거

리 등을 다니며 무애無碍 박을 두드리며 『화엄경』 구절(一切無碍人 一
道出生死)을 민요가락으로 불러 불법을 서민층에 알렸다. 또한 광대
들이 공연 때 사용하던 큰 박을 두드리며 저잣거리와 천민들이 거주
하는 촌락을 누비고 다니며 노래하고 춤을 췄다. 원효는 양반의 전
유물로 여기던 불교에 노비와 서민층도 공유할 수 있다는 평등의식
을 부여하였다.* 원효는 화엄사상과 유식사상에서 화해和解와 회통
會通의 논리체계인 화쟁和諍사상 등을 도출하였다. 원효처럼 동시대
민중들에게 불교를 대중화한 분으로는 대안大安·혜숙惠宿·혜공惠空
등이 있다.

의상(625~702) 대사는 입당해 화엄종의 2조 지엄(智儼, 602~668)
문하에서 법장(法藏, 643~712)과 함께 동문수학하였다.** 의상은 귀
국 후 경상도 영주 부석사浮石寺에 화엄도량을 건립하였다. 의상 대
사는 『화엄경』을 강설하고, 10여 곳에 화엄종 사찰을 창건했다. 이
로써 의상 대사는 해동 화엄종의 개조開祖가 된 것이다. 이후 의상과
그 제자들에 의해 화엄사상은 신라 사회에 널리 확산되었고, 신라

---

* 원효의 저술로는 『화엄경소』·『금강삼매경론』 등 77부이나 현존하는 것은 23
부이고, 온전히 남아 있는 저술은 15부이다. 『금강삼매경론』은 중국의 승려가
"이것은 보살의 경지에서만 나올 수 있는 저술이므로 당연히 논이란 명칭을 붙
여야 한다."라고 해서 논이 되었다.
** 『화엄일승법계도』(668년), 『백화도량발원문』 등 저술이 많지 않으나, 의상에
대한 기록은 송대 찬녕贊寧의 『송고승전宋高僧傳』과 일본 교토(京都) 고산사高山
寺 소장의 『화엄연기』에 사상과 행적이 전한다. 의상의 화엄학과 법력은 동아
시아 불교계에 큰 영향을 미쳤다.

하대에 선종과 대립 혹은 공존하였다.

신라 중기에서 말기로 넘어오기까지 주류 불교학은 의상의 화엄학과 유식학이었다. 그런데 화엄종은 의상 대사와 그 직제자에 이르는 시기까지 실천적 성격이 강했으나 8세기 이후로는 지나치게 학문적인 경향으로 흘러갔다. 한편 유식은 원측 법사의 서명학파가 신라에 유입되어 유식학이 잠깐 유행하였으나 고려 초기 이후 쇠퇴하였고, 진표眞表에 의한 법상종은 실천적 종교운동으로 전환하였다.

우리나라에 선이 유입되기 전, 신라 말기는 화엄사상이 팽배하였다. 전반적으로 당시 구법승들은 화엄학을 공부하고 입당하였다. 대부분의 선사들이 교를 익히기 위해 입당하지만, 당시 당나라에서 화엄종은 규봉 종밀(780~841) 이후로 단절되었고, 더 이상 화엄학이 크게 발전되지 못했다. 즉 8세기 중반 무렵부터 중국은 선종이 우세하였으므로 우리나라 구법승들은 자연스럽게 선을 하였고, 신라로 입국할 때는 선종의 선사로서 활동하게 된다.

(2) 신라 하대의 시대적 배경

신라 사회는 경덕왕(景德王, 742~764 재위)이 서거한 이후, 신라 하대로 접어들면서 혼란에 빠지기 시작했다. 사회변동을 여러 측면에서 설명할 수 있지만, 새로운 사회 체제의 전환점이 필요하였다. 신라 말기 155년 동안 20명의 왕이 교체되었는데, 이는 정치적 혼란기임을 드러낸다. 그 원인은 골품체제의 모순에서 비롯된 붕괴 현상에서 사회 분열로 이어진 것에서 찾을 수 있다.

첫째, 골품체제의 모순에서 진골 귀족끼리 치열한 왕위 다툼이 있었다. 중앙 왕실에서는 방계傍系 김씨 왕실이 등장하여 치열한 왕권 투쟁이 있었다. 그 한 예가 '김헌창金憲昌의 난'인데, 헌덕왕 14년(822)에 김헌창이 왕위에 오르지 못하자, 공주 지역을 기점으로 난을 일으키는 사건이 발생할 정도였다.

둘째, 중앙의 하급 귀족인 6두품은 출세에 제약을 느끼고 이에 불만을 품고 있었다. 또한 골품제도의 모순으로 경제체제까지 붕괴되는 현상이 나타났다.

이렇게 두 원인으로 인해서 중앙 정치가 혼미해지자, 지방과 해상에 새로운 세력이 등장하였다. 곧 지방의 호족들은 중앙정부의 통제에서 벗어나 그 지방의 백성들을 독자적으로 지배하였고, 어떤 호족은 해상활동을 하여 해외무역을 시도하였다. 이런 와중에 농민들은 지배층의 가혹한 착취에 저항하여 민란을 일으키기도 하였다.

이와 같이 불교사적으로나 사회적으로 혼란한 시대에 새로운 이념이 요구되었다. 이렇게 사회 모순이 심화된 신라 말기에 선종이 발전하는 데는 두 가지 요인이 작용했다고 본다.

첫째, 복잡한 교리를 떠나 심성心性을 닦는 데 힘쓰는 선종의 수행 방법이 호족들에게 호감을 샀다.

둘째, 선종 자체가 혁신성을 띠고 있어서 새로운 사회 건설을 원하는 6두품과 호족의 환영을 받을 수 있었다. 즉 개인적인 수행을 강조하는 선종을, 호족들이 중앙 왕실의 간섭으로부터 벗어나 지방에서 독자적인 세력을 형성하는 것과 맞물려 선호한 것이다.

13 | 조계종의 종조, 가지산문 도의국사

(1) 조계종 종헌 종법 예시

현재 조계종 종헌(제2장 6조) 종법에 의하면 이렇게 명시되어 있다.

> 본종本宗은 신라 헌덕왕 5년(813년)에 조계 혜능의 증법손 서당
> 지장에게서 심인心印을 받은 도의道義국사를 종조宗祖로 하고, 고
> 려의 태고 보우국사를 중흥조로 하여 청허와 부휴 양 법맥을 계
> 승한다.

또한 조계종 종헌 서문에도 이렇게 서술되어 있다.

> 우리 종조 도의국사께서 조계의 정통법인을 사승하사 가지 영역
> 에서 종당을 게양함으로부터……

구산선문 가운데 가지산문의 도의국사는 현 조계종의 조사로서
한국 조계종에는 육조 혜능을 비롯해 마조 도일(馬祖道一, 709~788)·
서당 지장(735~814)의 선풍禪風이 그대로 전해 오고 있다.

(2) 도의의 입당과 법맥

도의(?~825) 선사는 북한군(北韓郡, 현 서울) 사람으로 성이 왕씨였다. 신라 선덕여왕 때(784년) 당나라로 들어갔다. 입당하여 바로 오대산 (현 山西省. 문수보살 성지)으로 가서 기도를 하였는데, 이곳에서 문수 보살을 친견하고 감응을 받아 공중에서 종소리가 들려오고 신령스 러운 새가 날아오는 신이한 일이 있었다.

이후『조당집』에 도의 선사의 중국 행적이 나온다. 도의 선사는 광 동성廣東省 광주廣州『육조단경』의 설법 장소인 보단사(寶壇寺, 현 大 鑑寺)에서 구족계를 받고, 훗날 조계산(현 廣東省 韶關 南華寺)으로 옮 겨갔다. 도의 선사는 육조 혜능을 모신 조사당에 이르러 참배를 하 려고 하는데 조사당의 문이 저절로 열렸고, 3배를 올리고 나오니 또 한 문이 닫혔다는 신이한 고사가 전한다. 물론 이런 고사는 진위 여

부를 논하기에 앞서, 도의가 당시 중 국이나 우리나라에서 미친 법력과 영 향력이 반영되어 후대 요청에 의해 만들어졌다고도 볼 수 있다. 즉 도의 를 통해 혜능의 선법과 정통성을 연 계하면서 스승과 제자의 이심전심以 心傳心 법맥을 상징한 것이라고 생각 된다.

이후 도의는 강서성江西省 홍주洪州 개원사(開元寺, 현 佑民寺)에서 서당 지 장(西堂智藏, 735~814)을 참알하고 의

도의 선사가 구족계를 받은 곳(광동성 광주 보단사. 현재는 대감사)

72

도의 선사가 서당 지장을 처음 참알하고, 법맥을 받은 개원사(현 강서성 남창 우민사)

심하고 있던 바를 물어 그 의문점을 풀었다. 서당은 마치 돌더미에
서 아름다운 옥玉을 얻은 듯하고 조개 속에서 진주를 주워낸 것처럼
기뻐하며 말했다. "진실로 법法을 전한다면 이런 사람이 아니고 누
구에게 전하랴."

　서당에게 가르침을 받으며 도의는 깨달음을 얻었고, 서당에게서
도의道義라는 호를 받았다. 도의 선사가 개원사에서 스승 서당을 만
나고 법맥을 받은 장소라고 해서 2008년 한국의 조계종 총무원에서
는 개원사 도량에 '조계종 종조宗祖 도의조사 입당入唐구법 기념비'
를 세웠다.

　도의는 서당 문하에서 수행한 뒤, 백장청규를 제정한 백장 회해(百

丈懷海, 749~814) 선사가 살고 있는 백장산으로 옮겨갔다. 그곳에서 도의는 서당을 모시는 것과 똑같이 백장 회해를 스승으로 섬겼다. 어느 날 백장이 도의의 정진력에 감화를 받아 선사에게 이렇게 말했다.

"강서의 선맥禪脈이 모두 동국東國의 승려에게 넘어가는구나."(『조당집』)

개원사(현 우민사) 도량 내에 있는 '도의 조사 입당구법 기념비'

도의 선사는 마조 문하의 제자인 서당에게서 법맥을 받고, 백장에게서도 인정을 받아 대선지식으로서의 법력에 바탕이 되었음을 알 수 있다.

도의선사가 백장 회해의 도량에서 수행해 심인을 얻은 곳 (강서성 봉신 백장사)

(3) 도의 선사의 귀국 후 행적과 선사상

도의는 37년 동안 당나라에 거주하며 법을 구한 뒤, 821년 귀국했다. 이는 선사상의 신라 전래에 있어서 매우 중요한 시점이다. 그러나 도의는 입국한 이래 예상치 못한 공격을 받는다. 당시 교종으로부터 심한 비판을 받았는데, 그의 설법을 마어魔語라고 비난하였다. 당시는 교종이 풍미했던지라 도의 선사의 선사상은 비판의 대상이 될 수밖에 없었을 것이다. 도의의 대표적인 선사상이라고 할 수 있는 무위無爲 사상을 살펴보면 다음과 같다.

그는 신라에 돌아와 선리禪理를 설했다. 그때 사람들은 오직 경교經教와 습존관심習存觀心의 법을 숭상하여 아직 무위임운지종無爲任運之宗의 선을 알지 못하고 오히려 황당한 소리라고 하며 그를 존중하지 않았다. 그것은 마치 양무제가 달마의 법을 이해하지 못하는 것과 같았다.(武州 迦智山 寶林寺「諡普照禪師 靈塔銘并序」)

여기서 '무위임운'이라는 말은 조사선의 사상을 함축적으로 나타내는 단어이다. 굳이 수행을 가자하지 않아도 본래 성불된, 깨달아 있는 본각本覺 사상의 입장에서 언급하는 것이다. 곧 누구나 깨달을 수 있는 가능성인 불성에 입각해 있는 사상이다. 그래서 무수무증無修無證, 곧 닦을 필요도 없고 증득할 것조차 없다는 것이다.

지금은 웬만한 불자라면 '일체중생 실유불성'이라는 단어는 알고 있으며, 어느 정도 수긍하는 용어이다. 그런데 중국에서 돈오불성론頓悟佛性論을 최초로 주장한 사람은 거의 이단이나 다름없는 취급을 받았다. 바로 구마라집(344~413)의 제자인 도생(道生, 360?~434)이었다. 당시 도생은 이 불성론 주장에 거센 반박을 받았고, 당시는 인정받지 못했다. 이후 선종이 부상하면서 그의 사상은 300여 년 후에 인정을 받게 되었다.

또 한 사람, 도의 선사와 유사한 분이 있다. 바로 중국 선종의 시조인 보리달마이다. 달마가 520년 인도에서 중국으로 와서 양무제를 만나 대화를 나누었는데, 양무제는 이를 이해하지 못한다(양무제와의 대담은 후대에 만들어진 가설). 이에 달마는 북쪽으로 올라가 하남성河南省 소림사에서 은거한다. 당시 교학 중심으로 발달해 있던 중국의 불교는 서천 땅에서 온 달마가 그리 반갑지 않았다. 오직 마음만을 강조했던 달마와 현세적 이익만을 추구하는 황제나 왕권과 밀착해 있던 승려들과의 마찰은 당연했을 것이다. 그래서 달마에 관한 일화에는 '달마가 광통 율사(468~537)에게 독살을 당했다', '달마가 관 속에 신발 한 짝만을 남겨두고, 짚신 한 짝만 들고 총령을 넘어 서천으로 돌아갔다'라는 등 신이적인 일화가 등장한다. 아무튼 달마의 애달픔이라는 시행착오가 있었기에 우리나라를 비롯해 동아시아에 선의 나무가 무럭무럭 자라 지금의 한국불교를 이루고 있는 것이다.

이와 같이 불성론을 처음 주장한 도생, 고국을 등지고 중국에 선법을 전하러 온 달마는 우리나라 도의 선사의 행적과 유사하다. 그래서 선각자는 외로운 법인가 보다. 도의 선사가 당나라에서 37년간 수행을 마치고 돌아오자, 고국에서는 그를 쓸데없는 말을 하는 마구니와 같은 취급을 하였다는 점이 이를 반증한다.

당시 화엄종의 승통僧統과 나누었던 대담이 고려 시대 천책의 『선

문보장록『禪門寶藏錄』에 언급되
어 있다.

도의 선사 진영(언양 석남사 조사전)

화엄종의 승통 지원智遠이 도
의에게 물었다.

"화엄의 사종법계四種法界 이
외 어떤 법계가 있으며, 55선
지식의 항포법문行布法門 이외
다시 어떤 법문이 있습니까?"

"지원 스님이 알고 있는 사종
법계는 조사선문祖師禪門에서
는 이체理體를 바로 들어 일체

의 정리正理를 영멸永滅시키므로 법계상法界相도 오히려 얻을 수
없습니다. 본래 행行과 지智가 없는 조사선에서는 문수·보현의
상相도 오히려 볼 수 없는 것입니다. 55선지식의 항포법문은 물거
품과 같음이요, 사지보리四智菩提 등도 또한 금의 광석과 같을 뿐
입니다. 교리 속에 혼잡되어 있어 얻을 수 없는 것입니다."

지원이 또 물었다.

"그렇다면 교리행과敎理行果와 신행행증信解行證은 어디에 해당되
며 어떤 불과佛果를 성취합니까?"

"무념무수無念無修의 이성理性이 신해행증일 따름이며, 조사께서
보이신 가르침은 부처와 중생을 따로 얻을 수 없고, 곧 도道의 성
품을 바로 나타낼 뿐입니다. 그러므로 오교五敎 밖에 별도로 조사

의 심인법을 전하는 것입니다……"

이어서 도의 선사는 화엄종의 지원 스님에게 "아무리 오랫동안 불경을 읽어도 심인心印을 얻지 못하며, 무수한 세월을 닦는다고 해도 끝내 얻기 어려울 것입니다."라고 하며, 선은 교종과는 감히 비교될 수도 없는 최상승법이라고 하였다. 곧 선종의 우위성을 강조하면서 교종에 대해 정면으로 도전한 것이다. 필자가 간단히 도의 선사의 말을 정리하면 이러하다. 『화엄경』에서는 수행과위를 55위로 하는데, 이는 점차적인 수행법(漸修)에 해당한다. 돈오의 수행법은 교리를 통해서 깨닫는 것이 아니다. 그래서 마음의 깨달음 법은 교 밖에 달리 전한다고 하는 교외별전이요, 이심전심인 것을 드러낸다.

우리나라의 선수행자들이 애독하는 어록이 황벽 희운(黃檗希運, ?~856)의 『전심법요』이다. 이 어록은 돈오돈수 사상의 대표적인 어록이요, 조사선의 정점이라고 해도 과언이 아니다. 앞의 도의 선사가 언급한 교리행과로는 깨달을 수 없다고 했듯이 황벽도 어록에서 "성문·연각 및 십지·등각·묘각조차도 방편"이라고 하면서 오롯이 돈오를 강조한다. 성철 스님도 돈오돈수를 주장하였다. 물론 우리나라 선법이 보조 선사 이후 돈오점수적인 측면이 있지만, 돈오돈수가 우리나라 선의 종풍이라고 본다.

이와 같이 도의의 선사상은 '무위임운지종無爲任運之宗'·'무념무수無念無修'를 중시하며 철저하게 조사선을 강조하였다. 당시 선사들이 선과 교의 융합을 꾀한 반면, 도의 선사는 교외별전, 선의 우위성을 주장한 것이다.

(4) 가지산문(현 조계종)의 전개

도의 선사는 자신의 선사상을 신라 사회에서 펼칠 수 없음을 직감하고, 마치 달마가 소림사로 들어가 면벽수행 했듯이 설악산 진전사陳田寺에 은거하였다. 이곳에 거주할 때, 염거(廉居, ?~844)가 찾아와 도의로부터 법을 전해 받았다. 염거 스님 탑명에도 "조사선을 전하고, 사교를 멀리한다(傳祖心闢邪敎)."라는 내용이 있는데, 염거 또한 스승의 가르침에 철저한 선자禪者였던 것으로 생각된다. 염거는 설악산 억성사億聖寺에 머물며, 법을 보조 체징(普照體澄, 803~880)에게 전했다.

보조 체징은 염거로부터 법을 받은 뒤, 837년 당나라에 들어갔다. 보조는 여러 곳을 행각하며 선지식을 찾아다니며 수행하다가 이런 결론을 내린다. "나의 조사가 전한 법 이외에 더 이상 구할 것이 별

진전사(강원도 양양)에 모셔진 도의 선사 부도탑(보물 제439호)

가지산문의 2조 염거 선사 부도탑(국보 제
104호. 강원도 원주군 지정면 흥법사지에서
출토되어 일본인에 의해 반출되었다가, 지금
은 서울 국립중앙박물관에 모셔져 있다.)

가지산문 3조 보조 체징 진영(전남 장흥
가지산 보림사 조사전)

도로 없구나(我祖師說 無以爲加)." 이
후 당나라에 머문 지 3년 만에 신라
로 돌아왔다. 체징이 스승으로부터
공부한 사상이 후대에 온전히 전하
지는 않지만, 신라 산문에 이정표를
세우는 데 큰 역할을 하였음을 추
론해 볼 수 있다.

이후 체징은 전남 장흥 가지산迦
智山 보림사寶林寺에서 산문을 열었
다. 이후 이 산문에는 800여 명의
승려들이 운집해 수행했다고 하니,
당시 도의 선사의 선법이 신라 선
종에 큰 영향을 끼쳤음을 알 수 있
다. 또한 고려 말기 여러 산문 가운
데 오로지 가지산문만 흥성했다. 고
려 때 『삼국유사』로 유명한 일연一
然이 바로 가지산문 승려이다.

이로써 볼 때, 산문은 분명히 3조
보조 체징이 열었지만, 가지산문은
도의 선사의 선사상을 바탕으로 확
립되었음을 알 수 있다. 바로 대한
불교조계종의 시발점이다.

가지산문 보림사(전남 장흥)

• 가지산문

마조 → 서당 지장 → 도의 → 염거 → 보조 체징 → 형미 … 원응국사
… 일연 … 태고 보우

14 | 최초로 산문을 개산한 실상산문 홍척

앞에서 거론했지만, 신라 사회의 혼란스런 시기에 마침 당나라에서
는 직지인심直指人心 견성성불見性成佛을 내세운 선종이 최고조로 발
전하기 시작했다. 즉 755년 안록산의 난과 845년 무제의 회창파불
을 계기로 당나라에서 교종은 급격히 쇠퇴한 반면 선종은 오히려 크
게 발전되는 양상을 띠었다.

조사선이 발전하기 시작하면서 당시 대표적인 선사는 석두 희천
(石頭希遷, 700~791)과 마조 도일(馬祖道一, 709~798)이다. 두 선사 가
운데서도 마조 선사와 마조계 제자들에 의해 선풍禪風이 큰 위세를
떨쳤다. 곧 즉심시불卽心是佛과 평상심시도平常心是道를 강조하면서
인간 중심의 사상을 체계화한 조사선 선풍이었다.

앞에서 언급한 가지산문의 도의(?~825) 선사가 마조 문하에서 37
년간 수행하고 821년 신라 헌덕왕 때 귀국하면서 우리나라에 선을
전했으나, 왕즉불王卽佛의 왕권 불교인 교종의 영향으로 선사상이
전개되지 못했다. 또한 당시 화엄사상과 화엄종의 영향 아래 선에
대해 생소했던 신라 사회에 선이 뿌리내리기가 쉽지 않았다. 그랬던
신라 사회가 수년이 지나 실상산문實相山門을 초두로 선종 산문이 개
산되기 시작하였다.

최치원이 지은 문경 봉암사 「지증대사적조탑비」 비문에 의하면 실상산문의 홍척洪陟은 당시 도의와 쌍벽을 이루었는데, '북산의北山義 남악척南岳陟'이라는 기록이 전한다. '북산의'란 설악산 진전사에 은둔했던 도의 선사와 억성사에 머물렀던 염거를 두고 하는 말이고, '남악척'이란 당연히 홍척 선사를 지칭한다. 홍척은 가지산문의 도의 선사보다 몇 년 늦었지만, 가지산문보다 실상산문이 앞서서 개산하였다. 곧 구산선문 가운데 최초로 산문을 연 선문이 실상산문이다.

(1) 홍척의 행적

홍척의 휘는 홍직洪直이라고도 한다. 810년 헌덕왕 때에 당나라로 들어가 서당 지장(西堂智藏, 735~814)의 법을 받고 도의보다 5년 뒤인 826년 흥덕왕 때 귀국하였다. 당나라에서 16년간을 수행하고 돌

실상산문 실상사 도량(전북 남원 실상사)

아와 전라북도 남원 지리산에 실상사(원래 이름은 知實寺)를 창건하였다.

『경덕전등록』권11에 "홍직 선사의 법사法嗣 2인으로 흥덕대왕과 선강태자宣康太子"라는 기록이 전한다. 실제로 홍척은 흥덕대왕(826~835 재위)과 선강태자의 적극적인 후원으로 지리산에서 선풍禪風을 진작시킬 수 있었다.

왕실에서는 홍척 선사에게 초청하는 편지를 자주 보냈다. 홍척 선사가 왕실에 들어가면 왕이 몸을 낮추어 예를 올렸다는 일화가 전한다. 이렇게 홍척은 왕실과 통로를 연 선종 최초의 인물이기도 하지만, 구산선문 가운데 왕권과 가장 밀착한 산문이기도 하다. 묘한 점은 가지산문의 도의 선사는 선을 전개하지 못했는데, 실상산문의 홍척은 선을 전개하는 데 어렵지 않았다는 점이다. 지금으로서는 그 당시 상황을 추측할 뿐이지만, 홍척 선사와 시대가 시절인연이 맞았던 것으로 해석될 뿐이다.

홍척은 830년 무렵, 지리산에서 머물다가 흥덕왕의 초청으로 경주로 옮겨갔다. 다시 836년 무렵 설악산으로 거처를 옮겼다. 홍척의 제자로는 편운片雲과 수철秀澈 등 1,000여 명이 있다. 시호는 증각證覺이며, 탑호는 응료凝廖이다. 홍척의 탑비

실상산문 홍척 선사 부도탑(탑호는 증각대사응료탑, 전북 남원 실상사, 보물 제38호)

는 현존하지 않고, 제자인 편운과 수철의 탑비만 전한다.

(2) 실상산문의 선사상

홍척의 대표적인 선사상은 몰념몰수沒念沒修인데, 이 언구가 봉암사 '지증대사적조탑비'에 새겨져 있다.

> 그 종취宗趣를 비교해 살펴볼진댄, 곧 닦되 닦음이 없으며 증득
> 하되 증득함이 없음이라. 고요할 때는 산이 세워지고 움직일 때
> 는 골짜기가 응한다. 무위無爲의 이익됨은 다툼이 없이 매우 수승
> 하다.

가지산문 도의 선사의 사상이 무념무수無念無修인데, 홍척은 몰념
몰수沒念沒修를 말하고 있다. 언어적인 표현이 다를 뿐이지 도의와
홍척 선사의 사상은 동일하다. 곧 두 선사가 모두 같은 스승인 서당
지장으로부터 법을 받기도 했지만, 두 선사의 선사상은 조사선의 즉
심시불卽心是佛, 본래성불인 본각사상에 입각해 있기 때문이다.

마조馬祖 → 서당 지장西堂智藏 → 홍척洪陟 → 수철秀澈·편운片雲

(3) 실상산문의 전개 : 수철 선사

홍척이 설악산에 머물 때, 수철(秀澈, 817~893)이 찾아왔다. 수철이
홍척에게 제자로 받아달라고 간청하여 그를 제자로 받아들였다. 이
에 홍척이 물었다.

"자네는 어디서 오는 길인가?"

그러자 수철은 오히려 대답은 하지 않고, 스승에게 반문했다.

"스승님의 본성本性은 도대체 무엇입니까?"

" ……도를 네게 붙이는 것은 전생의 인연으로부터 온 것이니, 우리 서당 지장의 가문을 번성시키는 일은 이제 너에게 달렸다."(심원사「수철화상능가보월탑비」)

그런데 홍척과 수철의 선문답을 접하면서 4조 도신과 5조 홍인이 선문답이 오버랩된다. 홍인이 7세에 도신에게 출가하였다. 도신이 우연히 황매에 갔을 때 한 소년을 만났는데, 이 소년이 바로 홍인이다. 골상이 특이하고 어린 소년인데도 그의 사람됨이 보였다. 이에 4조가 물었다.

"네 성은 무엇이냐?"

"성은 있으나 흔한 성이 아닙니다."

"그래 무슨 성이냐?"

"저는 불성입니다."

이렇게 답변한 홍인은 12세에 도신에게 인가를 받았다. 늘 큰스님들 일화를 접할 때마다 느끼지만, '역시 큰 그릇은 다르구나'라는 생각이 든다. 수철 선사는 어려서 부모를 여의고 연허緣虛 율사에게 출가하였으며, 동원경東原京 복천사福泉寺에서 구족계를 받았다. 이후 여러 곳을 행각하며 복천사 윤법潤法에게 경전을 배웠고, 홍척 선사 문하로 들어가 법을 받고 법맥을 이었다. 선사는 선과 교를 겸비했으며, 스승 홍척의 뒤를 이어 실상산문을 크게 일으켜 사부대중의 귀의를 받았다. 선사도 스승과 비슷하게 왕실의 귀의를 받았다. 867 년 경문왕(861~874 재위)은 수철 선사를 궁궐로 초청해 법을 들었으며, 헌강왕(875~880 재위)도 스님을 존경해 양주良州 심원사深源寺에 머물도록 하였다. 수철은 만년에 다시 실상사로 돌아가 제자들을 지도하였다. 제자로는 음광飮光 등이 있으며, 탑호는 능가보월楞伽寶月이다.

실상산문의 특징 가운데 하나는 왕실의 호응이다. 가지산문의 도의 선사는 왕실의 호응이 없이 배척받았던 반면 실상산문은 힘을 입었다. 원고를 쓰면서 자주 거론되는 부분이 승려와 왕권의 관계이다. 물론 이 점을 현대적으로 환언하면 정치와 종교 문제인데, 이는 역사와 불교 입장의 관점이 다르다. 곧 무조건 승려들이 왕권의 힘을 받은 것만은 아니며, 그 반대로 왕권에서 승려를 기용해 나라를 다스리는 방책을 구하려고 했던 점이 적지 않다는 점이다. 종교와 정치는 영원히 평행이지만, 불교가 정신적 지도자로서 왕에게 바른 길로 인도한 긍정적인 측면이 적지 않다. 여기서는 이 점만 보기로 하자.

의상이 671년(문무왕 11)에 신라로 돌아왔을 때, 문무왕이 의상에게 토지와 노비를 주자, 대사는 거절하였다. 또 신라가 삼국을 통일한 뒤

실상산문 2조 수철 화상 능가보월탑비 (전북 남원 실상사, 보물 제34호)

에 무리한 토목공사를 벌이려고 할 때, 의상 대사는 중생들의 고난을 염려해 문무왕에게 반대하는 내용의 글을 올려서 토목공사를 중지토록 하였다. 위진 남북조 때에는 나라가 주변 국가와 대치되는 상황에서 큰스님을 모시고 있는 것 자체가 국권이나 다름없었다. 이런 관점에서 중국 최고의 역경가인 구마라집도 파란만장한 인생을 살 수밖에 없었다.

또 몽골 칭기즈칸의 책사는 선수행자였다. 바로 요나라 사람인 거란족 야율초재(1190~1244)인데, 그는 몽골의 잔인성을 잠재우고 원나라가 성립되는 데 국가적인 초석을 만든 인물이다. 칭기즈칸이 죽고 나서 2대 오고타이 시대까지 책사를 지냈다. 야율초재는 책사 이전에 조동종 선사이자 『종용록』의 저자인 만송 행수(萬松行秀, 1166~1246)의 제자였다. 27세에 만송 문하에 입문해 참선을 했고, 법을 전수받았다. 선종사에서는 그를 담연湛然 거사라고 한다. 또 원나라 3대 황제인 쿠빌라이 칸의 책사인 유병충(劉秉忠, 1216~1274)은 승려 출신이다. 칭기즈칸의 손자인 쿠빌라이가 황제가 되기 전 우여곡절이 많았는데, 쿠빌라이는 지략과 관용에 뛰어난 유병충을 기용했다. 이렇게 불교와 왕권과의 관계에서 긍정적인 측면이 적지 않다.

역사적으로 구산선문과 호족·왕권과의 관계는 밀접한 편인데, 이의 문제점은 앞으로 한 번 더 거론키로 하겠다.

15 | 무설설 무법법의 선자, 동리산문 혜철

(1) 혜철의 행적

혜철(惠徹, 785~861) 선사는 경주 사람으로 성은 박씨이다. 10여 세에 출가하여 처음 부석사浮石寺에서 화엄을 배웠고, 22세에 구족계를 받았다. 혜철은『화엄경』의 근본 사상을 탐독한 뒤, 모르는 것을 묻고자 해도 대답해 줄 사람이 없었다. 그는 스스로 한탄하기를 "본사本師의 가르침을 얻지 못하면 본사의 심법心法과 일치한 길을 열 수가 없구나."라고 한 뒤, 헌덕왕 5년(814)에 입당을 결심했다.

당나라에 들어간 혜철은 서당 지장(735~814)을 만났다. 서당 문하에 머문 지 얼마 지나지 않아 서당에게서 법을 받았다. 혜철은 서당이 입적한 후에 서주西州 부사사浮沙寺에 머물며 3년 가량 대장경을 간경하였다. 혜철이 다른 선사들과 다른 점이 바로 이 점이다. 전반적으로 당나라 때에 마조의 제자들 중에는 강사 출신들이 많다. 강사 출신 마조의 제자들은 분주 무업汾州無業·남전南泉·흥선 유관興善惟寬·장경 회휘章敬懷暉·아호 대의鵝湖大義·양 좌주亮座主 등인데, 모두 사교입선捨敎入禪하였다. 이 점은 당시 불교사가 교종 → 선종으로 넘어가는 시대상이 담겨 있다고 볼 수 있다. 그런데 그 반대로 혜철 선사는 깨달음을 이루고도 대장경을 몇 년간 열람하였다. 부처

님께서 제자들에게 '가르침에 비추어 수행하라'는 뜻으로 이를 '법경法鏡'이라고 하셨다. 혜철 선사를 통해 한번쯤 법경의 의미를 되새겨 본다.

혜철은 여러 지역을 행각하며 수행하다가 문성왕 원년(839)에 귀국하였다. 당나라에서 25년 만에 신라로 돌아온 것이다. 혜철은 전라도 곡성군 동리산桐裏山에서 태안사泰安寺 산문을 열고 선지를 베풀었다. 그런데 도량에 모기와 하루살이가 너무 많아 사람 살기가 힘들었다. 이에 스님께서 신력으

혜철 선사 진영(해인사 조사전)

로 벌레들을 재 너머로 쫓아버렸다고 한다. 그래서 지금도 그 재를 '축맹치逐虻峙'(혹은 축맹재)라고 한다는 전설 같은 이야기가 전한다. 문성왕(839~856 재위)은 혜철의 명성을 듣고, 신하를 보내어 '나라 다스리는 방법'이나 중요한 방안을 물어보았다. 혜철 선사는 태안사에서 20여 년간 법을 펴다 861년 77세로 입적하였다. 시호는 적인寂忍이며, 자는 체공體空, 탑호가 조륜청정照輪淸淨이다. 수많은 제자를 두었는데, 이 가운데 풍수지리설의 대가인 도선과 여如 선사 등이 있다.

(2) 동리산문의 선풍

동리산문桐裏山門 혜철의 선사상의 특징은 두 가지로 볼 수 있다.

첫째, 동리산문의 선풍은 무설지설無說之說 무법지법無法之法이다. 설함이 없는 가운데 설하고, 법이 없는 가운데 법이 있는 무주상無住相 공空적인 조사선 사상이다. 「대안사적인선사비명大安寺寂忍禪師碑銘」에 혜철의 사상이 나타나 있다. 혜철이 스승인 서당 지장을 만났을 때의 문답이다.

혜철은 서당에게 이렇게 말했다.

"소승은 동국에서 태어나 하늘과 땅에 길을 물어 먼 길을 멀다 하지 않고 당나라에 와서 법 듣기를 청합니다. 만일 훗날 '무설無說의 설說', '무법無法의 법法'이 바다 건너 해동에 있다면 매우 다행

적인(혜철) 선사 조륜청정탑(전남 곡성 태안사, 보물 제273호)

91

이겠습니다."

또 「옥룡사선각국사혜등탑비玉龍寺禪覺國師慧燈塔碑」에도 혜철의 사상이 나타나 있다.

혜철이 서당 지장에게 법을 받고 동리산에서 법을 펴고 있는데, 제자가 찾아오니, 스승(혜철)이 제자에게 무설의 설, 무법의 법을 텅 빈 가운데서 주고받아 환하게 깨우쳤다.

이와 같이 혜철의 '무설설 무법법' 선사상은 본래성불에 입각한 돈오사상이다. 굳이 설한 것도 없고, 들은 자 또한 들은 바가 없다는 뜻이다. 황벽 희운(黃檗希運, ?~856)도 『완릉록』에서 "법을 설했다고 하지만 설한 바도 없고, (상대적으로) 법을 들었다고 하지만 들은 자도 없으며, 증득한 자도 없다."라고 하였다. 이 내용은 어록에 자주 등장하며, 선찰 도량에는 '무설전無說殿'이라는 편액이 많이 있다.

둘째, 선교융합을 꾀하는 통합사상이다.

혜철은 스승 서당에게서 심인을 얻고도 3년정도 대장경을 열람했다. 이런 면에서 볼 때, 그의 선사상을 선禪만을 주장하거나 고집하는 순선純禪이라기보다는 선과 교의 융합을 꾀하는 통합사상이라고 하겠다. 신라 선문은 오로지 선만을 내세우는 산문도 있지만 선교융합을 주장한 산문도 있다. 앞에서 거론했던 가지산문의 도의는 교를 배제하고 오로지 선만을 주장했던 반면, 혜철 선사는 선교의 일치를

동리산문 태안사 산문(전남 곡성 태안사)

염두에 두고 있다.

(3) 동리산문의 전개

혜철의 뒤를 이어 동리산문을 이은 제자로 '○如'가 있다. 그런데 '○
여'는 제자인 윤다의 스승이라는 점만 전할 뿐 행적이 전하지 않는
다. 윤다(允多, 864~945)는 827년 12세에 동리산 상방上方을 은사로
출가하였다. 이후 가야산 갑사岬寺에서 계를 받았다. 동리산문의 ○
여 선사에게 공부하여 그의 법을 잇고, 동리산문의 3조로서 선풍을
크게 진작시켰다. 윤다는 신라 효공왕(898~912 재위)과 고려 태조에
게 존경을 받았다. 특히 태조와 문답을 나눈 것이 그의 「곡성대안사
광자대사비谷城大安寺廣慈大師碑」에 전한다. 휘가 윤다이고, 시호는
광자廣慈이다.

　도선(道詵, 827~898)은 전남 광양시 백계산白鷄山 옥룡사玉龍寺에

머물렀기 때문에 옥룡자玉龍子라고도 한다. 도선은 도승道乘으로도 불리며, 15세에 출가하여 월유산月遊山 화엄사에서『화엄경』을 공부하였고, 23세 때에 천도사穿道寺에서 구족계를 받았다. 846년에 동리산문의 혜철을 찾아가 그의 제자가 되어 깨달음을 얻었다. 이후 도선은 백계산 옥룡사에 머물렀다. 도선은 이곳에서 35년간을 상주했으며, 수많은 제자들이 찾아왔다. 신라 헌강왕(875~885 재위)이 도선의 높은 인품을 존경해 왕궁에 초빙했는데, 두 사람은 초면인데도 오랜 벗처럼 대화를 나누었다고 한다. 도선은 비보사탑설裨補寺塔說을 주장했는데, 이는 지세를 살펴서 부족하고 어긋나는 곳(欠背處)에다 절과 탑으로 보완해야 한다는 것이다. 도선이 72세에 입적하자, 효공왕(898~912 재위)이 스님의 열반 소식을 듣고 몹시 슬퍼하며 시호를 요공了空, 탑호를 증성혜등證聖慧燈으로 하사했다. 고려를 개국하는 데 도움을 준 인연으로 훗날 고려 숙종(1096~1105 재위)이 대선사大禪師·왕사王師로 추증했으며, 인종(1123~1146 재위)이 선각先覺국사로 봉하였다.

경보(慶甫, 868~948, 도선의 제자) 선사는 부인산사夫仁山寺에서 출가하고, 도선의 제자가 되었다. 경보 선사는 성주산문 무염과 사굴산문의 범일에게도 법을 구하였다. 경보는 진성왕 6년(892)에 당나라로 유학을 가서 조동종인 동산 양개의 제자 광인匡仁에게도 법을 전해 받았다. 경보는 경명왕 5년(921)에 귀국했는데, 후백제 견훤이 남

마조 → 서당 지장 → 혜철 → 도선·○如
↓
윤다

복선원南福禪院에 머물게 하였다. 경보는 다시 백계산 옥룡사로 옮겨 가 스승 도선국사의 법을 이어 선풍을 선양했다.

(4) 도의·홍척·혜철에게 법을 전한 서당 지장은 누구인가?

앞에서 언급했던 가지산문 도의, 실상산문 홍척, 동리산문 혜철은 모두 서당 지장에게서 법을 받은 제자들이다. 실은 가지산문 도의보다 먼저 서당의 문하에서 수학했던 신라 승려 항수恒秀가 있다. 그러나 이 항수의 행적은 자세하게 전하지 않는다. 이렇게 서당은 우리나라와 관계가 밀접한 선사이다. 서당의 면모를 보자. 서당은 마조의 수제자 가운데 한 사람이다.

> 어느 날 서당·백장·남전 세 사람이 마조를 모시고 달맞이를 갔다. 그때 마조가 제자들에게 물었다.
> "바로 지금 같은 때에 무엇을 하면 가장 좋겠는가?"
> 서당 지장은 "공양하는 것이 가장 좋겠습니다."라고 하였고,
> 백장 회해는 "수행하기에 가장 좋겠습니다."라고 하였다.
> 그런데 남전만 소매를 뿌리치면서 그냥 가버리자, 마조가 말했다.
> "경經은 장藏(서당)에게 들어가고, 선禪은 해海(백장)에게로 돌아가는데, 오직 남전만이 사물 밖에 벗어났구나."
> (『경덕전등록』6권「백장장」)

위 내용을 볼 때, 후대 기록에서 청규淸規를 제정한 백장 문하의 법맥이 강조된 면이 있고, 무자 화두의 유명한 조주(778~897, 남전의 제

가지산문 도의, 실상산문 홍척, 동리산문 혜철의 스승인 서당 지장의 사리탑(강서성 공주 보화사 옥석탑)

자)로 인해 남전 문하가 부각된 점이 있다. 그러면서 그 반동으로 서당의 활약과 법력이 축소된 감이 있다. 하지만 당시 서당은 마조의 문하 가운데서 장손급에 해당하며, 마조 문하를 대표하는 제자였다. 중국문화에서 서쪽을 상징하는 이미지(→ 西堂)로 이름이 주어졌다는 것만으로도 마조 문하의 수제자임을 알 수 있다. 이상은이 쓴 「당재주혜의정사남선원사증당비명」에 의하면, 사천성四川省 삼대현三台縣 혜의정사에서 '무상과 무주, 마조와 서당, 네 분의 진영에 공양 올렸다'는 기록이 전한다. 신라의 왕자 출신 무상 대사와 무주無住, 마조와 서당의 법맥을 연계 짓고 있음을 알 수 있다. 또한 당시 마조계 문하의 선사상이 천하에 알려졌는데, 마조계 선의 대표로 '북방은 유관惟寬이요, 남방은 서당'이라고 할 정도였다. 이렇게 여러 정황으로 보아 당시 서당의 선이 당 시대에 큰 영향을 미쳤을 것으로 추론된다.

서당은 일찍 출가해 13세 때 임천臨川의 서리산西裏山에서 마조를 시봉하였고, 7년 뒤 마침내 법을 받았다. 745년 마조가 강서성 건주贛州 공공산龔公山 보화사寶華寺로 옮겨갈 때, 스승을 따라 서당과 몇몇 제자들이 함께 갔다. 다시 마조가 보화사에서 남창 개원사(開元寺, 현 우민사)로 옮겨간 이후부터 서당은 마조가 법을 폈던 보화사를 지키면서 법을 전개했다. 이때 서당의 가르침을 따라 대중이 운집하는 것이 마치 마조가 살았을 때와 같았다고 전한다. 조계종에서 강서성 홍주(현 남창) 개원사(현 우민사) 도량에 2008년「도의조사 입당 구법기념비」를 모셨는데, 실은 이곳이 아니라 보화사에 모셔야 하는 것으로 생각된다. 서당은 보화사를 떠나지 않고 줄곧 이곳에 머물며 법을 펴다 817년 원적했다. 당나라 헌종이 '대선교大宣敎'라고 하사했으며, 8년 후 목종이 다시 호를 '대각大覺', 탑 이름을 대보광大寶光이라 하사했다.

16 | 진정한 성자, 성주산문 무염

(1) 무염의 행적

중국에서 성지순례하면서 절강성浙江省에 위치한 천태산에 갔을 때이다. 천태산 정상 분지에 사찰과 마을이 있었다. 처음 가는 곳인데도 오랫동안 방황하다 고향을 방문한 익숙한 느낌이었다. 당시 산기슭에서 한참 동안 홀로 앉아 뭔지 모를 상념에 젖었었다. 그런데 우리나라 구산선문 중 보령의 성주산문聖住山門은 또 다른 느낌이었다. 극락의 초입 같은 평화로운 이미지라고 할까? 은은한 향기가 두루하는 극락과 같았다. 물론 사찰이 현존하지 않고 사지로 남아 있어 그 애절함이 더했던 것 같다. 최치원이 쓴 비문에 의하면, "이 시대, 성주산문을 모르면 일생의 수치다."라는 구절이 있는 것으로 보아 당시 이 산문의 불교사적 위치를 알 수 있다. 그런데 지금은 그 많던 선사들이 어디로 갔는지? 빈 절터만 휑하니 남아 있다.

성주산문의 낭혜 무염(朗慧無染, 800~888)은 '광종 대사廣宗大師'라고 한다. 무염은 태종 무열왕 8세손인 진골 출신으로 13세에 설악산 오색석사五色石寺에 출가하였다. 그곳에 머물고 있던 법성(法性: 중국에서 楞伽禪을 배운 선사)에게서 『능가경』을 배웠다. 이후 무염은 부석사로 가서 석징釋澄 대사를 만나 화엄을 공부하였는데, 뛰어남을 보

98

여 석징은 무염에게 입당할 것을 권고했다. 이에 무염은 헌덕왕 13년(821)에 당나라로 들어갔다.

당나라 섬서성陝西省 서안西安 종남산终南山 지상사(至相寺: 의상 대사가 공부했던 곳)에서 또 다시 『화엄경』을 공부하는 와중에 우연히 한 노스님과 대화를 하게 되었다. 노스님이 먼저 물었다.

"어디서 왔는가?"
"신라에서 왔습니다."
"멀리서 여기까지 무얼 구하려고 하는가? 차라리 네 마음을 찾는 것이 참 공부지······"

무염 선사는 스님의 이 말 끝에 지상사를 떠나 낙양 불광사佛光寺

성주사지(충남 보령군 미산면) 전경. 성주사는 임진왜란 때 화재로 소실되었고, 현재는 탑과 석등, 석불이 있다.

에 머물고 있던 불광 여만(佛光如滿, 마조의 제자)을 찾아갔다. 여만과 선문답을 나누는 중에 여만 선사가 말했다.

"내가 많은 사람들을 겪어보았으나 그대와 같은 동국인을 보기는 드물었네. 후에 중국에 도道가 끊어지면 신라에 가서 배워야겠구나."(『조당집』17권)

몇 년 후 무염은 마곡 보철(麻谷寶徹, 마조의 제자) 문하에 머물러 그로부터 법을 얻었다. 무염은 그곳 사람들로부터 '산문의 특이한 대덕이며 덕 높은 어른'이라는 칭찬과 존경을 받았다. 스승 마곡이 입적하자, 무염은 천하를 행각하였다. 선사는 행각하는 중, 병든 사람을 만나면 치료해 주고, 어려운 사람을 만나면 그의 보살이 되어 주었다. 그곳 사람들은 무염 선사를 '동방의 대보살'이라 칭하며 존경하였다.

무염은 신라를 떠난 지 25년만인 문성왕 7년(845)에 귀국했다. 이후 무열왕계의 후손인 남포 지역의 호족 김흔金昕의 후원을 받아 충남 보령에 성주산문을 개산하였다. 문성왕이 이 소식을 듣고 '성주사聖住寺'라는 절 이름을 하사했다고 한다.

무염이 살던 시기에 국왕뿐만 아니라 귀족들에 의해 창건되는 사원은 일족일문—族—門 내지 일 개인—個人의 기복양재祈福禳災를 위한 곳이기도 했다. 성주사도 무열왕 후손의 원찰願刹로서 호족 김흔은 선조 이래 유산을 사원에 기탁하였다. 경문왕(840~856 재위)과 헌강왕(875~885 재위)은 무염을 국사로 책봉하였고, 무염은 왕권과 호족들에게 선지禪旨로 그들을 제도하였다. 무염의 탑비(聖住寺 大朗慧和尙 白月葆光塔碑)에 의하면, 왕궁에서 왕이 무염에게 예를 갖춘 것을 이렇게 전하고 있다.

첫째는 왕이 몸소 선사에게 공양을 올렸으며, 둘째는 손수 향을 올렸다. 셋

낭혜 화상(무염) 백월보광탑비(충남 보령 성주사지, 국보 제8호) 이 비문은 최치원이 지은 사산비명四山碑銘 가운데 하나이다.

째는 선사에게 삼배를 올렸고, 넷째는 향로를 잡고 선사와 세세생생토록 인연을 맺고자 하였다. 이에 왕은 무염 선사에게 광종廣宗이라는 법호를 주었다.

무염이 진성여왕(888) 때 입적하니 시호는 대랑혜大朗慧, 탑호는 백월보광白月葆光이라고 하였다. 성주산문은 구산선문 중 가장 번창하여 무염의 제자들이 2천여 명이었다고 한다. 무염의 문하로는 승랑僧亮·보신普愼·대통大通·여엄麗嚴·심광深光 등이다.

(2) 무염의 겸손한 수행관

「성주사 대랑혜화상 백월보광탑비」에 의하면, 무염은 제자들에게 자주 이렇게 설했다.

"도가 어찌 너희에게서 멀리 있겠느냐. 저 사람이 물을 마신 것이 나의 갈증을 해소시키지 못하고, 저 사람이 먹은 음식이 나의 주림을 해결해 주지 못하는 법이다. 어찌 힘을 다해 스스로 먹고 마시지 않는가?"

이렇게 직접 실천 정진할 것을 강조하였다. 무염은 젊은이든 노년이든 어느 누구에게나 스스로 몸을 낮추고 겸손함을 생활의 기틀로 삼았다. 또한 대중공양이 들어오면 대중과 똑같이 식사를 하였으며, 방장이라고 비단옷이나 가사를 수하지 않고 승복도 똑같이 입었다. 법당을 새로 짓거나 보수를 할 때도 대중보다 손수 앞장서 일을 했다고 한다. 대중들이 스님에게 방에서 쉴 것을 권하면, 스님은 이렇게 말했다.

"부처님과 조사들께서도 맨발로 진흙을 밟으셨는데, 내가 어찌 잠깐이라도 편히 쉴 수 있겠는가?"

또 물을 긷고 땔나무를 나르는 일까지 몸소 나서서 친히 하면서 이렇게 말했다.

"산이 나를 위해 흙을 주었으니, 내가 어찌 편히 지내겠는가?"

(3) 성주산문의 선사상

무염의 선사상을 단적으로 표현하면, 교를 배제하지 않으면서도 선사상의 우위성을 강조하였다. 이를 두 가지 측면으로 보면 교선일치와 무설토론이다.

첫째, '낭혜화상탑비'에 의한 무염의 교선일치적인 견해를 보자.

"마음이 몸의 주인이지만, 몸은 마음의 스승이 되어야 한다. ……
혹자는 말하기를 교와 선이 같지 않다고 하는데, 나는 그런 종지
를 보지 못했다. 말이란 본래 많은 것이니 내가 알 바가 아니다.
대체로 같다고 해도 같은 것이 아니고, 다르다고 해도 다른 것
이 아니다. 조용히 앉아서 생각을 쉬는 것이 수행자들이 취할 일
이다."

교를 중시하면서도 집착하지 않는, 그러면서도 교보다 선의 우위
성을 강조함을 알 수 있다. 이 점을 알 수 있는 내용이 다음의 무설토
론이다.

둘째, 무염의 대표적인 선사상은 무설토론無舌土論이다. 이 논은 선
과 교를 비교하면서 선이 교보다 최상승임을 구체화한 이론이라고
할 수 있다. 무염의 무설토론은 고려 천책天頙의 『선문보장록禪門寶
藏錄』에 전한다. 즉 교(불교)는 유설토·응기문應機門·언설문言說門·
예토문穢土門이라고 하였고, 선(祖道)은 무설토·정전문正傳門·무설
문無說門·부정불예문不淨不穢門이라고 하였다. 즉 선교 차원에서 선
사상은 무설토에 역점을 두되 유설토와의 관계를 끊고, 모든 사상을
이끌 수 있는 길로 무상무위무전無相無爲無傳을 주장하였다.

일반적으로 무염의 무설토론이 위앙종 앙산 혜적(807~883)에게서
영향을 받았다고 알려져 있지만, 두 사람의 행적으로 봐서 조우했
을 가능성은 없다. 무설토론은 무염 선사의 독특한 선사상이라고 볼
수 있으며, 우리나라 조사선의 핵심이 담겨 있다고 해도 과언이 아
니다.

유설토有舌土	무설토無舌土
불교, 부처의 교설敎說(가르쳐서 설명)	조도祖道, 선종 선사들의 도
교종은 방편문方便門, 응기문應機門	선은 바로 전하는 정전문正傳門
언설문言說門, 예토문穢土門	무설문無說門, 부정불예문不淨不穢門
불교는 말을 빌려서 청정하고 더러움을 분별해 설한 것이다. 불교는 낮은 근기의 중생들을 위한 부처의 방편이다.	청정과 부정, 옳고 그름 등 상대적 이분법적 사상을 넘어선 길을 제시하였다. 말이나 교설을 의존하지 않고, 곧바로 이심전심하는 것을 의미한다.

(4) 성주산문의 전개

성주산문에는 여러 수행자가 있는데, 여기서는 대통과 심광, 여엄에 대해서 살펴보겠다.

①심광深光은 진성여왕 때에 덕유산德裕山 영각사靈覺寺에서 무염의 선풍을 선양했다. 그는 무염의 제자 가운데 성주산문의 법을 정통으로 계승한 선사인데, 그에 관한 행적이 자세하지는 않다. 심광은 제자 현휘玄暉에게 그 법을 전하였다.

현휘(玄暉, 875~941)는 시호가 법경法鏡이며, 심광의 법을 받은 뒤 효공왕孝恭王 10년(906)에 당나라로 들어갔다. 구봉산九峰山 도건道乾(석두 → 약산 → 도오 → 석상 → 도건)에게 법을 배우고 고려 태조 7년(924) 귀국했다. 태조에 의해 국사가 되었으며 정토사淨土寺에서 선풍을 드날렸다.

②대통(大通, 816~883)은 856년에 입당하여 앙산에게 법을 받고, 10년 동안 당나라에 머문 뒤 866년 귀국했다. 귀국 후 무열왕계 후손의 경제적 도움을 받아 도증道證이 창건한 충주 월광사月光寺에 머

물렀다. 대통은 신라 선사 가운데 최초로 위앙종의 선을 공부하였
다. 대통은 오관산문의 순지보다 7~8년 정도 빨리 위앙종의 선리를
공부하고 신라에 돌아왔지만, 위앙종의 선풍을 전개하지는 않았다.

③여엄麗嚴은 중국에 들어가 운거雲居(조동종)의 법을 받아 709년
(효광왕 13)에 귀국하면서, 강훤康萱 및 왕건의 귀의를 받았다.

마조 → 마곡 보철 → 무염 → 심광·대통·여엄
↓
현휘

17 | 화엄과 선의 일치를 강조한 사자산문 도윤

역사학자 토인비(Toynbee, 1889~1975)는 21세기 역사학자들이 '20세기에 일어난 세계사적인 큰 사건을 들라고 하면, 제3차 세계대전이나 공해로 인한 인류의 유전형 질병이 아니라 불교와 기독교와의 대화'라고 하였다. 불교학 가운데 특히 선사상은 불교의 정수라고 해도 과언이 아니다. 특히 선은 인도와 다르게 중국화·한국화된 선으로 탈바꿈되었다. 종교도 그 나라 문화와 융합되는 것이고, 그 나라 사람들의 코드와 맞아야 꽃을 피울 수 있다고 본다.

수년 전에 우연히 본 기사에서 이런 내용을 보았다. '현재 미국과 유럽에서 초기불교 위빠사나에 연구가 많이 이루어지며 명상자가 많지만, 앞으로는 대승불교 초기경전(반야부경전·법화경·화엄경 등)이나 간화선으로 관심이 옮겨갈 수도 있다'는 것이다. 이는 서양 학자들의 전망이다. 모든 것이 무상하니, 변화란 반드시 있는 것이요, 한류 문화가 전 세계에 꽃피는 것처럼 한류 불교도 얼마든지 그럴 가능성이 있다고 본다. 그때를 위해 한국불교도 준비가 되어 있어야 하지 않을까?

(1) 도윤의 행적

철감 도윤(徹鑑道允, 798~868)은 도균道均·도운道雲이라고 하며, 시호가 철감徹鑑이다. 선사는 속성이 박씨, 한주(漢州, 현 서울) 출생이다. 그는 18세에 승려가 되고자 김제 귀신사鬼神寺에 들어가 『화엄경』을 공부하다가 "원돈圓頓의 이치가 어찌 심인心印의 묘용妙用과 같을 것인가!"라고 탄식하였다. 도윤은 『화엄경』보다 더 중요한 수행에 의지를 품고 입당을 결심한다.

그는 헌덕왕憲德王 17년(825)에 당으로 들어가서 남전 보원(南泉普願, 748~834) 문하에서 수행한 뒤, 남전의 법을 받았다. 남전은 앞에서 한 번 거론했던 선사이다. 마치 안회가 공자孔子의 총애를 받은 것과 같이 남전도 스승 마조의 총애를 받았다고 한다. 남전은 마조가 생존했을 당시부터 세인들에게 널리 알려져 있었다. 또 마조의 선법을 이으면서도 독특한 선법을 형성하고 있어 초기에는 임제계로부터 조동계에 이르기까지 큰 영향을 미친 선사이다. 남전과 관련된 많은 기연機緣이 공안이나 화두화되어 있다. 제자로는 '백척간두진일보百尺竿頭進一步' 화두로 널리 알려진 장사 경잠(長沙景岑, ?~868)과 무자 화두로 알려진 조주趙州(778~897) 등이 있다.

다시 도윤 선사로 돌아오자. 도윤과 함께 수행했던 중국의 한 승려는 도윤에게 이런 말을 하며 한탄하였다고 한다.

"우리 종파의 법인法印이 모두 동국으로 돌아가는구나!"

도윤은 당나라에서 22년간을 머문 뒤, 847년(문성왕 8)에 귀국하여 금강산에 머물렀다. 이후 전라도 능주(綾州, 현 화순)의 쌍봉사雙峰寺로 옮겨가 크게 선법을 펼쳤다. 이 무렵 경문왕(861~874 재위)이 선사에게 귀의하였다. 선사는 868년(경문왕 8)에 71세로 쌍봉사에서 입적했다. 선사의 부도가 현재 쌍봉사에 있다. 도윤의 제자 절중折 中의 탑비 내용을 통해 사자산문獅子山門의 면모를 살펴보면 다음과 같다.

> 금강산 도윤 화상이 오랫동안 중국에 있다가 돌아왔다는 소문을 들었다. 선문에 나아가 공경히 오체투지를 하였다. …… 도윤은 남전에게 법을 부촉받았다. 남전은 마조에게서 법을 이었고, 마조 는 회양에게서 법을 받았으며, 회양은 혜능의 제자이니, 우리 도 윤 화상의 덕이 높고 뛰어나다.(「興寧寺 澄曉大師 寶印塔碑」)

위 비문의 내용을 미루어 정리해 보면, 혜능 → 남악 회양 → 마조 → 남전 보원 → 도윤 → 절중에 이르기까지 이심전심의 법맥임을 알 수 있다.

철감 도윤 탑비의 귀부와 이수(전남 화순 쌍봉사, 보물 제170호)

(2) 사자산문의 전개

도윤의 제자인 징효 절중(澄曉折中, 826~900)에 의해 산문이 크게 번창하였다. 곧 관동지방에서 발전한 산문은 사굴산문과 사자산문인데, 사자산문의 2세 절중에 의해 관동지방에서 크게 발전하게 된다. 절중은 7세에 출가해 오관사五冠寺 진전 스님의 제자가 되었고, 15세에 부석사에서 화엄을 공부하였다. 화엄을 공부하면서 법계연기法界緣起의 십현연기설十玄緣起說의 깊은 뜻을 탐구하였다. 19세에 청양 장곡사에서 구족계를 받았다. 이 무렵 남전의 법을 받고 돌아온 도윤이 금강산에 머물고 있다는 말을 듣고 찾아가 수행하였다. 이후 절중은 자인慈仁 선사 문하에서 16년 동안 공부하였다. 절중 선사는 국통國統 위공威公이 서울과 가까운 곡산사谷山寺로 천거하자, 사양하였다. 이 무렵 절중은 석운釋雲 스님의 청으로 강원도 영월 흥녕선원興寧禪院(현 법흥사)에 머물게 되면서, 헌강왕과 정강왕의 귀의를 받았다. 절중이 사자산문의 선풍을 이곳에서 부흥시키면서 학계에서는 사자산문이라고 하였다.

　900년 74세 때, 선사께서 입적 때가 되어 문인들에게 이렇게 말했다. "삼계가 공空하고, 모든 인연이 전부 고요하다. 내 장차 떠나려고 하니, 그대들은 열심히 정진하여 선문을 수호하고 종지를 받들어 불조의 은혜를 갚도록 하라." 선사의 시호는 징효, 탑호는 보인寶印이다. 탑과 비가 영월 법흥사에 모셔져 있다. 절중의 제자로는 경유慶猷·여종如宗 등 1,000여 명에 이르렀다고 하니, 사자산문의 선풍이 어떠했는가를 미루어 짐작해 볼 수 있다.

(3) 사자산문의 선사상

구산선문 중 사자산문과 봉림산문에 대해서는 자료가 부족해 선사들의 행적이나 선사상을 알 수 있는 자료가 많지 않다. 하지만 선사들의 행적으로 미루어 볼 때, 사자산문은 화엄에 입각한 선사상과 평상심시도에 기반한 조사선 사상임을 알 수 있다.

도윤의 스승인 남전의 가장 두드러진 사상이 평상심시도平常心是道이다. 제자 조주가 남전에게 "어떤 것이 도입니까?" 하고 묻자, 선사는 "평상심이 바로 도이다."라고 대답하였다. 이는 자주 회자되는 내용이다. 이런 점으로 보아 사자산문의 선은 당연히 평상심에 기반한 조사선 사상을 선양했을 것으로 본다.

다음으로 사자산문의 2조 절중의 행적에서 화엄사상과 선의 일치를 엿볼 수 있다. 4법계설 중 마지막인 사사무애법계事事無碍法界를 구체적으로 설명하고 있는 것이 십현연기설十玄緣起說인데, 절중은 이 화엄의 법계연기 사상을 깊이 궁구했다. 후대 선과 화엄의 교선 일치적인 선풍을 전개했을 것으로 미루어 짐작된다.

(4) 당나라 조사선과 신라 산문 발달의 시대적인 배경

나말여초, 산문이 성립되는 데는 전반적으로 호족이나 왕권의 영향을 받았다. 이 점은 중국의 선종(조사선)이 발전했던 것과는 큰 차이다. 중국에서 선은 시골 변방에서 발전하였다. 초조 달마~3조 승찬 대에 이르기까지 선사들은 두타행자나 다름없었다. 게다가 8세기 중반 조사선이 발달했을 때도 선사들은 수도권과는 거리가 멀었고, 왕권이나 권력의 도움을 받지 않았다. 당시 대표 선사인 마조

사자산문의 2조 절중이 주석한 강원도 영월 흥녕선원(현 법흥사) 산문

사자산문 2조 징효 절중 부도탑(강원도 영월 사자산 법흥사, 유형문화재 제72호)

(709~788)와 석두 희천(石頭希遷, 700~791)은 왕권 및 귀족적인 성향을 벗어나 시골(江西省과 湖南省)에서 법을 펼쳤다. 이후 강서(江西: 마조 활동 지역)의 '강江'과 호남(湖南: 석두 활동 지역)의 '호湖'를 붙여 '강호'라는 말이 생겼다. 간혹 중국에서 무술 고수들의 모임에서 천하天下를 상징하는 단어로 쓰이는데, 원래는 선에서 시발된 것이다. 이 지명에 의해서 승려를 호칭할 때 강호가 붙어 강호승江湖僧·강호중江湖衆이라는 말이 생겨났다. 또한 결제 기간을 강호회江湖會라고 하며, 승려가 머무는 당우를 강호도량·강호료라고 부를 정도였다. 이렇게 선에서 시작된 용어가 일반적으로 쓰이고 있다.

이와 같이 중국에서는 선종이 발전할 때 귀족이나 왕권과 거리가 멀었던 반면, 신라에서의 선종 산문은 왕권이나 호족들의 도움이 있었다. 또 다른 관점에서 보면, 당시 당나라와 신라의 불교사적·시대적인 배경이 다른 데서 오는 차이라고도 볼 수 있다. 공통점이라고 한다면, 선이 풍요로운 시골의 곡창지대를 배경으로 지방 분권 지배자들의 코드에 부합되었다는 점을 들 수 있을 것이다(중국도 후대로 가면서 선사상이 천하에 드러나게 된 것은 황제와 밀착했던 선사들에 의해서임).

112

18 | 참 본성을 강조한 봉림산문 현욱

(1) 현욱의 행적

봉림산문鳳林山門은 여러 산문 가운데 아픈 손가락 같은 이미지다. 경남 창원 봉림사지를 찾아가던 날, 정확한 약도나 기록이 없어 찾아 헤매다가 인근 사찰을 방문했다. 스님께 물으니, '아무것도 없는 곳에 뭐 하러 가느냐?'는 답변이었다. 그래도 몇 마디 말씀을 조언으로 겨우 찾아갔더니, 진짜 아무것도 없었다. 제대로 설명해놓은 간판조차 희미할 정도였고, 주변 마을 사람들이 밭으로 개간해 쓰고 있는데다 가축들의 오물도 있었다. 왜 이렇게 주요 사지를 방치하는 걸까?! 아쉬운 마음에 사지를 몇 바퀴 돌고 하염없이 앉아 있다가 돌아서 왔다.

봉림산문의 개조開祖는 원감 현욱(圓鑑玄昱, 789~869)이다. 그런데 이 산문의 개산은 현욱의 제자 심희審希에 와서 이루어졌다. 현욱 선사는 속성이 김씨로, 병부시랑의 관직에 있는 아버지와 신라 귀족 출신의 어머니 사이에 태어났다. 어려서부터 부처님 형상을 만들거나 모래로 탑을 만드는 놀이, 물고기 살려주는 일 등을 하였다고 한다.

현욱 선사는 20세에 출가해 구족계를 받고 헌덕왕 16년(824)에 당으로 들어가 마조의 제자인 장경 회휘(章敬懷暉, 754~815)에게서 법을 받았다. 장경의 스승인 마조(709~788)의 제자는 기록마다 다른데, 수십여 명에서 수백여 명에 이른다. 앞에서 중국 선종(조사선)은 변방 시골에서 발전되었다고 하였다. 하지만 마조 문하에 와서는 정치적인 성향을 띠기도 했고, 왕권과 가까운 제자들도 있었다.

마조 문하 선사들을 분류해 보면, 중앙제도의 왕족이나 권력과 가까운 제자들·독자적인 선을 전개한 제자들·은둔한 제자들로 나누어 볼 수 있다.

첫째, 변방의 한 지역에서 독자적으로 선풍을 펼친 이들인데, 청규를 제정한 백장(百丈, 720~814), 무자 화두를 제창한 조주의 스승 남전 보원(南泉普願, 748~834), 우리나라 세 산문(가지산문·동리산문·실상산문)의 스승인 서당 지장西堂智藏, 『돈오입도요문론』의 저자인 대주 회해大珠慧海, 사굴산문의 스승인 염관 제안(鹽官齊安, ?~842), 신라 구법승 대모 선사의 스승인 귀종 지상(歸宗智常, ?~827) 등이다.

둘째, 마조에게서 심인을 얻은 뒤 은둔한 수행자들인데, 대매 법상大梅法常·양 좌주亮座主·나부 도행羅浮道行·분주 무업汾州無業·오설 영묵(五洩靈黙, 748~815) 등이다.

셋째, 중앙제도권에 진출해 왕권 권력과 밀착된 선사들인데, 이들에 의해 마조계 선사상이 천하에 드러나기도 하였다. 선사로는 흥선 유관(興善惟寬, 755~817)·장경 회휘(章敬懷暉, 757~816)·아호 대의(鵝湖大義, 746~817) 등이다. 봉림산문 현욱에게 법을 전한 장경은 수도권 지역에서 법을 펼쳤던 선사로서 당대의 큰 선지식이었다. 장경의 신라 제자로 현욱 이외에 각체가 있다.

현욱은 중국에서 13년간의 수행을 마치고, 희강왕 2년(837)에 귀국하였다. 신라로 돌아온 현욱은 실상사實相寺에 머물다가 경기도 여주 혜목산惠目山 고달사高達寺로 옮겨갔다. 당시 현욱은 승가의 모범이었고, 민애왕(838 재위)으로부터 경문왕(861~874 재위)에 이르기까지 역대 왕의 귀의를 받아 궁궐에 가서 법을 설했다.

『조당집』에는 현욱 선사에 관해 이렇게 전하고 있다. "신라 경문왕은 현욱을 고달사에 머물도록 하였고, 대궐에 선사를 초청해 기이한 향과 묘한 약을 공양 올렸으며, 때 맞추어 의복을 공양 올렸다."

924년, 최치원이 지은 문경 봉암사 '지증대사적조탑비'에 신라 말기 전국 유명사원 승려 11명의 이름이 기록되어 있는데, 선종 승려

혜목산 고달사지(경기도 여주군 북내면. 봉림산문 초조 현욱은 이곳에서 산문을 열어 봉림산문을 '혜목산문'이라고도 한다)

로는 쌍계사 진감 혜소·성주산문 무염과 더불어 '혜목산 현욱'의 이름이 나온다. 당시 현욱 선사가 혜목산 고달사에 머물렀다고 하여 봉림산문을 '혜목산문'이라고도 한다.

868년(경문왕 9) 현욱이 입적할 무렵, 문도들을 모이게 한 뒤에 이렇게 말했다. "나의 법연法緣이 다하고 있으니, 그대들은 마땅히 무차대회無遮大會를 열어 나의 스승 백암百巖이 전수한 은혜에 보답하는 것이 나의 뜻이다." 이런 뒤에 입적하였다. 여기서 백암은 장경회휘를 말하는데, 장경이 백암산百巖山에 머물렀기 때문이다. 경문왕이 선사의 입적 소식을 듣고 현욱에게 '원감圓鑑'국사 시호를 내렸다.

봉림산문 2조 심희 진경대사 보월능공탑이다. 경남 창원 봉림사지에서 출토되었으며, 현재 서울 국립중앙박물관에 모셔져 있다. 보물 제362호.

봉림산문은 현욱의 제자 심희(審希, 탑호 眞鏡, 854~923)에 와서 이루어졌다. 심희의 제자인 진공(眞空, 869~940) 선사의 탑비에 봉림산문의 기록이 전하는데 다음과 같다.

중국 초기 선종에서부터 시작해 육조 혜능으로부터 5가五家가 성립되었다. 근자에 들어 강서 마조 도일로부터 우리나라까지 선이 미치었으니, 봉림 가문의 아들이자, 장경 회휘의 증손인 우리 스님(眞空)이 봉림산 선종의 도를 거듭 드

날리도다.(홍법사興法寺 진공대사탑비)

5가란 마조계의 위앙종과 임제종, 석두계의 조동종·운문종·법안
종이다. 이렇게 자세하게 6조부터 시작해 진공眞空에 이르기까지 법
맥을 새겨 놓았다. 곧 혜능 → 남악 회양 → 마조 도일 → 장경 회휘
→ 현욱 → 심희(진경) → 진공으로 흐르는 법맥이다.

(2) 봉림산문의 전개

현욱의 뒤를 이은 제자 심희(審希, 854~923)는 9세에 출가하여 혜목
산으로 가서 현욱의 가르침을 받았다. 이후 여러 곳을 행각하다가
888년 송계산에 머물면서 수행하였는데, 이때 수많은 제자들이 모
여들었다. 이후 설악산에 머물렀는데, 진성여왕이 궁궐로 초청하
자, 강릉 탁산사託山寺에 은거하였다. 얼마 뒤에 경남 창원으로 옮겼
다. 그곳의 진례성제군사進禮城諸軍事 김율희는 성 안에 스님이 정진
할 수 있는 곳을 마련해 주고, 효공왕은 특사를 파견해 경배의 예를
표했다. 심희 선사는 그곳에 봉림사를 창건했는데, 이것이 봉림산문
개산이다. 경명왕(917~923 재위)은 심희의 덕을 사모해 흥륜사 언림
스님을 통해 심희를 궁궐로 초청했다. 선사는 궁에 들어가 설법을
했으며, 마친 뒤에는 왕으로부터 법응 대사法應大師라는 존호를 받았
다. 심희는 이곳에서 제자들을 지도하다 열반하였다. 시호는 진경眞
鏡, 탑호는 보월능공寶月凌公이다.

심희의 제자로는 진공眞空·찬유 등이 있다. 진공은 신라 신덕왕과
고려 태조의 왕사를 지낸 분으로 법호가 충담忠湛이다. 찬유는 892

봉림산문사지. 2조 심희진경대사 보월능공탑비(보물 제363호)가 있던 곳에
비석을 세워 두었다.(가장 왼쪽 비석)

년에 중국에 들어가, 투자산投子山 대동(819~914) 선사로부터 법을
받았다. 찬유는 29년만인 태조 4년(921)에 귀국하여 왕건의 청으로
혜목산에 상주하였다. 찬유는 "동일한 진성眞性이 일심一心이며, 일
심을 근본으로 삼아야 한다."며, 일심을 강조하였다. 찬유 선사 문하
는 500여 명에 이르렀고 크게 번창했는데, 이후로는 쇠퇴한 것으로
추론된다.

마조 → 장경 회휘 → 현욱 → 심희 → 진공·찬유·충담

(3) 봉림산문의 선사상

앞에서도 언급했지만, 봉림산문의 선사상을 알 수 있는 자료가 많지는 않다. 다만 선사들의 행적을 통해 두 가지로 정리할 수 있겠다.

첫째, 일원상을 활용하였다는 점이다. 현욱의 선사상적 측면으로 『경덕전등록』에 이런 내용이 전한다.

> 봉림산의 독특한 사상은 전하지 않고 삼승三乘 이외의 특별한 사
> 상이 있는데, 이것을 일원상一圓相으로 표현하여 선이 교와 다른
> 점을 지적하였다는 기록이 전할 뿐이다.

일원상은 5가 7종 중 위앙종의 앙산 혜적(807~883)이 가장 많이 활용했다. 일원상은 조사선에 채용되었는데, 단순한 원이 아니라 완전함·원만함을 의미한다. 3조 승찬의 『신심명』에서 "둥글기가 큰 허공과 같아 부족함도 남는 것도 없다."라는 표현이 있다. 진실하고 절대적인 진리, 불성佛性·여여如如·진여眞如 등 깨달음의 근원을 상징한다. 선사들은 불자·여의주·주장자 등으로 공간이나 대지에 일원상을 그리거나, 붓으로 일원상을 그리어 자신의 오도송이나 열반송으로 표현하였다. 또한 선사들 사이에 선문답으로도 활용되었으며, 제자들 접인법接引法으로 널리 활용되었다. 이 일원상은 송나라 때, 십우도(十牛圖: 깨달음의 과정을 10단계로 묘사한 그림) 형성에 영향을 미쳤다. 현욱 선사가 당나라에서 공부할 때 당시 선자들이 일원상을 활용했으며, 현욱에게 법을 전한 장경도 일원상을 활용해 제자를 제접했던 것으로 보인다.

둘째, 일심一心 강조이다. 봉림산문의 3세인 찬유는 29년간 당나라에 머물며 수행하였다. 고려 초에 선풍을 펼치면서 제자들에게 참된 성품이 곧 일심이며, 일심을 근본으로 할 것을 강조하였다. 참 본성이나 진성이 곧 일심으로 표현된다. 이 점은 『화엄경』에도 "마음과 부처, 중생 이 셋은 차별이 없다(心佛及衆生是三無差別)."라고 하였다. 참된 성품은 곧 마음을 바탕으로 함이요, 이 일심에는 중생과 부처가 똑같은 성품을 갖고 있는 것이다. 봉림산문의 선사상은 조사선의 본각本覺, 본래성불本來成佛에 입각한 선사상이었음을 추론해 볼 수 있다.

19 | 민중의 희망과 안식처, 사굴산문 범일

(1) 범일의 행적

필자가 사굴산문闍崛山門을 찾아간 겨울날, 그 초입에서 자동차 바퀴가 펑크 나서 고생을 엄청 했다. 그럼에도 이 산문을 생각하면 행복하다. 나말여초 산문 가운데 먼 후대에까지 내려온 산문은 가지산문과 사굴산문이며, 강원도와 경상도 해안 일대가 사굴산문의 영향이 미쳤던 멋진 산문이기 때문이다.

사굴산문 굴산사지 당간지주. 우리나라에서 가장 큰 당간지주이다.
(강원도 강릉시 구정면, 보물 제86호)

통효 범일(通曉梵日, 810~889)은 품일品日이라고도 하며, 성주산 무염 선사와 더불어 당나라에까지 그의 수행력이 알려져 있었다. 범일은 계림의 호족인 김씨로서, 조부는 벼슬이 명주도독溟州都督에까지 이르렀는데 매우 청렴했으며 너그러운 사람으로 알려져 있다. 범일은 태어날 때 부처님처럼 나계螺髻가 있어 특수한 자태를 가지고 있었으며, 15세에 출가하였다.

범일은 『능가경』을 읽다가 입당을 결심하고, 헌덕왕 6년(831)에 당으로 건너가 염관 제안(鹽官齊安, ?~842)을 만났다. 범일은 염관 문하에 6년간을 머물렀다. 그러던 어느 날, 염관 제안과 선문답을 나누었는데, 그 일화가 『조당집』 17권에 전한다. 염관이 먼저 물었다.

"수좌는 어디서 왔는가?"
"동국에서 왔습니다."
"수로로 왔는가, 육로로 왔는가?"
"두 가지 모두 밟지 않고 왔습니다."
"그렇다면 어떻게 여기에 이르렀는가?"
"해와 달에게 동쪽과 서쪽이 무슨 장애가 되겠습니까?"
"그대는 동방의 보살이로다."

선사가 '해와 달이 동서에 걸림이 없다'고 한 것은 범일이 무애자재한 경지에 이르렀음을 뜻한다. 범일은 스승에게서 찬사를 받으며, 심인을 얻어 법을 받았다. 염관 제안은 마조의 제자 중 독자적인 선풍을 전개한 인물이다. 염관은 강소성江蘇省 사람으로 왕실의 후예이다. 염관은 마조가 남강의 공공산龔公山에서 법을 펴고 있다는 소문을 듣고 마조를 찾아갔다. 마조는 "염관을 처음 보자마자, 염관이 법기法器임을 알았다."는 기록이 『전등록』에 전한다. 염관은 마조가 입적할 때까지 그의 곁을 떠나지 않았다. 마조 입멸 후 여러 곳을 행각하다가 절강성浙江省 해창海昌에 머물며 선풍을 펼쳤다. 그러자 사방에서 제자들이 몰려왔는데, 당시 '북에는 분주 무업이 있고, 남에는 염관 제안이 있다'고 할 정도로 뛰어난 인물이었다. 염관은 90여 세로 입적했는데, 후에 선종(846~859 재위)이 오공 선사悟空禪師라는 시호를 내렸다.

다시 범일 선사로 돌아오자. 범일은 염관에게서 법을 받은 뒤, 염관 문하를 떠나 석두 희천의 제자인 약산 유엄(藥山惟儼, 751~834)을 만났고, 약산과 선문답을 나누기도 하였다. 845년 무종의 법난(회창파불)이 일어나자, 범일은 섬서성陝西省 상산商山의 산속에 숨어 지내다가 광동성廣東省 소관韶關으로 가서 혜능 대사 진신상에 참배하고, 847년에 귀국하였다. 16년만이었다.

범일은 충남 대덕 백달산에서 수행하던 중, 명주溟州 도독 김공의 요청으로 강릉 사굴산에 산문을 열었다. 이때가 문성왕 12년(851)의 일이다. 그는 굴산사에서 40여 년을

굴산사지에서 출토된 석불좌상(강원도 강릉시 구정면, 보물 제38호)

사굴산문 범일 선사 부도탑(강원도 강릉시 구정면, 보물 제85호). 부도탑 앞이 굴산사지이다.

보냈으며, 경문왕·헌강왕·정강왕의 부름을 받았지만 왕실에 나아가지 않았다. 범일에 대해『조당집』에서는 "한번 숲 속에 앉은 뒤로는 40여 년 동안 줄지은 소나무로써 도를 행하는 행랑(廊)을 삼고, 평평한 돌로써 좌선하는 자리를 삼았다."라고 하였다.

그는 열반에 들 무렵, 제자들에게 "나는 이제 먼 길을 떠나려고 한다. 그대들과 작별을 해야 할 때가 왔구나. 세속의 감정으로 너무 슬퍼하지 말라. 그대들은 오직 스스로 마음을 잘 닦아 내 종지宗旨를 무너뜨리지 말라."는 유게를 남기고 세연 80세로 열반에 들었다. 시호는 통효通曉, 탑명은 연미延徽이다.

(2) 사굴산문의 선사상

① 진귀조사설

범일의 대표적인 선사상은 진귀조사설眞歸祖師說이다. 이 진귀조사설은 우리나라 조사선의 독특한 특징 중의 하나이다. 이 설은 『선문보장록』과 『선교석禪教釋』에 전하고 있으며, 『조당집』에는 그의 전기가 상술되어 있다. 진귀조사설은 '석가가 설산雪山에서 깨달았지만, 지극한 진성眞性을 깨닫지 못하고 계속 수행하였다. 설산의 석가에게 정법안장을 전해 주기 위하여 기다리고 있던 진귀조사(문수보살의 화신)를 만나서야 석가모니가 심인心印을 받고 종지를 증득했다'는 설이다. 이는 조사선의 경지라고 하여, 여래선보다 조사선의 우월함을 주장하는 사상이다. 이 설은 우리나라에만 존재하는 사상이다. 당시 신라에 선종이 유입되고 보급되어 가는 시기에 그의 조사선 우위 사상은 절실히 필요했던 선사상 정립이라고 볼 수 있다.

② 평상심시도와 막작불보살견莫作佛菩薩見

범일은 할아버지뻘 스승인 마조의 가르침인 '평상심시도平常心是道'의 선사상을 신라에 적극적으로 펼친 대표 선사이다. 한 제자가 범일에게 물었다.

"어떻게 수행해야 부처가 될 수 있습니까?"
"도는 닦을 필요가 없으니 더럽히지만 말라. 부처라는 견해, 보살이라는 견해를 갖지 말라. 평상심이 바로 도다."

어떤 이가 물었다.

"어떤 것이 조사의 뜻입니까?"

"6대에도 잃은 적이 없느니라."

"어느 것이 대장부가 힘써야 할 일입니까?"

"부처의 계급을 밟지 말고, 남을 따라 깨달으려고도 하지 말라."(『조당집』 17권)

육조 혜능은 게송에서 '본래 한 물건도 없다(本來無一物)'고 하였고, 남악 회향은 '오염시키지 말라(不汚染)'고 했으며, 마조는 '도는 닦을 필요가 없다(道不用修)'고 하였다. 곧 중생이 원래 부처와 똑같은 본성품을 구족具足하고 있기 때문에 군이 도를 닦을 필요가 없는 돈오 사상을 천명한 것이다. 범일도 스승들과 마찬가지로 점차적인 수행(漸修)이 아니라 돈오사상을 천명했다고 볼 수 있다.

(3) 사굴산문의 특징 : 단오제의 주신으로 섬겨짐

영동 지방의 강릉 단오제는 대표적인 문화제 가운데 하나이다. 그런데 이 단오제의 주신主神은 사굴산문의 범일이다. 당시 사굴산문은 굴산사(현 강릉)를 중심으로 해서, 그 일대에 범일의 문중이 형성되었다. 즉 고성의 건봉사에서부터 양양의 낙산사, 평창의 월정사, 동해의 삼화사, 삼척의 영은사, 그리고 울진과 평해 지역까지 이른다. 범일 선사 입적 후, 당시 강릉지역 사람들은 범일을 추앙했는데, 대관령 길목 성황당에 범일 선사를 모시면서 강릉 단오제의 주신이 된 것이다. 이런 점으로 보아 신라 말기부터 고려에 이르기까지 사굴산문은 영동 지역에 큰 영향을 끼쳐서 불교라는 테두리로 문화권을 형성하였던 것으로 추론된다.

자력적自力的인 수행의 선사가 타력적他力的인 기도의 주신으로 섬겨진다는 것은 아이러니한 일이라고 할 수 있다. 우리나라 사람들이 달마도를 수맥차단용으로 많이 모시는 것과 유사한 일이기도 하다. 하지만 불교가 민중들에게 희망과 삶의 안식처가 된다는 점에 마음이 따스해진다.

(4) 사굴산문의 전개

범일의 문하門下에는 10철十哲이라고 하여 많은 제자가 있었으나 현재 전기가 전하는 이는 행적과 개청, 신의 등이다. 하지만 범일의 법을 받은 제자로는 개청과 행적뿐이다. 당시 구산선문 가운데 사굴산문이 가장 번성했으며, 범일의 제자들은 후대에까지 강릉과 오대산 일대에 큰 영향력을 끼쳤다.

① 개청(開淸, 835~930)은 범일이 입적한 후 사굴산문을 지켰으나 여러 차례 위험한 상황이 발생했다. 이런 가운데 선사는 강릉 보현사로 옮겼으며, 명주 군수 왕순식과 인연을 맺었다. 개청은 스승 범일과는 다르게 경애왕의 초빙에 응했으며, 국사

강릉 보현사 조사전에 모셔진 개청 낭원 진영

가 되었다. 이후 왕순식의 연결로 왕건과도 인연이 있었다.

②행적(行寂, 832~916)은 870년에 중국에 들어가 석상 경저石霜慶
諸의 법을 받아 헌강왕 11년(885)에 귀국하였다. 처음에 그는 김해부
의 소충자·소율희의 후원을 받았고, 915년에 신덕왕은 그를 국사로
임명하고 실제사에 머물도록 하였다. 그는 일심一心을 강조하였는
데, 늘 제자들에게 "일심을 잘 지켜라." 혹은 "한 번 지켜서 잃지 말
라."고 당부했다.

③신의信義는 '두타頭陀 신의'라고 하는데, 철저한 두타행자였다.
월정사 역사에서 중요한 위치를 차지하며, 선사는 자장율사와 신효
信孝 거사에 이어 세 번째로 월정사를 중창불사하였다. 이렇게 월정
사와 밀접한 것은 사굴산문이 지역의 문수도량인 점과 관련해서 생
각해 볼 수 있다.

고려 때 보조 지눌(1158~1210)국사도 사굴산문의 승려이다.

마조 → 염관 제안 → 범일 → 행적·개청·신의 등 ⋯ 담진·탄연 ⋯ 보조 지눌
↓
석초

(1) 진감 혜소의 행적

수년 전 중국 선종 사찰을 순례할 때, 그 사찰의 규모에 따라 사찰에 머물렀다. 작은 규모의 사찰은 비구니가 하루 이틀 묵는 일이 용이치 않지만, 큰 사찰에서는 우리나라와 똑같이 승려가 숙식할 수 있었다. 필자가 승려 신분인지라 중국 사찰을 순례하면서 국적을 불문하고 '승가'라는 테두리의 보호를 받을 수 있었다. 이 점이 승려로서의 복됨을 인식하는 계기가 되었다. 며칠간 머물렀던 혜능 스님 도량인 광동성 남화 선사, 운남성 허운 스님이 개산한 축성사는 잊을 수 없는 곳이다. 지리산 쌍계사는 이런 연장선상에서 느끼는 순례라고 할까? 사찰의 면모와 그윽한 운치! 개산한 선사의 선견지명에 감탄하지 않을 수 없다. 쌍계사는 진감 혜소가 개산한 사찰이다.

진감 혜소(眞鑑慧昭, 774~850)는 전주 출생으로 속성은 최씨이다. 부모를 일찍 여읜 탓인지 진감은 인생의 무상을 뼈저리게 느꼈다. 31세 늦은 나이에 출가해 804년 사신의 배를 얻어 타고 당나라에 들어갔다. 그는 창주滄州에 당도해 마조의 제자인 신감神鑑의 제자가 되었다. 진감은 얼굴이 검은데다 열심히 수행하여 주위 사람들은 그를 '흑두타黑頭陀'라고 불렀다. 진감은 창주 신감 문하에 머물며 6년

진감국사가 당나라에서 귀국
후 머물렀던 상주 장백사(현
재 남장사) 일주문

진감선사대공탑비이다. 최치
원이 직접 지은 사산비명 가
운데 하나이다. 경상남도 하
동군 쌍계사 대웅전 앞에 위
치하며 국보 제47호이다.

간 정진한 뒤 마침내 신감에게서 인가를 받았다.

이후 선사는 810년 숭산 소림사에서 구족계를 받았고, 서안의 종남산으로 들어가 지관止觀을 닦았다. 다시 진감은 여러 지역을 다니며 행각하였다. 행각하는 도중 어느 곳에서는 짚신을 삼아 오고가는 사람들이 짚신을 바꿔 신도록 보시행을 하였다. 이렇게 행각하는 중에 최초의 산문인 가지산문 도의 선사를 만나 법담을 나누었다. 진감은 당나라에서 26년간의 수행을 마치고 830년(흥덕왕 5)에 귀국하였다. 아래는 귀국 후 얼마 안 되어 흥덕왕(826~835 재위)이 진감에게 보낸 편지 내용이다.

"도의 선사가 이미 돌아왔고(821년), 이어서 선사께서도 신라로 돌아오셨으니, 이 나라에 두 보살이 있도다. 옛적에 흑의黑衣 이걸二傑이 있었다고 들었는데, 이제 누더기 입은 뛰어난 두 스님을 친견하니 하늘에까지 이름이 가득하고 자비로움이 충만합니다. 온 나라가 기쁨에 넘치는구나."

진감은 상주尚州 장백사(長栢寺, 현 남장사)에 주석하며 병자들을 치료해 주었다. 다시 진감은 삼법三法 화상이 세운 절 주변에 암자를 짓고, 제자들을 지도하였다. 이때 민애왕(838년 재위)이 즉위하여 선사의 도명을 듣고 만나기를 청했으나 선사는 만나주지 않았다. 민애왕은 "색공色空의 경계를 깨달았으며, 정定과 혜慧를 원만하게 구족한 승려구나!"라고 감탄하며 사신을 보내어 '혜소慧昭'라는 호를 내려 주었다.

이후 진감에게 제자들이 점차 늘어나면서 지리산 남령南嶺에 옥천사(玉泉寺, 현 쌍계사)를 세우고 여섯 분의 진영眞影을 모신 조사당을 세웠다. 여섯 진영이란 육조 혜능·남악·마조·염관 제안·창주 신감·진감이다. 진감은 이런 법계 체계를 세움으로써 쌍계사에 선문禪門을 수립코자 했던 것으로 사료된다.

진감은 대중들과 함께 수행했으며, 성품이 늘 한결같았고, 천진스런 성품을 갖고 있어 대중들이 선사를 따랐다고 한다. 진감은 『열반경』의 대가로서 불성佛性을 강조했으며, 제자들에게 '자신의 행적을 남기지 말라'고 한, 승려로서의 본연에 철저한 선사였다. 20여 년이 지난 뒤 헌강왕은 '진감眞鑑'이라는 시호와 함께 대공영탑大空靈塔이라는 탑호를 내렸다. 진감 선사의 비는 경상도 하동 쌍계사에 있으며, 최치원이 지었다.

진감선사비를 포함해 최치원이 지은 4개의 비문을 '사산비명四山碑銘'이라고 한다. 이 네 비명은 우리나라 고대사 연구, 특히 나말여초의 선종사를 비롯한 불교사 연구에 좋은 자료가 되고 있다. 필자가 이 책에서 몇 차례 거론한 희양산문의 봉암사지증대사적조탑비鳳巖寺智證大師寂照塔碑를 비롯, 성주산문의 성주사낭혜화상백월보광탑비聖住寺朗慧和尙白月葆光塔碑, 지리산의 쌍계사진감선사대공탑비雙磎寺眞鑑禪師大空塔碑, 만수산萬壽山의 초월산대숭복사비初月山大崇福寺碑이다. 이 네 비명은 최치원이 당나라에서 귀국해 은거하기 전까지 왕명에 의해 지은 것이다. 대숭복사비는 조선 후기에 이미 산산조각이 나버렸다. 이 숭복사비를 제외한 세 비는 비교적 양호한 상태이며, 현재 모두 국보로 지정되어 있다. 진감선사비와 대숭복사비는 최치원이 직접 글씨까지 썼고, 성주산문의 낭혜화상비는 종제從弟인 최인연崔仁渷이 썼으며, 지증대사비는 분황사 승려 혜강慧江이 썼다. 사산비명은 우리나라 금석문의 신기원을 여는 웅문거편雄文巨篇으로서, 화려한 수사修辭에다 함축미와 전아典雅함을 잘 갖추고 있다고 한다.

진감국사 진영, 경북 상주 남장사 진영각(조사전)에 모셔져 있다.

(2) 진감의 선종사적 위치 및 쌍계사에 대한 재고

앞에서 진감을 신감의 제자라고 하였다. 그런데 진감의 법맥에 대해 다른 문제가 제기된다. 구산선문 가운데 하나인 희양산문 긍양兢讓의 비문碑文에 의하면, '진감은 희양산문의 승려'라는 기록이 전한다. 이런 점으로 볼 때, 진감이 한국불교사에 미친 영향이 어떤지를 가늠해 볼 수 있다. 앞에서 언급한 대로 진감의 스승 신감은 마조의 제자이다. 한편 진감을 마조의 제자인 염관 제안의 제자라고 하는 기록도 있다. 그런데 대만에서 발행된 『불광사전』에는 "창주 신감이 마조의 직계 제자이고, 진감이 신감에게 인가를 받았다."라고 기록되어 있으며, 중국의 다른 기록에도 "도의 선사와 함께 동시에 당나라에 온 또 다른 인재가 진감 혜소이다. 진감은 마조 문하 창주 신감

금당으로 쌍계사 내 선방에 위치해 있다. 금당에 육조혜능 선사의 정상頂相이 모셔져 있다.

의 인가를 받았다(與道義同時期來唐者另有真鑑慧沼 受馬祖門下之滄州神鑑印可).”라는 기록이 전한다. 이에 진감을 신감의 제자라고 보는 것이 타당하다고 본다.

  또 한 가지 특이한 점은 쌍계사 금당金堂에 혜능의 정상頂相, 즉 두 골이 모셔져 있다는 점이다. 722년 두 승려가 당나라에서 귀국하면서 걸망 속에 혜능의 정상을 모시고 와서 쌍계사 금당 육조정상탑六祖頂相塔에 봉안했다고 한다. 이 내용은 『쌍계사지雙溪寺誌』에 ‘선종 육조혜능대사정상동래연기’로 전하고 있다. 글쎄? 이 점에 대해서는 필자로서 답변을 내리기가 곤란하다. 이 이야기의 진위 여부를 떠나 우리나라 승려들의 육조 혜능에 대한 사모와 순수함이 담겨 있다는 것만 염두에 두자.

(3) 선과 불교문화의 선구자, 그리고 보살행

진감은 여타 선사들과 다르게 주목할 모습으로 여러 요소가 있다.

첫째, 진감이 개산한 쌍계사는 나말여초 구산선문에는 포함되지 않지만, 지리산 일대에 선풍을 전개함으로써 남방 문화에 적지 않은 영향을 미쳤다.

둘째, 불교행사 가운데 범패의식이 있는데, 이 범패를 최초로 도입한 승려가 바로 진감이다. 진감은 우리나라 범패의 선구자라고 볼 수 있다.

셋째, 진감은 당나라에서 차나무를 들여와 다도茶道 문화에 공헌하였다. 중국에서도 처음 차가 발달할 때, 승려들에 의해 보급되었다. 차는 정신을 맑게 해주는 것으로 졸음을 쫓는 역할을 한다고 하여 수행과 더불어 발전했다. 고려 때 이규보(1168~1241)는 '한 잔의 차로 곧 참선이 시작된다'고 할 정도로 선과 차는 밀접하다. 또 조주(778~897)의 '끽다거喫茶去(차나 마셔라)' 공안이 있으며, 보조국사 지눌(1158~1210)은 '불법佛法은 차 마시고 밥 먹는 곳에 있다'고 하였다. 이를 '다반사茶飯事'라고 하는데, 원래 밥 먹고 차 마시는 것처럼 수행도 일상적인 데서 도를 이룰 수 있다는 뜻이다. 이렇게 차와 선, 불교와 차는 떼려야 뗄 수 없는 관계이다. 진감은 우리나라 다도의 선구자적 역할을 한 분이라고 볼 수 있다.

넷째는 진감의 보살행이다. 보살이란, 부처님의 과거 전생 수행자를 보살이라고 칭했듯이, 대승불교도들이 스스로를 '보살(菩薩,

Bodhisattva)'이라고 칭하면서 보리심을 발하고 중생을 위해 실천하는 수행자를 지칭한다. 선종도 대승불교에서 발달했으므로 선사들이 수행을 다 마치고 나서 돌이켜 중생에게 회향함이 바로 보살행이다. 진감이 바로 이런 모습을 띠고 있는 것이다. 진감은 당나라에서 행각할 때도 사람들이 필요로 하는 것을 해주고 싶어 했고, 신라에 돌아와서도 의료행위를 통해 많은 이들을 구제해 주었다. 물론 진감 외에도 진표율사 등 여러 승려들이 의술 활동을 하였다. 진감은 선사로서 의술 활동의 선각자 역할을 했으니, 우리나라 보살행자로서의 롤모델이라고 할 수 있다.

(1) 순지의 행적 및 앙산 혜적

순지順之의 행적은『조당집』,『경덕전등록』등 중국 자료 여러 곳에 전한다. 순지의 생몰연대는 알 수 없으나 대략 전하는 바에 의하면, 평안도 패강浿江 출신으로 속성은 박씨朴氏이고, 지방의 호족 출신이다. 서운사 화상瑞雲寺和尚이라고도 한다. 순지는 20세 무렵 오관산五冠山 오관사五冠寺에서 삭발하고, 속리산俗離山에서 구족계를 받았다.

858년 헌안왕 때 당에 들어가 바로 강서江西에 있는 애주袁州 앙산 혜적(仰山慧寂, 803~887)에게 배우고 그의 법통을 이어받았다. 처음 앙산 혜적과 순지가 만나 대화를 나누었는데,『조당집』20권에서는 "마치 안회가 공자 곁에 있는 듯하였고, 가섭 존자가 부처님의 곁에 있는 듯하였다."라고 묘사하고 있다.

그러면 앙산은 어떤 선사인가? 선종의 5가 가운데 가장 먼저 흥기한 종파가 위앙종이다. 스승 위산潙山의 '위'자와 제자 앙산仰山의 '앙'자를 따서 '위앙종潙仰宗'이라고 하였다(법맥은 마조 → 백장 → 위산 → 앙산).* 앙산은 광동성廣東省 소관韶關 사람이다. 앙산은 육조 혜

---

* 위앙종은 5가 7종 가운데 제일 먼저 형성되었지만, 앙산의 뒤를 이어 단 4대

강서성 의춘宜春 서은사에 모셔져 있는 앙산 혜적의 사리탑

능을 흠모해 제자들에게 조계의 심지心地로 지도했다. 앙산은 당시 '선종 7조'로 불리었으며, '고불이 출현했다'고 추앙을 받았던 인물이다. 위앙종의 사상은 시절인연을 자각하는 주체인 불성佛性이 여여불如如佛이라는 선사상을 내세운다. 또 위앙종의 독특한 사상은 원상圓相이라는 선풍을 전개했다. 원상(○)을 그려서 사람에게 보이며, 그 법의 체용을 나타내어 그것을 증득해 알고 수행해 깨달음에

까지만 전승되다 북송대에 법맥이 소멸되었다. 그런데 근현대 선사 허운(虛雲, 1840~1959)이 강서성江西省 영수현永水縣 운거산雲居山 진여사眞如寺에 머물며 선종 5가 중 종맥이 끊겼던 위앙종을 되살려 현재까지 종맥이 이어지고 있다. 이 진여사는 현재 중국 위앙종 종풍宗風의 본찰이다. 미국에서 크게 활동하다 입적한 선화(宣化, 1918~1995)는 허운에게 위앙종의 제9대 법을 받았다.

이르도록 하는 방편이다. 위앙종에서는 제자
들을 제접할 때 일원상을 사용하였다. 최초로
위앙종 사상을 공부하고 법맥을 받은 성주산
문의 대통(大通, 816~883, 무염의 제자)은 선풍
을 전개하거나 활동하지 않은 것으로 보인다.

앙산 혜적 진영

　순지는 앙산의 법을 받고, 874년 16년 만에
신라로 돌아왔다. 순지는 원창왕후元昌王后와 그 아들 위무대왕(威武
大王: 태조 왕건의 아버지)이 시주해 오관산에 산문을 열었다. 선사는
헌강왕과 경문왕·진성여왕 등의 부름을 받아 경주를 방문하였으며,
그곳에서 65세에 입적하였다. 호는 요오了悟이며, 탑명은 진원眞原
이다.

　　마조→백장→위산 영우→앙산 혜적→순지

(2) 오관산문의 선사상
오관산문五冠山門의 순지가 선풍을 펼치는 기간은 길지 않았지만, 순
지가 남긴 선사상은 고대 우리나라 산문의 큰 특징이다.『조당집』에
전하는 순지의 법문에는『표상현법表相現法』1편,『삼편성불론三遍
成佛論』1편이 있다. 이를 중심으로 오관산문의 선사상에 대해 알아
보자.

① 일원상
일원상一圓相에 대해서는 봉림산문의 선사상에서 한 번 거론했던 내

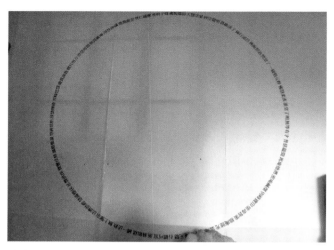

일원상을 인용해 선사상을 표현하기도 한다.(대혜 종고가 머물렀던
절강성浙江省 항주杭州 경산사徑山寺 객당客堂)

용이다. 일원상의 근본 의미는 어디에도 편착되거나 모자람이 없는
것으로, 불성佛性의 근본 자리를 상징하거나 무위無爲 사상을 표현한
다. 하나의 둥근 원을 그린 모습이며, 모자라는 것도 남는 것도 없는
완전하고 원만한 의미를 나타낸다. 일원상은 우주만상의 근원을 가
리키는데, 완전무결하고 위대한 작용을 하는 우주의 모습을 원으로
표현한 것이다. 사실 원상은 육조 혜능의 제자인 남양 혜충(南陽慧忠,
?~775)이 처음 그렸다. 제자 탐원 응진耽源應眞은 원상의 참뜻을 연
구한 사람인데, 위앙종의 앙산 혜적에게 이를 전했다.

　신라의 순지는 앙산으로부터 원상 법문을 전해 받은 뒤 이를 표상
현법으로 정리하였다. 표상현법은 견성성불의 단계와 원리를 원상
으로 표현한 것으로 3단계(四對八相·兩對四相·四對五相)인 총 17개의
원상으로 나타내고 있다. 즉 순지는 독창적으로 원상에 다양한 변화

를 부여하여 원상으로 법을 나투는 선법을 펼쳤다. 『조당집』에 의하면, "선사는 원상을 그려 법을 나타내어 학인들에게 진리를 증득함에 빠르고 더딤이 있음을 제시했는데, 사대四對와 팔상八相이었다."라고 전하고 있다. 그러나 17개 원상(○)은 각기 그 법을 표한 비밀한 뜻이 있으나, 너무 인위적인 것으로서 오히려 실질적인 법어나 선구禪句만큼 사람들에게 감명을 주지 못해서인지 널리 일반화되어 전해지지 않았다.

② 삼편성불론

삼편성불론三篇成佛論이란 증리성불證理成佛·행만성불行滿成佛·시현성불示顯成佛이다. 증리는 깨달음, 행만은 실천, 시현은 교화를 말한다.

증리성불이란 어떤 수행자가 선지식의 법문을 듣고, 곧 자기 스스로 본성(자성)을 구족하고 있음을 알고 깨닫는 돈오적頓悟的인 성불에 해당한다고 볼 수 있다. 행만성불은 비록 자신이 불성을 구족하고 있음을 알고 깨달았을지라도 보현보살이 중생을 위해 서원을 세우고, 자비를 행한 것처럼 대자대비가 원만해진 것을 말한다. 시현성불은 지혜와 자비를 완전히 갖춘 상태로 열반한 뒤에 중생을 제도하기 위하여 도솔천으로부터 내려와 태胎에 들어 열반에 들기까지 8상八相, 곧 중생에서부터 부처에 이르는 모습 그대로를 나타내 보인 것이다.

곧 한 생각 돌이켜 자기의 마음 바탕에 본래 한 물건도 없음을 확연히 깨닫는 경지가 증리성불 단계이고, 이미 진리를 터득했으나 보현행원에 따라 보살의 길을 널리 실천하여 자비와 지혜가 원만하게 되는 경지가 행만성불의 단계이다. 마지막으로 깨달음의 실천을 통해 성불하였으니 이제는 중생을 위해 교화하는 모습을 나타내 보이는 경지가 시현성불의 단계이다. 세 성불론은 서로 유기적인 관계로 연결되어 있으며, 자각각타 각행원만이 되는 셈이다.

여기서 주목해야 할 항목이 세 번째 시현성불이다. 곧 한 생각 돌이켜 자기의 마음 바탕에 본래 한 물건도 없음을 확연히 깨닫는 증리성불의 과정, 이미 진리를 터득했으나 보현행원에 따라 보살의 길을 널리 실천하여 자비와 지혜가 원만하게 되는 행만성불의 과정, 깨달음의 실천을 통해 성불하고 나서 중생을 위해 성불하고 교화하는 모습을 나타내 보이는 시현성불이 그 과정이다. 즉 마음을 증득하면, 그 깨달음만으로 성불이 완성되는 것이 아니고 다음의 실천, 교화 등을 함으로써 진정한 성불이 된다는 것이다.

(3) 오관산문의 특징 및 불교사에 미친 영향

순지는 선사상 체계를 일원화하였으며, 그의 성불론은 교선융합적인 면이 두드러진다. 즉 순지는 교학적인 받침을 토대로 한 바탕 위에 선사상을 정립하였다고 볼 수 있다. 신라 때 개산조開山祖들은 선을 중심으로 선 우위를 강조한 선사도 있고, 선교일치를 주장한 선사도 있지만, 순지의 성불론은 선교禪敎의 융합적인 면이 드러나 있다고 볼 수 있다.

앞에서 순지가 전개한 일원상 선풍은 일관성이 결여되어 후학들에게 귀감이 되거나 후대에 보편화되지 못했었다. 그런데 고려 시대에 와서 원상을 주목한 선사가 있었다. 순지의 표상현법은 고려 시대 정각국사靜覺國師 지겸(志謙, 1145~1229)에 의해 다시 한 번 드러났다.

지겸은『조당집』에 전하는「오관산서운사장」을『종문원상집宗門圓相集』에 그대로 옮겨와 위앙종의 선풍을 선양하였다. 지겸이 활동할 당시는 보조 지눌(1158~1210)과 진각 혜심(1178~1234)의 간화선이 풍미를 이루던 때이다. 바로 이런 때, 지겸이『종문원상집』을 편찬해 위앙종의 선풍을 드러냈다는 점은 한국의 선사상사에서 주목할 만하다. 지겸이 순지의 표상현법을 가일층 확대시킨 점도 있지만, 지눌의 선사상에 대한 일종의 반발이 담겨 있는 점도 간과할 수 없다.

우리나라에서 위앙종의 일원상에 관한 서지학적 자료는 순지 화상과 지겸국사의『종문원상집』뿐이다.『종문원상집』은 당대의 남양 혜충부터 북송의 목암 선경睦庵善卿에 이르는 46명의 조사들에 의한 원상의 기연을 모은 것이다. 이 모음집은 지겸이 중국 문헌에서 원상에 얽힌 기연을 발췌한 것이므로 지겸의 사상이 직접 드러난 것은 아니지만, 이를 소화한 지겸의 사상을 드러내었다고 볼 수 있다.

원상이 활용된 경우를 보자.『금강경』의 오가해五家解 가운데 한 분인 송대 야보 도천冶父道川도『금강경』제목을 소개하면서 원을 그렸는데, 야보송에는 원상이 세 번 등장한다. 원상은 한국 선사들의 법문이나 열반송에 드러나기도 한다. 조선 시대의 고승인 서산 휴정(西山休靜, 1520~1604)은『선가귀감』의 앞머리에서 원상을 표시하고 해설하였다. 또한 원상을 통해 깨달음의 선적 경지를 드러낸 선사가 구한말 경허(鏡虛, 1849~1912)이다. 경허가 입적할 무렵, 붓으로 글씨가 아닌 동그라미(○)를 그리고, 게송 읊기를 "마음 달이 홀로 둥그니, 그 빛 만상을 삼켰도다. 빛과 경계를 모두 잊으니, 다시 이 무슨 물건인가?(心月孤圓 光呑萬像 光境俱忘 復是何物)"라고 하였다. 한편 현대의 선사 숭산(1927~2004)은 국제 포교에 앞장섰던 분인데, 선사는 서양의 제자들에게 둥근 원을 가지고 선을 설명하기도 하였다. 이런 영향으로 숭산 입적 후 어떤 제자들은 자국의 선원 선방에 원상을 그려 놓기도 하였다.

불·유·도교 융합 추구한 희양산문 도헌

(1) 희양산문의 근래 면모

봉암사는 1982년 조계종 종단에서 조계종의 특별선원으로 지정하였고, 1984년에 종립선원으로 결정한 사찰이다. 이 봉암사는 역대 청담·성철·자운·향곡·법전 등 30여 명의 스님들이 의기투합해 함께 정진하고 철저히 계율을 지키며, '부처님 법대로 살자'는 취지의

희양산 봉암사 산문

결사가 있었던 곳이기도 하다. 1970년대 이후 향곡 스님을 조실로 모셨고, 1980년대에 서암 스님이 정식으로 태고선원 조실로 모셔지면서 납자들의 수행요람으로 발돋움하였다. 이후 범룡·진제·서암 등 대선사들이 조실로 추대되어 한국불교 선의 정점을 이룬 곳이라고 하면 맞을 듯하다. 대한불교 조계종의 자존심과 긍지가 서린 곳이다.

(2) 희양산문 선사들의 법맥 문제

희양산문의 역사를 보자. 7세기 최초로 신라에 선을 전한 승려는 법랑이다. 이 점은 앞의 '우리나라 최초의 선 전래자' 부분에서 언급했었다. 이를 다시 간단히 보자. 우리나라 최초의 선 전래자 법랑法朗

지증대사적조탑(봉암사)

은 4조 도신(四祖道信, 580~651)의 법을 받았다. 이어서 제자로 신행(神行, 704~779)이 있는데, 신행은 북종선北宗禪을 신라에 전했다. 다시 신행의 문하에서 준범遵範이 나오고, 준범은 혜은惠隱에게 법을 전했으며, 다시 도헌道憲으로 이어졌다. 이 산문이 바로 희양산문이다.

'지증대사적조탑비智證大師寂照塔碑'에 의하면, 희양산문의 개산조 지증 도헌(智證道憲, 824~882)

은 일찍이 출가해 부석사 화엄종의 범체梵體 대덕에게 화엄을 배우고, 도헌은 당나라에 들어가지 않고 혜은에게서 선을 배웠다(법맥을 보면, 4조 도신 → 법랑 → 신행 → 준범 → 혜은 → 도헌 → 양부 → 긍양).

그런데 희양산문의 법맥에 있어 기록에 약간 차이가 있다. 긍양의 비문(靜眞國師碑, 도헌의 손제자)에 의하면, "마조馬祖의 제자인 창주 신감으로부터 법을 받은 혜소(眞鑑慧昭, 774~850. 쌍계산문)가 신라에 귀국해 도헌에게 법을 전했고, 도헌이 양부에게, 양부가 긍양에게 법을 전했다."는 기록이다(마조 → 신감 → 혜소 → 도헌 → 양부 → 긍양).

법맥이 뒤바뀐 상황이다. 왜 법맥에 있어서 두 비문이 차이가 나는지는 정확히 알 수는 없다. 희양산문을 중흥시킨 긍양이 활동하고 입적하던 당시는 조사선 마조계 선풍이 풍미를 이루던 때이다. 도헌의 법맥을 마조계로 편입시킴으로써 희양산문을 '조사선의 정통적인 법맥으로 연결시키고자 했던 시대적인 요청이 아니었을까(?)'라고 추측해 본다. 필자는 전자를 따르기로 한다. 한 가지, 도헌이 희양산문의 개산조인 것만은 분명하다는 점이다.

(3) 도헌 선사의 행적

도헌은 속성이 김씨로 경주 사람이요, 자字가 지선智詵이다. '도헌' 보다는 '지선'을 써서 희양산문을 '지선문'이라고 칭하는 학자도 있다. 도헌의 어머니 꿈에 거인이 와서 "나는 승견불勝見佛 시대의 승려인데, 자주 분심忿心을 일으켜 그 과보로 용龍이 되었다. 그런데 이제 과보도 끝나서 사람으로 태어나 다시 승려가 되기를 원한다. 그러니 나를 받아 달라."는 간청의 태몽을 꾸었다. 모친이 태몽을 꾸고

400일 만인 824년 부처님 오신 날에 아기가 태어났다. 아기는 난 지 며칠 밤이 지나도록 젖을 먹지 않았고, 젖을 먹이려고 하면 더 크게 울었다. 하루는 홀연히 한 도인이 지나다 모친에게 "가능한 비린 것이나 마늘·파 등을 먹이지 말라."고 하였다. 어머니가 그 말대로 하니 아이는 아무런 탈이 없이 자랐다. 도헌이 9살 때 아버지를 여의고, 어머니에게 출가하기를 간청했으나 허락하지 않아 몰래 부석사로 출가해 범체 대덕의 제자가 되었다. 도헌은 어느 날 모친이 병이 났다는 소식을 접하고 집으로 돌아왔다. 그런데 모친의 병이 낫자, 이번에는 도헌이 중병에 걸렸다. 이에 모친은 아들의 재출가를 부처님께 발원함으로써 선사의 병이 낫는 이변이 발생했다. 도헌은 다시 출가해 경의瓊儀 율사에게 구족계를 받았다. 이후 열심히 정진해 혜은 선사의 선법을 받았다.

경문왕 4년(864)에 경문왕의 여동생 단의장端儀長 옹주가 현계산賢溪山 안락사安樂寺를 도헌에게 보시해 그곳에 잠시 상주하였다. 도헌은 자신을 승적에 넣어준 인물인 고한찬故韓粲 김억훈金嶷熏을 위해서 장육현금상丈六玄金像을 만들었다. 경문왕 7년(867)에 단의장 옹주가 안락사에 농장과 노비의 문서를 보내주었고, 도헌도 자신의 가산을 정리해 안락사에 보시해 사찰을 크게 일으켰다. 이후 도헌은 심충沈忠이 희양산의 봉암용곡鳳巖龍谷을 보시하자, 헌강왕 7년(881)에 봉암사를 짓고, 산문을 개산開山하였다.

헌강왕은 선사에게 산에서 나와 줄 것을 요청해 선원사禪院寺에 머물게 한 뒤, 월지궁月池宮으로 초빙해 법의 심요心要를 들었다. 선사는 다시 봉암사로 돌아가 머물다가, 882년 세속 나이 59세, 법랍 43

년에 입적하였다.

도헌은 젊은 시절, 어느 나무꾼으로부터 "먼저 깨달은 사람이 뒤의 후배를 깨우치도록 해야 하건만 어찌 허깨비 같은 몸뚱이를 아끼려고 하느냐?"라는 힐난을 듣고 나서, 배움을 받고자 하는 사람에게는 누구에게나 진리를 전했다고 한다. 또한 학문으로 경전을 탐독하는 사람에게는 늘 자신을 돌아보도록 권했으며, 선을 하는 사람에게는 적극적으로 공부하도록 밀어주었다.

최치원은 비문에서 도헌의 일생에 대해 "그의 행적은 너무 많으나 다 서술할 수 없다. 다만 여섯 가지 신이한 행적(六異)과 여섯 가지 옳은 행적(六是)이 있다."라는 형식의 서술 형태를 택하고 있다. 그러면 여섯 가지 신통스런 행적을 보자. 첫째, 모친이 임신하고 400여 일 동안 부처님께 기도하고 꿈속에 계명을 받고 탄생한 것. 둘째, 산모가 무탈하고, 모친이 아기를 신중하게 포육한 일. 셋째, 9세 때에 부친상을 당하고 편모슬하에서 출가를 서원해 무상진리를 깨닫고자 한 것. 넷째, 17세에 구족계를 받은 후 일체중생이 육도만행을 닦아 나가되 마음속에 항상 배고픈 자는 배부르게 하고, 술에 취해 넘어진 사람이 깨우치도록 권장한 것. 다섯째, 고행을 극복하는 정진 자세와 철저한 지계 정신. 여섯째, 선사가 거역하는 일을 하면 화를 만나고, 훌륭한 일을 하면 반드시 상서로운 일이 발생하는 일 등이다. 이와 같은 선사의 이적異蹟에 대한 진위 여부를 떠나 신이한 행적을 탑비에 기록했다는 점을 볼 때, 도헌의 사상이 당시 신라 사회에 큰 영향을 미쳤음을 추론해 볼 수 있다.

선사는 평생 명주옷이나 솜옷을 입지 않았고, 두타행으로 일관하였다. 또한 생김새가 우람하고 건장했으며 말소리가 크고 맑아 '위엄이 있으면서도 자비스런 면모를 갖춘 인물'로 평가받았다. 헌강왕(875~885 재위)은 '지증智證'이라는 시호를 내리고 '적조寂照'라는 탑호를 내렸다. '지증대사적조탑비'(四山碑銘 중 하나)의 문장은 고운 최치원이 기록하였으며, 83세 고령의 분황사 승려 혜강慧江이 새겼다. 그리고 2009년에 보물에서 국보 제315호로 승격 지정되었다.

(4) 도헌 선사의 사상

첫째, 당시 구산선문 가운데 여덟 산문의 개조開祖가 모두 입당하여 법을 받아왔으나 도헌만은 당나라에 들어가지 않고 오롯이 신라 땅에서 공부해 산문을 열었다. 마치 원효 대사가 입당하지 않고 신라 땅에서 공부해 해탈한 것과 같은 이치라고 본다. 한편 도헌이 수행하던 당시, 신라도 한국적인 조사선의 선풍이 크게 진작되고 있었음을 알 수 있다. 한기두 선생이 말하길, '선사는 경계에 부동不動하는 일심一心의 능력이 있어 육마六魔를 항복시키고, 밖으로 육폐六弊를 제거하며 육도만행六度萬行을 실천하고, 좌증육통坐證六通하는 인물'이라며 선사를 추켜세운다. 곧 도헌은 내외 경계의 모든 번뇌를 조복 받고, 6바라밀을 실천하였으며, 6신통을 투득할 정도로 선사로서의 뛰어난 면모를 갖추었음을 묘사하고 있다.

둘째, 도헌은 한국적인 선을 구축하였으며, 민간 토속신앙을 불교적으로 해석하고 유교·도교와 불교의 융합을 꾀하였다. 곧 도헌은 한국적인 토양이 깃든 선을 지향했던 것이다. 도헌은 희양산 중복中服 봉암용곡鳳岩龍谷에 선궁禪宮을 만들 구상을 하였다. 토속신앙에 산신을 활용하고 있는 점이 또한 주목할 만하다. 이런 정황으로 볼 때, 희양산문은 순수한 선의 조사선 선풍만이 진작되지는 않았을 것으로 생각된다. 또한 학자에 따라 도헌의 선을 수행 차원에서 정통성이 결여되었다고 보는 경향도 없지 않다. 하지만 한국적인 선풍을 전개하고자 분투했던 도헌의 사상은 한국선의 한 특징이라고 볼 수 있다.

셋째, 도헌의 민중지향적인 보살행이 드러나 있다. 원래 희양산은 호족의 착취로 산속에 숨어 들어간 유망민(도적)들의 소굴이었다. 선사는 그들을 잘 교화하여 좋은 길로 인도해 주는 역할을 하였다. 또한 선사는 왕의 초청으로 궁궐에 갈 때도 왕이 하사한 가마를 절대 타지 않았고, 말이나 소를 타지 않았다.

최치원은 도헌의 입적에 "오호라! 별은 하늘로 돌아갔고, 달은 큰 바다에 빠졌다(嗚呼 星廻上天 月落大海)."라고 하며 선사를 높이 칭송했다. 이상에서 도헌이 인간적인 면모와 선사로서의 수행력을 모두 갖춘 인물이었음을 알 수 있다.

(5) 희양산문을 번창시킨 긍양 선사

희양산문 개산은 도헌이 하였지만, 산문이 크게 번창하지는 않았다. 그런데 희양산문을 발전시키고, 선풍을 크게 진작시킨 선사는 도헌의 손제자에 해당하는 긍양이다.

긍양(兢讓, 878~956)은 공주에서 출생했으며, 일찍이 남혈원南穴院 여해如解 선사에게 출가하였다. 효공왕 1년(897) 계룡산 보현정사에서 구족계를 받았다. 이후 긍양은 서혈원西穴院의 양부(揚孚, ?~917)

선사를 참문하고, 법을 받았다(양부 선사에 대해서는 자료가 없으며, 긍양의 비문에 스승으로 등장할 뿐이다). 긍양은 899년(효공왕 3)에 당나라로 건너가 석상 경저(石霜慶諸, 807~888)의 제자인 곡산 도연谷山道緣을 찾아갔다. 긍양이 곡산 화상에게 '석상의 종지宗旨'에 대해 물었는데, 곡산의 "대대로 일찍이 계승되지 않았다."라는 대답에 크게 깨달았다. 이렇게 긍양은 청원계, 곧 조동종계의 법맥을 받은 것이다(석두 → 약산 → 도오 원지 → 석상 경저 → 곡산 도연)

나말여초 우리나라 선사 이야기에 석상 경저(石霜慶諸, 807~888) 선사가 자주 등장한다. 앞에서 언급했지만, 사굴산문 2조인 행적(行寂, 832~916)은 870년에 중국에 들어가 석상 경저의 법을 받았다. 이에 간단히 경저에 대해 살펴보자. 경저는 강서성江西省 청강현淸江縣 출신으로 13세 때 출가하였다. 만행을 하며 선지식을 찾아다니다 위산 영우의 문하에 입실해 수년을 수행했다. 이후 경저는 위산의 문하를 떠나 도오 원지(道吾圓智, 769~835, 석두 희천의 손자)의 문하로 들어갔다. 도오 원지 문하에 머문 지 얼마 후에 깨달음의 인가를 받고 그의 법을 이었다. 스승 도오 선사가 입적할 무렵, 경저에게 말했다.

"내 마음속에 한 물건이 있어 오랫동안 근심을 하고 있는데, 누가 나를 도와 이 근심을 없애줄 수 있겠느냐?"

"마음이 없으면 물질도 없는 법입니다. 그것을 없애려고 하면 할수록 더욱 근심만 늘어날 뿐입니다."

이후 경저는 호남성湖南省 류양현瀏陽縣 석상산으로 가서 숭승선림崇勝禪林을 창건하고 20여 년을 주석하면서 선풍을 드날렸다. 경저는 석상사石霜寺에 주석하면서 산문 출입을 삼가고 장좌불와하며 참선

정진했다. 한때는 이곳에 승려가 천여 명이나 되었고, 그중 8백여 명이 장좌불와를 하는 정진 터였다고 한다. 이후부터 석상사 선풍을 오래된 나무처럼 한 자리에 앉아 수행한다고 해서 고목선枯木禪이라고도 불렀다. 경저도 임제나 덕산처럼 제자들을 지도함에 소리를 지르거나(喝) 몽둥이를 드는 일(棒)을 서슴지 않았다. 석상사의 선풍은 중국에서 근대에까지 진작되어온 수행자의 요람이었다. 필자가 이곳을 방문했을 때, 고대로부터 근자에 이르기까지 석상산 전체가 도량이었으며, 산기슭 곳곳마다 선사들의 부도가 있었다. 그러니 석상사가 선종 사찰로서의 면모가 어떠했었는지를 짐작할 수 있을 것이다.

다시 신라의 긍양으로 돌아오자. 이후 긍양은 문수보살을 친견하기 위해 오대산(山西省 五台山)으로 가는 도중 관음사에 머물렀는데, 갑자기 얼굴에 독창이 생겨 치료가 불가능할 정도로 병세가 심각했다. 긍양은 홀로 열반당涅槃堂에 머물면서 일심으로 관음보살을 염했는데, 한 노승이 나타나 '숙원을 가진 사람의 원한이 사무쳐서 그런 것'이라고 하면서 정성껏 씻겨주었고, 독창이 깨끗이 나았다. 이후 긍양은 중원 땅 운개雲蓋·동산洞山·조계산 등 여러 곳을 행각하며 스승을 찾아다녔다.

긍양은 924년(태조 7), 고국을 떠난 지 25년 만에 귀국해 강주(康州, 현 경남 晉州) 백암사伯巖寺에 머물면서 선풍禪風을 드날렸다. 경애왕이 긍양의 덕을 찬탄하여 서신과 함께 봉종 대사奉宗大師라는 시호를 내려주었다. 이후 긍양은 태조 18년(935), 화재로 불에 탄 희양산 봉암사를 중창하여 양부의 뒤를 이어 선풍을 떨치며, 후학을 지도하였다. 긍양은 고려 초기 태조·혜종·정종·광종의 귀의를 받았다. 특히 광종은 그를 청하여 궁중에서 재齋를 베풀고 자문을 얻고자 개경의 사나선원숨那禪院에 머물게 하고, 증공 대사證空大師라는 호를 내렸다. 긍양은 2년 동안 개경에 머물다가 다시 봉암사로 돌아와 79세에 입적하였다. 시호는 정진국사靜眞國師, 탑명은 원오圓悟이다. 문경 봉암사에 「정진국사원오탑비」가 있다.

여기서 한 가지 꼭 염두에 둘 부분이 있다. 긍양이 당시 왕들의 귀의를 받았지만 왕권에 기탁하거나 큰 결연을 맺지 않았다는 점이다. 긍양은 귀국한 후에 지방 호족들과 연결되어 있지 않았으며, 경애왕(924~926 재위)의 부름도 사양하였다. 긍양이 활동할 당시 사굴산문의 개청(開淸, 835~930)도 경애왕의 부름을 받았으나 왕실과 연결되지는 않았으며, 봉림산문의 2조인 심희(審希, 854~923) 선사도 왕권과의 인연이 드러나지 않는다. 심희의 탑비(眞鏡大師碑)에 의하면, "진성여왕이 갑자기 왕실에 머물러 달라고 하였다. 대사는 비록 왕언을 받들어야겠지만, 오히려 조업祖業을 게을리 함으로써 도를 닦는 데 막힘이 있을까 염려되어 표를 올려 사양하였다."라고 새겨져 있다. 동리산문의 경보(慶甫, 868~948, 도선의 제자)를 제외하고, 그 당시 선종 산문이 왕권

정진국사원오탑비(봉암사 도량 내)

이나 호족과의 연결이 없어도 어느 정도 자립할 수 있었으며, 선사들의 수행정신 또한 견고했음을 엿볼 수 있다.

긍양의 사상은 두 가지로 볼 수 있다. 첫째로 선교융합禪敎融合 사상이다. 긍양은 "색과 공이 다르지 아니하고, 말과 침묵이 같은 것이다(色空無異 語默猶同)."라는 말을 남겼는데, 단순히 선만을 지향하지 않고 『능가경』·『화엄경』 등 경전을 가까이하며 교와의 융합을 꾀하였다. 둘째로 민간신앙까지 포섭하는 융선적融禪的인 측면이 있다. 물론 할아버지 도헌의 사상과 유사한 선풍을 펼치면서 민중교화의 끈을 놓지 않았다.

긍양의 제자로는 형초逈超가 있으나 그 행적은 알려져 있지 않다. 다만 형초의 제자로 지종(智宗, 930~1018)이 있는데, 지종은 법안종法眼宗의 선을 전래하였다. 고려 광종이 청원계 제자인 영명 연수(永明延壽, 904~975)의 『만선동귀집萬善同歸集』을 읽고 감동을 받아 36명의 승려를 송나라에 유학 보냈는데, 지종이 이때 다녀왔다. 또한 지종은 국청사國淸寺(浙江省 天台縣의 천태종 종찰)에서 천태 12조 정광존자淨光尊者 의적義寂 문하에서 『대정혜론大定慧論』으로 천태교학을 수학하고, 968년 천태산 전교원傳敎院에서 『대정혜론』과 『법화경』을 강의하며 명성을 떨쳤다. 귀국 후 지종 선사는 현종에 의해 왕사로 임명되었다. 79세로 입적했는데, 원공국사圓空國師로 추증되었다.

```
                ┌ 북종선 전래                            ┌ 법안종 전래
4조도신 → 법랑 → 신행 → 준범 → 혜은 → 지선 → 양부 → 긍양 → 형초 → 지종
        └ 최초의 선사              └ 순수 한국 선풍  └ 조동종계 법맥
```

(6) 희양산문의 특징

첫째, 희양산문 최초의 조사는 우리나라 최초의 선 전래자인 법랑이다. 또한 법랑의 제자 신행은 북종선(大通神秀〔606~706〕 → 普寂〔651~739〕 → 志空의 법맥)을 전래했으며, 도헌은 순수 한국적인 선풍을 전개하였다. 또한 도헌의 손자인 긍양은 석두계 조동종 계통의 법맥을 받았으며, 긍양의 손제자 뻘인 지종으로부터 법안종法眼宗과 천태사상이 전래되었다는 점이다.

둘째, 희양산문은 다른 산문에 비해 한국적인 토양이 깃들어 있다는 점이다. 어느 나라든 불교는 그 나라의 민족성이나 전통과 결부지어 발전된 측면이 있다. 일본불교도 민속신앙인 신도神道와의 관계를 떼려야 뗄 수 없다. 초기불교의 표본이라고 하는 미얀마도 민

봉암사 도량 내 선방, '희양산문 태고선원'이라는 현판이 걸려 있다.

156

속신앙과 결부된 점이 있다. 중국은『삼국지』에 등장하는 관우 장군을 (특히 남방지방 사찰에서) 신장으로 모시며, 불교사상 정립에도 노장사상의 영향을 받았다. 앞에서도 밝혔지만 중국의 선은 인도와는 다르게 중국적인 문화 토양과 결부되어 발전되었다. 이와 마찬가지로 희양산문은 선교 일치적이고 융합적인 선풍에다 한국적인 문화가 결부되어 있는 것이다. 또한 민중지향적인 측면에서 중생들과 함께하였다는 점을 놓칠 수 없다.

1982년 이후 희양산 봉암사는 일반인들의 출입이 통제된 곳이다. 필자는 몇 년 전 봉암사에 갔는데, 당연히 산문 앞에서 제지받았다. 들어갈 수 없다는 것을 알았지만, 그냥 물러날 수는 없었다. 이전에 중국의 선종 사찰을 순례할 때, 사진 촬영이 어려운 경우는 담당하는 스님에게 떼를 써가면서 사진을 찍었었다(지금은 어렵지만, 10년 전만 해도 가능했다). 조사의 진영이 높은 곳에 위치하는 경우는 무슨 수를 써서라도 사진을 찍었다. 혹 사진촬영이 안 되는 문화재는 사진 자료라도 얻었다. 이렇게 무식해 보이는 방법을 동원하지 않으면 자료를 얻을 수 없기 때문이다. 봉암사 산문 입구를 지키는 거사님이 원주 스님에게 연락을 취해도 허락이 안 되었다. 결국 1시간을 넘게 산문 입구에서 떼를 써가면서 기다렸다가 겨우 산문에 들어갔다. 봉암사 도량은 내 생에 마지막이 될지 모른다는 생각에 당우 도량, 탑과 탑비, 우람한 나무들, 풀 한 포기에도 애정 어린 눈길을 보내었다.

23 | 수미산문 이엄을 포함한 사무외 대사
(형미·경유·여엄)

나말여초에 형성된 구산선문 가운데 가장 늦게 열린 산문은 수미산
문須彌山門이다. 이 산문의 성립은 고려 초기에 해당한다. 신라 말기
부터 개산된 여러 산문들이 마조계 계열 법맥인데 반해, 수미산문만
유일하게 조동종 계열의 산문이다.

(1) 수미산문 이엄

수미산문을 개산한 승려는 이엄(利嚴, 870~936)이다. 이엄의 조상은
계림(鷄林, 현 경주)이 본적이지만 선사는 소태(蘇泰, 현 충남 태안)에서
태어나고 자랐다. 12세에 가야산 갑사岬寺의 덕양德良 선사를 따라
출가했다. 이엄은 일찍부터 경율론 삼장에 통달했으며, 도견道堅에게
구족계를 받은 뒤 특히 계율을 엄중하게 여겼다. 이엄은 896년 입절
사入浙使 최예희를 만나 당나라에 함께 들어갈 수 있었다. 선사는 석
두계의 법맥을 받은 운거 도응(雲居道膺, 846~902) 문하에 입실해 6년
만에 운거에게서 법을 받았다. 이후 발초첨풍하면서 선지식을 찾아
행각하다가, 15년째인 911년(효공왕 15)에 고국으로 돌아왔다.
　선사는 김해부 지군부사 소율희의 후원으로 광산光山에서 12년을
머물렀다. 922년 이엄은 성주산문의 심광이 머물렀던 충북 영동시

영각산사靈覺山寺로 옮겨갔다. 다시 923년 선사는 왕건의 요청으로 태흥사에 초청되어 사나내원舍那內院으로 옮겨 궁중에 거주하였다. 왕건이 선사에게 국정에 대해 묻자, '제왕과 필부의 닦을 바가 다름'을 제시하였다. 또한 선사는 왕건에게 '백성을 아들로 여겨 무고한 사람을 죽이지 말고, 가능한 죄인에게 사형을 내리지 않는 자비로운 군왕으로서 위엄을 지킬 것'을 조언하였다. 선사는 사나내원에 머문 지 9년 만에 태조에게 산속으로 돌아갈 것을 요청하였다. 태조는 932년(태조 15), 해주 수미산에 광조사廣照寺를 짓고 선사가 머물도록 하였다. 즉 이엄은 왕명에 의해 황해도 해주군 은산면에 광조사 산문을 개산한 것이다. 수미산문은 왕명 외에 황보씨 호족들의 도움으로 개창되었다. 선사가 광조사에서 선풍禪風을 떨칠 때, 수미산문에 승려들이 구름처럼 모여들었다.

선사는 광조사에 머문 지 4년 만에 개성으로 나왔다가 오룡사五龍寺에서 입적하였다. 이엄은 제자들에게 '부처님의 간곡한 말씀인 계율을 엄하게 지키며 수행할 것'을 당부한 뒤 앉은 채로 입적(坐脫)하였다. 시호는 진철眞徹, 탑호는 보월승공寶月乘空이다. 제자로는 처광處光·도인道忍·경숭慶崇·현조玄照 등이 있다. 수미산문은 2세에 의해 선풍이 전개되었으나 얼마 안 되어 단멸된 것으로 여겨진다.

석두희천 → 약산유엄 → 운암담성 → 동산양개 → 운거도응 →
이엄 → 처광·도인·현조

그러면 이엄과 비슷한 시대에 선풍을 펼쳤던 여엄·경유·형미 선사의 행적을 보도록 하자.

(2) 여엄

대경 대사 여엄(大鏡大師 麗嚴, 862~930)은 성주산문 무염의 제자이다. 여엄의 선조는 귀족으로, 관직을 따라 낙향한 호족이었다. 여엄은 9세에 무량수사無量壽寺 주종住宗에게 출가해 화엄을 공부하였다. 헌강왕 6년(880), 19세 때 구족계를 받고, 계율을 철저히 지켰다. 여엄은 교학이 최상승이 아님을 깨닫고 선으로 들어섰다(捨敎入禪). 여엄은 무염을 찾아가 그 문하에서 수년간 정진하다가, 무염이 입적한 뒤에 사형인 심광深光 문하에서 공부하였다. 이후 선사는 입당사

성주산문 대경대사 여엄 탑비, 경기도 양평 보리사지에 모셔져 있다가 용산 국립중앙박물관으로 옮겼다.

入唐使를 따라 당나라로 유학 가서 도응을 만났다. 도응은 여엄에게 "그대와 이별한 지가 멀지 않은데 여기에서 다시 만나게 되었구나. 내가 여기 있을 때 찾아와서 다행이구나."라고 하면서 진심으로 법을 전해 주었다. 이후 여엄이 귀국하려고 하자, 도응은 "그대가 나면서 있어야 할 곳은 고국이니, 속히 돌아가라. 내가 바라는 것은 진공眞空을 진작하여 우리 선종을 빛나게 하며, 법요를 잘

160

보존하는 것이다. 책임이 그대에게 있으니 잘 명심하라. 그리고 시기를 놓치지 말라." 하고 당부하였다.

여엄은 909년, 49세에 귀국해 충주 월악산과 경북 영주에 머물다가 소백산으로 들어갔다. 이후 풍기의 호족인 강훤의 귀의를 받고, 고려 태조의 초청을 받아 왕궁에 나아가 법을 설했다. 태조는 선사를 경기도 지평(현 양평) 연수리 보리사에 거주토록 하였다. 선사는 이곳에 머물다 69세에 입적하였다. 태조는 선사에게 '대경大鏡' 시호와 함께 '현기玄機'라는 탑호를 내렸다. 제자로는 흔정昕政·연육連育·정법政法 등 재가자를 포함해 500여 명이다.

(3) 형미

선각 대사 형미(先覺大師 逈微, 864~917)는 가지산문의 3조인 보조 체징의 제자이다(법맥은 도의 → 염거 → 체징 → 형미). 형미의 본 조상은 중국인으로 신라에 사신으로 왔다가 머물렀다. 형미는 출가 후 수행의 열망을 품고 장흥 보림사의 체징을 찾아갔다. 체징은 형미에게 "비록 처음 만났지만 오래전부터 잘 아는 사이인 것 같다. 옛날 서로 이별한 지 오래되었는데, 왜 이렇게 늦게 오는가?"라고 하며 입실을 허락하였다. 형미는 19세 때 화엄사에서 구족계를 받았다. 이후 선사는 도륜산 융견融堅 장로를 찾아갔는데, 융견에게서 당나라 유학을 권유받았다. 선사는 891년 입당하여 운거 도응 문하에 들어갔다. 도응은 형미를 만나자마자 "그대가 돌아왔으니 미리 올 것을 알고 있었다. 그대가 법을 펴고자 하니 법의 보배가 감춰져 있는 곳을 알려주겠다."라고 하였다. 이후 도응 아래서 심인을 얻어 법을 받았다.

가지산문 선각대사 형미의 탑비.(강진 월출산 무위사) 보물 제507호

　형미는 905년, 42세 때 귀국하여 무위無爲의 갑사甲寺에 주석하며
선풍을 펼쳤다. 고려 태조의 청을 받고 개경에 나아가 법을 설하였
다. 그는 갑사에서 8년간을 머물며 중창불사를 하였다. 54세에 입적
했는데, 선사의 입적 원인이 정확하지 않다. 다만 선사는 화禍가 미
침을 알고 '상신商臣과 같은 악당에 참여하기보다는 입적할 때가 되
었다'고 말한 점으로 미루어 궁예에게 죽음을 당한 것으로 추측된
다. 형미의 문하인 한준閑俊·백화白化 등이 탑을 세우고, 정종 원년
(946)에 탑을 건립하였다.

(4) 경유

법경 대사 경유(法鏡大師 慶猷, 871~921)는 사자산문 3조에 해당한다
(법맥은 도윤 → 절중 → 경유).* 경유의 조상은 본래 중국 한족 사람으
로, 당진 지역의 호족으로 성장했다. 경유는 15세에 훈종訓宗에게 출

가하고, 18세 때 근도사近度寺 영종 율사靈宗律師에게 구족계를 받았다. 경유는 선을 배우기 위해 입당사를 따라 당나라에 들어가 도응 문하에 들어갔다. 얼마 후 도응은 선사에게 "경유 한 사람만이 능히 내 마음을 열었구나."라고 하면서 심인을 전해 주었다.

경유는 908년, 38세 때 무주의 회진會津으로 귀국하였다. 경유의 비문에 의하면, 그는 나말여초의 혼란을 피해 산속에 묻혀 살다가 궁예를 만나 후고구려로 들어갔다. 궁예의 폭정으로 후고구려가 멸망하자 왕건이 선사를 왕사로 모셨다. 이 비문은 궁예에 대한 기록이 남아 있는 것으로 유일하다고 한다. 태조는 경유에게 백성을 다스릴 훈계를 물었고, 경유는 이에 맞는 법을 설해 주었다. 921년 선사는 일월사日月寺에서 입적했는데, 다음해에 법구가 용암산踊岩山으로 옮겨졌다. 문하에 정정定○, 장현奘玄 등이 있다. 선사 입적 후 70여 년인 994년에 황해북도 개풍군 영남면 오룡사지에 탑비(五龍寺 法鏡 大師 普照慧光塔碑)가 세워졌으며, 북한 국보유적 153호이다.

앞에서 언급한 수미산문의 이엄·경유·여엄·형미 선사는 모두 891년에서 896년 사이에 운거 도응의 법을 받았다(p.181 석두계 및 조동종 신라 법맥 참고). 이 네 선사를 사무외 대사四無畏大士라고 한다. 사무외 대사란 '두려울 게 없는 경지에 이른 네 분의 스님'이라는 뜻이다. 사무외 대사란 명칭은 중국이 아닌 고려에서 불렸는데, 언제부터 명명되었는지는 정확히 알 수 없지만, 그 유래는 경유의 탑비

─────────

* 경유는 무염의 제자라고 하지만, 실은 산문을 정확하지 않게 보는 학자도 있다.

에 전하는 다음의 내용에 의한 것이라고 본다.

이엄·여엄·경유·형미를 모두 사무외 대사라고 하였다. 도응 선사가 말하기를 "말을 걸어보면 선비임을 알고, 얼굴을 보면 그 사람의 마음을 알 수 있다. 이들은 만리에 동풍同風이요, 천년에 한 번 만날 수 있는 사람들이다."라고 하였다. 이들 사현四賢은 마음으로 흠모하면서 불경을 배우고, 감개하면서 개당하여 이후 선풍을 펼쳤다.(오룡사법경대사보조혜광탑비五龍寺法鏡大師普照慧光塔碑)

대경 대사 여엄의 비문을 통해 볼 때, 사무외 대사 가운데 형미와 여엄은 공사상을 근간으로 선풍을 전개했고, 이엄과 경유는 심법의 본성을 깨쳐 일상적인 선에 근거해 법을 펼쳤다.

네 분의 대사들은 공통적으로 조동종 도응의 법을 받았으며, 귀국해 고려에서 왕성한 활동을 펼친 인물들이다. 사무외 대사에 관한 내용이 경유의 탑비에만 언급된 것은 『경덕전등록』에 이름이 전하는 선사는 법경 대사 경유뿐이며, 당시 선문 가운데서 가장 중심적인 역할을 했기 때문인 것으로 생각된다. 사무외 대사는 태조 왕건과의 인연으로 승려의 정치적인 면모가 드러나 있다. 하지만 태조 왕건 입장에서 볼 때는 민생 안정을 위해 선사들의 법연이 필요했을 것이요, 선사들 입장에서는 혼란한 시기에 권력층과 민중에 정신적인 안정을 도모하려는, 중생을 향한 자비의 방편이라고 본다.

3

한국선의 꽃을 피우다

24 | 고려 초기, 조동종계 법맥의 선사들
(경보·찬유·현휘)

앞에서 고려 초기에 활동한 사무외 대사, 즉 이엄·여엄·경유·형미 네 선사를 언급했다. 이 선사들에게 법을 전해준 스승은 운거 도응(雲居道膺, 846~902)이다. 또 우리나라 승려 운주·혜○ 선사도 도응의 법을 받았다. 이렇게 한국선과 밀접한 운거 도응의 행적을 살펴보기로 하자.

(1) 운거 도응

도응은 강서성江西省 영수현永水縣 운거산雲居山 진여사眞如寺에서 열반할 때까지 30여 년을 머물렀다. 도응은 어려서 출가해 여러 곳을 편력하면서 취미 무학翠微無學에게 참학하고 동산 양개(洞山良价, 807~869)의 제자가 되었다(법맥은 청원 행사 → 석두 희천 → 약산 유엄 → 운암 담성 → 동산 양개 → 운거). 동산은 도응의 법력을 인정하고 많은 대중들에게 "도응을 우습게 보지 말라. 훗날 천만 인도 당해낼 수 있는 사람이다."라고 칭찬하였다. 어느 날 여러 날이 지나도 도응이 암자에 있으면서 법당에 내려오지 않았다. 하루는 스승 동산이 도응을 불러 물었다.

"너는 왜 법당에 내려오지 않느냐?"

167

강서성 영수현 운거산 진여사에 모셔진 운거 도응 사리탑

"천신天神이 밥을 보내오기 때문에 굳이 법당에 내려오지 않았습니다."

"너를 쓸 만한 인재로 보았더니, 그런 망상만 하고 있었구나. 도응아! 선善도 생각하지 말고 악惡도 생각하지 마라. 이것이 무엇이냐?"

도응이 스승의 언질을 듣고 암자로 돌아와 여러 날 정진한 후, 다시는 천신이 찾아오지 않았다. 이후 동산의 법을 얻은 도응이 진여사에 주석하자 1,500여 명의 수행자가 모여들었다. 도응은 제자들에게 늘 이렇게 말했다.

"지옥은 괴롭다고 할 수 없다. 대장부가 출가하여 대사大事를 밝히지 못한 것이 천하에 가장 괴로운 지옥이다."

도응과 사형사제인 조산 본적(曹山本寂, 840~901)의 법맥은 단명했으나 도응의 선풍은 지금까지 묵조선 법맥으로 이어지고 있다. 일본의 조동종도 운거 도응에서 내려온 법맥이다. 도응이 상주했던 진여사는 당나라 때 운거선원雲居禪院으로 불리었으며, 역대로 백거이·소동파·왕안석 등 문인 및 선사들의 발길이 잦은 곳이다. 1950년대에 허운(虛雲, 1840~1959) 선사가 머물다 열반한 곳이기도 하다. 허운 화상은 이 사찰을 중창 불사하면서 위앙종의 본찰로 만들었다. 현재도 운거사는 납자들의 요람으로 불리며, 농선병행의 청규정신이 지켜지는 선방으로 알려져 있다. 필자가 이곳을 순례해 보니, 강서성 남창에서 이틀이 걸릴 정도로 깊은 산골에 위치해 있었다.

8세기 중반~10세기에 걸쳐 발달했던 조사선祖師禪은 마조계뿐만 아니라 석두계의 선까지 아우른다. 하지만 조사선이 시작되는 8세기에는 마조와 마조계 제자들의 선풍이 천하를 풍미했고, 석두계는 매우 미미했다. 즉 천하에 마조계 선풍이 드날릴 때 석두계 선사들은 대부분 산거山居 수도자들이었다. 당연히 우리나라 선사들도 신라 말기에는 마조계 법맥의 선풍이 주류를 이루었다. 그러다 석두계가 알려지기 시작한 것은 조동종曹洞宗이 처음 열리게 되는 9세기 중기부터이며, 이때부터 조동종이 발전하였다. 당연히 우리나라 승려들이 조동종 선사들에게 법맥을 받아오게 되는데, 고려 초기에 해당한다. 이들의 공통점은 마조계 문하에 출가해 우리나라 스승으로부터 법을 받고, 다시 입당해 조동종계에서 법을 받았다는 점이다. 그러면 우리나라 선사 가운데 석두계·조동종의 심인을 받은 선사들을 더 보기로 하자.

(2) 경보

경보(慶甫, 869~948)는 동리산문 선사로서, 부인산사夫仁山寺로 출가하였다. 어느 날 꿈에 부처가 나타나 이곳을 떠나라고 하자, 그 즉시 행장을 꾸려 수행 길을 떠나 도선의 제자가 되었다. 885년 월유산 화엄사에서 구족계를 받았다. 이후 경보는 성주산문 무염과 사굴산문의 범일을 찾아가 법을 구했다. 선사는 26세 때인 진성왕 6년(892)에 당나라로 유학을 가서 조동종 동산 양개의 제자 소산 광인(疎山匡仁, 837~909, 석두 → 약산 → 운암 → 동산 → 광인)을 만났다. 광인은 경보에게 "그대는 바다의 용과 같구나."라며 입실을 허락하였다. 이후 경보가 심인을 증득하자, 소산 광인이 기뻐하면서 "해동인으로서 법거량을 할 자가 그대뿐이구나."라고 하며 인가하였다. 이후 경보는 당나라 여러 곳을 행각하며 선지식을 참알한 뒤 고국을 떠난 지 28년만인 921년 54세에 귀국했다. 견훤의 귀의를 받아 전주 남복선원南福禪院에 주석하다 옥룡사玉龍寺로 옮겨가 선풍을 펼쳤다. 이곳에서 입적했는데, 정종은 '동진洞眞 대사'라는 시호를 내리고, 탑호를 '보운寶雲'이라 하였다(玉龍寺 洞眞大師 塔碑).*

(3) 찬유

찬유(璨幽, 869~958)는 봉림산문의 3조에 해당한다(현욱 → 심희→ 찬유). 자字는 도광道光이고, 상주尙州 공산公山 삼랑사三郎寺의 융제融

---

* 958년(광종 9) 전남 광양군 玉龍寺에 세워진 탑비는 소실되어 현재 전하지 않는다.

諦 선사를 찾아가 출가하였다. 융제의 스승이자 봉림산문 2조인 심희審希에게 찾아가 깨달음을 얻었다. 찬유는 진성왕 6년(892)에 당나라로 들어가, 석두계 투자 대동(投子大同, 819~914, 석두 → 단하 천연 → 취미 무학 → 대동) 선사로부터 법을 받았다. 찬유는 29년만인 태조 4년(921)에 귀국해 왕건의 청으로 혜목산에 상주하였다. 고려 혜종·정종·광종의 귀의를 받았다. 제자로는 흔홍昕弘, 동광同光 등 500여 명에 이를 만큼

봉림산문 3조인 찬유 원종대사혜진탑, 경기도 여주 고달사지

찬유의 선풍이 천하에 풍미를 이루었다. 고려 광종으로부터 '증진證眞 대사' 시호를 받았으며, 탑명은 '원종元宗 대사'이다(驪州 高達寺址 元宗大師塔碑).

(4) 현휘

현휘(玄暉, 879~941)는 성주산문 3조에 해당하며(무염 → 심광 → 현휘), 성은 이李씨이다. 그의 선조는 노자의 후손으로, 당나라가 요동 지역으로 군사 원정을 할 때 그의 조상이 종군하였다가 전주 남원에 정착했다. 1월 1일 출생한 현휘는 어려서부터 남다른 면모를 보였다. 현휘의 비문에 "선사는 성자聖姿를 갖추고 태어나 어려서부터 장난을 치지 않았다. 불상이나 어른을 보면 합장하였고, 앉을 때는 가

부좌를 하였다. 땅이나 벽에는 불상과 탑형을 그렸고, 물고기나 벌레들을 함부로 살상하지 않았다."라고 새겨져 있다. 선사가 출가할 때, 부친은 "속히 불지佛地에 올라 삼계의 도사導師가 되고 사생四生의 자부慈父가 되라."는 당부를 하였다.

현휘는 출가해 영각산사靈覺山寺 심광의 문하로 들어갔다. 심광의 문하에서 수행하던 현휘는 곧 구족계를 받았다. 구족계를 받은 이후 선사의 행적에 대해 비문에 이렇게 전한다. "계의 구슬이 더욱 청정해지고, 위의가 더욱 엄중해졌다. 여래의 선을 닦되, 마음은 부동하고, 문수의 지혜에 계합하여 경계를 비추되 무위無爲의 경지였다. 삼장三藏의 글을 부연함에 지혜와 수행이 상응했으며, 사분율四分律을 여는 데 있어 신심과 실천을 병행하였다."

현휘가 스승 심광 문하에 머문 지 얼마 안 되어 스승으로부터 "앞으로 나의 도를 전개할 사람이 바로 그대로다!"라고 심인을 받았다. 이후 현휘는 후삼국이 다투는 혼란한 시기에 무주와 남해지역을 다니다 906년에 입당하였다. 현휘는 사천성四川省 구봉산九峰山 도건道乾을 만났다. 도건이 선사에게 물었다.

"그대는 머리가 희군."

"저는 아무리 보아도 저 자신을 알 수 없습니다."

"무엇을 알지 못한다고 하는가?"

"저의 머리가 희다고 하신 말씀입니다."

"추억을 더듬어 보니, 그대와 이별한 지가 얼마 되지 않았는데, 여기서 또 다시 만나게 되었구나."

이렇게 선문답을 주고받은 후, 현휘는 입실을 허락받았다. 선사는

172

성주산문 현휘 법경대사 자등탑비이다. 충주시 동량면 하천리 충주호가 생기면서 비석이 있던 정토사지가 수몰되기에 이르자, 비석을 충주호 옆에 모셔 놓았다. 이 현휘탑비 옆에는 고려 때 선사인 홍법국사의 모전탑이 함께 모셔져 있다.

도건의 문하에 든 지 10일 만에 심인을 얻었다(석두 → 약산 → 도오 → 석상 → 도건). 이후 현휘는 여러 지역을 행각하며 선지식을 찾아 수행하였다. 마침 고국에 전쟁이 끝났다는 말을 듣고, 924년 18년 만에 고국에 돌아왔다. 현휘가 귀국하자, 태조 왕건은 특사를 보내어 선사를 궁궐로 초청해 국사로 모셨다. 선사는 이때 다음과 같은 법을 설하였다.

"모든 인연이란 그 실체가 없고, 만법은 마침내 하나로 돌아간다. 마치 신비로운 약과 독초가 함께 숲속에 공존하고, 감로의 샘물과 수렁의 탁한 물이 땅속에서 함께 솟아오르는 것과 같다. 그러니 이 이치를 잘 분별하여 미혹하지 말라."

현휘는 태조의 청으로 충주 정토사에 머물며 선풍을 드날렸다. 이곳에서의 선사의 모습을 비문에서는 이렇게 전한다. "사람들이 처음에는 어려워하다가 후에는 얻어가는 것이 있어 안개처럼 모였다가 구름같이 돌아갔다. 진리는 깊고 미묘하며, 말씀은 간결하고, 관찰력이 예리해 뜻이 깊어서 육도六道의 모범이며, 인천의 사표師表가 되었다."

선사는 제자들에게 "가고 머무는 것은 때가 있으나 오고 감은 머묾이 없도다."라는 말을 남기고 입적하였다. 현휘의 문하에는 300여 명의 제자가 있었으나 특정 제자에게 법을 부촉하지 않은 것으로 보인다. 태조는 시호를 '법경法鏡 대사', 탑명을 '자등慈燈'이라고 하였다(忠州 淨土寺址 法鏡大師塔碑).

신라 말기에는 마조계 선풍이 주류를 이루었으나 고려 초기로 들어와서는 석두계 조동종 선풍이 전개되었다. 바로 이 점이 고대 우리나라에 풍성하게 선사상이 전개되었다는 반증이다. 또한 나말여초 선사들의 구도 열망은 현 조계종의 역사이기도 하다.

25 | 고려 초기의 선사들 ① (대통·행적·충담)

신라 말기부터 시작된 구산선문은 고려 초기에까지 걸쳐 형성된다. 한국 선사상사에서 구산선문에 대한 연구는 전반적으로 산문의 개산조만을 강조한다. 필자 입장에서 볼 때, 우리나라 고대 산문은 개산조만이 아닌 산문의 2세나 3세에 의해 선풍이 드날린 경우가 적지 않다. 이에 해당하는 선사들(고려 초기)의 행적을 보기로 하자.

(1) 대통

대통(大通, 816~883)은 성주산문 무염의 제자이다. 대통의 자는 태융太融이며, 속성은 박朴씨이다. 모친이 선사를 잉태한 이후 경전 독송으로 태교를 하였다고 한다. 선사는 어려서부터 유학에 통달했고, 매우 총명했다. 20대에 경전을 읽고 무상함을 느껴 출가해 845년 성린聖鱗에게서 구족계를 받았다. 단엄사丹嚴寺에서 정진할 때, '마음으로는 계율을 닦으며, 뜻으로는 보리를 연마하고, 인욕과 정진을 우선으로 삼고, 다음으로 보시와 공경을 실천하였다'는 기록이 전하는데, 젊은 시절부터 대통의 수행자로서의 단아함을 엿볼 수 있다. 이 무렵 사형인 자인慈忍이 당나라에서 돌아오자, 그에게 찾아가 법을 물었다. 자인은 대통에게 자극을 받고 더욱 분발해 선정禪定 삼매를 닦았다.

스승 무염 선사는 대통에게 사찰을 총괄하는 임무를 맡겼다. 대통은 잠시 그 일을 맡은 뒤 "나는 이 자리를 버리고 가겠다."는 말을 남기고, 문성왕 18년(856)에 사신을 따라 당나라에 들어갔다. 선사는 위앙종의 앙산 혜적(仰山慧寂, 807~883)을 스승으로 섬겨, 앙산의 심인心印을 받았다. 비문에 의하면, "대통이 앙산 문하에 있을 때, 앙산이 대통의 근기를 알고, 마음을 닦도록 성의껏 가르쳤다. 선사는 매우 근기가 뛰어났다. 지혜는 이왈離日보다 뛰어났고, 지식은 미천彌天보다 수승했다. 선사는 황매黃梅의 심인心印을 받았고, 이후 두루

성주산문 대통의 월광사 원랑선사 탑비(서울 국립중앙박물관 1층 로비에 모셔져 있음)

여러 지역을 행각하였다."라고 새겨져 있다. 대통은 오관산문의 순지보다 2년 앞서서 앙산의 법을 받아 왔으나 신라에서 위앙종의 선풍을 펼치지 않은 것으로 생각된다.

선사는 고국을 떠난 지 10년 만인 866년에 귀국하였다. 귀국 후에 성주산문 무염을 다시 만났다. 성주사에 머물던 대통은 제천 월악산 월광사月光寺로 옮겨갔다. 이곳에서 선풍을 펼치며 대중교화를 하자, 선사의 이름이 궁중에까지 알려졌다. 비

문에 의하면, "선사의 이름이 널리 알려지니, 그 명성이 천지사방에 드높아 칭찬하는 소리가 궁중에까지 미쳤다."라고 전한다. 이때 경문왕(861~874 재위)이 선사에게 귀의하였다. 대통은 883년 제자들에게 "게으르지 말고, 열심히 수행하라."고 당부하며 68세로 입적하였다. 선사의 탑비는 7년 후인 890년에 세워졌다. 헌강왕(875~885 재위)이 '원랑 선사圓朗禪師'라는 시호와 '대보선광大寶禪光'이라는 탑명을 내렸다(堤川 月光寺址 圓朗禪師塔碑). 탑비는 현재 용산 국립중앙박물관에 모셔져 있다.

(2) 행적

낭공 행적(朗空行寂, 832~916)은 사굴산문 승려로서 조동종 석두계 선사상을 처음으로 전한 인물이다. 물론 행적보다 앞서서 동산 양개(807~869)에게 수학한 승려 금장金藏이 있었으나 기록이 전하지 않는다. 행적은 가야산 해인사에서 화엄을 배우고, 문성왕 17년(855)에 복천사福泉寺 관단官壇에게서 구족계를 받았다. 사굴산문 범일 선사를 찾아가 입실을 허락받고, 수년간 공부하였다. 이후 경문왕 10년(870)에 당나라로 건너갔으며, 당에 머문 지 얼마 안 되어 황제의 칙명을 받고 입내 설법하였다. 의종(懿宗, 859~873 재위)이 선사에게 물었다.

"멀리서 바다 건너 여기까지 무엇을 하러 왔습니까?"

"소승은 다행히도 상국의 불교에 대해 조금이나마 들었습니다. 이에 도를 찾고자 왔습니다. 그런데 오늘 이렇게 폐하의 은혜를 받고 불교의 풍속을 볼 수 있는 기회를 얻어 다행입니다. 그러니 여기서 널리 불적을 돌아보고, 마음 깨치는 구슬을 찾아서 고국으로 돌아가 법을 전하려고 합니다."

황제가 행적에게 감화를 받아 선사에게 많은 공양물을 올렸다.

행적은 오대산 화엄사에 이르러 문수보살을 예참하고, 874년(희종 2) 사천성 성도에 이르러 정중사淨衆寺의 무상無相 대사 영당에 예를 올렸다. 이후 석두계인 석상 경저(石霜慶諸, 807~888)의 문하로 들어갔다. 신라 승려로서 석상을 참례한 경우는 행적이 처음이다. 행적은 석상에게서 법을 얻었다. 이후 행적은 여러 곳을 행각하며 선지식을 찾아다녔다.

행적은 고국을 떠난 지 15년 만인 885년(헌강왕 11)에 귀국하였다. 돌아와 범일을 뵙고 다시 운수행각을 떠났다. 889년, 범일의 입적에 즈음하여 심인을 전해 받았다. 행적이 삭주(朔州, 현 강원도 춘천) 건자난야建子蘭若에서 산문을 개산하니, 사람들이 모여들었다. 효공왕이 즉위하여 사신을 보내어 행적을 궁궐로 초청하였다. 왕이 선사에게 예를 다하며 귀의하자, 왕에게 나라 다스리는 법에 대해 조언을 해주었다.

915년 고려 태조가 그를 국사로 임명하고, 실제사實際寺를 선찰禪剎로 하여 그곳에 머물도록 하였다. 이후 행적의 여성 제자 명요明瑤 부인이 석남산사石南山寺를 선사에게 보시해 머물도록 하였다. 이듬해 917년 병이 들어 85세로 석남산사에서 좌탈하였다. 시호는 낭공朗空, 탑호는 백월서운白月棲雲이다. 이후 경북 봉화 태자사에 탑비를 세웠다(奉化 太子寺 朗空大師白月棲雲 塔碑). 제자가 500여 명에 이를 정도로 행적의 선풍이 당시 크게 드날렸다. 행적의 직계 제자로

서 법을 이은 선사는 양경讓景이
다. 양경의 할아버지는 원성왕
의 표래손表來孫(외가로 5대손)이
요, 헌강왕의 장인으로 집사시
랑執事侍郎을 지냈고, 아버지 순
례詢禮도 집사함향執事舍香을 지
냈다.

선사는 제자들에게 "일심一心
을 잘 지켜라", 혹은 "한 번 지켜
서 잃지 말라." 하며 일심을 강
조하였다.

사굴산문 낭공 행적의 봉화태자사 낭공대사
탑비(서울 국립중앙박물관)

이렇게 행적처럼 신라사문으
로서 석상 경저에게 법을 얻은
승려는 흠종欽宗·법허法虛·랑朗
이 있다. 또 석상의 제자인 곡산
도연谷山道緣에게서 법을 얻은 희양산문의 긍양(兢讓, 878~956)이 있
다(석두 → 약산 → 도오 원지 → 석상 경저 → 곡산 도연 → 긍양). 또 석상의
제자인 구봉 도건九峰道虔 문하에 신라 승려 국청國淸이 있다(석두 →
약산 → 도오 → 석상 경저 → 구봉 도건 → 국청). 또한 석상의 제자인 정원
지원淨圓志元 문하에 신라 승려 와룡臥龍과 충담이 있다. 다음은 충담
의 행적을 보자.

(3) 충담

충담(忠湛, 869~940)은 봉림산문 3조이다. 신라 말기 신덕왕과 고려 태조의 왕사를 지낸 스님이다. 충담은 어려서 고아가 되었는데, 부친의 친구인 장순長純 선사에게 출가하였다. 진성왕 3년(889) 무주武州 영신사靈神寺에서 구족계를 받고, 유식과 율장을 연구하였다. 이후 충담은 교보다 선의 수승함을 인식하고, 당나라로 유학을 떠났다.

선사는 석상 경저의 제자인 호남성湖南省 담주潭州 운개사雲蓋寺 정원 지원淨圓志元 문하에 입실하였다. 선사가 정원의 문하에 머문 지 얼마 안 되어 법을 받았다. 충담은 918년 귀국해서 김해에 머물다가, 이후 강원도 원주 영봉산靈峰山 흥법사興法寺에 머물렀다.

그의 비문에 "설산에서 성도하고, 연동에서 마음을 증득하여 18대의 조종祖宗을 전하고, 3천년의 선교를 통괄하여 말세의 중생을 크게 교화하였다."는 내용이 전하는 것으로 보아 당시 선사의 선풍이 크게 번창했던 것으로 보인다. 한편 그의 문하에 500여 인의 제자가 있었으나 충담 이후로 봉림산문은 서서히 쇠퇴한 것으로 생각된다.

선사는 원주 흥법사에서 입적했다. 태조 왕건이 직접 비문을 지었으며, 탑호는 진공眞空이다(原州 興法寺 眞空大師塔碑文). 필자가 흥법사지를 방문해 보니, 주변은 논밭으로 둘러싸여 있고 선사의 귀부와 이수, 삼층석탑만 덩그러니 서 있었다. 그 옛날 수백 수행자가 모여 수행했을 도량이 이제는 논밭 가운데 폐사지로 남아 있는 것이다. 역사든 인생이든 결국 배반과 흥성, 두 축대로 흘러가고 있다. 그런데 충담은 여타 선사와는 다르게 묘탑과 석관(보물 365호)이 있다. 탑

봉림산문 3조 충담 진공대사 묘탑과 석관(보물 365호)이다. 탑과 함께 발견된 석관을 통해 승려도 매장했음을 알 수 있다.

과 함께 발견된 석관을 통해 승려도 매장했음을 알 수 있는 사례이다. 이 탑은 강원도 원주 홍법사지에서 출토되어 서울 국립중앙박물관으로 이관되었다.

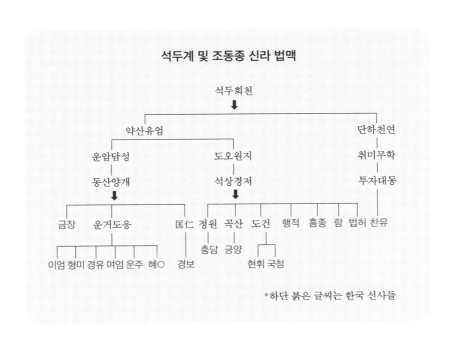

석두계 및 조동종 신라 법맥

석두희천

약산유엄 / 단하천연

운암담성 / 도오원지 / 취미무학

동산양개 / 석상경저 / 투자대동

금장　운거도웅　토인　정원　곡산　도건　행적　흠종　랑　법허　찬유

이엄 형미 경유 여엄 운주 혜○　경보　충담 긍양　현휘 국청

*하단 붉은 글씨는 한국 선사들

26 | 고려 초기의 선사들 ②
(개청·신의·홍각·홍법)

큰 숲을 형성하는 데는 크고 작은 다양한 나무들과 이름 모를 풀들이 필요하다. 그런데 큰 나무만이 숲을 이루는 주인공으로 부각될 때가 있다. 한국의 선사상사도 수많은 승려들에 의해 큰 물줄기가 이루어져 도도히 흘러간다. 불교사에 크게 드러나지 않았지만, 고려 초기에 선풍을 드날렸던 몇몇 선사들의 행적을 보자.

(1) 개청

개청(開淸, 835~930)은 사굴산문 승려이다. 속성은 김씨, 경주에서 출생했다. 8세부터 수재로 알려졌으며, 유학을 공부하였다. 출가해서 화엄사의 정행正行에게 배우고, 강주康州 엄천사嚴川寺에서 구족계를 받았다. 충청도 금산錦山으로 가서 암자를 짓고 3년 동안 경전을 열람하며 참선하였다. 후에 선지식을 찾는 중에 범일의 법력을 듣고 범일을 찾아갔다. 개청은 범일 문하에 머문 지 얼마 안 되어 범일로부터 심인을 받았다.

범일이 입적한 후, 선사는 사굴산문을 지켰다. 이후 선사에게 여러 차례 위험한 상황이 발생해 강릉 보현사(지장선원)로 옮겨가 사찰을 중창하고 선풍을 펼쳤다. 개청의 비문에 의하면 "구릉을 깎아 멀리까지 도로를 만들고, 또 전탑을 높이 세우며, 문과 담장을 활짝 여니 멀리서부터 오는 자들이 구름떼와 같았다."라고 하였다. 아마도 당시 보현사 지장선원에 수많은 납자들이 모였던 것으로 생각된다. 선사는 명주 군수 왕순식과 인연을 맺었고, 스승 범일과는 다르게 경애왕의 초빙에 응했으며, 국사가 되었다. 이후 왕순식의 연결로 고려 태조 왕건과도 인연이 되었다. 사굴산문 범일의 제자로는 개청과 행적이 대표이다. 개청은 춘천·홍천·원주를 일대로, 낭공 행적(앞에서 언급)은 양양·평창·춘천·홍전·봉화·삼척·울진 등 영동 일대에서 선풍을 전개했다.

개청은 세연 96세, 법랍 72세로 보현사에서 입적하였다. 선사 입적 후 비문에 선사를 이렇게 묘사하고 있다. "미혹한 중생을 제도하고자 지혜의 횃불을 비추었고, 고해苦海 중에 자비의 배를 항해하셨다. 선사의 지혜는 걸림이 없고 신이한 마음은 헤아릴 수 없다. 중생

강릉 보현사(지장선원) 사굴산문 개청낭원 대사 오진탑비(江陵 普賢寺 朗圓大師 悟眞塔碑 보물 제192호)

의 도사導師이며, 모든 이들의 선각자이다."라고 하였다. 비문 내용을 통해 선사가 당시 그 시대에 어떤 영향을 미쳤는지를 가늠할 수 있는 부분이다. 고려 태조가 '낭원 대사朗圓大師'라는 시호를 내리고, 탑 이름을 오진悟眞이라고 하였다.

(2) 신의

신의信義는 사굴산문 승려로 범일의 제자이다. 신라 문무왕 때의 인물이다. 선사는 '두타頭陀 신의'라고 불릴 정도로 철저한 두타행자였다. 신의는 월정사와 관련 있다.

『삼국유사』에 전하는 월정사에 관한 내용에 의하면, 자장율사가 당나라에서 돌아온 643년에 현 월정사 절터에 초암草庵을 짓고 머물면서 문수보살을 친견코자 하였다. 자장은 문수보살을 친견하지 못하고, 태백산 정암사에서 입적하였다. 이후 신의 선사가 이곳에 암자를 짓고 머물다가 입적하였다고 한다. 곧 신의 선사는 월정사를 중창불사한 인물이다. 신의 선사를 통해 월정사에서 사굴산문의 선풍이 펼쳐졌을 것으로 추론해 본다.

(3) 홍각

홍각 이관(弘覺利觀, 810~880)에 대해서는 기록이 정확하지 않다. 홍각은 봉림산문 승려라고 하지만 가지산문의 승려라고도 한다. 선사의 행적이 드러난 것은 강원도 양양군 서면 미천米川 선림원지禪林院址에 있는 비문이다(현재 국립춘천박물관에 보관). 미천골은 '하늘 아래 첫 동네'라는 데서 유래한다. 미천米川이란 쌀뜨물이 흘러 내려가

양양 선림원지 도량

는 시내라는 뜻이다. 곧 스님들 공양 시간이 다가오면 시냇물이 온
통 허예질 만큼 많은 쌀뜨물이 냇물로 흘렀다는 것으로, 대중이 많
이 살았다는 큰 절을 의미한다. 이 미천골의 사찰이 선림원이다.

　홍각은 속성이 김씨로, 경주 출신이다. 선사는 17세에 출가하였다.
홍각은 유학에도 해박했으며 경전을 연구한 뒤에 두루 선지식을 찾
아다니며 수행하였다. 어느 해 홍각이 해인사의 노스님들을 찾아뵙
자, 노스님들이 그에게 '후생가외(後生可畏: 젊은 후학이 매우 뛰어나 앞
으로 큰 인물이 될 것)'라고 칭찬하였다. 이후 홍각은 설악산 억성사에
서 염거(廉居, ?~844, 가지산문 2조)에게 법을 구한 뒤에 합천 영암사
에서 수학하다가 봉림산문 현욱(玄昱, 789~869)의 제자가 되었다. 다
시 873년 설악산 억성사로 돌아와 사찰을 중창불사하였다.

　이후 법력이 높아지면서 선사 문하에 많은 이들이 모여들었다. 헌

강원도 양양 선림원지 홍각선사 탑비. 훗날 복원한 것이다.

강왕(875~885 재위)이 궁궐로 초빙하자, 궁궐로 가서 『능가경』을 설법하고, 바로 사찰로 돌아왔다. 선사는 880년(헌강왕 6) 억성사에서 입적하였다(襄陽 禪林院址 弘覺禪師塔碑). 실은 홍각의 비문이 발견된 선림원지는 사림원沙林院이라고도 하며, 억성사인지는 정확하지 않다. 제자로는 범룡梵龍과 사의使義 등이 있다.

비碑는 제자들의 건의에 따라 886년(정강왕 1) 10월에 양양 선림원에 건립했으며, 비문은 수병부랑중守兵部郎中 김원金薳이 지었다. 김원은 이전에 '보림사보조선사창성탑비寶林寺普照禪師彰聖塔碑'(가지산문 3조)의 글씨를 쓴 바 있어 문장과 글씨에 능통했던 인물이다. 홍각의 비문은 신라 말 고려 초기의 선사상 연구 자료로 활용되고 있다. 홍각선사비는 본래 강원도 양양 선림원 터에서 발견되었으나 조선 시대에 비신이 깨져 현재 일부만이 전한다. 비신의 일부는 국립춘천박물관에 보관되어 있고, 비편 조각 일부는 동국대학교 박물관에 보관되어 있다(수장고에 보관하고 있어 일반인에게 공개하지 않음).

(4) 홍법

홍법국사弘法國師는 고려 전기 인물이며 충북 충주에서 활동한 선사이다. 어찌된 일인지 홍법에 대한 기록이 선종사에 전하지 않는다. 필자가 용산 국립박물관을 근래에 방문하고, 예전에 없던 탑과 비를 발견하였다. 수많은 탑비와 탑을 보았는데, 홍법국사의 탑은 예술의 최정점이라는 생각이 들 정도였다. 수년 전에 복건성福建省 복주福州 설봉사의 수많은 승탑들을 보고 느꼈던 감회가 다시 떠올랐다. 홍법의 탑은 고려 현종 8년(1017)에 제작되었는데, 고려 시대의 대표적인 탑으로 섬세한 조각과 단조로운 무늬가 조화된 수작으로 꼽힌다. 홍법이 선사였던 점을 감안해 자료를 찾아보니, 미처 몰랐던 보물 같은 자료가 있었다. 이 글을 쓰면서 필자를 비롯해 한국불교학자들이 늘 한정된 인물만 가지고 쳇바퀴를 돌고 있었던 것은 아닐까(?)라는 의문이 들었다.

선사의 비문이 심하게 마멸되어 기록이 정확치 않다고 한다. 선사는 대략 920년 중반인 12세에 출가했다. 홍법이 출가한 사찰은 정확치 않다. 대략 그의 출신지가 충청도 충주인 것으로 보아 그 인근 지역에서 활동했을 것으로 생각된다. 홍법은 930년(태조 13)에 마하갑사摩訶岬寺 계단戒壇에서 수계하였다. 고려 태조는 관단사원을 설치하여 구족계 수계를 국가 차원에서 관장했는데, 이에 대한 첫 번째 사례가 홍법국사의 경우였을 것으로 추론한다. 마하갑사는 오관산五冠山에 소재한 사찰이었고, 개경의 대표 사찰이었다. 이 순지의 오관산문도 고려 태조에 의해 개산한 점을 고려해 볼 때, 홍법이 구족계를 받은 마하갑사 또한 왕권과 밀접하게 연관된 사찰일 가능성이 크다.

비문에 의하면, 홍법은 "화양華壤에 가서 유학할 것을 결심하고, 입조사入朝使인 시랑 현신玄信의 배에 편승하여 아무런 사고 없이 운도雲濤를 헤치면서 바다를 건넜다."라고 기록되어 있다. 이 점으로 보아 홍법은 930년도 중반 무렵에 당나라로 유학을 갔을 것으로 본다. 선사는 절강성이나 강서성·복건성 지역의 선지식을 찾아 구도를 이어갔다. 비문에 의하면, "삼라만상이 모두 파초와 같이 허무하다는 제행무상의 법문을 억념하여 법성法性이 모두 공空한 이치를 깨닫고 색신色身은 마치 환몽과 같음을 관하였으니, 선사에게 어찌 특별한 스승이 있었겠는가!"라는 부분이 있다. 홍법은 배움에 있어 한 스승만이 아닌 여러 선지식을 찾아 오랜 시간 구도 행각을 한 것으로 보인다.

귀국 후 홍법국사는 개경의 보제사와 봉은사 등 사찰에 머물렀다. 홍법은 산문을 개산하고 학인을 지도하였는데, 어느 누가 법을 물어도 답을 하는 데 걸림이 없었다. 이를 비문에서는 "학인을 지도함에 어느 누가 법을 물어도 빠짐없이 대답해 주는 것이 마치 대상에 놓여 있는 거울이 만상을 비추는데, 구석구석 어두운 곳조차 비추지 않는 데가 없는 것과 같다."라고 새겨져 있다. 홍법국사의 이런 선풍은 고려 초기 제자들에게 많은 영향을 미쳤다. 비문에는 "육조 혜능 이래 대대로 법이 상전하며, 진리의 등불이 꺼지지 않고 상속하였다. 모든 제자들이 스님의 법수에 젖었다."라고 하였다.

선사는 국사로 추증되면서 '대선사' 호칭을 받았다. 대선사는 선종 승려에게 내리는 최고의 고승을 의미한다. 학계 기록에 의하면, 홍법이 대선사이자 국사로 인정받을 시기가 성종과 목종 대인데, 지금까지 전하는 문헌이나 금석문 기록에 성종과 목종 대에 국사나 왕사의 책봉을 받은 선사는 없다고 한다. 이후 만년에 홍법국사는 정토사에 머물다가 목종(997~1009 재위) 대에 앉은 채로 입적하였다. 목종은 선사가 입적했다는 부음을 듣고, 국서로 조의를 표함과 더불어 공양품을 보냈다. 목종은 시호를 홍법弘法, 탑명을 실상實相이라고 하였다(淨土寺 弘法國師 實相塔碑). 홍법국사실상탑과 탑비는 현재 용산 국립중앙박물관에 소장되어 있다.

홍법국사실상탑. 국보 제102호(용산 국립중앙박물관). 원래 있던 정토사지는 충주호가 생기면서 수몰되었다. 홍법국사의 모형탑이 충주호 옆에 모셔져 있다.

27 | 고려 개국에 도움 준 도선국사

나말여초, 구산선문 가운데 동리산문은 태안사를 중심으로 혜철에 의해 번성했던 산문이다. 혜철 선사의 제자인 도선국사道詵國師는 선사로서의 이미지보다 풍수지리가나 도참신앙의 예언가로 알려져 있다. 도선의 행적과 사상을 보기 전에 먼저 재미난 이야기를 하나 하려고 한다. 이 또한 불교사의 한 부분이다.

조선 말기 흥선대원군은 아들(고종)을 왕으로 앉히기 위해 아버지 묘(남연군)를 명당터로 옮기려고 하였다. 마침 당시 풍수지리가인 정만인을 만났는데, 그는 '충청도 덕산 가야사(현 報德寺)가 2대 천자가 날 자리'라고 귀띔해 주었다. 하지만 옛날부터 '대웅전 위에 시신을 묻으면 발복發福이 되지 않는다'는 전설이 있어 대원군은 묘를 이전할 수 없었다. 이 무렵 스님들이 인근 수덕사에 제사를 지내러 간 사이, 가야사에 불을 질렀다. 그리고 그 자리에 남연군 묘를 이장했는데, 얼마 안 되어 둘째 아들이 왕이 되었다. 아들이 왕(고종)이 된 후 대원군은 죄책감을 느끼고, 보은의 뜻으로 옛 가야사 터에서 2km 떨어진 지점에 보덕사報德寺를 창건했다. 현재 이 절은 비구니 선방이다.

필자 입장에서는 명당이 무슨 의미가 있을 것인가(?) 싶지만, 그

도선국사비각. 전라남도 영암 도갑사

나름대로의 철학이 있을 게다. 풍수가들은 '마음가짐이 올바른 사람에게 명당터가 생기며, 아무리 좋은 명당도 인연이 닿지 않으면 관이 못 들어가는데, 먼저 명당에 들어갈 만큼 그 사람이 살아생전 덕을 많이 쌓은 사람이 들어갈 수 있다'고 한다. 곧 땅이 중요한 것이 아니라 마음가짐이 어떠하냐에 따라 명당도 인연이 된다는 뜻이라고 본다. 세상이 힘드니, 무엇인가에 의존하는 것이 인지상정이다. 사주나 관상 등을 하는 사람들도 한결같이 하는 말이 있다. 사주와 관상보다 심상心相이 제일 중요하다고…….

풍수지리가의 대가인 육관 손석우는 우리나라 대사찰들이 풍수지리적으로 가장 좋은 명당에 위치해 있다고 한다. 부처님이 좋은 자리에 앉아 계시기 때문에 그 후손들(승려들)이 절대 굶거나 잘못되지 않을 거라고 하였다(『터』, 육관도사의 풍수명당 이야기). 20여 년 전에 읽은 내용이어서 정확치는 않지만 불교가 번창해 영원할 거라는 내용이었다. 진위 여부를 떠나 썩 기분이 나쁘지는 않았다. 본 주제인 도선 스님은 우리나라 역사에서 풍수지리설을 주장했던 최초의 인물이다. 그의 진면목을 만나보자.

(1) 도선의 행적

도선(道詵, 827~898)은 전남 영암 출신이다. 광양시 백계산白鷄山 옥룡사玉龍寺에 머물렀기 때문에 옥룡자玉龍子라고도 한다. 도선은 도승道乘으로도 불리며, 15세에 출가하여 월유산(月遊山, 현 지리산) 화엄사에서 『화엄경』을 공부하였고, 850년 23세 때 천도사穿道寺에서 구족계를 받았다. 20세 무렵인 846년 동리산문의 혜철을 찾아가 그의 제자가 되었다. 이후 도선은 혜철의 '무설설無說說 무법법無法法'을 듣고 깨달음을 얻었다.

도선은 스승에게서 심인을 얻은 뒤 운봉산과 태백산 등지에서 정진하며 수행의 끈을 놓지 않았다. 이렇게 15년 정도 행각하였다. 이후 도선은 37세 무렵, 희양현曦陽縣 백계산白鷄山에 이르러 고옥령사故玉龍寺를 재건하였다. 도선은 동리산문 태안사와는 다른 선풍을 전개했던 것으로 보인다(동리산문은 혜철의 제자 ○여가 법을 받았고, 이어서 ○여의 제자 윤다가 선풍을 전개). 도선은 옥룡사에서 수많은 제자들을 지도하였고, 재가자들을 진리로 이끌었다. 신라 헌강왕(875~885 재위)이 도선의 높은 인품을 존경해 왕궁에 초빙했는데, 두 사람은 초면인데도 오랜 벗을 만난 것처럼 대화를 나누었다고 한다. 도선은 차원 높은 설법으로 왕에게 마음 밝히는 진리를 설해 주고, 본래의 사찰로 돌아왔다.

72세 되던 어느 날 도선은 제
자들을 불러 모은 뒤, "내가 이
제 가야겠다. 인연 따라 왔다
가 인연이 다하면 떠나는 것
은 만고불변의 이치이니 무엇
하러 더 여기 있을 것인가?"라
고 말한 뒤 입적하였다. 효공
왕(898~912 재위)은 도선의 입
적 소식을 듣고 몹시 슬퍼하며
시호를 요공了空, 탑호를 증성
혜등證聖慧燈으로 봉하였다(光
陽 玉龍寺 先覺國師 證聖慧燈 塔碑).
또 고려를 개국하는 데 도움을
준 인연으로 훗날 고려의 현종

도선 진영(구례 화엄사 조사전)

(1009~1031 재위)은 대선사大禪師, 숙종(1096~1105 재위)은 왕사王師
로 추증했으며, 고려 인종(1123~1146 재위)은 선각국사先覺國師로 봉
하였다.

　제자에는 경보慶甫(868~948)·형균逈均·민언旼彦·지효之曉·지연
志淵 등 전하는 이름만 수십여 명에 이른다. 또 도선 입적 직후, 문인
홍적 스님이 '도선의 행적이 후세에 전해지지 못할까 염려되니, 도
선의 행적을 기록으로 남기자'는 탄원서를 왕에게 올렸다. 이런 여
러 정황 등으로 보아 당시 옥룡산문의 선풍이 어느 정도였는지를 짐
작할 수 있다.

(2) 도선의 사상

앞에서 언급한 대로 도선은 스승에게서 '무설설無說說 무법법無法法' 의 법으로 심인을 받았다. 설하되 설한 자(說者)가 없고, 설법을 들었으되 들은 자(聞者)도 없다. 진리가 있다고 하지만 법이란 있는 것도 아니고 없는 것도 아닌 청정 본연의 자성에 입각해 있기 때문이다. 『금강경』 제7품이 무득무설분無得無說分이다. 설한 자도 없고 들은 자도 없으니 당연히 무엇을 깨달았다는 증득자도 없는 것이다. 『능가경』에서는 "내가 어느 날 밤 최정각을 얻고 나서 그 후 반열반般涅槃에 들 때까지 그 중간에 한 자도 설하지 않았으며, 또한 이전에 말한 것도 없고, 앞으로도 설할 것이 없다."라고 하였다. 그래서 선종 사찰에 가면 설법전인데도 '무설전無說殿'이라는 편액이 걸려 있다. 이 사상은 당나라 8세기 중반 이후 경전에 입각해 확립된 조사선의 선사상이다. 조사선에서 깨달음의 경지를 한 단어로 표현하면, 무심(無心, 無住心)이다. 설하되 설함이 없고, 법을 법이라고 정의할 수 없는 무심의 경지를 조사선에서는 깨달음의 경지로 정의하기도 한다. 도선이 '무설설 무법법'의 법으로 심인을 얻었다고 함은 선사로서의 당연한 모습이다.

또한 도선은 "절을 세우고 탑을 세워 얻어진 국가적 이익과 공덕이 선리禪理의 정묘함에는 미치지 못한다."라고 하였다. 곧 어떤 것도 선과 대적할 만한 것이 없음이요, 마음 닦는 선이 최상승이라고 강조하였다. 그런데 역사와 불교사에서 도선은 평가절하되어 있다.

(3) 도선의 불교사적 의의

젊은 시절, 도선이 지리산 사발재(甌嶺)에 암자를 짓고 수도하고 있었다. 어느 날 이인異人이 찾아와 "제자는 물외物外에서 초연하게 살기를 수백 년이 되었는데, 제게 조그마한 기술이 있어 스님에게 전하고자 합니다. 만약 스님이 천한 마술과 같은 것이라고 여기지 않는다면 훗날 남해 바닷가의 모래사장에서 전하겠습니다. 이는 곧 대보살의 중생 구제하는 법입니다." 하고 사라졌다. 도선은 기이하게 생각하고, 모래사장을 찾아가 그를 만났다. 그는 모래를 모아 우리나라 산천山川의 역순지세逆順之勢를 보여주었다. 그 후 이 지방 사람들이 사도촌沙圖村이라고 불렀다. 도선은 우리나라의 지형지국地形地局에 대해 이렇게 설하였다.

"우리나라는 배가 항해하는 모습의 형태인데, 태백산과 금강산은 배의 머리, 영암 월출산과 영주산은 배의 꼬리, 부안의 변산은 배의 키, 지리산은 배의 노, 능주(현 화순)의 운주는 배의 복부이다."라고 규정하였다. 이에 운주에는 운주사를 짓고 천불천탑을 봉안하여 지국地局을 눌러야 나라가 안정되어 편안하다고 주장하였다. 이 내용은 『조선사찰사료』「도선국사실록」에 전한다. 이것이 지세를 살펴서 부족하고 어긋나는 곳(欠背處)에다 사찰이나 부도탑을 세워 지덕을 보충해야 한다는 비보사탑설裨補寺塔說이다. 그런데 단순히 비보사탑설을 주장한 도선의 모습이 아니라 그 이상으로 도선을 묘사해 도참신앙의 술사術士나 풍수지리가로 인식되고 있다. 이에 도선의 이미지에 대해 세 가지로 반론을 제기해 보기로 한다.

첫째, 도선이 중국으로 건너가 일행(一行, 673~727. 밀교 승려로 어려서부터 음양오행에 뛰어난 천문학자이자 율종 승려)에게 밀교적 전수를 배웠다고 한다. 이때 일행이 도선에게 '고려왕조 왕씨 일가를 부탁하였고, 왕건의 탄생까지 점지했다'는 설이 전한다. 하지만 일행과 도선 사이에는 생몰년이 100년 정도 차이가 나며, 서로 조우했을 가능성이 전혀 없다. 이 이야기들은 후대에 시대적인 요청에 의해 만들어진 가설이다. 도선을 신이적인 이미지로 만듦으로써 고려 왕조가 개국될 수밖에 없는 정당성을 뒷받침하려는 의도가 깔려 있었다고 본다.

둘째, 도선이 저술했다고 하는 저서에 『도선비기道詵秘記』·『옥룡집』·『도선명당기』·『도선산수기』 등 여러 편이 전하는데, 사실은 이 모두 도선의 저술이 아니다. '도선'이라는 이름을 의탁해 책의 당위성을 드러내고자 한 것이다. 이런 점 때문에 후대까지 도선이 풍수지리가나 술사의 이미지로 고착된 것 같다.

도선국사비(전라남도 영암 도갑사)

셋째, 고려 태조 왕건은 도참사상에 대한 믿음이 매우 깊었다. 후손들에게 경계하는 「훈요십조訓要十條」에도 도참신앙이 있다. 제2조에 "새로 개창한 모든 사원은 도선이 미리 점쳐 놓은 산수순역설山水順逆說에 의거한 것이니, 절을 함부로 짓지 말라. 함부로 지어서 지덕地德이 손상되어 왕업을 단축시키는 일이 없도록 하라.”고 경계할 정도였다. 새로운 시대를 요구하는 데서 오는 호국적인 이미지로 선사를 만들었다고 본다.

이와 같이 시대와 역사가 도선을 도참승으로 만들었다고 본다. 도선의 비보사탑설裨補寺塔說은 사람으로 치면, 병이 들었을 때 혈맥을 찾아 뜸이나 침을 놓는 것과 같다. 삼국의 혼란한 시기, 국가와 국민에 대한 도선국사의 연민심이 도술가의 이미지로 와전되었다고 본다. 지금이라도 바로잡을 필요가 있다. 근래에 도선을 선사로서의 모습으로 되찾기 위한 학술대회 및 음악회가 열리고 있다. 좋은 연구 결과가 있기를 바란다.

앞에서 열거한 선사 이외에도 나말여초에 활동했던 선사들은 헤아릴 수 없을 정도이다. 당나라에 입국한 뒤에 귀국하지 않고 그곳에서 입적한 선사들도 있다. 봉암사 ‘지증대사적조탑비’ 비문에 의하면, “지력사智力寺의 문대사聞大師, 신흥사의 중언仲彦, 용암사湧巖寺의 체선사體禪師, 진구사珍丘寺의 각휴覺休” 등이 등장한다.

고려 왕건의 귀의를 받았던 보양寶壤은 청도 운문사에서 산문을 열었으나 크게 발전하지 못했다. 또한 신라에서 산문을 개산하지 않았지만, 『조당집』과 『전등록』에 전하는 선사로는 백장 회해(百丈懷海, 749~814)의 제자에 명조안明照安, 대매 법상大梅法常의 제자에는 가지迦智와 충언忠彦 등이 있다.

28 | 나말여초 산문의 특징

불교학자들은 신라 말기, 교종의 불교학 쇠퇴를 선종의 등장 때문이라고 본다. 반면 역사학자들은 선종의 대두가 역사를 다음 단계로 변혁시키는 계기가 되었다고 평가한다. 사람의 일이든 역사이든 변화에 따른 진통이 있기 마련이다. 변화를 잘 넘기면 '발전'이지만, 그렇지 못하면 '쇠퇴'가 된다. 12세기, 인도에서 불교가 사라질 때, 외부(이슬람교도들의 파괴)만이 아닌 승가 내부에도 문제가 있었다. 변화가 '발전'이 아닌 '쇠퇴'가 된 것이 지금의 인도불교다.

그렇다면 나말여초 선종과 선사상은 어떤 평가를 받는가? 필자 입장에서는 고려가 세워지는 데 구축점이 되었고, 역사를 발전시켰으며, 한국불교의 근간이 정립된 '발전'의 아이콘이라고 본다. 이에 이제까지 언급한 나말여초의 선사들과 선종을 개괄적으로 정리해 보기로 하겠다.

먼저, 나말여초 구산선문의 유래를 보자. 신라 말부터 고려 초까지 우후죽순처럼 일어났던 산문은 구산선문뿐만이 아니라 수많은 산문이 있었다. 단지 대표 산문을 '구산선문'이라고 한다. 『고려사』에 의하면 아홉 산문에서 선을 수행하는 승려들도 3년에 한 번씩 시험을 볼 수 있도록 요청하자 이를 수락했다는 내용이 전한다. 그 이후 자료에도 '달마구산문達磨九山門'이나 '구산선려九山禪侶'와 같은 용어가 보이는데, 구산선문의 이름과 장소 및 개산조들을 구체적으로 밝히고 있는 문헌은 고려 후기의 것으로 보이는 『선문조사예참의문禪門祖師禮懺儀文』이다. 이 『예참의문』에 산문과 개산開山 조사의 이름이 있을 뿐이다. 막연하게 '구산선문'이라고만 전해져 왔던 아홉 산의 내용이 여기서 밝혀졌다. 독특한 점은 여기에 아홉 명의 선사들과 함께 보조 지눌(1158~1210)이 예참의 대상으로 언급되어 있는 점이다. 이는 한국선에서 지눌이 차지하는 위치를 보여준다. 한편 이 저서가 지눌 이후의 작품임을 알 수 있는 부분이기도 하다. 혹자는 수선사修禪社 6대인 원감국사 충지(圓鑑 沖止, 1226~1292)의 작품으로 추정하기도 한다. 이를 통해 적어도 고려 중기~후기 사이에 구산선문이 한국선을 대표하는 산문으로 인식되었음을 알 수 있고, 지금에 일반화된 한국의 불교사이다.

둘째, 구산선문의 개조를 포함해 당시 선사들 중에는 6두품 이하의 신분이거나 호족 출신이 많았다. 이런 상황에 자연스럽게 선종은 신라 하대로 접어들면서 새롭게 대두하던 6두품과 지방 호족들의 환영을 받았다. 진골 귀족의 견제로 신라 사회에서 정치적 뜻을 펼수 없었던 6두품과 호족들이 선종의 산문 개산에 재정적 지원을 아끼지 않았다. 그런데 선종이 발전할 당시 사회적 배경에 있어 중국과 신라는 조금 다른 점이 있다. 중국의 선사들은 왕권과는 거리가 먼 강호(江湖: 江西省·湖南省)에서 활동하였다. 즉 중국은 시골 변방에서 선이 발전한 반면, 신라는 산문이 성립되는 데 호족이나 왕권의 영향을 받은 것이다. 선종 발달 측면에서 당나라와 신라는 이렇게 차이가 있다. 공통점이라고 한다면, 선이 풍요로운 시골의 곡창지대를 배경으로 발달했고, 지방 분권 지배자들의 코드에 부합되었다는 점이다.

셋째, 구산선문 가운데는 개조開祖가 아니라 2조나 3조 제자에 의해 산문이 열린 경우가 있다. ①최초로 신라에 선을 전한 사람은 법랑法朗이지만 법랑의 5대 제자인 지선이 희양산문을 열었다. ②가지산문은 3세인 보조 체징이 산문을 열었다. ③사자산문은 개산조 도윤이 아니라 2세인 절중折中에 의해 산문이 개산되었다. ④봉림산문도 2세인 심희審希가 산문을 열었다.

넷째, 순수하게 선만을 지향한 선사들이 있는 반면 선교융합을 꾀한 선사들이 있다. ①순수하게 선만을 지향했던 선사들은 가지산문 도의국사의 선교판석禪敎判釋·성주산문 무염의 무설토론無舌土論·사굴산문 범일의 진귀조사설眞歸祖師說을 꼽을 수 있다. ②선교융합 사상을 가진 선사들은 지리산을 중심으로 한 실상산문의 홍척·혜철 등 대다수 선사들이다.* 여기서 선교융합이라고 할 때는 선+화엄이 보편적이다.** 선교융합은 이후 고려 시대 보조 지눌로, 조선 시대 청허 휴정으로 사상이 이어진다.

---

* 800년 후기까지는 북악계(가지산문) 산문이 우세했고, 900년 초기에는 남악계 (실상산문)가 우세했다.

** 구산선문의 개창자들은 대부분 화엄사상을 공부했고, 중국으로 건너가 선을 익힌 뒤에 선종 승려가 되었다. 이런 측면에서 볼 때, 선교융합은 화엄사상을 바탕에 두고 있다.

사자산문 흥녕선원(강원도 영월)

다섯째, 선이 유입되기 이전 신라는 화엄사상이 주류를 이루었다. 선사들도 선을 하기에 앞서 화엄을 공부했는데, 성주산문 무염과 동리산문 혜철은 부석사에서, 사자산문 도윤은 귀신사에서, 동리산문 도선은 화엄사에서 화엄을 공부한 경우이다. 하지만 실상산문의 홍척이 실상사에 산문을 연 이후부터 선이 신라에 빠르게 전파되어 9세기 말부터는 화엄종을 능가할 만큼이었다. 10세기 초에 이르러 선종이 교종보다 교세가 점점 커져 가면서 화엄종이 위축되었다. 화엄종 승려가 선종으로 개종하기도 하고, 화엄종 사찰이 선종 사찰로 바뀌기도 하였다. 물론 왕들이 선종 승려를 국사로 책봉했다고 해서 화엄종과의 관계를 끊는 극단적인 예는 취하지 않았다. 오히려 선종과 화엄종을 융합하려는 왕도 있었다. 어쨌든 선종과 화엄종이 대립하기도 했지만, 상호 영향을 주면서 공존하는 양상을 띠었다.

여섯째, 구산선문의 개조 가운데 일곱 산문이 마조 도일(馬祖道一, 709~788)의 법손들이다. 그 이외 신라 구법승들 중에는 마조계에서 법을 받은 선사들이 많았다. 희양산문 긍양의 비문에 전하는 희양산파의 주장대로 쌍계사의 진감 혜소(773~850)를 희양산문의 승려로 볼 경우, 8명이 모두 마조계의 법을 이었다고 볼 수도 있다. 비문과 상관없이 실제로 혜소가 당나라에 들어가 스승으로 모신 창주 신감은 마조의 제자이다.

일곱째, 신라 말기에 처음 선이 들어올 때는 마조계에서 법을 받은 선사들이 대다수였던 반면, 고려 초기로 넘어가면서 점차 수미산문 이엄을 포함해 석두계 조동종의 법맥을 이어온 선사들이 많다는 점도 특기할 만하다. 전반적으로 선사들 중에는 우리나라 스승의 법을 받고, 이후 당나라에 들어가 조동종계 선사들에게 법맥을 받아와 신라에 선풍을 전개하는 경우가 많았다.〔25. 고려초기의 선사들① p.181 도표 참고〕한편 오관산문의 순지는 위앙종의 선풍을 전수해 일원상을 체계적으로 정립했으며, 봉림산문의 현욱도 일원상을 방편으로 삼았다. 또한 고려 초기(광종 때)에는 법안종의 선풍이 전개되었다.

여덟째, 선문화의 융합이나 보살행을 전개한 선사들이 있다. 구산선문에 속하지는 않지만, 쌍계사의 혜소는 우리나라 최초로 범패를 도입시켰고, 다도茶道를 발전시켰다. 또한 혜소는 병자를 치료해 주기도 하였고, 오관산문의 순지는 시현성불의 보살행 이론을 정립하였다.

아홉째, 희양산문의 지선은 한국적인 선을 구축했는데, 민간 토속

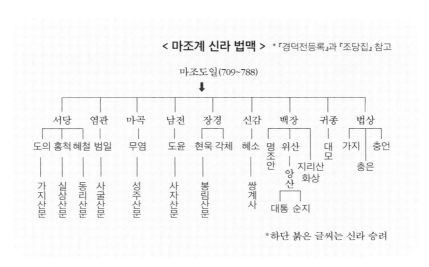

< 마조계 신라 법맥 > * 『경덕전등록』과 『조당집』 참고

마조도일(709~788)

서당 염관 마곡 남전 장경 신감 백장 귀종 법상
도의 홍척 혜철 범일 무염 도윤 현욱 각체 혜소 명조안 위산 대모 가지 충언
지리산 화상 충은
양산

가지산문 실상산문 동리산문 사굴산문 성주산문 사자산문 봉림산문 쌍계사
대통 순지

*하단 붉은 글씨는 신라 승려

신앙을 불교적으로 해석하고 유교·도교와 관계를 지으며 불교적 융합을 꾀하였다.

열째, 신라 하대 때 급속도로 발전한 선종은 중국문화에 대한 이해의 폭을 넓히는 계기가 되었고, 고려 왕조 개창의 사상적인 배경이 되었다.

나말여초 개산한 선종 산문

사법 스승		산 문		개산시기	개조	입당기간	제자	사찰
마조계 홍주종	서당 지장	가지산	전남 장흥 보림사	859년	도의	37년 784-821	염거 → 보조 체징	現存
	서당 지장	실상산	전남 남원 실상사	828년	홍척	16년 810-826	편운·수철	現存
	서당 지장	동리산	전남 곡성 태안사	842년	혜철	26년 813-839	도선 → 경보	現存
	염관 제안	사굴산	강원도 강릉 굴산사	851년	범일	16년 831-847	행적·개청	現無
	마곡 보철	성주산	충남 보령 성주사	847년	무염	24년 821-847	승량·보신 ·대통·여엄 심광 → 현휘	現無
	남전 보원	사자산	강원도 영월 흥녕사	850년	도윤	22년 825-847	절중 → 경유·여종	現無
	장경 회휘	봉림산	경남 창원 봉림사	890년	현욱	13년 824-837	심희 → 찬유	現無
	창주 신감	지리산	경남 하동 쌍계사	840년	진감	26년 804-830	*구산선문 제외	現存
마조계 위앙종	앙산 혜적	오관산	송악 용암사	874년	순지	13년 858-871	*구산선문 제외	現無
동산 법문 북종선	4조 도신 → 법랑 (최초 선) → 신행 → 준범 → 혜은	희양산	경북 문경 봉암사	881년	지선	不入唐	양부 → 긍양 → 형초 → 지종	現存
조동종	운거 도응	수미산	황해도 해주 광조사	931년	이엄	15년 896-911	처광·도인	現無

개산 순서   실상산문 - 쌍계사산문 - 동리산문 - 성주산문 - 사자산문 - 사굴산문 -
가지산문 - 오관산문 - 희양산문 - 봉림산문 - 수미산문

29 | 고려 초기의 불교 상황

고려는 우리나라 역사상 문화적으로도 꽃을 피웠지만, 불교적으로도 번성했던 시대였다. 아쉬운 점은 불교사상이 나말여초 때만큼 발전하지 못했다는 것이다. 하지만 신라 때 발아된 불교가 꽃을 피운 시기가 바로 고려 때이다.

태조 왕건은 후대 국왕들에게 유언으로 '훈요십조'를 남겼다. 왕건은 '국가의 대업은 반드시 부처님의 호위에 의지할 것'을 명문화했으며, 연등회와 팔관회의 꾸준한 시행을 부탁하였다. 태조는 개경을 중심으로 10곳 사찰을 창건하고 중수했으며, 4대 광종도 불교를 옹호하며 적극적으로 지원하였다. 전반적으로 고려의 왕들은 부처님의 힘으로 고려의 안녕을 기원했으며, 징엄·종린·충희·지인 등 왕자 출신 승려가 많이 배출되었다. 그만큼 불교와 왕권이 밀착되었다는 뜻이기도 하다.

고려 초기를 지나 불교계는 선종이 점차 위축되었고, 화엄종·유가종(법상종)·천태종 등 교종이 활발하게 움직였다. 먼저 화엄종이 발전하고, 뒤를 이어 법상종, 다음 천태종이 발전하였다.

첫째, 화엄종에는 탄문(坦文, 900~975)과 균여(均如, 923~973)의 활동이 두드러졌다.* 먼저 균여의 화엄사상과 화엄학은 고려 초기 불교 사회에 중요한 위치를 차지한다. 균여는 화엄의 바탕 위에 성상융회(性相融會: 본체와 현상) 사상을 강조하며, 당시 불교계의 종파 통합에도 노력하였다. 고려 4대 광종(949~975 재위)은 963년에 귀법사歸法寺를 창건하고, 균여에게 머물도록 하였다. 그곳에 일종의 구급기관으로서 현재의 재해대책본부와 같은 상설기관인 제위보濟危寶를 설치하였다. 균여는 광종이 그를 위해 송악산 아래에 창건(964년)한 귀법사의 주지로서, 왕명에 따라 향화香火를 받들며 민중을 교화하고 불법을 널리 펴다가 973년(광종 24) 6월에 입적했다. 균여의 제자는 3,000여 인에 이르렀다. 다음 법인국사法印國師 탄문은 태조에게 별화상別和尙이라 불리었고, 혜종과 경종도 탄문을 스승으로 모셨으며, 광종은 왕사로 추대하였다. 974년 선종의 혜거가 입적하자, 탄문을 국사로 추대하였다. 탄문과 균여의 사회적 위치로 보아 당시 화엄종의 위치가 어떠했는지 가늠된다.

둘째, 법상종에는 혜덕慧德왕사 소현(韶顯, 1038~1096)의 활동이 활발했다. 당시 중국은 서명원측西明圓測 학파와 자은규기慈恩窺基 학파로 나뉘어 있었다. 고려 초까지는 서명학파의 법상종이었으나 소현이 활동하면서는 자은학파의 법상종으로 변화되었다.

셋째, 천태종은 고려 제관과 의천에 의해 발전한다. 제관(諦觀, ?~970)은 우리나라의 천태학을 중국에 전한 고승이다. 그는『천태사교

---

* 균여(923~973)는 화엄 교리의 거장이었을 뿐 아니라 신이神異한 자취를 남긴 고승이다. 균여는 신라 의상 대사의 화엄종 계보를 이었으며, 화엄종 2조 지엄과 3조 법장의 사상에 정통하여 이들의 저서에 주석을 붙였다.

의『天台四教儀』를 저술하여 그 이름을 중국·일본 등에 떨쳤다.『불조통기佛祖統記』* 권10에 그의 전기가 전한다. 천태학이 당나라 말기의 법란으로 소실되어 중국에 자료가 없자, 오월 왕이 사신을 보내 고려에 의뢰하였다. 960년에 제관은 광종의 명을 받고 중국으로 건너가게 되었다. 중국에 간 제관은 나계사螺溪寺에 머물며 연구하였고, 이때『천태사교의』를 저술하였다. 그가 입적한 뒤,『천태사교의』를 넣어두었던 상자에서 방광하였다는 전설이 전한다. 이후 중국에서는 천태종의 명맥이 이어졌지만, 우리나라는 맥이 끊어지는 불운이 있었다. 다음, 천태종에서 제관 이후 등장한 인물이 대각국사 의천(義天, 1055~1101)이다. 의천은 문종의 제4왕자로서 11세에 출가해 30세에 송나라로 유학을 떠났다. 대각국사 의천이 중국에 가서 지자대사탑 앞에서 "옛날 제관이 교관敎觀을 전하였으나, 지금 대를 이을 자가 끊어지게 되어 제가 법을 위하여 몸을 돌보지 않고 찾아와서 대도를 구하나이다."라며 기원하였다. 의천은 귀국할 때 많은 경을 가지고 와서 흥왕사에 교장도감敎藏都監을 설치하고 속장경 간행을 착수했다.** 의천은 선교 대립을 의식해 조계종과 교종인 화엄종

---

* 중국 송대 지반이 지은 책으로 석가모니부처님부터 남송 이종理宗에 이르는 고승들의 전기 모음집이다.

** 고려 현종 때 부처님의 힘으로 거란족의 침입을 격퇴하고자 초조대장경을 간행했는데, 이것이 우리나라 최초의 대장경이다. 이 대장경을 후대에 의천이 보완해서 간행한 것이 속장경續藏經이다. 1092년부터 시작하여 그때까지 수집한 1,010부 4,740여 권의 고서를 9년 동안 경판으로 새겼다. 의천은 이 일에 일찍부터 뜻을 두어 국내는 물론 송·요·일본에까지 널리 불서를 모았고, 그것들을

과 결합하는 등 선교禪敎 통합을 위해 노력하였다.

나말여초 9산문 가운데 가지산문·사굴산문·봉림산문·성주산문 (대통과 현휘)은 고려 말기까지 존속했다. 고려 초에 세력을 떨쳤던 산문은 가지산문과 사굴산문이다. 선종은 '조계선종'이라고 하여 '조계'라는 종파 단어가 쓰이기 시작했다. 전반적으로 교종이 활발하면서 왕사·국사에도 교종 승려가 책봉되었다. 상대적으로 선종은 위축되었지만, 선사가 배출되지 않았던 것은 아니다. 대표되는 인물이 혜거국사이다.

간행하기에 앞서 그 목록인 『신편제종교장총록新編諸宗敎藏總錄』을 만들었다. 한편 의천은 균여를 매우 폄훼하였고, 속장경 간행에서도 균여를 배제하였다.

고려 초기, 교종이 점차 발전되는 무렵, 선종 승려로서 활동했던 대
표적 인물이 혜거(慧炬, ?~974)이다. 혜거가 활동했던 곳은 도봉원道
峰院이다. 예전에는 혜거에 대한 자료가 명확하지 않았고, 행적이 불
분명했다. 그런데 몇 년 전 서울 도봉산 내에 있는 도봉서원에서 수
많은 유물이 출토되면서 그의 모습이 확연히 드러났다. 이 도봉원은
조선 초기와 중기를 대표하는 유학자인 조광조(1482~1519)와 송시
열(1607~1689)을 위한 사당으로 유학자들이 제사지냈던 서원이다.
임진왜란 때 불타 다시 재건되었고, 1871년 흥선대원군의 서원철폐
령으로 사라졌던 서원이다. 그런데 이 서원 터는 원래 고려 시대 때
크게 번창한 영국사, 도봉원이었다.

2012년 서원 터에서 금강령·금강저·향로 등 고려 때의 보물급 불
교공예품들이 쏟아져 나왔고, 서원의 핵심 건물 터도 사찰의 금당
위에 지어진 흔적이 드러났다. 그리고 2017년 도봉서원 터에서 고려
시대 불교 유물이 또다시 발견되었다. 이때 나온 유물에는 혜거국사
비 조각뿐만 아니라 영국사의 내력과 혜거의 행적 기록물이 있었다.
이 혜거국사비는 조선 시대 선조의 손자인 이우(1637~1693)가 현종
9년(1668)에 신라시대 이후의 금석문 탁본을 모아 엮은 『대동금석서

大東金石書』에 88자만 남은 비석 조각의 탁본이 실려 전해 왔으나 실제는 확인되지 않은 상태였다. 혜거국사의 비석 조각은 화강암 재질로 281자가 새겨져 있다. 판독된 글자는 256자로 '견주도봉산영국사見州道峯山寧國寺'라는 명문이 확인된다. 견주는 경기도 양주의 옛 지명으로, 도봉산 일대가 이에 포함된다.

그러면 혜거국사는 어떤 인물인가? 그는 성이 '노盧'씨이고, 10세기 중국 남방 지역인 오월로 유학 가서 법안종의 법안 문익(法眼文益, 885~958) 문하에서 공부하고 돌아왔다. 혜거는 영감靈鑑과 함께 유학을 다녀왔고, 우리나라에 처음으로 법안종의 사상을 전한 선사이다. 혜거가 고려로 돌아왔을 때, 당시 국왕은 4대 광종(949~975 재위)이었다. 광종은 혜거를 국사로, 화엄종의 탄문을 왕사로 추대하였다. 광종은 불교를 개혁하고 선교 양종을 통합하기 위해 혜거가 중국에서 공부한 법안종을 수용하였다. 이 점은 혜거의 조언을 적극적으로 받아들인 것으로 생각된다. 승려들도 자유롭게 남방으로 유학을 떠날 수 있었던 것도 혜거의 영향이라고 볼 수 있다. 1004년 편찬된 『경덕전등록』 25권에는 혜거에 관해 이렇게 전한다.

"혜거는 처음 정혜淨慧에게 법을 얻었다. 본국의 왕이 사모하여 사신을 보내어 고려로 오라고 청하므로 본국으로 돌아갔다. 본국의 왕이 혜거의 법문을 듣고 귀의하였다. 이후 왕이 혜거를 왕궁에 초청해 위봉루(威鳳樓: 왕의 누각)에서 설법토록 하였다."

또 『전등록』에 선사로서 혜거의 모습이 그려져 있다. 선사가 위봉루에서 법을 설하는 중에 위봉루를 가리키면서 대중에게 말했다. "위봉루가 여러 상좌들을 위해 벌써 다 거량을 마쳤다. 여러분, 알겠는가? 만일 알았다면 어떻게 아는가? 혹 모른다면 위봉루를 어째서 모르는가? 여기서 법을 끝냅니다." 이 말에는 선사로서의 위용이 드러나 있다.

한편 광종은 봉림산문의 3조 찬유와 희양산문의 3조 긍양에게도 귀의하였다. 혜거가 머물던 도봉원(영국사)·찬유가 머물던 고달원·긍양이 머물던 희양원은 '3대 부동산문不動山門'으로 지정되었다. 부동산문이란 전통을 그대로 지키는 사찰이고, 직계 문도들만이 주석할 수 있는 도량으로 광종이 지정한 것이다. 그런데 세 산문 가운데 유독 도봉원은 특별 선원으로 정해졌다. 광종은 고달원·희양원·도봉원에만 대장경을 소장케 하고, 대대로 단절되지 않도록 특별히 지

북한산 입구에서 20여 분 거리에 위치한 도봉원. 김수영 시비 뒤편에 위치하는데, 현재 복원 중이며, 외부인 출입을 통제하고 있다.

시했다. 고달원은 앞에서 몇 번이고 거론했던 경기도 이천의 봉림산 문이다. 이 고달원은 당시 사방 30리가 사역권으로 수백 명의 승려가 주석했다고 한다. 아무튼 여러 정황에 견주어 혜거국사가 머물던 도봉원이 당시 고려 사회에 어떤 영향을 미쳤는지를 짐작할 수 있다.

다시 영국사지에 대해 보자. 영국사는 『조선왕조실록』에도 중건 기록이 전하며, 세종의 형 효령대군이 중창에 대시주를 하였고, 은평구 진관사의 수륙재를 영국사에서 거행할 것을 논의했으며, 세조도 축수재를 치를 정도로 영국사의 사세가 컸다고 전해진다. 이렇게 조선 초까지 건재했던 사찰이 유학자들의 횡포에 절집이 허물어지고 서원이 된 것으로 추정된다. 조선 시대 때는 이런 경우가 빈번했다.

중국도 이런 경우가 비일비재하다. 당시 황권이 어떤 종교를 신봉하느냐에 따라 불교 사찰이 도교 사찰로 되기도 하고, 도교 사찰이 불교 사찰이 되기도 하였다(현 중국 지도에는 도교 사원이든 불교 사찰이든 '寺廟'라고 지명하는데, 두 도량 내부가 거의 흡사함). 한편 도교와 불교가 상생하는 곳도 있다. 마조의 스승인 남악 회양(南岳懷讓, 677~744)이 머물렀던 복엄사(福嚴寺: 湖南省 南岳衡山)는 선종사찰인데도 도량 내 당우에는 '악신전岳神殿'이 있다. 거기엔 남북조 시대에 주조된 남악신(南岳神: 山神)이 모셔져 있다. 원래 남악 형산은 도교 성지이다. 또한 산서성山西省 대동大同에 위치한 현공사縣空寺에는 '삼교전三敎殿' 당우가 있다. 삼교전에 주존으로 부처님·좌측에 노자·우측에 공자가 모셔져 있는데, 불교·유교·도교의 합일을 상징하는 의미로 삼

212

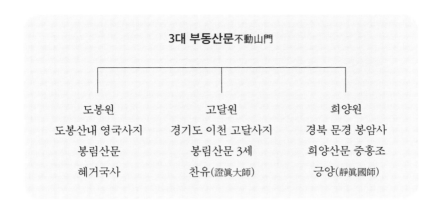

3대 부동산문不動山門

도봉원	고달원	희양원
도봉산내 영국사지	경기도 이천 고달사지	경북 문경 봉암사
봉림산문	봉림산문 3세	희양산문 중흥조
혜거국사	찬유(證眞大師)	긍양(靜眞國師)

교전이라고 하였다.

　더위가 시작되는 7월 중순 도봉원을 다녀왔다. 북한산 국립공원 입구에서 20분 정도 거리에 위치한다. 현재 도봉원을 복원하는 공사가 한창 진행되고 있다. 그런데 유교 유생들의 움직임이 심상치 않다. 유태인들은 2,000년을 떠돌다가 자기 땅을 인정받고 이스라엘을 건설했다. 불교계도 고려 시대의 영국사로 복원되도록 노력해야 하지 않을까?

31 | 법안종 도입과 법안종계 선사들
(영준·지종·석초)

중국의 역사학자이자 문화평론가인 위치우위(余秋雨, 1946~)는 세계적인 작가이다. 중국에서는 그의 해적판이 넘쳐날 정도이고, 우리나라에서도 그의 책이 몇 권 번역되어 있다. 위치우위는 문화대혁명(1967~1976) 때 혹독한 고통을 겪으면서도 다른 나라로 망명하지 않았다. 그 이유는, 그는 당시唐詩를 매우 자랑스러워했는데, 자국에서 당시를 읽어야 한다는 지론을 갖고 있었다. 그의 저서를 몇 권 읽었던 터라 위치우위의 사상이 이해된다. 위치우위는 자국 문화에 자긍심이 강하면서도, 주변국가 및 소수민족의 역사를 매우 존중한다. 그는 중화 중심의 문화에 자만하지 않는다. 아마도 이 점이 그를 세계적인 문화평론가로 만들었는지도 모른다. 필자도 글을 쓰면서 불교를 넘어선 객관적인 관점과 범세계적 역사관을 염두에 두려고 노력한다. 실은 위치우위가 좋아하는 당나라 시는 현 중국의 산모들이 태교로 할 만큼 중국인들이 자랑스럽게 여긴다. 과연 우리나라 사람들은 어느 시대 역사, 역사물을 소중하게 여길까?

고려 초기, 도봉원 혜거(慧炬, ?~974)에 이어 적연국사 영준과 진관석초·지종이 선의 맥을 이어간다. 혜거를 포함해 세 선사의 공통점은 법안종계 법맥이라는 점이다. 혜거가 처음으로 우리나라에 법안

214

종법안宗을 수입하였고, 이어서 석초와 영준이 법안종 법맥을 받아
왔다.

(1) 영준

영준(英俊, 930~1014)은 도봉원 혜거의 제자이다. 시호는 적연寂然국
사이다. 4대 광종이 청원계 제자인 영명 연수(永明延壽, 904~975)의
『만선동귀집萬善同歸集』을 읽고 감동을 받아 36명의 승려를 송나라
에 유학 보냈는데, 영준은 이때 다녀왔다.

　영준은 모친이 흥법사에 기거하고 있던 중에 태어났다. 영준은 정
안현定安縣 천관사天關寺 숭수崇收에게 출가하였으며, 수년 후 구족계
를 수지한 뒤 화엄을 공부하였다. 이후 선사는 영국사 도봉원에 머
물고 있던 혜거국사를 찾아가 그를 스승으로 모셨다. 영준은 38세

적연국사가 상주했던 경남 합천군 가회면 둔내리에 소재한 사적 제131호인
영암사지

적연국사 부도, 경남 합천군 가회면 둔내리에 소재한 영암사지에서 2km 떨어진 곳에 위치해 있다.

무렵에 중국으로 떠나 연수 문하에 입실한다. 972년, 42세에 영준이 공부를 마치고 귀국할 때 군신들의 존경을 받았다고 한 것으로 보아 광종의 배려로 귀국한 것으로 보인다.

고려에 귀국한 영준은 광종의 추대로 복림사福林寺에 주석하였다. 988년 성종(982~997 재위) 때는 사자산사師子山寺에 머물며 궁궐에 나아가 법을 설했다. 다음 왕인 목종(998~1009 재위)은 영준에게 보법사와 내제석원 등지에 주석토록 배려하였다. 이렇게 영준은 성종~현종~목종 대에 이르기까지 왕실과 깊은 인연을 맺었다. 영준이 광종 대에 국사로 책봉될 수 있었던 것도 스승 혜거의 영향이 컸다고 본다. 영준은 말년에 합천 영암사靈巖寺에 머물다 그곳에서 입적하였다.

예전에 경남 합천군 가회면 둔내리 영암사지에 영준의 비가 있었다고 하는데, 현재 비는 없고 고탁본에 의해 비문 내용을 알 수 있을 뿐이다. 김맹金猛이 짓고 김거웅金居雄이 써서 영준이 입적한 후 9년 만인 1023년(현종 14)에 세워졌다. 그런데 다행히도 영준의 탑은 남아 있었다. 필자가 직접 순례한 결과 영암사지가 아니라 영암사에서 2km 떨어진 마을 언덕에 외로이 서 있었다. 그 주변은 온통 밭이고, 우거진 풀숲을 헤치며 겨우 영준의 탑을 만날 수 있었다. 한편 영준의 탑에서 1km 떨어진 위쪽에 '중촌리 승탑 및 탑비'라고 하여 여러 기의 탑과 탑비가 있었다. 그 옛날 영암사에 수많은 승려들이 상주했던 것을 보여주듯이 말이다.

(2) 지종

지종智宗(930~1018)은 희양산문 승려로서 긍양의 제자인 형초에게 심인을 얻었다(지선 → 양부 → 긍양 → 형초 → 지종). 지종의 속성은 이씨이고, 자는 신측神則 또는 신명神明으로서 전주 사람이다. 8세에 사나사舍那寺로 출가하였고, 광화사廣化寺의 경철景哲에게 공부하였다. 지종이 중국 유학을 고민하고 있던 차, 꿈에 고달원의 찬유(證眞大師)가 나타났다. 찬유는 "산에 오르지도 않고 어찌 노나라가 적다고 하며, 바다를 보지도 않고 어찌 강이 좁다고 하는가? 그러니 하루 속히 중국으로 구법의 길을 떠나라."라고 하였다. 지종은 (꿈이나마 찬유의 독려로) 유학을 결심한다. 또한 지종은 귀국할 때도 찬유가 꿈에 나타나 "그대는 공부하는 목적을 마쳤으니, 인연을 따라 순리대로 살아가라. 인연을 따르되 부도덕한 불명예를 남기지 말

원공국사 지종탑비(원주 거돈사지)

며, 최선을 다하라."고 하였다.

지종은 광종이 36명의 유학승을 보낼 때, 영준과 함께 중국에 갔다. 지종은 연수 문하에 들어 2년 만에 심인을 얻었다. 그런데 뒤의 도표에도 나타나 있듯이, 법안종 승려들은 화엄·천태·정토 등과 선의 일치를 주장하였다. 이런 스승들의 법맥을 받은 영명 연수에게서 선+교의 결실이 맺어진다. 지종은 연수의 이런 선풍 속에서 2년간 머문 뒤 천태종으로 공부를 돌린다. 지종은 국청사(國淸寺: 浙江省 天台縣의 천태종 종찰)에서 천태 12조 정광존자淨光尊者 의적義寂 문하에서 7년(961~968) 동안『대정혜론大定慧論』으로 천태교학을 수학하였다. 지종은 고려로 귀국하기 전 2년(968~970) 동안 천태산 전교원傳教院에서『대정혜론』과『법화경』을 강의하며 명성을 떨쳤다. 970년 귀국 후, 지종은 현종 때 왕사에 임명되었다. 입적 후 원공국사圓空國師로 추증되었다.

(3) 석초

진관 석초(眞觀釋超, 912~964)는 사굴산문 개청(開淸, 835~930)의 제자이다(범일 → 개청 → 석초). 석초는 918년 6세에 출가하여 영암산 여흥선원麗興禪院의 법원法圓에게 사사하고, 923년 법천사法泉寺의 현권賢眷 율사에게서 구족계를 받았다. 석초는 940년 28세에 송나라로 들어가 천태 덕소(법안 문익의 스승)의 제자인 용책 효영龍冊曉榮에게 심인을 얻었다. 946년 석초는 6년 만에 고려로 돌아와 홍주(현 경북 영주) 숙수선원(宿水禪院: 현 경북 영주 소수서원)에 머물렀다. 광종이 즉위하면서 왕의 배려로 경남 산청 지곡사智谷寺 주지를 살면서 법

경남 산청 지곡사지에 진관 석초의 탑비는 소실되고, 귀부만 있다. 내리 저수지 옆에 탑비와 몇 기의 문화재가 방치된 채 있다.

안종 선풍을 펼쳤다. 말년에는 5년간 개경 귀산사龜山寺와 보제사普濟寺를 중심으로 활동하다 입적하였다(眞觀禪師悟空塔碑).

석초가 오래 머물렀던 지곡사는 당시 도량이 큰 절로서 선종禪宗 5대 산문 가운데 손꼽히는 대찰이었다. 또한 지곡사는 선종사찰로서 번성할 때는 300여 명의 스님들이 모여 살았으며, 물레방앗간이 12개나 될 정도로 규모가 컸다고 한다. 그런데 필자가 순례한 지곡사지에는 번듯한 탑은 하나도 없고, 내리 저수지 옆과 그 주변에 탑비도 없는 귀부만 쓸쓸히 남아 있다. 석초와 그의 문도들은 대각국사 의천이 천태종을 개창할 때 적극적으로 참여했으며, 고려 왕실과 밀접한 인연을 맺었다.

여기서 앞의 세 선사가 공부한 법안종에 대해 살펴보자. 설봉 의존

(雪峰義存, 822~908) 문하에서 운문 문언(雲門文偃, 864~949)이 운문종을 열었고, 또 현사 사비(玄沙師備, 835~908) 계통에서 나한 계침 → 천태 덕소 → 법안 문익(法眼文益, 885~958)이 나오는데, 이 법안이 일으킨 선종이 법안종이다. '선종 5가'라고 할 때, 5가 중 마지막으로 성립된 선이 법안종이다. 중국에서 법안종 성립으로 선종 최고의 전성기가 형성된 셈이다. 보복(保福, 867~928) 선사 계통에서 『조당집』, 법안종에서 『전등록』과 『종경록』이 편찬되어 선종이 비약적으로 발전하였다. 고려 4대 광종이 존경했던 영명 연수는 말년에 절강성 항주杭州 정자사淨慈寺에 주석하였다. 그 옛날 승려가 수백여 명 상주했던 곳이니, 연수의 선종사적 위치가 어떠했는지를 가늠할 수 있을 것이다. 필자는 몇 년 전에 순례했는데, 정자사는 송나라 때, 5산10찰(국가에서 등급을 매기고 국가가 관리) 중의 하나로, 현재도 항주에서

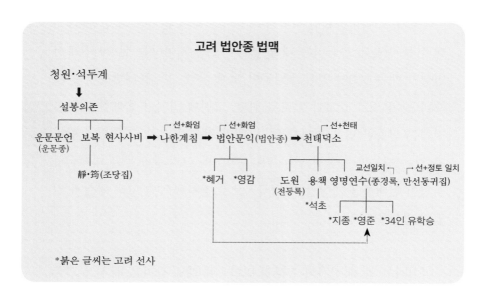

고려 법안종 법맥

청원·석두계

설봉의존

운문문언　보복　현사사비 ➡ 나한계침 ➡ 법안문익(법안종) ➡ 천태덕소
(운문종)　　　　　　　　　┌선+화엄　┌선+화엄　　　　　┌선+천태

靜·筠(조당집)　　　　　　*혜거　*영감　　도원　용책 영명연수(종경록, 만선동귀집)
　　　　　　　　　　　　　　　　　　　　(전등록)　교선일치┘　└선+정토 일치

　　　　　　　　　　　　　　　　　　　　　　*석초

　　　　　　　　　　　　　　　　　　　　　　*지종 *영준 *34인 유학승

*붉은 글씨는 고려 선사

매우 규모가 큰 사찰이다.

연수의 『종경록』은 961년 편찬된 것으로서 100권으로 되어 있다. 연수는 중국에서 규봉 종밀의 뒤를 이어서 선교일치를 주장했는데, 종밀의 입장과는 다른 선교일치론을 체계화했다. '종경宗鏡'은 일심 一心의 다른 표현이다. 연수와 종밀이 똑같이 일심을 주제로 선교일 치를 주장하지만, 종밀은 돈오점수적인 입장에서 깨달은 뒤에도 수 증修證을 강조한 반면, 연수는 일체의 수증을 부정하는 조사선적 돈 오선에 입각해 있다. 수선사 2대인 진각 혜심도 총 36회나『종경록』 을 인용하였다.

광종은 영준과 지종이 법안종의 통합적인 사상을 공부해 와서 불 교계에 새로운 바람을 불어넣고 통합 교단을 이끌어줄 것을 희망했 지만, 두 선사가 선풍을 전개하기 이전에 타계하고 말았다(975년). 고려 초기에 법안종이 수용되었지만 독특한 선사상으로 인해 제대 로 전개되지 못했으며, 혁신적인 선종 교단으로 발전되지도 못했다. 현재 시점에서 볼 때, 시절인연이 맞지 않은 탓일까? 아니면 영준·지종·석초와 같은 인물을 수용할 고려라는 그릇이 작았던 탓일까? 아쉬움으로 남는다.

고려 초기~중기, 무신집권 이전까지 선종은 교종 세력에 밀려 미약
한 형편이었다. 그나마 담진曇眞·학일(學一, 1052~1144)·탄연(坦然,
1070~1159) 등이 배출되어 고려 초기에서 중기에 이르는 동안 선의
명맥이 이어졌다. 즉 담진·탄연의 사굴산문과 학일의 가지산문 선
풍이 전개됨으로써 이후 수선사 정혜결사 및 고려 후기 간화선이 꽃
피울 수 있었다.

(1) 시대적 배경

담진이 활동하던 10세기 무렵의 국제정세를 먼저 보자. 중국 내륙
은 907년에 당나라가 망한 후 960년까지 오대십국五代十國이 일어나
50여 년간 혼란이 지속되다 송나라(北宋)가 건국된다. 거란은 907년
에 건국되어 947년 '요나라'로 국호를 개칭하였다. 만주에서는 여진
족(만주족)이 점차 세력을 키워 나가고 있었다(훗날 금나라). 고려가
요나라 거란족과의 관계로 잠시 외교를 맺으면서 송과 외교가 단절
되었다. 그러다 요나라가 약세한 틈을 타 다시 송나라와 고려의 국
교가 재개되면서 불교 교류도 활발해졌다. 국제정세가 얽히고설킨
혼란한 시대이다 보니, 당연히 고려 승려들의 유학길도 순탄치 않았

다. 마침 송나라와 국교가 재개되면서 유학을 떠난 승려가 혜조국사慧照國師 담진이다.

담진에 대해서는 정확한 기록이 전하지 않지만, 대략 11세기 중후반과 12세기 초반에 활동하였고, 예종(1106~1122 재위) 대에 왕사·국사를 지낸 인물이다. 대각국사 의천(1055~1101)과도 인연이 있어 함께 송나라에 유학하였다.

(2) 담진의 행적

먼저 담진에 대한 중국 기록을 보자. 『속자치통감장편續資治通鑑長篇』*에 실린 내용에 의하면, 담진은 1076년 무렵 이미 중국에 유학하고 있는 중이었다. 당시 고려 승려 3인이 절강성浙江省 항주杭州 천축사에 머물고 있었는데, 송나라 황제 신종(1067~1085 재위)이 이들 세 승려를 변경(卞京: 北宋의 수도, 현 河南省 開封)으로 불렀다. 이때 신종이 고려 승려 3인에게 각각 대사의 호를 내리고, 자색紫色 가사를 하사하면서 고려 사신과 함께 본국으로 귀국하라는 명을 내렸다. 신종이 승려 3인에게 내린 법호는 각진覺眞(法照大師)·담진潭眞(法遠大師)·여현麗賢(明悟大師) 등이다. 담진이 송의 황제로부터 '법원'이라는 호를 받을 수 있었던 것도 국제적인 관계와 얽혀 있다. 즉 이 무렵, 거란과의 관계로 송나라와 고려가 단절되었다가 다시 외교를 막 시작하는 즈음에 북송의 황제는 고려에게 좋은 이미지를 남기려는

---

* 북송 사마광의 『자치통감』 뒤를 이어 남송南宋의 이도李燾가 40년에 걸쳐 편찬한 중국 역사책.

담진이 11세기 중반, 고려 승려 3인과 함께 수행했던 절강성 항주 천축사이
다. 현재 천축사는 상천축, 중천축, 하천축으로 나누어져 있을 만큼 규모가 매
우 큰 도량이다.

의도도 엿보인다.

　담진의 성은 신씨申氏, 자는 자정子正, 담진은 법명이다. 경기도 이
천 출생으로, 어려서 사굴산문의 난원爛圓에게 출가하였다. 1076(문
종 30)년에 송나라로 유학을 가서 임제종의 정인 도진(淨因道臻,
1014~1093)에게 공부하였다. 담진은 4~5년간 송나라에서 수행한
뒤, 1080년에 고려로 귀국하였다. 1107년(예종 2) 예종의 왕사(元景
王師)가 되었고, 1114년 국사(慧照國師)가 되었다. 1116년 왕이 보제
사普濟寺로 행차했을 때, 담진이 왕에게 법을 설해 주었다는 기록이
전한다.

　담진은 쌍봉사雙峰寺에서 활동하다가 개경 광명사에서 10여 년을
머물렀다. 이후 전라도 순천에 정혜사를 창건했는데, 후대 사굴산문

의 유명한 사찰이 되었다. 담진은 천태종 개창 이전부터 의천과 밀접한 도반관계였다. 가지산문의 학일이 천태종 의천과 적대관계를 유지한 반면, 담진은 의천과 우호적인 관계를 유지하였다. 그러면서 담진은 천태종에 흔들리지 않고, 선종의 독자적인 입장을 고수하였다.

(3) 담진의 스승, 도진

앞에서 언급한 대로 담진은 정인 도진 문하에서 수행하였다. 여기서 담진의 스승인 도진에 대해 간략히 보자. 도진은 임제종의 부산 법원(浮山法遠, 991~1067)과 운문종의 대각 회련(大覺懷璉, 1009~1090) 문하에서 수행하였다. 도진의 스승인 두 선사는 당시 송나라에서 주목받는 불교계 인물이었다. 1065년 대각 회련이 변경의 정인사 주지를 그만두자, 도진이 이어서 30년 동안 정인사 주지를 살았다. 곧 도진 개인의 선풍과 법력, 정인사의 사세가 북송 대에 적지 않은 영향을 미치고 있었다고 보인다. 신종 황제가 창건한 혜림사慧林寺와 지해사智海寺 주지를 임명할 때도 황제는 도진과 상의하여 임명했다고 한다. 도진은 또한 신법新法으로 정치를 도모하던 왕안석(王安石, 1021~1086)과도 왕래를 하는 등 불교계 및 사회의 주요 인물이었다. 담진은 북송에 몇 년간 머물면서 스승 도진의 활동하는 모습을 지켜봐 왔던 터라 오롯한 산승山僧의 이미지를 벗어나 국제정세를 파악할 줄 알았던 인물로 추론된다.

담진은 귀국하면서 요본대장경遼本大藏經 및 의궤儀軌와 배발排鉢을 고려에 가지고 왔다. 예종 13년 안화사安和寺가 중수되고 나서 담진이 가지고 온 좌선의 수행규칙인 의궤를 따라 총림의 법식을 정하였다.

(4) 담진의 불교사적 위치

담진의 선사상은 정확한 전거가 없어 알 수 없지만, 선교융합적인 선풍이었다고 생각된다. 이렇게 담진의 선풍을 추론하는 것은 사법 스승(淨因道臻)의 활동이나 선풍을 볼 때도 그러하고, 담진에게서 영향을 받은 거사불교의 대표 이자현(李資玄, 1061~1125)도 경전과 융합적인 선(楞嚴禪)이 두드러지기 때문이다.

담진의 불교사적 위치를 보면, 담진으로 인해 고려에 임제종 선이 전해졌으며, 가늘게 흐르고 있던 고려의 선풍이 후대로 이어지게 하는 징검다리 역할을 해주었다. 즉 고려 초기를 지나 선이 잠시 주춤했던 상황에서 담진은 고려 말기에 이르기까지 선풍이 이어지게 한 것이다. 후대 수선사 6세인 원감국사圓鑑國師 충지(冲止, 1226~1293)는 담진을 성사聖師로 호칭하면서 보조 지눌과 동등한 격을 부여하며 존경하였다. 담진의 탑비(元景王師碑)가 경상남

담진의 탑비(원경왕사비). 비가 심하게 마멸되어 판독이 어렵다. (경남 합천 해인사 일주문 앞)

도 합천군 가야면 반야사지에 있다가 1961년에 해인사 일주문 입구로 옮겨 모셔놓았다. 그런데 비문이 심하게 마멸되어 판독은 불가능하다.

(5) 담진의 문하

담진의 제자로는 대감국사 탄연坦然·지인之印·관승貫乘·윤언이尹彦·영보英甫·이자현 등이 있다. 여기에서는 담진의 제자 지인과 윤씨 일가에 대해서만 살펴보겠다. 영보와 영보의 제자인 조응祖膺은 예천 용문사를 크게 중수하여 사굴산문의 사세寺勢를 진작시켰다.

윤관尹瓘은 이자현과 직접적인 교우 기록은 없으나 의천의 문인으로부터 영통사비문靈通寺碑文에 대해 비판받으면서 배척된 적이 있었다. 윤관의 아들 윤언이(尹彦頤, ?~1149)는 가지산문 선사 학일의 비문을 찬술하였고, 스스로 '금강거사'라고 칭하며 참선하였다. 그가 머물던 금강제金剛齋는 관승(윤언이와 도우 관계)이 만년에 머물렀던 영평(현 경기도 포천) 금강사라고 추측된다. 윤언이는 훗날 담선법회가 개최될 때마다 법회를 주관하였다. 또한 윤언이의 아들 효돈孝惇이 승려가 되었다. 묘하게도 윤씨 일가가 선종의 선사들과 인연되었던 반면, 『삼국사기』의 저자 김부식은 대각국사 의천과 인연이 깊었다.

지인(之印, 1102~1158)은 예종의 아들로, 광지 대선사廣智大禪師이다. 지인은 1102년 예종의 사저私邸에서 태어났으며, 자는 각로覺老, 자호自號는 영원수靈源叟이다. 지인의 모친은 거란 사람인데, 따라서 그는 정식 왕자로서의 대접을 받지 못했다. 그러나 예종은 지인이 자신과 닮았다고 하여 극진히 사랑하고 아꼈다.

　지인은 나면서부터 재주가 뛰어났으며, 냄새나는 음식이나 고기를 싫어했다. 그는 9세에 담진에게 출가하였고, 출가 이후 선수행이 마치 선천적으로 타고난 사람처럼 숙성되어 있었다고 한다. 15세에 불선佛選에 합격하였고, 17세에 법주사 주지를 역임했으며, 25세에 '삼중 대사三重大師'의 법계를 받았다. 이어 1132년 '선사禪師'에 올랐지만, 지인은 번잡한 것을 싫어해 인종에게 산림으로 물러나 쉴 것을 청했다. 인종은 지인의 뜻을 받아들이지 않고, "도가 있는 곳이라면 저자거리도 곧 청산靑山입니다."라고 하며 곁에 두고자 하였다. 지인은 45세에 '대선사大禪師' 법계를 받고, 2년 후에 의종으로부터 광지廣智라는 호를 받았다. 그는 이 무렵에도 '왕의 총애를 탐하면서 사는 것은 출가자의 도리가 아니다'라고 하며 왕권과 거리를 두고자 하였다. 53세에 지인은 영평 금강사에 머물렀는데, 이곳에까지 왕이 사신을 보냈다. 지인은 다시 무주 상산裳山에 있는 작은 사찰로 옮겼다. 55세에 지인은 의종이 사신을 보내 궁궐로 초청해서 어쩔 수 없이 궁궐로 나아갔으며, 수덕궁壽德宮 대평정大平亭에서 연회를 베풀어주었으나 지인은 이런 번잡한 것을 즐겨하지 않았다. 왕족 출신 승려로서 신분 혜택도 있지만, 그 신분 때문에 힘든 여정도 있는 것 같다.

　지인은 교학적으로 선교에 매우 밝았으며, 문장에도 능했다. 지인은 신분 고하를 막론하고 누구에게나 평등하게 대하여 많은 이들로부터 존경받는 인품이었다. 스님은 자신이 소유하고 있는 물건을 갖고자 하는 사람이 있으면 기탄없이 내주었고, 정작 자신의 방에는 서적 몇 권과 그림 몇 점뿐이었다. 또한 지인은 자신의 재산을 모두 내어 쌍봉사와 지륵사 두 사찰에서 대장경을 간행해 세간에 유포시켰다.

지인은 57세 되는 해에 갑자기 다리에 병이 났다. 스님은 병이 더 심해지자 몸을 정갈하게 한 뒤에 가사를 입고, 열반게송을 지었다. 입적하려는 즈음, "오늘이 며칠인가?" 하고 물으니, 제자가 "진일辰日입니다."라고 대답했다. 스님이 "진일과 사일巳日은 세속에서 꺼리는 날이니, 나도 마땅히 피해야겠다."라고 하였다. 12일이 되자, 대중을 불러 놓고 "본래 집으로 돌아가는 날이 바로 오늘이네. 본성이 머무는 곳은 모래와 같이 무수히 많은 세계에 두루하다. 여관과 같은 이 사바세계에 어찌 몸을 맡기겠는가."라는 열반게를 마치고 입적하였다.

33 | 청도 운문사의 수호신, 원응국사 학일

신라 말기, 선종이 유입될 때는 마조계 홍주종 선이 주류를 이루었다. 다음 위앙종 계통의 선사상이 신라에 유입되었고, 고려 초기에는 청원·석두계 조동종 선이 유입되었다. 이어서 광종 무렵부터는 법안종 선풍이 우리나라에 수입되었다.

앞에서 고려 초기~중기에 이르는 동안 선종은 약세하고, 화엄·유식·천태종 등 교종이 발전되었다고 언급하였다. 그런데 한 번쯤 이 점을 생각해 보자.

인도에서 기원전 1세기 무렵, 대승불교가 발전했다고 이전의 부파불교 교단이 사라진 것은 아니었다. 인도에서 불교가 사라질 때까지 부파불교 교단은 대승불교와 함께 공존했다. 이처럼 신라 말부터 발전된 선종이 갑자기 고려에 들어와 실각되었을 거라고 생각지 않는다. 잠시 주춤했지만 선사상은 면면히 흘렀기 때문에 혜거(慧炬, ?~974)국사 담진과 같은 인물이 나올 수 있었고, 담진의 제자 탄연이 활동하였다. 또 한 분의 선사가 있는데, 담진과 동시대에 활동했던 원응국사 학일이다. 자료로 보지만, 학일 선사는 올곧은 대쪽 같은 분이라고 보면 맞을 듯하다.

(1) 학일의 행적

학일(學一, 1052~1144)은 고려 초기~중기로 넘어가는 시기의 가지산 문 승려이다. 학일은 가지산문 문중에서도 종장宗匠이었으며, 당시 담진보다 선풍을 크게 드날렸던 선종의 대표 인물이다. 학일은 충북 서원(西原, 현 청주시) 출생으로 성은 이李씨, 자字가 봉거逢渠이다. 부친은 관직 생활을 하지 않았다. 선사는 11세에 출가해 진장眞藏의 제자가 되었고, 13세에 구족계具足戒를 받았다. 후에 혜함惠舍의 문하에 입실해 열심히 정진하여 혜함으로부터 선지禪旨를 얻었다. 이후 선사는 경율론 삼장에 통달했으며, 『대반야경』의 반야삼매般若三昧를 증득했다.

선사는 1084년 32세 무렵, 개성 광명사廣明寺에서 개최된 승과고시에서 우수한 성적으로 합격하였다. 이전, 선사들의 행적에 드러나지 않은 학일의 색다른 모습이 있다. 선사는 귀천을 가리지 않고 많은 사람의 질병을 구해 주었다는 점이다. 숙종의 왕자(훗날 圓明國師 澄儼)가 9세 때 큰 병을 앓아 죽음에 처하자, 대각국사 의천(義天, 1055~1101, 문종의 제4왕자)이 급하게 학일에게 왕진해 달라고 요청했다. 학일이 왕궁에 도착해 가만히 '대반야大般若'를 염念하자, 왕자가 소생하였다. 선사가 '반야'를 염해 기이한 일이 발생했던 것은 4조 도신(四祖道信, 580~651)에게서도 찾아볼 수 있다.

도신의 선사상은 일행삼매一行三昧인데, 『문수설반야경』에 의거한다. 도신이 27세 무렵, 길주사(吉州寺: 현 江西省 吉安)에 머물렀을 때, 길주성이 70여 일간 도적떼들에게 포위되어 있었다. 성 안의 우물까지 말라 백성들이 곤경에 처했는데, 도신이 길주사에 도착하자 우물이 솟았다. 또 도신이 백성들에게 '반야'라고 크게 염송토록 하자 도적들이 물러났다는 기록이 『고승전』「감통感通」편에 전한다. 선사로서 중생들의 병을 치료해 준 근래의 선사로는 경허 선사의 제자인 수월(水月, 1855~1928)이 있고, 한마음선원의 대행(大行, 1927~2012)도 포교할 때 방편으로 치료해 주었다. 학일이나 도신의 신이한 이야기는 진위 여부를 떠나 그 시대에 선사가 미쳤던 영향력이 후대 『고승전』에 편집되면서 증첩되었을 것으로 본다.

왕궁에서 왕자의 병을 낮게 해준 일로 인해 학일의 명성은 높아졌고, 점차 왕실이나 귀족들의 발길이 선사를 찾아오는 경우가 빈번했다. 이 가운데 선종(宣宗, 1084~1094 재위)의 동생인 부여공扶餘公과 각별한 인연을 맺었다. 이 무렵, 송나라에서 유학을 마치고 돌아온 대각국사 의천이 천태종을 개창하였다. 의천은 왕족이라는 신분도 있지만, 매우 의욕적으로 불교계를 이끌었고, 각계의 의견을 수렴해 종단을 통합하며, 대장경을 간행하였다.

그런데 의천에 의해 천태종이 개창될 때, 유학을 마치고 고려로 돌아온 선사(광종이 법안종 영명 연수에게 유학 보낸 36인)들이 천태종으로 개종하면서 주요 역할을 하였다. 대략 덕린·익종·경란·연묘 등이다. 당시 선종 승려 70%가 천태종으로 개종했는데, 왕명에 의해 천태종으로 옮겨간 경우도 있고, 직접 의천 문하로 찾아가 천태종 승려가 되기도 하였다. 원응국사 비문에 이 내용이 잘 묘사되어 있다.

"대각국사가 송에서 유학하여 화엄 교리를 전해 왔으며, 아울러

232

천태교관을 배워왔다. …… 이때 선종 승려들 가운데 천태종으로 돌아선 자가 10에 6, 7할이나 되었다. 학일은 조도(祖道: 禪風)가 쇠퇴하는 것을 슬퍼하면서 홀로 서겠다는 마음을 확고히 하였고, 몸으로라도 그 임무를 다하려고 하였다. 대각국사가 여러 차례 사람을 보내와 (천태종으로 개종할 것을) 몇 차례 권했으나 선사는 끝끝내 명을 받들지 않았다."

학일의 비문에 적시摘示된 대로 당시 선종은 위기에 처했던 것으로 보인다. 이때 끝까지 선을 고집하며 선종 승려로 남아 있던 인물이 혜조국사 담진과 학일이다. 선사가 1099년 47세 무렵, 의천이 홍원사(弘圓寺: 개경의 대표적인 왕실 원찰)에서 원각회圓覺會를 개설하고, 학일을 부강사副講師로 초빙했지만, 학일은 "선과 강(교)이 서로 섞이는 일을 감당할 수 없다(禪講交濫 不敢當之)."고 하며 끝내 받아들이지 않았다.

학일은 왕명에 의해 법주사 주지가 되었다. 1106년 54세 무렵, 학일은 '삼중 대사三重大師'가 되어 가지사迦智寺 주지로 잠시 머물다 곧바로 구산사龜山寺에 상주하였다. 다시 이어서 1108년에 '선사禪師' 품계를 받았고, 59세에 내제석원(內帝釋院: 개성의 궁궐 밖에 있던 사찰)의 주지가 되었다. 그 이듬해(1114년) 학일은 '대선사大禪師' 품계를 받았으며, 63세에 개성 안화사安和寺*의 주지가 되었다. 선사가 68세

---

* 안화사는 학일이 63~68세까지 머물렀던 사찰이다. 현재 개성시 고려동 송악산에 위치해 있다. 『파한집』에는 이 절이 건물이 웅장하며, 단청이 화려해서 고려

무렵, 예종이 선사에게 왕사가 되어달라고 간청했으나 선사는 이를 사양하였다. 얼마 안 되어 예종이 승하한 뒤 인종(1123~1146 재위)이 즉위하여 학일에게 왕사가 되어줄 것을 요청하자, 선사는 부득이 거절할 수 없어 왕사가 되었다. 1123년 봄과 여름에 큰 가뭄이 들었는데, 왕궁에서 선사에게 기우제祈雨祭를 지내달라고 부탁했다. 선사가 주관해 기우제를 지내고, 이후 큰비가 내렸다.

72세의 학일은 왕에게 운문사로 돌아갈 것을 간청했지만, 왕은 허락하지 않고 선사에게 안남安南의 경관사瓊官寺에 머물도록 하였다. 마침내 1129년 77세에 학일은 왕사의 봉인封印과 임명장(官誥)을 왕에게 전해달라고 부탁하고 아침 길을 떠나 청도 운문사로 돌아갔다. 가는 도중 왕은 선사를 만류하였으나 뿌리치고 운문사로 돌아온 것이다.

선사가 운문사에 머물자, 학자와 귀족들이 이곳으로 몰려와 문전성시를 이루었다. 운문사가 깊은 산골에 위치한 데다 고려 수도 개성과는 매우 먼 거리인데도 수많은 이들이 방문해 운문사가 번잡하였다고 하니, 당시에 선사의 선풍이 결코 작지 않았음을 알 수 있다. 학일이 운문사에서 제자들 지도에 힘을 쏟기 시작하자 승려들이 점차 운문사로 집결하였다. 비문에 의하면 "운문사 산문의 융성함이 근래 이래로 이런 적이 없었다."라는 내용으로 보아 재가자뿐만 아니라 가지산문의 선풍 또한 크게 진작되었던 것으로 보인다. 한편

에서 으뜸이었다고 전한다. 2014년 북한은 독일의 지원을 받아 안화사를 보수하였다.

청도 운문사 전경(운문사 문화부 제공)

학일이 왕사로 지낼 때 운문사에 토지 200결과 노비 500명을 하사했다고 하니, 당시 운문사가 선종의 큰 종찰宗刹이나 다름없었다. 학일 입적 후 100년이 넘어 13세기에 일연이 운문사에 머물렀는데, 운문사가 고려 중·후기까지 선종사찰로서의 면모를 그대로 유지했었다고 생각된다.

1142년에 산불이 크게 나 대중이 끄지 못할 때, 88세 노구의 선사가 자리에서 일어나지 않고 산을 향해 축원하자, 갑자기 비가 쏟아지면서 불이 꺼졌다는 신이한 이야기가 전한다. 선사는 92세에 병이 들었는데, 한 달 후에 단정히 앉은 채로 입적하였다. 학일은 입적할 때, 제자들에게 "오롯이 자기 도를 닦을 것이요, 명리를 구하거나 탐해서는 안 된다(專自道力 不可貪求名利)."라고 하였다. 왕이 예를 갖추어 학일을 국사國師로 추증하였고, 시호를 원응圓應이라고 하였다(雲門寺 圓應國師碑).

(2) 학일의 선사상 및 그 문하

「원응국사비」에 학일의 선사상을 엿볼 수 있는 내용이 전한다. "인종 1년(1123), 선사가 승과를 주관했는데, 학인들이 자기의 불성이 두 가지라고 선담禪談을 나누었다. 이에 학일은 '불성이란 부처나 중생 모두 똑같은데, 어찌 두 가지 견해로 나누어지는가! 불성에 차등하다는 견해는 내지 말아야 한다'라고 하였다." 한편 원응국사비문에 선종 5가(溈仰宗·臨濟宗·雲門宗·曹洞宗·法眼宗)의 특성을 요약하고 있는 것으로 보아 당시 천태종 성립을 계기로 남종선의 특징을 종합하면서 새로운 방향의 선풍을 모색했던 것으로 생각된다.*

경북 청도 운문사 원응국사비. 비의 상단에 '圓應國師碑銘'이라고 새겨져 있다.

학일의 제자에는 대선사 품계를 받은 익현翼賢과 중립中立이 있고, 선사 품계를 받은 제자로는 정린正鄰·경웅景雄·경옥景玉·연의淵懿·가관可觀 등 13인이며, 삼중 대사에 9인이고, 이외 수십여 명의 제자들

*선승의 비문은 원응국사 학일과 대감국사 탄연의 것뿐이다. 두 비문은 고려 전성기에 선종계가 침체했던 원인과 당시 선종의 사상적 경향을 이해하는 데 귀중한 자료이다.

236

이 있다. 가관은 스승 학일의 비문을 세울 때 '선사' 칭호를 받은 상태였으며, 묘를 다 세우고 난 뒤에는 대선사 칭호를 받았다. 가관은 운문사에서 활동했고, 스승 입적 후에 가지산문을 책임지는 역할을 담당했다. 그런데 이 가관에게 악운이 찾아왔다. 인종이 즉위한 해에 한안인韓安仁을 비롯한 그의 세력이 이자겸에 의해 제거당하는 일이 있었다. 이때 가관은 문공유文公裕·문공미文公美 형제들과 함께 유배를 당하는 수모를 겪었다.

만년에 운문사에서 선풍을 진작시키고 이곳에서 입적한 학일 선사에 관한 원고를 작성하는 동안, 필자는 스승인 명성(1930~) 회주 스님과 학일 선사가 오버랩되었다. 800여 년 전에 그랬던 것처럼, 현 운문사는 승가로서나 비구니 사찰로서 불교사에 한 획을 그은 도량이다. 전 세계적인 도량으로 면모를 키우고, 이천여 명의 제자들을 키운 명성 스님의 역할이 결코 작지 않기 때문이다.

34 | 고려 3대 명필, 대감국사 탄연

(1) 대감국사 탄연의 행적

고려 선사들의 행적에는 법계(法階: 품계)를 받은 선사들이 등장한다. 앞에서 보았던 원응국사 학일도 그러하지만, 그의 제자들도 '대선사' 법계를 받은 제자가 2인, '선사' 법계를 받은 제자만 해도 13인, '삼중 대사'에 9인이라고 앞글에서 언급했었다. 혜조국사 담진의 제자 지인(之印, 1102~1158)도 일생에 삼중 대사 → 선사 → 대선사 법계를 이어서 받았다. 그 법계를 보면 이러하다. 선종인 경우 대선大選에 합격한 뒤부터 중덕中德 → 대덕大德 → 대사大師 → 중대사重大師 → 삼중 대사三重大師 → 선사禪師 → 대선사大禪師이다. 교종인 경우는 대덕大德 → 대사大師 → 수좌首座 → 승통僧統이다. 물론 조선 시대에는 대선大選 → 중덕中德 → 대선大禪 → 대선사大禪師 → 도대선사都大禪師이다.

대감국사大鑑國師 탄연(坦然, 1070~1159)도 법계를 순서대로 받은 모범적인 경우이다. 탄연은 앞에서 언급한 원응국사 학일보다는 20년여 년 후의 인물이고, 혜조국사慧照國師 담진曇眞의 제자이다. '혜조'라는 법명이 여러 명이다 보니, 탄연의 스승이 담진이 아닐 거라는 견해가 있지만, 학계에서는 탄연을 혜조국사 담진의 제자로 본다.

238

「단속사 대감국사 보명탑비문斷俗寺大鑑國師普明塔碑文」에 전하는 스님의 행적을 보자. 탄연은 경남 밀양 출신으로 성은 손孫씨, 시호는 육조 혜능과 같은 '대감大鑑'이다. 그는 어렸을 때부터 신동으로 알려져 있으며, 지기志氣가 뛰어났다. 8~9세에 문장을 짓고 시를 썼으며, 서예도 뛰어났다. 13세에 6경(六經: 詩經·書經·禮記·樂記·易經·春秋)의 대의大義에 통달했으며, 15세에 명경과明經科에 합격하자, 당시 유학자들로부터 칭찬이 자자했다. 탄연은 숙종(1096~1105 재위. 이때는 아직 왕에 오르지 못한 大君)의 명으로 세자(훗날 睿宗)의 스승이 되어 세자에게 글과 행동거지를 가르쳤다. 마침 탄연에게 사안師安과 보현保玄 두 벗이 있었는데, 사안이 출가하였다.

선사는 1088년, 19세에 몰래 궁중을 빠져나와 개성에 위치한 성거산聖居山 안적사安寂寺로 출가하였다. 선사는 인생의 탄탄대로를 뿌리치고 출가의 길을 선택한 것이다. 이후 탄연은 송나라에서 수행을 마치고 돌아온 혜조국사 담진이 머물고 있던 광명사廣明寺로 담진을 찾아갔다. 탄연은 담진에게서 심인을 얻고, 여러 곳을 행각하며 수행하였다. 이런 와중에 탄연은 연로한 노모의 집 부근에 머물며 모친을 봉양하기도 하였다.

탄연은 36세 때인 1105년(숙종 10) 대선大選 승과에 급제하였고, 다음해에 '대사' 법계를 받았다. 1109년 39세에 '중대사', 45세에 '삼중대사', 51세에 '선사' 법계를 받았다. 세자 시절 탄연에게 글을 배운 예종(1106~1122 재위)이 즉위하면서 탄연을 궁중으로 불러 법을 묻곤 하였다. 1129년 59세에 탄연은 보리연사菩提淵寺에서 법회法會를 열었다.

비문에 의하면, 1130년 인종(1123~1146 재위)은 탄연에게 칙명으로 광명사에 주석토록 하였고, 국가의 중요 사안이 있을 때마다 왕은 탄연에게 어필御筆로 자문을 구했다고 한다. 탄연은 1132년 62세에 '대선사' 법계를 받았다. 선사는 76세에 인종의 부탁으로 왕사에 임명되었다. 왕사에 임명된 후 탄연은 보리연사에 머물렀다. 보리연사는 옛날부터 뱀이 많이 출몰해 스님들이나 신도들이 매우 불편해했는데, 탄연이 이 절에서 법회를 몇 차례 베푼 뒤에 뱀이 자취도 없이 사라졌다고 한다. 이후 인종이 타계하고, 의종이 즉위한 다음해인 1148년 탄연은 산청 단속사斷俗寺로 돌아왔다. 탄연이 78세부터 90세 입적할 때까지 단속사에서 10여 년을 머물면서 제자들을 제접

경남 산청군 단성면 단속사지 동서 삼층탑. 단속사에는 신라 말기 신행 선사와 탄연이 머물렀던 곳으로, 탑비가 있었으나 모두 소실되고 탑만 있다. 곧 사지를 발굴할 예정이라고 한다.

하며 선풍을 진작시켰다.

　비문에 전하는 탄연의 면모는 이러하다.

　"선사는 그 천성이 너그러워 학인 지도에 게으르지 않아 현학玄
學하는 사람들이 구름과 물처럼 그의 문하에 모여들었다. 탄연의
회하會下에 대중이 수백 명이었다. 제자들은 승당升堂하여 입실하
고 심인을 전해 받았으며, 선리의 골수骨髓를 얻어 당시에 대종장
大宗匠이 된 승려가 매우 많았다. 마침내 탄연이 종풍宗風을 크게
떨치며 조도祖道를 널리 진작시켜 동국의 선문을 중흥시켰는데,
이는 오롯이 선사의 법력에 의한 것이다."

　탄연의 대표 제자로는 효돈孝惇과 연담淵湛이 있다. 연담은 명종 2
년(1172)에 탄연의 비를 세울 때 입석立石의 일을 담당했던 인물이
다. 연담은 명종 27년(1197)에 최충헌에 의해 영남에 유배당하였다.
효돈은 단속사에 머물렀으며, 명종 9년(1179)에 용문사龍門寺 낙성
법회에 가서『전등록』등을 강의하였다.

(2) 탄연의 불교사적 위치
탄연의 비문에는 '고려국高麗國 조계종曹溪宗 사굴산하闍崛山下 단속
사斷俗寺 대감국사비大鑑國師之碑'라고 새겨져 있다. 여기서 두 가지
를 알 수 있다. 탄연이 사굴산문 승려이며, 고려에 들어와 '조계종'이
라는 단어가 처음 등장하고 있는 점이다. 여기서 더 나아가 '조계종
풍을 크게 떨쳤다'거나 '동국의 선문을 중흥하였다'는 표현이 등장

한다. 이런 점으로 보아 사굴산문의 선풍이 당시 어느 정도 발전되고 있었음을 알 수 있다.

한편 비문에 '탄연은 임제의 9대손九代孫에 해당한다'는 내용이 새겨져 있다. 실은 탄연은 중국으로 건너가지 않았다. 그렇다면 어떤 연유로 탄연을 임제 9대손이라고 하는가? 12세기 초, 중국의 선종은 7종(五家+황룡파+양기파)이 모두 완성된 상태였다. 임제종 황룡 혜남(黃龍慧南, 1002~1069)에 의한 황룡파가 먼저 발전했고, 이어서 양기 방회(楊岐方會, 996~1049)에 의한 양기파가 발전하였다. 황룡파에는 당시 소동파·왕안석·장상영 등 사회적으로 유명한 문인들이 선을 배웠다.

탄연은 자신이 지은 사위의송四威儀頌과 상당법어上堂法語를 상선편商船便을 이용해 절강성浙江省 영파寧波 아육왕산 광리사(廣利寺: 현 阿育王寺)에 있는 육왕 개심(育王介諶, 1180~1148)에게 보냈다. 개심은 임제종 황룡의 5세이다. 개심은 탄연의 게송과 법어를 보고 극구 칭찬하면서 그에게 인가하는 답장을 보냈다. 개심이 머물고 있던 광리사는 부처님의 두골사리가 모셔져 있다. 또한 고려의 고승이며 천태종 16세인 의통조사(義通祖師, 927~988)가 생전에 광리사 승려들의 초청으로 법문을 하였던 도량이다.* 여기서 한번 생각해 볼 수 있는

---

* 천태종의 16세인 고려 승려 의통은 당나라 말기 중국으로 들어갔다. 보운원寶雲院에서 천태교학을 연구하고 지관수행으로 천태종을 다시 부흥시켰다. 그의 저서로는 『관경소기觀經疏記』와 『광명현찬석光明玄贊釋』 등이 있지만, 현존하지 않는다. 의통 입적 후 다비를 해서 광리사 북서쪽에 안치했는데, 현재는 위치를 알 수 없다. 그의 법을 이은 제자로는 천태종을 부흥시켰다고 하는 송나라 때

점은 고려 승려들이 중국불교계에서 법력을 인정받았다는 점이다. 아육왕사는 현재도 선객들의 요람이다.

탄연이 개심으로부터 서면으로 인가를 받았기 때문에 선사는 임제종 법맥 9대손이라고 한다. 탄연은 개심 이외에도 도경道卿·응수膺壽·행밀行密·계환戒環·자앙慈仰 등 노숙老宿들과 서신으로 교류하였다. 여기서 계환을 제외하고, 모두 개심의 제자일 가능성이 높다.

탄연은 시를 잘 짓고, 글 또한 잘 지었다. 이런 그를 탄연의 비문에서는 '천리마千里馬'에 비유하고 있다. 필법이 정묘하여 홍관(洪灌: 고려 중기의 문신이자 서예가)에 비견될 만큼 이름을 날렸다. 한편 서거정은 "동국의 필법에 김생金生이 제일이요, 요극일姚克一·영업靈業·탄연이 다음간다."라고 칭찬하였다. 시격詩格이 또한 고상하고 글씨는 구양순歐陽詢의 체를 본받았다고 한다. 역사에서는 탄연을 고려의 3대 명필에 속하는 인물로 평가하고 있다.

이 탄연의 법맥에서 수선사 보조국사 지눌이 나오게 된다. 이색이 쓴 진각眞覺국사 천희千熙 비문에 다음 내용이 전한다. "보조국사는 대감국사 탄연을 계승하고……"라는 부분이다. 실은 탄연이 입적하기 1년 전에 보조 지눌이 탄생했으므로 직접적으로 법이 이어졌다고는 할 수 없다. 하지만 보조와 탄연은 같은 사굴산문의 승려이므로 굳이 부정할 필요는 없다고 본다.

필자는 여름날 오후 늦게 탄연이 머물렀던 단속사지斷俗寺址를 찾아갔다. 지리산 한 자락인 단속사는 굽이굽이 산길이 이어져 있어

사명 지례(四明知禮, 960~1028)가 있다.

단속사지에 있는 우리나라에서 가장 오래된 매화꽃나무

찾아가는 데 많은 시간이 소요되었다. 단속사는 탄연뿐만 아니라 우리나라 최초로 선을 전한 법랑의 제자인 신행神行*도 머물다 입적하여 「신행선사비神行禪師碑」가 있었다.** 사지 입구에 들자, 제일 먼저 시비가 필자를 맞아준다. 산청 부근(산청군 시천면 산천재)에 머물던 남명 조식(南冥曺植, 1501~1572)이 이곳을 찾은 사명당에게 준 시(贈山人惟政)가 새겨져 있다. "꽃은 조연의 돌에 떨어지고, 옛 단속사 축

---

* 신행은 법랑의 제자이기도 하지만, 중국에서 북종선의 지공(神秀(606~706) → 普寂(651~739) → 志空 → 神行의 법맥)에게 법을 받아 우리나라에 북종선을 최초로 전한 인물이다.

** 이 비는 조선 후기에 분실되어, 현재는 해동금석원에 실린 탁본을 통해서만 그 내용을 알 수 있다. 선사의 속성은 김씨이고, 성덕왕 3년(704)에 태어났다. 중국에서 선종을 배워 귀국한 후 교화 활동을 하다가 혜공왕 15년(779)에 입적하였다. 비는 헌덕왕 5년(813)에 세워졌는데, 김헌정金獻貞이 비문을 짓고, 영업靈業이 글씨를 썼다. 신라 초기 선종사 연구에 귀중한 자료이다.

대엔 봄이 깊었구나. 이별하던 때 기억해 두게나. 정당매 푸른 열매 맺었을 때(花落槽淵石 春深古寺臺 別時勤記取 靑子政堂梅)." 시 구절에 나오는 정당매가 사찰 주변에 있다.(사명유정 편 p.418 참고) 이 매화는 우리나라에서 가장 오래된 것으로, 수명이 600년이라고 한다. 필자가 방문한 때가 여름이어서 매화꽃을 볼 수는 없었지만, 3월이면 아름다운 매화를 피운다고 한다.

단속사지에는 동서 탑 두 기가 서 있고, 당간지주만 있을 뿐이다. 탑 두 기를 앞에 두고 법당이 있었다고 예상할 경우, 그 옛날 결코 작은 도량은 아니었던 것으로 추측된다. 사지 주변에 두 곳의 사찰이 있는데, 한 절은 비구니 스님이 살고, 한 곳은 비구 스님이 살고 있다. 이 단속사지 주변 마을 몇 집은 정부에서 벌써 매입하여 곧 발굴 작업을 할 거라고 한다. 사지 발굴로 인해 신행과 탄연, 수많은 선사들의 면모가 드러나기를 고대한다.

경남 산청 단속사지 당간지주

(1) 고려 재가불교와 청평거사 이자현

어느 나라 불교이든 재가자의 활동이 활발하다. 대승불교 국가인 우리나라도 점차 재가자의 활동이 넓어지고 있다. 고려 시대로 거슬러 올라가 대표적인 거사를 보면, 이자현·이규보·낙헌樂軒 이장용(1201~1272)·동안動安 이승휴(1224~1300)·윤언이 등이 있다.

윤언이(尹彦頤, ?~1149)는 앞에서 언급한 대로 금강제(金剛齋, 현 경기도 포천)에 머물면서 스스로 '금강거사'라고 자칭하며 수행하였고, 담선법회가 개최될 때마다 법회를 주관하였다.

백운白雲 거사 이규보(李奎報, 1168~1241)는 『동국이상국집』의 저자로서 당대를 대표하는 사대부였다. 그는 자칭해 '유학자로서 지관止觀을 배운 사람', '참선하는 늙은 거사'라고 할 만큼 불교와 밀접하다. 이규보는 당시 진각국사 혜심과 함께 불교시의 문학성을 최고조로 고양시킨 인물로 인정받는데, 불교에 대한 단순한 소재를 넘어 문학적인 업적으로 평가받는다.

이자현(李資玄, 1061~1125)은 인주 이씨 출신이다. 이자현은 진락공眞樂公 청평거사淸平居士로 알려져 있으며, 보조 지눌 이전 선사상의 맥을 잇고 있는 인물이다. 거사는 24세에 진사가 된 뒤 줄곧 벼슬

이자현이 거주한 강원도 춘천시 북산면 청평사 도량

길에 머물렀지만, 갑자기 아내를 잃은 후 29세에 청평산으로 들어가 문수원文殊院을 수리하고 거주하였다.* 거사는 임진강을 건너면서 "이제 가면 다시는 서울에 돌아가지 않으리라."고 맹세하고 산으로 들어갔다. 이자현이 선과 인연된 것은『설봉어록』에 의해서다. 설봉 의존(雪峰義存, 822~908)의 어록 가운데 "온 천지가 다 눈(眼)인데, 그대는 어디에 웅크리고 앉아 있는가(盡乾坤 是箇眼 汝向什麼處蹲坐)?"라는 구절에서 활연히 깨달음을 얻었다. 이런 시절인연 후, 이자현은 불조의 어떤 가르침에도 막힘이 없었다고 한다.

이후 거사는 우리나라 명산을 탐방하고 성현聖賢의 유적을 찾아다니며, 거친 음식을 먹고, 옷차림 또한 검소했다. 거사는 홀로 앉아서 늦은 밤까지 선정에 들었으며, 어느 때는 반석 위에 하루 종일 앉아

---

* 문수원은 승려 영현永玄이 신라 말에 당나라에 유학 갔다가 935년(고려 태조 18년)에 귀국해 973년(광종 24년)에 백암선원白巖禪院을 지었는데, 이 도량이 훗날 이자현이 머물렀던 문수원이다.

있기도 하였다. 거사는 선정이 점차 깊어졌는데, 한 번은 견성암에서 선정에 들었다가 7일 만에 출정出定하기도 하였다.

이자현은 수많은 경전 가운데 특히 『능엄경』을 중시하였다. 이자현보다 앞선 인물인 대각국사 의천은 '능엄 대사楞嚴大師'라고 할 만큼 중국에 머물 때부터 『능엄경』에 관심이 많았다. 의천은 고려에 돌아와서도 능엄도량을 개설하고, 『능엄경』 주석서를 편찬하였다. 실은 고려 말기 환암 혼수幻庵混修나 정지국사 지천(智泉, 1324~1395)도 이 경전을 중시했으며, 정몽주는 주위 유학자들로부터 걱정을 들을 정도로 『능엄경』을 지극하게 애독했다고 한다. 이자현은 『능엄경』의 이론적인 부분이 집약된 견성見性과 수행적인 부분이 집약된 문성聞性을 두 축대로 하여 '능엄선'을 도출한 것으로 추측된다. 여기서 유래해 이자현은 자신의 수행 터를 법당은 '문성'이라 하였고, 암자는 '견성'이라 했으며, '선동仙洞', '식암息庵' 등 각각의 당호를 지었다.

그러면 『능엄경』의 어떤 점이 선과 관련되는지를 보자. '견성'은 『능엄경』에서 망심을 타파하는 칠처증심七處證心과 진심眞心을 세우는 10견十見, 진심을 확대하여 일체 존재가 여래장을 구족하고 있음을 설명하는 3단계로 구성되어 있다. 다음 『능엄경』에서 수행방법으로 25원통을 제시하는데, 이 중 관음보살이 수행한 이근원통耳根圓通이 가장 뛰어난 것으로 제시되고 있다. 이 이근원통은 반문문성反聞聞性, 즉 듣는 성품(聞性)을 다시 돌이켜 관하는 것으로 귀결된다.*

＊ 조용헌, 「이자현의 능엄선 연구」, 『종교연구』 12, 1996, pp.131~140.

이자현은 "내가 대장경을 다 읽고 많은 책을 두루 열람하였으나 『능엄경』이 곧 심종心宗에 부인符印하며, 중요한 길을 밝히고 있는데, 선을 공부하는 사람이 왜 이 경을 읽지 않는지 한탄할 일이다."라고 말했다. 1121년 60세 무렵, 거사가 왕명으로 능엄 법회를 열 때는 제방의 선자들이 모여 그의 강의를 들었다고 한다. 이자현의 선적인 면모는 당시 국왕에게도 큰 감명을 주었다. 예종(1079~1122 재위)이 누차 그를 만나자고 했지만, 그는 번번이 거절하였다. 그러다 오늘날의 서울인 남경南京에서 둘만의 만남이 이루어졌다. 그 자리에서 왕은 이자현에게 수신修身과 양성養性의 핵심을 물었고, 이자현은 왕에게 '성품을 기르는 데는 욕심을 적게 갖는 것이 최상이다'는 고인의 말씀으로 답변하였다.

이자현은 당시 교종인 화엄종과 법상종의 다툼에는 비판적인 입장을 취하였다. 곧 거사는 교종 승려들과는 인연이 없는 대신 선종의 혜조국사 담진과 깊은 교류를 하였고, 대감국사 탄연과도 법연을 맺었다. 이자현의 제자로는 지원知遠과 조원祖遠 등이 있다. 조원은 이자현의 뒤를 이어 문수원의 주지를 맡았다(眞樂公重修淸平山文殊院記).

이자현 부도(춘천 청평사 입구)

(2) 이자현의 불교사적 위치 및 후대에 미친 영향

거사 신분인 이자현의 능엄선이 그 당시나 고려 시대를 넘어 후대에 어떤 영향을 끼쳤는지를 보자.

첫째, 능엄선이라는 독특한 선사상의 정립이다. 오늘날『능엄경』에 의한 능엄선이 이론과 실천에 의해 정립되었다고 보지만, 능엄선이라는 개념 자체도 모호하며, 구체적인 자료가 없어서 정확한 사상을 파악하기는 어려운 실정이다. 하지만 이자현이 스승 없이 스스로 개척해 능엄선을 정립한 점에 있어서는 높이 살 만하다.

둘째, 이자현은 출가하지 않았지만, 거사불교의 대표 인물로서 당대를 비롯해 후대 거사불교가 일어나는 데 영향을 미쳤다. 이인로의『파한집』에 따르면, "해동에 심법心法이 유포된 데는 이자현의 공로가 지대했다."라고 평을 하였다. 이규보는 만년에 불교를 탐구하였고,『능엄경』에 심취하여 송을 남길 정도였다. 이자현에 의한 거사불교 움직임은 근래에 이르기까지 귀감이 되고 있다.

셋째, 능엄선은 거사에 의한 것이지만 당시 선종계의 발전을 꾀했을 뿐만 아니라 이후 승려들에게도 영향을 미쳤다(淸平山文殊院記). 영향 받은 대표적인 인물이 희양산문의 승형(承逈, 1171~1221)이다. 승형의 시호는 원진圓眞국사로, 운문사로 출가해 유점사·곽주사·염불사 등지에서 활동했다(淸河 寶鏡寺 圓眞國師 碑文). 승형은 이자현보다 100년 이후 인물인데, 대감국사 탄연이 쓴「청평산문수원기」를 보고 크게 감명 받았다. 승형이『능엄경』을 펼치게 된 유래와 업적이「보경사원진국사비문」에 드러나 있다.

"대사는 청평산에 가서 진락공의 유적을 방문하고 「문수원기」에 '이자현이 문인에게 수능엄은 심종心宗의 요체이고, 긴요한 이치를 담고 있다'라고 한 부분에서 깊게 감동받았다. 승형은 문성암 聞聲庵의 주지가 되자,『능엄경』을 통독通讀하여 제상諸相이 환상임을 꿰뚫어 알았고, 자심自心의 광대함을 확인하였다. 대사가 오묘한 뜻을 받아들임이 오래전부터 습득한 것과 같았다. 일찍이 발원하여 자주 법교法敎를 드날림에 반드시『능엄경』으로서 최상을 삼았으니, 이러한 경향이 세상에 성행하기는 대사로부터 비롯되었다."

승형은 입적하던 해에도 강회講會에서『능엄경』을 강의할 만큼 이 경전을 중시하였다.

(3) 거사불교, 미래지향성은 없는가?

부처님 재세 시 기원정사를 보시한 급고독장자를 비롯해 빔비사라 왕 등 수많은 재가자들이 불교 교단을 옹호하며 공양 올렸다. 이후 기원전 1세기를 전후로 발생한 대승불교의 주역 가운데 일부가 재가자들이다. 반야부에 속한『유마경』의 설법자가 유마거사인데, 유마는 이전 부파교단의 수행자들을 '소승'이라 비판하며 '대승'을 표방한 대표적인 사례이다.

다음 중국의 몇 거사들을 보자. 당나라 때의 백거이(白居易, 772~846)는 흥선 유관(興善惟寬, 755~817)의 법맥을 받았다. 왕유(王維, 700~761)는 중국문학사에서 시불詩佛이라고 불릴 정도로 불교사상을 바탕으로 시를 썼으며, 자신의 성 '왕'씨에 유마힐의 '마힐'을 따 스스로 왕마힐王摩詰이라고 자처했다. 배휴(裵休, 797~870)는 종밀(宗密, 780~841)·위산(潙山, 771~853)·황벽(黃檗, ?~856)에게서 공부하였고, 황벽의 어록인『전심법요』와『완릉록』을 편집하였다. 송대의 소동파(蘇東坡 1037~1101)는 동림 상총(東林常總, 1025~1091)의 법맥을 받았으며, 무진거사無盡居士 장상영(張商英, 1043~1121)은 처음 황룡파에서 공부한 뒤에 원오 극근(圜悟克勤, 1063~1135)과 대혜 종고(大慧宗杲, 1089~1163) 문하에서 참학하였다. 원대의 야율초재(1190~1244)는 만송 행수(萬松行秀, 1166~1246)의 제자로서 몽골 칭기즈칸의 책사이다. 또한 청나라 말기 서구세력의 영향과 잦은 난에 불교를 보호하기 위해 연구하며, 서적과 경전을 출판한 이들은 재가자들이었다. 대표 학자가 팽소승(彭紹昇, 1740~1796)·양문회(楊文會, 1837~1911)·강유위(康有爲, 1858~1927)·담사동(譚嗣同, 1865~1898)·양계초(梁啓超, 1873~1929)·구양경무(歐陽竟無, 1871~1943)·여징(呂澂, 1896~1989) 등이다.

이와 같이 재가자 중에는 승려보다 더 뛰어난 이들이 적지 않다. 그렇다면 과거를 본받아 미래에 재가자는 어떤 역할을 해야 하는가? 사람들이 점점 출가에 흥미를 잃어 가고 있다. 출가자가 매년 줄고 있어 이대로 지속되다가는 교단이 흔들릴 상황이다. 부처님 재세 시에는 부처님을 한 번도 뵙지 않고도 불교 진리가 좋아서 출가하는 자가 수백 수천이었다. 조선 시대, 불교가 핍박받고 승려들에 대한 권익이 땅에 떨어졌어도 출가자는 줄지 않았다.

즉금의 현대인들은 '불법은 훌륭한 진리이다', '출가하면 얼마든지 삶을 주도적으로 자유롭게 살 수 있다'고 하여도 출가에 시큰둥하다. 이는 인구가 줄고, 기존 승려들의 계율정신이 해이해서가 아니라 문화적인 흐름 때문이라고 본다. 이에 재가자는 제2의 대승불교라고 생각하고 재가자 스스로 일어나야 한다. 한편 교단은 재가자를 양성시키며, 교단 참여의 발언권을 줌과 동시에 함께 운영하는 방식을 도입해야 하지 않을까?

(1) 송대의 간화선은?

① 간화선의 성립 배경

당나라 말기, 정치적 혼란을 겪고 건국한 송나라는 왕권 중심의 국가주의와 유교를 통치에 반영하였다. 선사들은 어록(선사들의 일화나 선문답을 제3자가 기록한 것)을 바탕으로 공안집을 편찬하여 번성했던 당대의 선풍을 계승코자 하였다. 법안종에서 952년 정靜·균筠 두 선승이 편찬한 『조당집』이래 도원道原이 1004년에 『경덕전등록』을 완성시켰다. 『전등록』은 과거 7불七佛로부터 서천西天 28대, 동토 6조를 거쳐 법안 문익(法眼文益, 885~958)에 이르기까지 1,701명 선사(원래는 964명만 전함)들의 기연과 문답이 언급되어 있다. 『조당집』과 『전등록』은 송고문학과 공안선 발전을 초래한 결정적인 선문헌으로 평가받는다.

이후 분양 선소(汾陽善昭, 947~1024)가 『100칙 송고』를 만들었고, 이어서 설두 중현(雪竇重顯, 980~1052)도 『100칙 송고』를 완성시켰다. 송고頌古는 선문학의 내면성을 깊이 표현한 것으로, 훌륭한 문학이 선에 연결되고, 선수행이 훌륭한 문학작품으로 탄생될 수 있음을 보여주었다. 원오 극근(圜悟克勤, 1063~1135)은 설두의 송고 100칙에 수시(垂示: 서언), 착어(著語: 짧은 비평), 평창(講評: 해석)을 첨부하여 『벽암록』을 저술하였다. 이 『벽암록』은 '종문宗門의 제일서第一書'라고 칭할 만큼 선종의 대의를 표명하는 대표적인 공안집이다. 이에 간화선의 출현 배경을 보면 이러하다.

첫째, 『조당집』과 『전등록』이 시발점이 되어 여기서 송고문학이 완성되었고, 『전등록』과 송고문학에 수록된 선사들의 언어와 행동을 사상적인 판례로 삼기 시작했다.

둘째, 송고문학에서 공안선이 성립되었고, 이 공안을 수행방법으로 전환한 것이 간화선이다. 즉 간화선은 화두라는 매개체를 통해 (실참이 결여된) 문자선을 넘어 깨달음으로 향하는 지름길을 제시했다고 볼 수 있다.

셋째, 당시 조동종의 묵조선 선사들이 일체중생이 본래 부처라는 사실을 제대로 인식하지 못하고, 무사無事 안일주의에 빠져 있음을 염려한 데서 발단되었다.

② 간화선 주창자 대혜 종고는 누구인가?

간화선 주창자 대혜 종고(大慧宗杲, 1089~1163)는 어려서 유학을 공부했으며, 12세에 출가해 17세에 구족계를 받았다. 대혜는 처음 조동종에서 수행하였고, 이후 황룡파 담당 문준(1061~1115)의 제자가 되었다. 문준은 입적하면서 대혜를 극근에게 소개하였다. 게다가 무진거사無盡居士 장상영(張商英, 1043~1121)이 대혜를 극근에게 소개하지만 쉽게 인연이 닿지 않았다. 몇 년 후 대혜가 개봉開封 천녕사에서 극근을 처음 만나 가르침을 받았는데, 42일 만에 깨달음을 얻었다.

당시 사회는 여진족이 세운 금나라의 침략으로 송은 강남으로 천도
해 남송(南宋, 1127~1187)을 세웠고, 남송 조정은 주화파와 주전파로
나뉘어 대립하였다. 이 무렵 대혜는 주전파에 속했으며, 절강성 항주
경산사徑山寺에서 간화선을 보급하며 사대부들과 교류하였다. 대혜
를 따르는 사대부들은 주전파 인물이 대부분이었다. 이 무렵 대혜는
주화파로부터 모함을 받아 53세에 승복과 도첩을 박탈당하고 귀양
을 갔다. 이렇게 귀양살이를 하며 사대부들과 교류하면서 간화선을
확립하였고, 편지 모음인 『서장書狀』이 완성되었다. 16년 만에 대혜
는 사면되어 항주로 돌아와 영은사에 머물다가, 1157년 장준의 천거
로 다시 경산사 주지가 되었다. 74세에 경산사에서 입적하였다.

대혜가 주창한 간화선을 해석하면, 간화看話란 조사가 보인 말씀
과 행동을 수단이나 과제, 즉 화두로 삼아 참구하는 것이다. 화두의
역할은 바로 자기의 근원적인 마음을 조고照顧해 보는 도구이다. 즉
의심을 일으키도록 하는 강한 방편이다.

(2) 보조 지눌, 왜 주목하는가?

19세기 말에서 20세기 초, 중국이 국가적으로 혼란한 시기에서부터
사회주의 시대까지 살다간 선사가 허운(虛雲, 1840~1959)이다. 꺼져
가는 중국의 선종과 법맥에 불씨를 지핀 선사로서, 현재 본토와 대
만 승려들 대부분이 허운의 법맥이다. 중국 승려들 중에는 허운의
진영사진을 지갑에 넣어 품고 다닐 만큼 허운은 중국 선종의 아버지
와 같은 이미지다. 우리나라 선객 스님들도 허운을 흠모하는 이들이
적지 않다. 그러면 우리 조계종 승려들은 우리나라 역대 승려들 중

어떤 선지식을 멘토로 할까?

아래에 언급하는 보조국사 지눌의 행적과 사상을 통해 한국선에 미친 영향이 어떤가를 보자.

해외에서 한국선을 연구하는 논문 주제 가운데 보조선이 간간이 거론된다. 지눌 사상을 주제로 한 박사논문이 미국에서 3편, 일본과 대만에서 각각 1편이 나왔다. 20여 년전, 미국의 하와이대학에서 지눌의 선이 출판되었다(Robert Buswell, *The Korean Approach to Zen*, University of Hawaii Press, 1983). 필자가 잘 모르지만, 이외의 논문이나 저서가 또 있을 거라고 본다.

보조국사 지눌 진영(대구 동화사, 보물 제1639호)

보조 지눌(普照知訥, 1158~1210)은 원효에 버금가는 분이요, 한국사 이래 한국불교 선사상의 체계를 세운 선사로 평가받는다. 고익진(1934~1988)은 지눌에 대해 이렇게 언급하였다. "지눌의 정혜결사는 애초에 선종 일각의 자각에서 일어난 운동이다. 그의 선사상은 조선조 500년을 거쳐 오늘에 이르도록 면면히 그 영향력을 발휘하고 있다."* 지눌 이전은 중국선의 법맥이 나말여초에 전승되며, 중국 선사

---

* 고익진, 『한국의 불교사상』, 동국대출판부, 1991, p.213.

상적인 측면이 전개되었다면, 지눌 이후로는 선사에 의한 한국불교의 독자적인 선이 정립되었다고 볼 수 있다.

(3) 보조선의 국내외 시대적인 배경

지눌이 활동하기 이전과 활동할 무렵, 고려는 국내외적으로 혼란한 시기였다. 거란족은 송과 금나라의 침입으로 쇠퇴의 길을 걸었고, 송나라는 금나라에 쫓기며 계속 남하해 남송(1127~1279)을 세웠다. 이 무렵 몽골은 칭기즈칸(1162~1227)이 부족을 통합하고 나라를 건설하였다(1234). 고려에서는 이자겸의 난(1126년)*과 묘청의 난(1135년)**이 일어났다. 이어서 명종 초에 정중부·이의방을 중심으로 무신의 난이 일어났다(1171년). 이후 무신들의 권력다툼이 시작되면서 서로를 살육하였고, 문신 귀족과 가까운 교종 승려들이 무신정권에 도전하면서 살해당하는 일이 발생하였다. 이 점은 당시 승려들이 권

---

* 이자겸李資謙의 난은 척준경과 그의 군사적 배경이 연계되었기 때문에 이·척(李拓)의 난이라고도 한다. 예종과 인종에게 자신의 딸을 왕후로 들이며 막강한 권력을 휘두르던 이자겸을 인종이 제거하려 하자, 이자겸이 척준경의 군사력을 동원하여 난을 일으켰다.

** 고려 17대 인종이 즉위한 이후 나라가 어지럽자 묘청妙淸이 풍수지리와 도참사상에 의해 인종에게 서경(평양)으로 천도할 것을 권했다. 인종은 서경에 대화궁이란 궁궐까지 짓게 했으나 당시의 실권자인 김부식 등 개경파 문벌 귀족들이 반대했고, 대화궁에 벼락이 떨어져 파손되고 인종의 서경 행차 도중 폭풍우로 사람과 말이 다치는 등 천재지변이 잇따르자 서경 천도가 취소되었다. 묘청은 1135년 서경에서 국호를 '대위', 연호를 '천개'라 하며 반란을 일으켰다. 김부식에 의해 난이 평정되었다.

력에 휘말려 승풍이 해이해졌음을 알 수 있다. 한편 무신들은 교종에 반하는 정신세력을 찾고자 하였고, 명종 26년 최충헌이 무신정권을 잡은 이래 세습 정치가 시작되었다(1196년). 바로 이런 혼란한 시기에 지눌이 활동하였다.

(4) 지눌 당시 불교사적 현황

고려 중기에서 말기로 흘러가면서 교와 선의 분쟁이 있었다고 하지만, 선종을 드러낼 만한 비전이 없는 상태였다. 앞에서 언급했던 바지만, 고려 시대는 교종이 강세를 드러내고 있었다. 균여(均如, 923~973)의 화엄사상과 화엄종은 고려 초기에 불교 사회의 중요한 위치를 차지한다. 법상종의 소현(韶顯, 1038~1096)이 활동하던 당시, 중국에는 서명원측西明圓測 학파와 자은규기慈恩窺基 학파로 나뉘어 있었다. 대체로 고려 초까지는 서명학파(신라 원측 법사의 사상)의 법상종이었으나 소현이 활동하면서는 자은규기의 법상종으로 전환되었다. 천태종은 대각국사 의천(義天, 1055~1101)의 활동이 있었는데, 의천은 선교대립을 의식해 선교통합을 위해 노력하였다.

　고려 중기에 혜조국사 담진曇眞·원응국사 학일學一·대감국사 탄연坦然·연담淵湛이 배출되어, 비록 교종에 비해 미약했으나 선은 면면히 흘렀다. 그러다 최충헌에 의해 연담 등 10여 명의 승려가 영남 지역으로 유배를 당하는 사건이 발생했다. 이 사건으로 인해 법맥조차 끊어질 정도로 위기에 처했다. 한편 동일한 사굴산문에서도 지눌과 혜심의 수선사는 최씨 무신정권의 적극적인 지원을 받는다. 최씨 집권 이후 선종은 크게 두각을 나타내면서 불교계를 대표했으며,

교종 승려가 국사로 추증되기도 했지만 대체로 선종의 승려들이 왕사·국사가 되었다.

(5) 보조선의 사상적인 배경 : 문자선과 간화선

보조국사 지눌에게 사상적인 영향을 미친 점에 있어서는 크게 세 부분으로 나뉜다. 첫째는 지눌 이전 선사상을 전개한 이들이다. 곧 탄연(坦然)이 있었고, 청평거사 이자현의 능엄선이 있었으며, 정각국사 지겸(志謙, 1145~1229)에 의한 일원상 사상이 있었다. 지눌이 이들의 영향을 전혀 받지 않았다고 할 수 없을 것이다. 둘째는 규봉 종밀의 『화엄경』에 입각한 교선일치와 돈오점수 사상이다. 셋째는 송대의 문자선과 대혜 종고 간화선의 영향이라고 본다. 이 세 번째 사항은 앞 '간화선의 성립 배경'에서 자세히 언급하였다.

　대혜는 당시 학자들이나 승려들이 문학적인 '송고'와 『벽암록』의

불일 보조국사 감로탑. 전남 순천 송광사 도량 내에 모셔져 있다.

구절을 외우고 실참이 없는 것에 대해 염려한다. 게다가 '본래 부처'라는 사실을 그릇되게 인식하고, 안일함에 안주해 있는 승려들을 비판하면서 간화선을 제창한다. 즉 간화看話란 조사가 보인 말씀과 행동을 깨달음의 직접적인 수단이자 과제, 다시 말해 화두로 삼고 그것을 참구하는 것이다. 이 화두의 역할은 바로 자기의 근원적인 마음을 조고照顧해 보는 도구이다. 즉 의심을 일으키도록 하는 강한 방편인 것이다.

(6) 지눌의 행적

보조국사의 휘는 지눌知訥, 시호는 불일佛日이다. 지눌 스스로 '목우자牧牛子'라고 하였다. 목우자는 '소치는 사람'이라는 뜻으로 십우도의 네 번째 그림에 해당한다. 지눌이 끊임없이 자신의 마음을 찾아 길들이고자 하는 수행자로서의 진정성이 드러나 보인다. 지눌의 성은 정鄭씨, 황해도 서흥 사람으로 1158년 정광우鄭光遇와 부인 조趙씨 사이에서 태어났다. 부친은 국학(현 국립대학에 해당)의 학자였다. 지눌은 어려서부터 신병이 잦아 아버지가 '아들의 병이 나으면 출가시킬 것'을 발원할 정도였다.

지눌은 8세에 종휘宗暉에게 출가하였다. 출가 후 지눌은 구족계를 받고 일정한 스승 없이 도를 구하였다. 25세 때인 1182년(명종 12) 승과에 급제하였고, 이후 두루 선지식을 찾아다녔다. 지눌은 사굴산문에 출가했지만 특정 종파에 국한하지 않았다. 곧 어느 선지식에게든 법을 구하며, 경전과 논·어록도 섭렵하였다. 25세에 개경 보제사에서 열린 담선법회에 참석했다가 당시 승가의 무질서함을 인식하고 도반들과 함께 정혜결사定慧結社를 결의한다.

이후 25세 창평 청원사, 28세 하가산 보문사, 41세 지리산 상무주암에서 세 차례에 걸친 깨달음을 얻는다. 31세에 거조사에서 정혜결사를 시작하고, 1200년에 송광산 길상사로 옮겨가 이곳에서 11년 동안 선풍을 진작시키며 제자들을 제접하였다. 52세 때 송광사에서 평소처럼 법상에 올라 설법하다가 주장자를 잡은 채 입적하였다. 입적할 때에 "천 가지 만 가지가 다 이 속에 있다."라는 열반게송을 남겼다. 사법 제자로는 진각 혜심이 있으며, 이 혜심은 수선사 2세가 된다.

저서로는 『수심결修心訣』*·『진심직설眞心直說』**·『계초심학인문』***·『원돈성불론圓頓成佛論』****·『간화결의론看話決疑論』*****·『염불요문』·『법집별행록절요병입사기』****** 등이 있다.

---

* 돈오頓悟한 후에도 번뇌가 있기 때문에 점수漸修할 것을 권장하고, 아울러 정혜쌍수定慧雙修의 구체적인 방법을 서술하였다.

** 선가에 깊게 영향을 미친 책이다. 당연히 지눌의 저술로 알려오다가 근자들어 저자에 관한 논란이 많았다. 진심에 관해 바른 믿음(正信), 진심의 다른 이름(異名), 진심의 묘체妙體, 진심의 묘용妙用, 진심 체용의 같고 다름(體用同異) 등 15장으로 구성되어 있다.

*** 승려들의 계율인 청규이다.

**** 문답식으로 되어 있으며, 초발심의 신위信位에서 무명분별無明分別의 중생심衆生心이 곧 부동지불不動智佛임을 깨닫고, 십신초위十信初位에 들어가서 만행을 닦아 마침내 성불위成佛位에 이르는 것을 요지로 한다.

***** 경절문의 중요성을 강조한 간화선의 요체가 설해져 있다.

****** 돈오점수의 의미가 체계적으로 반영되어 있다.

(7) 지눌, 세 차례에 걸쳐 깨달음을 얻다

앞의 행적에서 언급했듯이, 지눌은 구도를 하는 중 세 번에 걸쳐 깨달음이 있었다. 1차는 25세, 전남 창평 청원사에서 주지를 역임하는 중에『육조단경』「정혜품」을 읽다가 홀연히 깨달았다. 그 내용은 이러하다. "진여자성이 생각을 일으켜 6근이 비록 보고 듣고 깨닫고 알지만 만상에 물들지 아니하여 진성이 항상 자재하다(眞如自性起念 六根雖有見聞覺知 不染萬境 而眞性常自在)."

2차는 28세, 경북 예천 하가산 보문사에서 대장경을 열람하다가 이통현(李通玄, 634?~730?) 장자의『신화엄경론』에서 큰 영감을 얻었다. 곧 선·교가 다르지 않음을 알았고, 원돈圓頓의 이치를 깨닫고 환희심을 얻었는데, 그 부분은 이러하다. "『화엄경』「여래출현품」에서 '기이하고 기이하다. 모든 중생이 여래의 지혜를 갖추고 있으면서도 어리석고 미혹하여 알지 못하고 보지 못하고 있구나. 내가 마땅히

지눌이 두 번째 깨달음을 이룬 예천 보문사 도량

성인의 진리로서 그 허망한 생각과 집착을 여의게 하고, 자기의 몸 속에 있는 여래의 광대한 지혜가 부처와 다름이 없다는 것을 가르쳐야 하리라'라고 한 부분에 이르러 나는 읽던 책을 머리에 이고 나도 모르게 눈물을 흘렸다. 그렇지만 오늘날의 중생들은 처음 믿어 들어가는 문을 자세히 알지 못한다. 그래서 또 이통현 장자가 지은『화엄론』의 10신十信 초위初位에 대한 해석을 열람하게 되었다. …… 이통현은 또 '무명 범부에서 10신에 들어가지 못하는 것은 중생 스스로 범부라고 자처하고, 자신의 마음이 바로 부동지의 부처임을 알지 못하기 때문이다'라고 하였다.”

3차는 41세 때 지리산 상무주암에서『대혜어록』을 읽다가 깨달음을 얻었다. 이 무렵 지눌은 어떤 막중한 물건이 가슴에 걸리는 듯했는데, 다음 구절에 큰 깨달음 얻는다. “선은 고요한 곳에 있지 않고, 시끄러운 곳에도 있지 아니하다. 또한 일용응연처에도 있지 않고, 사량분별하는 곳에도 있지 아니하다. 하지만 참으로 고요한 곳이든 시끄러운 곳이든 일용응연처이든 사량분별하는 곳이든, 그 어떤 것을 여의지 않고 참구하라. 홀연히 눈이 열리면 이 집안의 일을 알 것이다.”

지눌은 세 번째에 이르러 견성의 경지에 이른 것으로 보인다. 이렇게 선사의 세

지눌이 세 번째 깨달음을 이룬 지리산 상무주암, 상무주 편액은 경봉 선사가 쓴 편액이다.

지눌이 정혜결사를 시작한 경북 영천 은해사 거조암(거조사)

번째 큰 깨달음이 『대혜어록』에 의해서였기 때문에 지눌 자신으로
나 제자 교육에서도 수행법은 간화선이었다.

(8) 정혜결사

지눌은 두 번째로 깨달음을 얻은 뒤 팔공산 은해사 거조사居祖寺에
서 몇몇 도반들과 정혜결사를 모의하였다.

　지눌은 수행의 본연에 힘쓰기 위해 개경과 멀리 떨어진 곳을 정하
였다. 지눌의 사상 가운데 한국불교에 미친 두드러진 점은 정혜결사
定慧結社이다. 정혜결사란 바로 선정과 지혜를 함께 닦아 본래의 '마
음이 곧 부처'인 사실을 바르게 깨닫기 위한 결사로, 독자적인 사상
을 확립한 불교 쇄신운동이다. 곧 불교계의 타락과 부패를 비판하면
서 승려 본연의 자세로 돌아가 예불, 독경과 참선, 노동에 힘쓰자는
적극적인 주장이다. 부처님 열반 이래 승가가 존속될 수 있었던 것

도 바로 이 점이라고 본다. 계율과 관련해 승가를 바로잡고자 하는 선지식들이 역사 이래 배출되었기 때문이다. 그러면 시국선언문과 같은 「권수정혜결사문勸修定慧結社文」의 일부분을 보자.

"우리들의 일상 행위를 돌이켜 보라. 불법을 빙자하여 '나다', '남이다' 하는 상相을 내고, 명예와 이익만을 좇으며, 욕망의 풍진 속에 빠져 도道와 덕德은 닦지 않고 옷과 밥만 축내고 있으니, 이런 그대들이 어찌 출가자라고 할 수 있으며, 출가의 무슨 공덕이 있겠는가? 슬프도다. 삼계에서 벗어나기를 원하면서 속세를 벗어날 수행은 하지 않으니 육신은 한갓 남자 몸일 뿐, 그 뜻은 장부의 기개가 아니다. 위로는 진리의 길에서 벗어나 있고, 아래로는 중생을 이롭게 하지 못하며, 중간에는 네 가지 은혜를 저버렸도다. 진실로 부끄러운 일이로다. 나는 오래전부터 이런 일을 탄식하고 있었다."

지눌은 결사문을 통해 승려들이 올바르게 함께 탁마하며 수행하는 길을 지향하였다. 아이러니하게도 지눌이 염려했던 승가의 문제점은 오늘날에도 적지 않게 드러나고 있다. 그래도 필자는 조계종에 희망을 품는다. 열심히 살고 있는 민초 같은 승려들이 적지 않음이요, 교단은 자정自淨 능력을 갖추고 있다고 생각한다.

41세 때 세 번째의 깨달음을 얻고, 1200년 43세에 지눌은 송광산 길상사吉祥寺로 옮겨가 본격적으로 결사운동을 하였다. 길상사를 수선사修禪社라 개명하고, 산 이름도 송광산에서 조계산으로 바꾸었다.

정혜결사하는 모습. 전
남 순천 송광사 대웅전
벽화

이 결사에는 왕족·귀족뿐만 아니라 일반 재가신자들도 동참하였다.

당시 교종 승려들이 정권 세력에 이용당하면서 승려들에 대한 비판이 있다 보니, 무신정권은 새로운 기반의 불교가 필요했다. 이런 영향으로 정혜결사는 정치적·경제적 원조를 받아 교세가 크게 확장되었다. 한편 무신정권은 선종 사상을 이용해 무신집권체제를 정당화하고 합리화하려고 하였다. 여기서 한 번쯤 생각해 볼 문제가 있다. 승려가 정치적인 노선을 밟거나 왕실이나 귀족들과 거리가 멀어야 하는 것이 당연하다. 이래야 청정한 이미지의 결사라고 보기 때문이다. 그런데 지눌의 정혜결사는 반드시 그렇지만은 않았다. 왕족이나 정권 집단과 일부러 거리를 둔 것이 아니라 왕족과 귀족들도 포함되어 있다. 곧 분별심 없이 '귀족이든 평민이든 평등한 입장에서 모두 함께 한다'는 결사라는 점에서 높이 평가할 수 있다.

(9) 보조선의 특징

「조계산수선사불일보조국사비曹溪山修禪社佛日普照國師碑」에서 지눌

사상의 큰 틀은 이러하다.

"사람들에게 송지頌持를 권함에는 『금강경』으로 하고, 입법연의
立法演義에는 『육조단경』을 본의本意로 하였으며, 이통현의 『화엄
론』과 『대혜어록』을 양 날개로 삼았다."

지눌 사상의 특징을 대략 살펴보기로 한다.

첫째로 지눌의 선사상은 3문三門 체계이다. 3문은 선의 실천적 체
계요, 제자를 제접하는 방법론이라고 볼 수 있다. ① 성적등지문惺寂
等持門은 점수漸修를 표방한 것이며, ② 원돈신해문圓頓信解門은 돈오
頓悟를 설명하고, ③ 간화경절문看話經截門은 앞의 둘을 타개하기 위
해 화두를 들어 수행해 들어가는 방법이다. 선사는 우리나라에서 최
초로 간화선을 받아들여 전개하였다. 이 경절문은 어로語路·사량분
별·의리義理 등을 끊고 곧바로 깨달음의 길로 드는 방법을 제시한
것이다.

둘째로 선교일치, 즉 회통사상이다. 우리나라 불교사상은 전반적
으로 정토+선, 화엄+선, 천태+선 등 회통사상을 근간으로 전개되고
있다. 지눌 이전 화엄종의 균여는 화엄의 입장에서 선의 일치를 염
두에 두었고, 의천은 천태사상을 기반에 두고 선을 융합하였다면,
지눌은 육조 혜능의 선과 대혜의 간화선을 근간으로 『화엄경』을 흡
수한 것이라고 볼 수 있다.

셋째로 돈오점수이다. 돈오와 점수에 대해서는 『수심결』에 의거해
보기로 한다. 먼저 돈오이다. "사대(지·수·화·풍)가 몸이라고 하고,

268

그릇된 생각(妄想)을 자기 마음이라고 하면서 제 성품이 참 법신임을 알지 못하여 밖으로 부처를 찾아 헤매는 사람이 있다. 이 사람이 선지식의 가르침으로 한 생각에 빛을 돌이켜(一念廻光) 제 본성을 보면, 번뇌 없는 청정한 성품이 본래부터 스스로 구족하고 있는 것이 제불과 다르지 않음을 알게 된다. 이를 돈오라고 한다." 또 『수심결』에서 지눌은 '점수'에 대해 이렇게 전하고 있다. "중생일지라도 돈오는 비록 부처와 동일하지만 다생多生의 습기가 깊다. 곧 바람은 멈췄으나 물결은 아직 출렁이고, 이치는 나타났으나 망상이 그래도 침범하는 이치와 같다. 지혜로써 비추지 않는다면 어떻게 무명을 다스려 깨달음의 경지에 이를 수 있겠는가?"

돈오는 중생의 본성·불성이 본래 청정해 부처와 다르지 않음을 깨닫는 것이고, 점수는 돈오를 바탕으로 점차적인 닦음을 통해 온전한 경지에 이르는 것이다. 깨달았다고 하여도 번뇌가 쉽게 제거되지 않기 때문에 정定과 혜慧를 꾸준히 닦아야 한다. 지눌은 "깨달음(悟)은 마치 햇빛과 같이 갑자기 만법이 밝아지는 것이고, 닦음(修)은 거울을 닦는 것과 같이 점차 밝아지는 것과 같다."는 비유를 들면서, 만일 깨우치지 못하고 수행만 한다면 그것은 참된 수행이 아니라는 입장에서 선오후수先悟後修를 강조하였다.

넷째는 정혜쌍수定慧雙修로서 선정과 지혜를 함께 구족해야 한다. "참선 수행에는 새의 양 날개처럼 선정과 지혜가 동시에 구족되어야 한다."라고 하였다.* 또 지눌은 『수심결』에서 이렇게 말했다. "선정

---

* 지눌은 『절요節要』에서 "선禪이란 선정禪定과 지혜智慧의 통칭이다."라고 하였

은 본체요 지혜는 작용이니, 본체인 작용이기 때문에 지혜는 선정을 떠나지 않고, 작용인 본체이기 때문에 선정은 지혜를 떠나지 않는다. 선정이 곧 지혜이기 때문에 고요하면서 항상 알고, 지혜가 곧 선정이기 때문에 알면서 항상 고요하다."

(10) 지눌의 염불 수용

'염불', 이 단어는 말로 드러내어도 마음이 행복하다. 위빠사나의 열 가지 반복적인 마음챙김(十隨念, anussati; 아눗사띠) 가운데 첫째가 불수념(佛隨念, buddhnussati; 붓다누사띠)이다. 곧 부처님의 덕성을 염하면서 선정에 드는 것이다. 이는 후대 중국 7세기 정토종에서 부처를 염하면서 소리를 내는 칭명염불로 발전되었다. 어떤 방법이든 부처 명호를 염한다는 것은 번뇌 망상을 줄여 해탈 열반을 향하는 지름길이라고 본다. 곧 부처를 염함으로써 닮고자 하는 것이 염불인데, 지눌은 염불에 대해 어떻게 말하는지를 보자.

염불에는 대략 열 가지가 있다. ①몸가짐을 바르게 하는 염불, ② 입을 잘 다스리는 염불, ③마음가짐을 올바로 하는 염불, ④움직

다. 선정을 바탕으로 지혜가 작용하는 것이라고 하지만, 선정과 지혜 두 가지를 동시에 갖춰야 함을 의미한다고 볼 수 있다. 즉 양 날개(선정과 지혜)가 겸비되어야 수행을 원만히 완성할 수 있다는 점이다. 그래서 성성적적惺惺寂寂을 언급한다. 적적寂寂은 양변을 여읜 곳에서 산란한 마음을 쉰 경지이기 때문에 공적空寂이요, 삼매三昧며, 정定이다. 성성惺惺은 양변을 여읜 곳에서 나온 밝은 지혜이기 때문에 묘유妙有요, 영지靈知라고 한다.

이면서도 늘 잊지 않는 염불, ⑤조용히 앉아서 잊지 않는 염불, ⑥타인과 대화를 하면서도 잊지 않는 염불, ⑦침묵 속에서 염하는 염불, ⑧부처님 모습을 보면서 하는 염불, ⑨무심삼매 속의 염불, ⑩진여 속의 염불이다.

①~③은 신구의 3업을 청정케 하는 계율과 관련된다. 부처님께서도 라후라에게 "너는 신·구·의 3업을 청정히 닦아야 한다. 몸과 입·뜻으로 짓는 모든 행 하나하나에서 현재의 자신을 면밀히 살펴보고, 지금 현재 청정하게 해야 한다."라고 하셨다. 지눌은 "정성을 다해 존경하면서 깊이 부처님을 생각하라."고 했는데, 이런 마음으로 부처를 염하면 힘든 인생에 큰 장애가 없을 거라고 본다.

다음 ④~⑦은 삶의 움직임 모두, 즉 어어語·묵묵默·동동動·정정靜 측면에서의 염불이다. 대화를 할 때나 쉴 때, 그 어느 때든 잊지 않고 부처를 염하는 것이다. 한편 스트레스를 받거나 누군가를 미워하는 등 부정적인 생각이 들 때 부처를 염하는 것 또한 중요하다고 본다.

⑧은 관상염불觀象念佛이라고 볼 수 있다. 물론 부처님의 덕상을 염하는 의미지만, 처처 두두물물을 부처라고 보고 염한다면 감사하지 않을 일이 없을 것이다.

⑨는 무주심無住心으로 어떤 잡념도 없는 청정심·보리심에 입각한 염불이다. 대승경전 곳곳에 염불삼매에 대해 언급되어 있다. 『화엄경』「입법계품」에도 21가지 염불삼매를 전하고 있다. 염불삼매에 들었을 때에 생기는 많은 공덕을 이렇게 표현한다. '원만보조圓滿普照', 즉 원만하게 두루 모든 것이 비친다고 하였고, '일체력구경一切力

究竟', 즉 모든 힘이 다 철저히 이루어진다는 말이다.

다음 ⑩은 진여염불이다. 지눌은 "염불의 마음이 이미 그 극에 달하면 끝이랄 것도 없는 끝, 마음의 가장 깊은 경지가 드러난다. 원각이요, 대지大智이다. 언제나 한결같고 참된 마음, 모든 것을 다 평등하게 감싸며 모든 것을 다 명백하게 비추며 아무것도 그것을 흔들지 못하는 진여(佛心)가 나타난다."라고 하였다. 지눌이 주장한 염불사상도 타력적인 명호를 염하는 것이 아닌 자력적인 수행을 바탕으로 전개되고 있다.

(11) 지눌이 후대에 미친 영향

첫째, 지눌의 돈오점수 선사상은 현대에 이르기까지 영향을 미치고 있다. 물론 20여 년 전 돈점 문제로 학계에 논쟁이 있었지만, 이 또한 지눌의 영향이다.

둘째, 승가의 법식이나 청규 등은 당시 지눌이 제정한 것으로, 현재는 많은 변화가 있지만, 승가의 규율이 강화되었다.

셋째, 지눌 이후 조선의 선사들도 선을 근간으로 교(경전)의 일치를 주장하였다. 대략 『화엄경』을 최상의 경전으로 두고 『기신론』·『도서』·『원각경』 등 사교과와 대교과의 교과목 등이 정해지게 된 경우는 지눌의 영향이라고 본다.

넷째, 『법집별행록절요과목병입사기法集別行錄節要科目并入私記』, 줄여서 『절요』는 지눌 이후 현대까지 학인(강원 교재)들과 선사들의 수행 나침반이 되고 있다.

선시의 보고『선문염송집』의 저자,
진각국사 혜심

(1) 혜심의 행적

진각眞覺국사 혜심(慧諶, 1178~1234)은 고려 중기 때의 인물이다. 성은 최씨, 자는 영을永乙, 자호는 무의자無衣子로, 나주 화순현 출신이다. 모친이 하늘의 문이 열리는 꿈을 꾼 뒤에 선사를 낳았다. 어려서 아버지가 일찍 타계하자, 혜심이 출가하기를 청했으나 어머니가 허락하지 않아 유학에 힘썼다. 그러나 혜심은 늘 경전을 독송하며, 출가의 뜻을 마음에 품고 있었다. 1201년(신종 4) 사마시에 합격하여 태학太學에 들어갔으나, 어머니의 병보病報를 받고 고향으로 돌아와 인척 형인 배광한裵光漢의 집에서 어머니 병수발을 들면서 잠깐 사이 관불삼매觀佛三昧에 들었다. 이때 어머니는 꿈에 여러 부처와 보살들이 사방에 두루 나타나는 것을 보고 꿈을 깨고 나서 병이 씻은 듯이 나았다. 그 이듬해 어머니가 타계하자, 당시 조계산에서 결사를 하고 있는 보조국사에게 나아가 모친의 재齋를 올린 뒤, 삭발염의하고 보조국사의 제자가 되었다.

출가 이후 혜심은 더욱 정진하였다. 오산蜈山에 있을 때에는 반석盤石 위에 앉아 밤낮으로 선정에 들었고, 오경五更만 되면 게송偈頌을 읊었는데, 그 소리가 매우 우렁차 십리 밖까지 들렸다고 한다. 혜심이 조금도 때를 어기지 않아 마을 사람들이 그 시간을 가늠할 정도였다. 또 지리산 금대암金臺庵에 있을 때는 연좌대宴坐臺 위에서 좌선을 했는데, 눈이 내려 머리에 수북이 쌓였는데도 좌선삼매에 들었다. 이때 혜심이 눈 속에 묻혔는데, 움직이지 않아 대중이 죽은 줄 알고 다가가 흔들어도 대답하지 않았다. 그의 시 가운데 '니구화尼拘話'란 시가 있다.

해탈의 길을 알고자 한다면
근과 경이 서로 만나지 않아야 하리!
눈과 귀는 보고 들음이 끊어져야 하나니
소리와 형태는 늘 시끄럽기 때문이다.
欲知解脫道 根境不相到 眼耳絶見聞 聲色鬧浩浩

1205년, 지눌이 지리산 억보산億寶山 백운암에 있을 때, 27세의 혜심은 보조국사를 찾아갔다. 마침 혜심이 암자에 도착하기 전, 산 밑에서 쉬었다. 1,000여 걸음을 남겨 놓은 지점, 암자에서 지눌이 시자 부르는 소리를 듣고, 이런 게송을 지었다. "아이 부르는 소리는 송라의 안개에 떨어지는데, 차 달이는 향기는 돌길 바람에 풍겨오네(呼兒響落松蘿霧 煮茗香傳石徑風)." 혜심이 국사를 만나 이 게송을 보여주니, 지눌은 머리를 끄덕이며 손에 쥐고 있던 부채를 주었다. 혜심은 또 이런 게송을 지어 스승에게 올렸다.

전에는 스승의 손에 있더니

지금은 제자의 손안에 있네.

혹 더위에 허덕이며 다닐 때,

맑은 바람 일으킨들 어떠하리.

昔在師翁手裏 今在弟子掌中 若遇熱忙狂走 不妨打起淸風

지눌이 다 헤어진 짚신을 가리키며 "신발은 여기 있는데, 사람은 어디 있는가?"라고 묻자, 혜심은 "왜 그때에 보시지 않았습니까?"라고 대답했다.

어느 날 지눌이 법문을 하는 와중에 대중에게 조주의 '구자무불성狗子無佛性'과 대혜 종고의 십종병十種病을 들어 대중에게 물었다.

송광사 광원암 조사선에 모셔진 혜심과 보조국사(좌로부터)

대중 가운데 아무도 대답을 못하는데, 오로지 혜심만이 대답을 하였다.

"세 가지 병을 앓는 이라야 그 뜻을 알 것입니다."

지눌이 다시 물었다.

"세 가지 병을 앓는 사람은 어떤 곳으로 숨을 쉬는가?"

혜심은 손으로 창을 한 번 내리쳤다. 이에 지눌은 방장실로 돌아가 그를 불러 말했다.

"나는 이제 그대를 얻었으니 죽어도 여한이 없다. 그대는 불법을 서원으로 삼고, 본 서원을 잊지 말라."

(2) 혜심의 선풍 전개

1208년 보조국사가 혜심에게 수선사의 사주社主 자리를 물려주려 하자, 혜심은 이를 거절하고 지리산으로 들어갔다. 1210년 지눌이 입적하자, 문도들이 왕에게 상소를 올림으로서 '혜심이 수선사를 계승하라'는 명을 받는다. 이후 혜심은 수선사를 확장하고 보조의 선풍을 진작시켰다. 혜심을 후원하는 선자禪者들이 많았는데, 최우(?~1249)를 비롯해 당시 무신집권자들의 가족과 무신정권에 참여했던 수많은 문무 관료들이 포함되어 있었다.

혜심은 1213년(고종 즉위)에 선사禪師를 제수 받고, 다시 1216년에는 대선사大禪師 법계를 받았다. 선사의 비명에 의하면, "승과僧科를 거치지 않고 품계를 받은 것은 선사가 처음이었다."라는 기록이 전한다. 이런 점으로 볼 때, 혜심은 무신정권의 후원을 받고 있었다. 혜심이 활동하기 이전 문신들은 교종 사찰에 막대한 재산을 기탁했는데, 문신들이 몰락하면서 교종 승려들에게도 타격이 있었다. 자연스럽게 교종 승려들 중 일부가 무신정권에 대항하자, 무신정권은 선종 승려에 관심을 가졌다. 보조 지눌도 무신들의 후원을 입었지만, 스승보다 혜심은 정치적으로 매우 밀접한 관계를 맺고 있었다.

그가 수선사로 돌아가 개당開堂하니, 많은 수행자들이 모여들어 장소가 협소하였다. 강종(1212~1213 재위)이 이 말을 듣고, 유사有司에 명하여 증축해 주었으며 몇 차례에 걸쳐 중사中使를 파견해 수선사 불사에 동참하였다. 이어 강종은 사신을 통해 혜심에게 만수가사와 마납磨衲 각 한 벌과 향·차·보병寶瓶 등을 내리며 선사에게 법요를 구하였다. 이에 혜심이 왕에게 『심요心要』를 지어 보냈다. 1219년 고종(1214~1259 재위)이 단속사(斷俗寺, 경상도 산청)의 주지로 명하자, 여러 번 사양하다가 이듬해에 옮겨갔다. 이 단속사는 대감국사 탄연(1070~1159)과 신행神行이 머물렀던 곳이다.

(3) 혜심의 입적 및 저서

1234년 봄에 혜심은 다시 월등사月燈寺로 옮겨갔다. 하루는 제자들에게 이렇게 말했다.

"나는 오늘 고통이 매우 심하다."

제자가 그 까닭을 묻자, 이렇게 답변했다.

"어떠한 고통도 이르지 못하는 곳에 따로 한 건곤이 있다. 묻노니, 그곳은 어떤 곳인가? 매우 고요한 열반의 문이다(衆若不到處別有一乾坤 且問是何處大寂涅槃門)."

이후 혜심은 문인들을 불러놓고, 여러 일을 부탁한 뒤 마곡麻谷에

송광사 광원암에 모셔져 있는 혜심의 탑

게 말했다.

"이 늙은이가 오늘은 너무 바쁘다."

"스님, 왜 바쁘십니까?"

"이 늙은이가 오늘은 너무 바쁘다."

마곡이 멍 하니 있을 때 빙그레 웃으며 가부좌한 채 앉아서 입적하였다. 이때 나이 56세, 법랍 32세였다. 고종은 '진각眞覺'이라는 국사 시호를 내리고, 탑 이름을 원소지탑圓炤之塔이라고 하였다. 탑은 송광사 광원암廣遠庵에 모셔져 있으며, 진각국사비(비문이 마멸되어 판독 불가)는 강진군 월남산 월남사月南寺*에 모셔져 있다. 그의 문하에는 몽여夢如·진훈眞訓·각운覺雲·마곡 등이 있으며, 몽여는 그의 뒤를 이어 수선사 제3세 법주가 되었다.

저서에는 『선문염송집禪門拈頌集』 30권**, 『심요心要』 1권, 『조계진각국사어록曹溪眞覺國師語錄』 1권, 『구자무불성화간병론狗子無佛性話揀病論』 1편, 『무의자시집無衣子詩集』 2권, 『금강경찬金剛經贊』 1권,

---

* 월남사는 전남 최고의 백제 가람지로, 현재는 사지로 남아 있다. 월남사지 석탑 뒤쪽에는 마을이 이루어져 있고, 민가에는 법당과 기타 건물의 주초석과 장대 석이 산재해 있었다.

** 당대唐代를 비롯해 북송대北宋代에 이르기까지 선사들에 대한 기록 및 그에 대한 후인의 염拈·송頌 등 착어(著語: 공안에 붙이는 짧막한 평)를 모아서, 조사들의 전등傳燈 순서에 따라 배열한 것이다. 공안의 숫자는 1,472칙 정도 된다.

『선문강요禪門綱要』 1권 등이 있다.

(4) 혜심의 선사상적 위치 및 사상적 특징

첫째, 혜심은 지눌의 뒤를 이어 수선사 제2세로서 간화선을 크게 떨쳤다. 지눌의 충실한 조술자祖述者였으며, 한걸음 더 나아가 고려 선종의 위치를 굳건히 세운 인물로 평가받는다.

전남 강진군 월남산 월남사지에 모셔져 있는 진각국사비

둘째, 혜심도 지눌과 같이 수행의 요점으로 지止와 관觀, 정定과 혜慧의 쌍수를 주장했다. 그러나 혜심은 "망상을 버리는 데는 간화선만 한 것이 없다."라고 하며 오로지 간화일문看話一門만을 주장하였다. 즉 정혜쌍수를 수행의 요체로 본 것은 지눌과 동일하지만, 지관·정혜가 간화일문에 포함된다는 것은 혜심의 독특한 견해이다.

셋째, 지눌이 선교일치를 주장한 것과 달리 혜심은 간화선만을 주장했다. 선과 교라는 상대적 의미에서 교를 제외했으며, 선사상에서도 이론적인 선리는 옳지 않다며 실참을 강조했다.

넷째, 유학 차원에서는 유불儒佛 일치나 상이점을 긍정적으로 주장하였다.

다섯째, 주술적이거나 미신적인 요소의 불교 악습을 타파하고자 노력하였다.

38 | 한국선의 이론을 정립한 천책과 지겸

간화선을 제외하고, 한국 선사상의 독특한 점으로 일원상과 진귀조
사설을 꼽을 수 있다. 이 두 사상 모두 나말여초에 성행했던 선사상
인데, 고려 시대에 저서를 통해 다시 한 번 정립되었다. 일원상一圓相
에 관한 서지학적 자료는 『종문원상집宗門圓相集』이고, 무설토론無舌
土論이나 진귀조사설眞歸祖師說이 실려 있는 자료는 『선문보장록禪門
寶藏錄』이다. 두 책자의 저자에 대해 살펴보기로 하자.

(1) 『선문보장록』의 저자, 천책

천책(天頙, 생몰년 미상)은 선종계가 아닌 천태종 승려이다. 성은 신씨
申氏, 자는 몽저蒙且, 시호는 진정국사眞靜國師이다. 천책은 고려 개국
의 삼한공신三韓功臣인 신염달申厭達의 후손으로, 상주 산양현山陽縣
을 기반으로 한 지방토호 출신이다. 신염달의 후손에게서 희양산문
의 원진국사圓眞國師 승형承逈, 화엄종 승통인 관현貫玄, 법상종의 승
통인 융모融牟 등이 배출된 것을 보아 불교와 밀접한 집안임을 알 수
있다.

천책은 7~8세에 글을 익혔고, 문과에 급제한 후 성균관에 들어갔
으며, 이미 15세에 장하場廈에 나아가 춘관(春官: 禮部試)에 합격한 유

280

학자였다. 어느 날 홀연히 유학의 공허함과 세상의 허심虛心을 통렬히 깨닫고 있던 차, 우연히『법화경』을 금자金字로 사경한 것이 인연되어 출가하였다. 천책은 23세 때 만덕산 백련사로 출가하여 원묘국사圓妙國師 요세(了世, 1163~1245)의 제자가 되었다.* 그는 '천책'이라는 법명을 받았는데, 여기서 '책頤'은 '바르다'는 뜻이다.

천책은 비록 천태종에 출가했지만, 중국 5가 7종 선사상을 모두 섭렵했으며, 선어록 등을 보며 공부했다. 출가 전에 성균관에서 유

---

* 요세의 백련결사白蓮結社는 정토염불신앙을 중시했는데, 북송 천태종의 영향을 받았다. 요세는 고려 후기 강진 만덕산을 중심으로 활약한 대표적인 천태종 스님이다.『삼대부절요』라는 책을 저술했다고 하는데, 현존하지 않는다. 다만『동문선』에 수록된 비문이 요세 스님의 행장을 알 수 있는 자료이다. 요세는 신번현(지금의 합천)에서 태어나 12세에 동진 출가했다. 10여 년이 지난 뒤(23세)에 승과에 합격했는데, 이때가 명종 4년(1174)이다. 이후 여러 사찰에서 수행 정진하다가 신종 1년(1198) 개경의 고봉사高峯寺에서 열린 승려대회에 참석한 것이 계기가 되어 도반들과 결사운동을 펼치게 됐다. 이때 지눌은 "물결 어지러우니 달 드러나기 어렵고 / 방이 깊으니 등불 더욱 빛나네 / 권하노니 그대 마음그릇 바로 놓아 / 감로장 쏟아지지 않게 하라."는 내용의 서찰을 보내 함께 정진할 것을 권했다. 지눌의 권유로 팔공산 거조사 정혜결사에 동참했다. 그러나 요세는 참선 수행보다는 천태의 법화사상을 통해 공부하기로 마음을 먹었다. 이때가 희종 4년(1208)으로, 영명 연수(永明延壽, 904~976) 스님의 "천태의 묘해妙解에 의지하지 않으면 수행의 120병病을 어찌할 수 없다."는 주장을 알게 되어 법화사상에 관심을 갖게 되었다. 선사는 늘 108참회를 일과로 했으며 하루에 10만 번씩 아미타불을 염송했다고 한다. 강진 만덕산으로 주석처를 옮긴 요세 스님은 고종 3년(1216) 백련결사를 결성한 데 이어, 고종 19년(1232)에 보현도량을 개설하는 등 천태사상에 기반을 둔 결사운동을 본격적으로 진행했다.

강진 만덕산 백련사 도량. 천책은 이곳에서 출가하였다.

학을 공부했던 독서 실력은 승려가 되어서도 연장되었다. 그는 곧
경율론 삼장에 두루 통달하였다. 1232년 원묘가 결성한 '보현결사'
에 동참한 천책은 「보현도량기시소普賢道場起始疏」를 작성하였다. 보
현도량이란 '보현보살이 『법화경』을 수지하는 사람을 수호하겠다'
는 서원을 본받아 기간을 정해놓고 『법화경』을 읽고 실천하는 결사
를 말한다. 이 도량에 참여하면 매일 여섯 차례 예불하고 참회하며
독경과 참선으로 용맹정진해야 한다. 그러면 상아가 여섯 개인 흰
코끼리를 탄 보현보살이 3·7일 안에 현전하게 된다고 한다. 천책도
대중들과 더불어 요세의 가르침에 의지하여 성실하게 수행에 임했
다. 4년 후에 천책은 「백련결사사문白蓮結社社文」, 「답금경손서答金景
孫書」를 작성하였다.

　1243년 천책은 스승의 문하를 벗어나 독립적으로 활동하였다. 국
왕은 천책을 상주 백련사의 주지로 임명하였으나 천책은 이곳에서

오래 머물지 않았다. 천책은 만덕산의 작은 암자인 용혈암龍穴庵에 머물렀는데, 사람들은 천책을 '용혈대존숙龍穴大尊宿'이라 불렀다. 이때부터 천책은 당시 문인들과 활발한 교류를 하였다고 본다. 이 무렵에 천책은 『법화전홍록法華傳弘錄』과 『선문보장록』을 저술하였다. 그런데 아쉽게도 천책의 다음 행적은 전하지 않으며, 입적한 연도도 정확치 않다. 아마도 만년에는 몽골의 침입으로 인해 고려가 혼란한 시기였으므로, 천책은 깊은 산골에 은거했던 것으로 보인다.

강진 만덕산 백련사 대웅보전 안의 위패에 모셔진 천책

이와 같이 살펴본 대로 천책의 행적을 정리하면, 출가 전에는 유학에 힘썼고, 출가 이후로는 불교계의 결사문 등을 지었으며, 만년에는 저술활동을 하였던 것으로 생각된다. 저서로는 『선문보장록』 1권과 『법화해동전홍록』 1권, 『호산록湖山錄』 2권 등이 있다. 또한 『동문선東文選』에 수록된 몇 편의 시문에 그의 행적과 사상이 남아 있다. 훗날 조선 말기 정약용은 신라시대 최치원, 고려 시대의 천책과 이규보가 우리나라 3대 문장가라고 극찬하였다.

『선문보장록』은 여러 선사들의 어록을 간명하게 발췌하여 기술하

대웅전 앞에 걸려 있는 '만덕산 백련사' 편액. 통일신라시대의 명필 김생(金生, 711~?)이 쓴 글씨이다.

고, 그 인용 서목을 기록한 것이다. 여기서 천책은 선을 높이 보고, 교를 낮춰보는 점이 두드러진다(천책이 천태종 승려임을 감안할 때, 이 책은 천책의 저술이 아니라고 보기도 함).『해동전홍록』은『법화경』의 영험설화를 수록한 것으로 지금은 전하지 않지만, 고려 요원了圓이『법화영험전法華靈驗傳』에 몇 차례 인용하였다. 한편 천책은 화엄학을 교학의 위치에, 천태학을 선학의 위치에 두고서『선문강요禪門綱要』를 저술하였다. 그래서 교학적인 수행에서는 화엄의 55위를 한 단계씩 거쳐 수행해야 불과佛果를 성취한다고 설명하며, 선 수행에 있어서는 "주住한다고 하여도 무주無住에 머물고, 수행한다고 해도 무수無修로서 수행해야 견성한다."라고 주장하고 있다. 또한 천책은 선사상에서 강조하는 유심정토설을 적극적으로 강조하고 있다. 여러 정황으로 보아 천책이 비록 천태종 승려이지만, 한국 선사상적 업적이 결코 적지 않다고 하겠다.

(2)『종문원상집』의 저자, 지겸

정각국사靜覺國師 지겸(志謙, 1145~1229)에 관한 행적이나 사상은『종문원상집宗門圓相集』과『동국이상국전집』제35권에 실려 있는「화장사 주지 왕사 정인 대선사 추봉 정각국사비명華藏寺住持王師定

印大禪師追封靜覺國師碑銘」뿐이다. 이에 의거해 지겸을 만나보자.

지겸의 성은 전씨田氏, 본명은 학돈學敦, 자는 양지讓之이고, 전남 영광 출신이다. 모친 꿈에 어느 스님이 와서 유숙하기를 청했는데, 이후 태기가 있었다. 지겸은 골상이 준상하고 기신이 영매하여 어릴 때부터 생각과 행동이 반듯했으며, 비린내 나는 음식을 멀리하였다. 7세에 출가하기를 간청했는데, 뜻을 이루지 못하다가 11세에 사충嗣 忠에게 출가하였다. 그 이듬해 1150년 금산사에서 구족계를 받았다.

국사는 천품이 영특하고, 내외전에 통달하여 많은 이들이 지겸과 교류하기를 원하였다. 25세에 지겸이 승과를 보기 위해 준비했는데, 승과를 거행한 내시 정중호는 기이한 꿈을 꾸었다. 즉 신인이 나타 나서 "명일에 왕자의 스승을 얻을 것이다."라고 하였다. 지겸은 이날 승과 선선禪選에 급제하였다. 이 해에 삼각산에 머물다가 도봉사에 서 잠을 자는데, 꿈에 산신이 나타나 "화상의 이름은 지겸(志謙, 至謙) 이라고 해야 하는데, 왜 이 이름을 쓰지 않는가?"라고 하였다. 선사 는 이때부터 지겸으로 고쳐 불렀다.

지겸은 말 그대로 '지극한 겸손'이라는 뜻이다. 선사의 겸손이 여 기서 드러나는데, 지겸은 말년에 한 문인에게 이렇게 말했다. "나는 초라한 집에 태어나 왕자의 스승까지 되었으니, 분에 넘치게 승은을 입었다. 그런데 어찌 계속 왕사 자리를 탐내야 하는가?"라고 하였다. 지겸은 처음부터 국사 자리를 사양했었다. 최충헌이 지겸보다 나은 승려가 없다며 국사로 추천했었는데, 지겸은 몇 번이고 사양하다가 결국 왕의 명을 받아들였다.

1189년, 44세에 지겸은 등고사登高寺 주지를 역임했으며, 1193년

48세에 삼중 대사三重大師 법계를 품수 받았다. 다시 52세에 선사禪師, 59세에 대선사大禪師 법계를 받은 뒤 선회禪會가 있을 때마다 주맹主盟이 되어 회중會衆을 이끌었다. 1204년에 최충헌은 '정혜결사'를 수선사로 사액하고, 당시 지겸을 왕사로 책봉하였다. 지겸이 개성 광명사廣明寺*로 옮겨 상주하자, 최충헌의 아들이 지겸의 문하로 출가하였다. 무신의 난(1170) 이후 지겸과 승형이 소속된 희양산문의 위상도 수선사와 함께 부각되었다. 곧 불교사에서 수선사만을 과도하게 강조하지만, 당시 희양산문의 선풍도 펼쳐지고 있었다. 지겸이 63세 되던 해에 심한 가뭄이 들자, 왕실의 요청으로 내도량內道場에서 기우제를 지내어 비를 내리게 하였다.

지겸은 효성이 매우 지극하였다. 불자로부터 시주를 얻으면 먼저 홀어머니에게 보내고 나서 자신이 먹었다. 하루는 모친이 작고했다는 소식을 듣고 제석천에게 이렇게 빌었다. "만일 어머니의 타고난 수명이 다 되었다면 이 자식의 수명으로 대신하게 하소서." 그런데 잠시 후에 가동家童이 달려와서 "마님이 일어나셨습니다."라고 하였다.

이후 지겸이 왕사 자리에서 물러나기를 청하자, 왕은 지겸에게 화장사華藏寺가 수행하기에는 적합한 곳이라고 하며, 그곳에 머물 것을 명했다. 지겸이 떠나려고 할 때, 진강공(晉康公: 최충헌)은 왕사를 맞이하여 전별연을 베풀었는데, 그가 나가서 절하고 친히 왕사를 부축하여 뜰에 올랐으며, 떠날 때는 보마를 증정하고 또 문객 등을 보

---

* 광명사는 고려 태조가 922년에 자신이 살던 옛집을 희사하여 창건한 도량이다.

내어 국사를 호위하게 하였다. 지겸이 경기도 장단 화장사로 내려온 지 13년만인 1229년, 병이 들었다. 선사는 제자 현원玄源을 불러 세통의 편지를 쓰게 하였다. 국왕·진양공(晉陽公: 최우)·송광사의 사주社主인 혜심에게 보내는 편지였다. 이를 마치고, "오늘은 떠나는 것이 온당치 못하니 후일에 떠나겠다."라며 취침에 들었다. 며칠 후에 지겸은 "정광은 고요하고 고요하며, 혜일은 밝고 밝다. 법계와 진환에 제륜이 돈연히 나타난다(定光寂寂 慧日明明 法界塵寰 臍輪頓現)."라고 하자, 한 승려가 물었다.

"옛사람이 이르기를 '뒷날 밤 달이 처음 밝으면, 내 장차 홀로 가리라' 하였는데, 어디가 바로 화상이 홀로 갈 곳입니까?"

"푸른 바다 광활하고, 흰 구름 한가로운 곳이다. 터럭만큼도 그 사이에 덧붙이지 말라(答曰滄海濶 白雲閑 莫將毫髮着其間)."

말을 마치고, 두 손을 마주 잡아 가슴에 대고 가부좌한 채 입적하였다. 선사는 낯빛은 분을 바른 것 같고 입술 빛은 붉고 윤택하였다는 기록이 전한다. 왕으로부터 '정각靜覺'이라는 국사 시호를 받았다. 세납 85세이며 승랍(승랍)이 75세였다. 이규보李奎報가 지겸의 비문을 작성했는데, 비문에 다음 내용이 새겨져 있다.

국사는 사람됨이 조금도 외면을 꾸미는 일이 없이 천성대로 이치대로 하였다. 비록 큰 사찰의 어른이었으나 공양 때가 되면 손수 발우를 들고 제일 먼저 나아갔고, 대중과 똑같은 음식을 먹었다. 지겸은 불사에도 지성을 다하였다. 비록 몹시 추운 겨울이나 매우 더운 여름에도 게으르지 않았다. …… 법왕法王이 세상에 출현하시니 조사의 달이 다시 빛나고, 깨닫는 길이 남쪽을 맡으니 배우는 자가 돌아갈 곳을 알리라. 제자들이 숲속처럼 많았는데, 친히 젖을 먹이고 또 날개로 새끼를 덮어주고 내놓아 날게 해주었네. 복을 심음이 오래니 윤택을 흘러 보냄이 끝이 없고, 천자가 고개를 숙이며 북면하고 배움을 청하였다. 살아서는 임금의 스승이 되고 죽어서도 나라의 스승인데, 귀감이 이제 없어졌으니 어디에서 가르침을 구할 것인가. …… 오가는 자들이여, 말 타고 가거든 말에서 내릴지어다. 혹 부처에게 절하지 않을지라도 오직 이 비에만은 꼭 절할지니라.

이제 간략히 지겸의 선사상에 대해 살펴보자.

지겸은 『조당집』에 전하는 「오관산서운사장」을 『종문원상집』에 그대로 옮겨와 위앙종의 선풍을 선양하였다. 이 책은 당대의 남양 혜충부터 북송의 목암 선경睦庵善卿에 이르는 46명의 조사들의 원상 기연機緣을 모은 것이다. 『종문원상집』은 지겸이 중국 문헌에서 원상에 얽힌 기연을 발췌한 것으로 지겸의 사상이 직접적으로 드러난 것은 아니지만, 한국적인 일원상을 드러내었다고 볼 수 있다.

지겸이 활동할 당시는 보조 지눌(1158~1210)과 진각 혜심(1178~1234)의 간화선이 풍미를 이루던 때이다. 바로 이런 때, 지겸이 『종문원상집』을 편찬해 위앙종 선풍을 드러내었다는 점이 주목할 만하다. 지겸이 순지의 표상현법表相現法을 가일층 확대시킨 점도 있지만, 당시 풍미했던 지눌 사상에 대한 일종의 반발적 표현도 담겨 있는 것으로 생각된다.

위앙종의 일원상에 영향을 받아 후대 선사들은 법거량 할 때 원상을 그리기도 했다.

    지겸은 수선사 2세 혜심과 교류하였으며, 혜심의 제자인 몽여(수선사의 3세)는 『종문원상집』에 발문을 쓰기도 했다. 우리나라에서 위앙종의 일원상에 관한 서지학적 자료는 신라 순지 화상과 지겸국사의 『종문원상집』뿐이다.

39 | 『삼국유사』의 저자, 보각 일연

『사기』는 상고시대의 오제五帝에서부터 한나라 무제에 이르기까지 중국과 그 주변 민족의 역사를 포괄하여 저술한 통사通史이다. 『사기』의 저자인 사마천(B.C. 145~B.C. 86)은, 당시 명장이던 이릉이 흉노와의 전쟁에서 중과부적으로 항복하자 한무제는 몹시 화를 냈고 대신들도 비난하고 나선 상황에서, 친구였던 이릉을 변호하다가 무제의 분노를 사고 감옥에 갇히게 되었다. 당시 사마천에게 주어진 형벌은 50만 전의 벌금을 내야 했고, 그렇지 못하면 사형이나 궁형이었다. 사마천은 치욕스런 궁형을 선택했는데, 사관이었던 아버지의 뜻을 이어 받아 통사를 저술하기 위해서였다. 이 『사기』는 역대 중국 정사의 모범이 된 기전체紀傳體의 효시로서 2,000여 년이 흐른 지금까지도 중국사에서 역작으로 꼽는다.

  이런 저력을 발휘한 인물이 있다면 바로 그 나라의 보배라고 할 수 있다. 그러면 우리나라는 이런 인물이 없을까? 바로 일연 스님이 이에 해당하지 않을까? 일연이 저술한 『삼국유사』는 민중의 역사서로 한국의 위대한 문화유산이다.

(1) 일연의 행적

보각 일연(普覺一然, 1206~1289)의 속성은 김金씨, 호는 무극無極·목암睦庵이다. 처음의 자는 회연晦然, 나중에 일연一然으로 바뀌었다. 경주 장산군(章山郡: 현 경산시) 출신이다. 부친의 활동이 거의 알려지지 않은 것으로 보아 그의 가문은 지방의 향리층으로 짐작된다.

일연은 1214년 9세에 전라남도 광주 무량사無量寺에서 공부를 하다가 13세에 설악산 진전사陳田寺로 출가해 대웅大雄의 제자가 되었다. 구족계를 받은 뒤 여러 선문에서 수행했는데, 이 무렵 구산문사선九山門四選의 으뜸이 되었다. 1227년 22세에 일연은 승과에서 장원급제하였다. 그 뒤 비슬산琵瑟山의 보당암寶幢庵에서 수년 동안 참선하였다.

일연은 31세 되던 해 몽골이 침입하자, 혼란스러움을 안정시키고자 문수보살의 오자주五字呪를 염송하였다. 이후 일연은 포산 묘문암妙門庵에 머물면서 "중생 세계는 줄지도 않고, 부처 세계는 늘지도 않는다."라는 화두를 참구하다가 크게 깨친 바가 있었다. 이 해에 삼중 대사三重大師 법계를 받았고, 41세에 선사禪師 법계를 받았다. 44세에 일연은 남해의 정림사定林寺에 머물면서 남해분사대장도감南海分司大藏都監의 기능을 활용해 대장경 판각 불사를 3년간 주도하였다. 1256년 51세에 윤산輪山의 길상암吉祥庵에 머물면서 『중편조동오위重編曹洞五位』2권을 저술했으며, 1259년 54세에 선종의 최고 법계인 대선사大禪師 법계를 받았다.

1261년 56세에 일연은 원종의 부름을 받고 강화도 선월사禪月社에 머물렀는데, 이때 지눌의 법통을 계승하였다. 일연이 가지산문 승려

291

로서 지눌(사굴산문)의 법맥을 이은 것이 아니라 지눌의 선풍을 계승한 것이라고 볼 수 있다. 당시 강화도의 선월사는 전라도 순천 송광사의 수선사와 똑같은 힘을 갖고 있었는데, 일연이 선월사의 사주였지만 수선사 16국사에서는 제외되어 있기 때문이다. 1264년 59세에 일연은 경상북도 영일군 운제산雲梯山 오어사吾魚社로 옮겨갔으며, 비슬산 인홍사仁弘社의 주지가 되어 후학들을 지도하였다. 일연은 63세에 조정에서 베푼 대장경 낙성회향법회를 주관하였다. 69세에 선사가 비슬산 인홍사를 중수하자 원종은 '인홍사仁興社' 편액을 하사했으며, 비슬산 동쪽 기슭의 용천사湧泉寺를 중창하고 불일사佛日社로 고친 뒤, 「불일결사문佛日結社文」을 썼다.

72~76세(1277~1281)까지 경상도 청도 운문사로 옮겨가 머물면서 선풍禪風을 널리 진작시켰다. 이때 일연은 『삼국유사』를 집필하기 시작한 것으로 추정된다. 기간은 대략 5년 정도 걸렸다고 본다. 일연은 1281년 경주에 행차한 충렬왕을 만난 뒤에 몽골의 병화로 불타버린 황룡사의 모습을 목격하며 크게 탄식하였다. 일연은 이런 모습을 지켜보며 고려인의 자주성과 민족성을 마음에 심었을 것이며, 『삼국유사』를 저술하는 원동력이 되었다고 본다.

일연은 78세에 불교계 최고 자리인 국존國尊으로 책봉되어 원경충조圓徑冲照라는 호를 받고, 왕의 거처인 대내大內에서 문무백관을 거느린 왕의 구의례(摳衣禮: 옷의 뒷자락을 걷어 올리고 절하는 예)를 받았다.

일연이 92세의 어머니를 봉양하고자 국사·국존의 지위를 버리고, "부모가 계시기 때문에 내가 생긴 것이니, 어머니께 효를 해야 한

경상북도 군위군 인각사
도량에 모셔진 보각국사
일연의 탑과 비가 모셔
진 비각

다."라는 일념으로 고향으로 돌아왔다. 모친은 나병을 앓고 있었는
데, 어머니가 주위 사람들로부터 천대받을 것을 염려해 스님은 1년
여 간 모친을 모셨다. 모친이 1284년에 타계한 무렵, 조정에서는 경
상도 군위 화산華山의 인각사麟角寺를 중수하고, 토지 100여 경을 하
사하면서 일연에게 머물 것을 청했다. 일연은 인각사에서 선문인 구
산문도회九山門都會를 2번 개최하였다. 83세에 일연은 손으로 금강
인金剛印을 맺고 입적하였다. 입적하던 해에 인각사 동쪽 언덕에 탑
을 세웠으며, 시호는 보각普覺, 탑 이름은 정조靜照이다. 대표적인 제
자로는 혼구混丘와 죽허竹虛가 있다.

(2) 일연의 저서 및 선사상

저서로는 『중편조동오위重編曹洞五位』 2권, 『선문염송사원禪門拈頌事
苑』 30권, 『삼국유사三國遺事』 5권, 『화록話錄』 2권, 『게송잡저偈頌雜
著』 3권, 『조파도祖派圖』 2권, 『대장수지록大藏須知錄』 3권, 『제승법수
諸乘法數』 7권, 『조정사원祖庭事苑』 30권 등을 편찬했으나 현존하는

보각 일연의 진영

저서는『삼국유사』와『중편 조동오위』뿐이다.

일연의 선사상을 알 수 있는『중편조동오위』는 동산 양개(洞山良价, 807~869)의 『조동오위현결曹洞五位顯訣』에 제자인 조산 본적(曹山本寂, 840~901)이 주를 덧붙인 것이다. 여기에 혜하慧霞가 편집하고 광휘廣輝가 해석했는데, 오자와 탈자가 많아 일연이 재차 교열 작업해 편찬한 것이다. '조동오위'란 정중편正中偏·편중정偏中正·정중래正中來·편중지偏中至·겸중도兼中到인데, 조산 본적이 주注를 덧붙이면서 조동종의 중심사상이 되었다. 일연은 이 오위설의 편정偏正에 각각 군신君臣을 대비시켜 군신오위설君臣五位說로 설명하고 있다. 일연은 군신과의 묘합妙合으로 해석하며, 조동선의 극치를 제5 겸대위兼帶位라고 보았는데, '군·신·도합道合의 경지'를 나타낸다. 일연이 가지산문 선사로서 조동종 사상에 주석을 붙인 것은 이례적인 일이다. 이 점으로 볼 때, 일연의 원융적圓融的인 선사상이 드러나 있다고 볼 수 있다.

한편『삼국유사』에 일연의 선시가 있다. "수신의 잘되고 잘못됨은 먼저 성의誠意에 달린 것. 홀아비는 미인을, 도둑은 창고를 꿈꾸네.

'보각국사정조탑普覺國師靜照塔'이라고 새겨져 있다.(경북 군위 인각사)

어찌 가을이 왔다고 해서 하룻밤 꿈만으로 때때로 눈을 감아 청량
세계에 이를 것인가?!(治身稱否先誠意. 鯤夢蛾眉賊夢藏 何以秋來淸夜夢 時
時合眼到淸凉)."

(3)『삼국유사』의 한국사적·불교사적 의의

일연이 활동하기 이전에는 무신정변이 있었고, 활동하는 무렵에는
몽골의 침입을 받아 30여 년간 삼별초 항쟁 등이 있었으며, 민란으
로 이어지는 혼란의 시대였다. 게다가 고려 특권층 중에는 원나라
에 사대事大하는 세력들도 있었다. 고려는 점차 원나라 지배 하에서
독립국가로서의 자주성을 잃어가고 있었다. 이런 시대에 불교계에
서 자주적인 반응을 보였던 인물이 일연이다. 이 시기에 일연은『삼
국유사』를 저술하여 고려인들에게 정신적 지주를 제시해 주었다. 즉
민족의 원류가 '단군'일 뿐만 아니라 삼국의 뿌리가 모두 하늘과 연

결된 태생이라고 강조하였다. 이는 민족성을 되찾고, 문화전통을 재인식하려는 자존이라고 본다.

즉 불교사적으로 우리나라가 오래전부터 불교와 인연이 깊은 땅이라는 것을 강조함으로써 몽골보다 문화적으로 우월함을 강조하였다. 또한 불교 영험담을 통해 혼란한 민심에 강렬한 신앙심을 고취하려는 의도도 있었을 것이다.

『삼국유사』는 『삼국사기』와 더불어 우리나라에서 가장 오래되고 중요한 역사서로 손꼽힌다. 김부식의 『삼국사기』는 유교적 정치사관에 입각한 책이다. 『삼국유사』는 '유사遺事'라고 이름 붙인 대로, 『사기』에 결여되었거나 부족한 부분을 보완한다는 의도로 이루어졌다. 기존의 역사서에서 간과한 고대의 사회 문화와 신앙, 특히 불교사의 다양한 자료를 보충해 『삼국사기』보다 역사 이해의 폭을 크게 확대시켜 정치·경제·사회·역사·지리·문학·미술·민속·종교 등 고대의 역사와 문화를 총체적으로 다루었다. 『삼국유사』는 고대 역사의 체계를 다양하게 나열하고 있어 일관된 점이 떨어지지만, 우리나라 최초의 국가인 고조선과 시조 단군에 대한 역사인식을 확실하게 정립시켰다고 볼 수 있다.

『삼국유사』는 오랫동안 정사正史가 아닌 야사野史로 분류되어 상대적으로 높은 평가를 받지 못하다가, 20세기 들어와 한국의 고대문화를 총체적으로 담은 사서史書로 평가받기 시작하였다.

스위스의 분석심리학자 칼 융(C.G. Jung, 1875~1961)은 "선禪은 동양의 정신 가운데서도 불교의 방대한 사상체계를 훌륭하게 수용하여 피어난 중국 정신의 가장 놀라운 꽃이다."라고 하였다. 일반적으로 '선사상'이라고 명칭할 때는 북방불교의 조사선에서 비롯해 발전된 묵조선과 간화선의 선을 지칭한다. 근래에 들어서 우리나라에 초기불교가 불교에서 차지하는 비중이 커지면서 위빠사나 수행도 일반화되어 가고 있다. 게다가 근원지조차 불분명한 제3의 명상까지 한국에 넘쳐나고 있다. 필자는 우리나라 전통 수행인 조사선과 간화선이 최고라고 주장하려는 의도가 아니다. 다만 한국불교의 정체성을 드러내고픈 간절함이다. 한국 간화선의 기틀이 세워진 것은 12세기 수선사와 선원사이다.

고려 시대에 보조 지눌을 비롯해 수선사修禪社의 사주社主로서 국사 칭호를 받았던 15인과 조선 초기에 송광사를 중창하였던 고봉高峰에 이르기까지를 16국사라고 칭한다.* 앞에서 수선사 1세인 지눌

---

* 16세 고봉은 나라에서 국사의 칭호를 내린 것은 아니지만, 조선 초기에 송광사를 크게 중창한 인물이라는 점에서 후대에 문도들이 추배追配한 것이라고 볼

시호		생몰년도	사법 스승	
1세 보조普照	지눌	1158~1210		
2세 진각眞覺	혜심慧諶	1178~1220	지눌의 제자	왕사
3세 청진淸眞	몽여夢如	?~1252	혜심의 제자	
4세 진명眞明	혼원混元	1190~1271	몽여의 제자	선원사 1세 왕사
5세 원오圓悟	천영天英	1215~1286	몽여의 제자	선원사 2세
6세 원감圓鑑	충지冲止	1216~1293	천영의 제자	선원사
7세 자정慈靜	일인一印		천영의 제자	
8세 자각慈覺	정열晶悅		천영의 제자	
9세 담당湛堂			지눌의 사법제자?	
10세 혜감慧鑑	만항萬恒	1249~1319	천영의 제자	
11세 자원慈圓		미상	천영의 제자	
12세 혜각慧覺*		미상	?	
13세 각진覺眞	복구復丘	1270~1356	천영의 제자	覺儼王師
14세 정혜淨慧		미상	?	
15세 홍진弘眞		미상	?	
16세 고봉高峰	법장法藏	1351~1428	나옹 혜근의 문도	

과 2세인 혜심을 언급했었다. 송광사가 16국사를 배출함으로써 이 도량은 우리나라 삼보 사찰 중의 하나인 승보 사찰이 되었다. 송광

수 있다.

* 제12세 혜각국사는 경상북도 구미시 주륵사朱勒寺에 비가 있었다고 하나 현존하지 않는다.

좌로부터 2세 혜심, 1세 지눌, 3세 청진국사 몽여의 진영(송광사 국사전 중앙에 모셔져 있음)

사 국사전國師殿에 16국사의 진영이 모셔져 있다. 16국사 부도는 송광사에 7기가 있고, 나머지 2기는 보성 대원사大原寺와 영광 불갑사佛甲寺에 1기씩 있다. 지눌의 부도와 탑비는 송광사 경내 관음전 뒤쪽에 모셔져 있으며, 2세 진각국사 부도는 송광사 암자 광원암廣遠庵, 3세 청진국사 부도는 청진암淸眞庵, 5세 원오국사 부도는 대원사, 6세 원감국사 부도는 묘적암妙寂庵, 7세 자정국사 부도는 불일암佛日庵, 8세 자각국사 부도는 감로암甘露庵 북쪽 언덕, 13세 각진국사 부도는 영광 불갑사, 16세 고봉국사 부도는 광원암과 보조암普照庵 사이에 모셔져 있다.

(1) 수선사 제3세 청진국사 몽여

몽여(夢如, ?~1252)는 수선사 16국사 가운데 제3세이다. 시호는 청진국사淸眞國師이다. 몽여가 수선사에서 활약한 시기는 스승 혜심이 입적한 1234년부터 그가 입적하기까지의 18년간으로 추정된다. 이때 고려는 거란과 몽골의 침략으로 기복 불교가 크게 성행하고 있던 시기로서, 궁중에서는 거의 매월 복을 비는 여러 가지 도량이 열리고 있었고, 황룡사 9층탑이 몽골에 의해 불타는 등 침체 일로를 걷고 있었다. 몽여에 관한 자세한 기록은 없지만, 여러 기록을 통합해 살펴보기로 한다.

첫째, 몽여는 수선사 2세인 혜심의 비를 세우고, 혜심의 『선문염송』 발문을 기록하였다. 이후 『선문염송』에 347칙을 첨가하고 보완

수선사 3세 청진국사 몽여의 부도탑(송광사 청진암)

해 『선문3가禪門三家 염송집』(혜심의 『선문염송』에서 운문종·조동종·임제종 3가의 염송만을 뽑은 것)을 간행하였다. 몽여는 수선사의 참신한 선풍을 잇는 데 공헌하였다.

둘째, 몽여는 지겸(志謙, 1158~1210)이 만년에 편찬한 『종문원상집宗門圓相集』의 발문을 썼다.

셋째, 가지산문의 일연 선사와도 도법을 논하는 인연이었는데, 일연에게 조동종 사상의 중요성을 인식케 하여 일연 선사가 이를 중점적으

로 연구토록 하였다. 몽여는 당시 법왕으로 추앙받으면서 혼원混元·천영天英 등 제자를 배출하였다. 1252년 수선사를 제4세 혼원에게 물려주고 입적하였다. 몽여는 당대 문호인 백운거사 이규보와도 자주 교류하였다. 몽여가 시자를 이규보에게 보내어 정이안丁而安 홍진鴻進의 흑죽화黑竹畵를 구했는데, 한 폭은 설죽雪竹이고, 다른 한 폭은 풍죽風竹이었다. 이규보가 흑죽화를 보내면서 몽여를 찬탄한 글이 『동문선』권51에 전한다. 부도는 청진암淸眞庵에 모셔져 있다.

(2) 수선사 제4세 진명국사 혼원

혼원(混元, 1191~1271)은 수선사 4세로 진명국사眞明國師이다. 혼원의 성은 이씨, 호는 충경沖鏡, 황해도 수안遂安 출신이다. 아버지는 사덕師德이며, 어머니는 김열보金閱甫의 딸이다. 어머니 김씨가 감로수를 마시는 태몽을 꾸었다. 혼원은 사굴산문 범일의 운손(雲孫: 범일로부터 9대손)인 종헌宗軒에게 출가하였다. 13세 때 외삼촌인 종헌 선사로부터 구족계를 받고 사굴산문에서 선풍을 전개하다가 선선禪選의 상상과上上科에 급제하였다.

수선사 4세 진명국사 혼원의 진영(송광사 국사전)

혼원은 쌍봉사의 청우靑牛를 모시고 정진하다가 수선사 제2세 혜심의 문하에 들어갔다. 이후 수선사 제3세인 청진국사 몽여의 지도를 받아 수행하였다. 당시 권력자 최우가 그의 도행道行을 흠모하여 왕에게 아뢰어 삼중 대사三重大師의 법계를 내리고 정혜사의 주지로 임명하였다. 그러나 혼원은 곧바로 사양하고 전국을 유행하며 법을 설하였다.

1245년 54세에 최우가 강화도에 선원사禪源社를 창건하고 낙성회를 열면서 혼원에게 주맹(主盟: 법회의 책임자)이 될 것을 청하자, 혼원은 승려 200여 명을 이끌고 강화도에 들어가 선원사에 머물렀다. 혼원이 선원사에 머물 당시 국왕과 대신들의 존경을 받았으나 산으로 돌아갈 것을 청하였다. 1252년 몽여가 입적하자, 혼원은 왕으로부터 조계산 수선사의 제4세 사주社主로 임명받고, 이때부터 수선사에서 선풍을 펼치기 시작했다. 동시에 혼원은 혜심이 머물렀던 단속사斷俗寺를 감독하는 도감都監으로 임명받았다.

65세의 혼원은 천영에게 수선사 사주 자리를 물려주고 은거하였으나 다시 고종의 부름을 받고 자운사慈雲寺로 옮겼으며, 1259년 왕사로 책봉되었다. 1260년 원종이 즉위한 뒤에도 특별히 예우하고 존숭하였지만 다음해 다시 수선사로 돌아와 설법하면서 후학들을 지도하였다. 선사는 80세까지 왕사의 자리에서 불교계를 주도했으며, 늘 자비로운 마음으로 중생을 제도하였다. 혼원은 솔직담백하면서도 해학이 있어 사람들과 스스럼없이 지내었다. 혼원은 수선사 선풍을 여러 지역에까지 널리 펼쳤으며, 스승의 선풍을 본받아 선교융합적인 간화선을 계승 발전시켰다. 80세에 혼원이 입적한 후에 국사로 추증되었고, 시호는 진명眞明, 탑호는 보광普光이다.

(3) 수선사 제5세 원오국사 천영

천영(天英, 1215~1286)은 수선사 5세로 원오국사圓悟國師이다. 속성
은 양씨梁氏, 호는 충경沖鏡, 전라북도 남원 출신이다. 어릴 때부터 신
동으로 불렸으며, 자질이 뛰어났다. 천영은 1230년 15세에 수선사
제2세인 진각국사 혜심에게 득도하였다. 3년 후에 담선법회의 좌원
座元이 되었으며, 1236년 선선禪選의 중상상과中上上科에 급제하였
다. 이후 다시 남쪽으로 내려가 수선사 제3세인 청진국사의 교화를
받고, 제4세인 진명국사 혼원을 스승으로 삼았다. 이후 천영은 법계
인 삼중 대사三重大師가 되어 단속사에 머물면서 1249년 최우가 창
건한 창복사昌福寺의 주맹主盟이 되었다. 이듬해에는 선원사의 법주
法主가 되는 동시에 보제사와 구산선문의 주맹이 되었다.

이때 천영은 조계종의 선풍을 진작시키며,『법보단경』등 서적을
간행하였다. 그는 도반인 탁연(卓然: 혜심의 제자로서 필법이 뛰어났으
며, 혜심의 비문을 세움)이 법언(法言: 송대 建慶寺 천태종 승려)의 불거기
佛居記를 가져오자, 글을 써서 법언에게 보냈다. 법언은 그것을 비로
새기고 탁본을 보낼 정도로 천영을 극찬하였다.

1256년 41세에 천영은 조계산 수선사의 5세가 되어 입적하기 전
까지 이곳에서 보내며 선풍을 떨쳤다. 천영이 송광사에 주석하는 동
안 고려 왕실에서는 고종·원종·충렬왕 등 세 임금이 교체되었으나
천영에 대한 귀의는 변함이 없었다. 충렬왕은 천영을 서울로 초빙하
여 가까이 모시고자 사신을 보냈으나 선사는 병을 핑계로 사양하였

수선사 5세 원오국사 천영의 진영(송광사 국사전)

다. 천영은 너그럽고 자애로운 성품으로 제자들을 대하여 그의 문하에는 늘 사람이 붐볐다.

71세에 청을 받아 그가 일찍이 중창했던 불대사(佛臺寺: 전남 고흥군 조계산에 있던 절)에 갔다가 그곳에서 입적하였다. 충렬왕은 자진원오慈眞圓悟라는 시호와 정조靜照라는 탑호를 내렸다. 또 그 해 왕명으로 이익배李益培가 찬撰하고, 문인 광묵廣默이 글씨를 쓴 비가 고흥군 팔영산 불개사佛蓋寺에 세워졌다. 그러나 지금은 비문만 전할 뿐 비는 전하지 않는다. 제자는 굉묵宏默·충지冲止·명우明友·굉소宏紹·신화神化·만항萬恒 등으로, 당대의 큰 제자들을 배출하였다. 충지는 그의 뒤를 이어 조계산의 제6세이고, 7세 일인, 8세 정열, 10세 만항, 11세 자원, 13세 복구가 모두 천영의 제자이다. 보조 지눌 이후부터 5세인 천영에 이르기까지 35년간 송광사 산문이 최절정을 이루었다.

'인사만사人事萬事'라는 말이 있다. 조직의 성패는 결국 사람에 의해 좌우되며, 어떤 인물이 있느냐에 따라 그 조직의 존폐存廢가 달라지기 때문이다. 고려 시대 송광사에서 16국사가 배출되었지만, 16국사에 이르기까지 수선사修禪社는 꽃길만 놓이지는 않았다. 그나마 6세 충지, 10세 만항, 13세 복구가 등장하여 수선사의 법맥과 선풍이 전개될 수 있었다. 이 세 선사의 행적을 보기로 하자.

(1) 수선사 6세 원감국사 충지

수선사 6세 충지(沖止, 1226~1293)는 성은 위씨魏氏, 속명은 원개元凱, 시호는 원감국사圓鑑國師, 법명은 법환法桓으로 후에 충지로 바꾸었다. 충지는 전라도 장흥 출신으로 어려서부터 총명해 유학을 공부해 마쳤다. 충지는 17세에 사원시司院試를 모두 마쳤으며, 19세에 춘위春闈에 나아가 장원급제를 하였다. 이후 영가서기永嘉書記에 부임해 일본에 사신으로 건너갔는데, 그곳에서도 뛰어난 문장력으로 이름을 날렸다.

충지는 벼슬이 금직옥당禁直玉堂에 이를 정도로 관직이 높고 명예가 올랐지만, 그럴수록 출가코자 하는 마음 또한 간절했다. 충지는 부모의 허락을 받지 못해 차일피일 출가를 미루다가, 29세에 선원사 5세 원오국사 천영에게 출가하였다. 이후 비구계를 받고 수년 동안 여러 지역을 유행하였다. 충지는 머무는 곳마다 사찰을 불사하고, 어느 곳에서는 방장으로 추대되었으나 받아들이지 않았다. 40세에 충지는 스승 원오국사의 뜻을 받아들여 경상도 김해 감로사甘露寺 주지가 되었다. 이후 43세에 삼중 대사三重大師 법계를 받고, 3년 후에 감로사에서 수선사로 옮겼다. 충지는 이때도 수선사 법통을 이을 생각은 하지 않았다.

이 무렵 고려는 원나라 지배로 인해 국가와 백성들의 생활이 곤핍한 상태였다. 1274년, 원나라는 탐라를 정벌하고 탐라에 총관부總管府를 두면서 내정간섭을 시작했다. 그러면서 수선사에 군량미 명목으로 전세田稅를 거두었다. 충지는 원나라 세조(世祖, 쿠빌라이, 1260~1294 재위)에게 전국의 승려들이 매우 고통받고 있음을 글로 호소하는「상대원황제표上大元皇帝表」를 올려 빼앗겼던 전답田畓을 되돌려 받았다. 원나라 세조는 충지의 표문을 보고 선사에게 감복받아 고려에 사신을 보냈다. 고려 조정에서는 충지를 개경으로 불렀으나 선사는 상경하지 않았다. 몇 차례 왕의 부름에 충지는 개경으로 향하다가 충청도 웅천熊川에 이르러 병을 핑계로 조정에 편지를 보내고 청주淸州로 발길을 돌렸다. 충지는 당시 청주목 상서尙書 이오李敖와 친분이 있던 터라 가까운 화정사華井寺에 머물며 안거를 지냈다. 다시 조정에서 충지에게 원나라에 다녀올 것을 권유해 선사는 원나라에 들어갔다. 충지는 세조로부터 스승의 예를 받았으며, 귀국할 때는 금란가사·벽수장삼碧繡長衫·흰 불자를 하사받았다.

귀국한 이듬해 충렬왕은 충지에게 '대선사大禪師' 법계를 내렸다. 충지는 1284년 58세에 수선사를 떠나 지리산 상무주암上無住庵으로 옮겨갔다. 이곳에 머문 지 2년 무렵, 원오국사가 그를 수선사의 사주로 추천한 뒤 입적하였다. 이후 충지는 수선사의 제6세가 되었다. 충지는 사세의 회복을 위해 선원사에서 수선사로 대장경을 옮겨왔다. 그 뒤 계속 수선사에 머물다가 1271년 여름 합단적哈丹賊의 난을 피해 고흥군 불대사佛臺寺에 잠깐 머물렀다. 충지는 67세에 삭발하고 목욕한 뒤 옷을 갈아입고 제자들에게 "생사가 있는 것이 인

수선사 6세 원감국사 충지 진영(송광사 국사전)

생이다. 나는 마땅히 가리니 너희들은 잘 있거라."는 게송을 남겼다. 정오가 지나자 분향하고 축원을 올린 뒤 선상禪床에 올라 "설하지만 본래 설한 것도 없다(說本無說)."라고 한 뒤 문인들에게 이런 열반송을 남기고 입적하였다.

"돌아보니 세상살이 67년,
오늘 아침, 모든 일을 마쳤네.
고향으로 돌아가는 길은 평탄하고,

길거리가 분명하거니 어찌 길을 잃으랴?!

손에는 고작 주장자 하나뿐,

가는 길에 다리가 피로하지 않을 테니, 이 또한 기쁘구나."

閱過行年六十七 及到今朝萬事畢 故鄕歸路坦然平

路頭分明未曾失 手中纔有一枝筇 且喜途中脚不倦.

충지의 사상을 몇 가지로 정리해 보자.

첫째, 충지는 고려 중기 사굴산문의 혜조국사 담진을 성사聖師라고 칭하며 보조국사 지눌과 동등하게 존경을 표했다. 그러면서 고려 중기 사굴산문과 수선사의 연계성을 밝히고 있다. 한편 수선사 3세 몽여, 4세 혼원을 거쳐 지눌의 선풍이 자신에게 이르렀음을 은연중에 드러내었다.

둘째, 충지는 지눌의 선과는 다르게 유학사상과 결합된 선풍禪風을 보였다. 그는 유학자들처럼 천명을 믿었고, 유선조화儒禪調和의 사상을 드러냈으며, 상제상천上帝上天의 신앙을 통하여 유도이교儒道二敎적인 입장을 천명하기도 하였다. 충지는 사림詞林에도 조예가 깊었으며, 문장과 시가 매우 뛰어나 당대 유학자들로부터 추앙을 받았다. 아마도 충지가 어려서부터 유학을 공부했고, 29세의 적지 않은 나이에 출가하여 세속의 삶이 길었던 터라 유학적 학문이 깊었을 것이다.

셋째, 충지는 경율론 삼장에 밝았는데, 수선사에 사주로 있으면서 『원각경소』를 강설하는 등 선교융합적인 선풍을 진작시켰고, 지눌의 종풍을 계승코자 노력했던 점이 보인다. 한편 충지는 성품이 자유로운 풍의 초연함을 즐겼으며, 무념무사無念無事를 으뜸으로 삼았다.

넷째, 충지에게 미타신앙과 관음신앙이 드러나 있는데, 수선사에서는 볼 수 없는 공덕신앙을 엿볼 수 있다.

충지가 활동하던 만년에는 이전 시대보다 불교계의 주도권이 많이 상실되어 있었다. 충지가 입적한 지 22년 만인 1314년에 문인 정안靜眼·진적眞寂·신열神悅 등이 송광사 남암(南庵: 현 감로암)의 옛터 북쪽에 원감국사비를 세웠다. 이후 병화兵火로 파괴되었으나 다시 그 자리에 비를 세웠다. 저서로는 문집인 『원감국사집』 1권이 있으며, 『동문선』에도 시와 글이 몇 편 수록되어 있다. 충렬왕은 원감국사圓鑑國師라는 시호와 함께 보명寶明이라는 탑명塔名을 내렸다. 수선사는 6세 충지 이후 쇠퇴의 길을 걸었다. 그나마 수선사 선풍이 회복되기 시작한 것은 10세 혜감국사 만항 대에 이르러서이다.

수선사 6세 원감국사 충지 보명탑과 보월탑비(송광사 감로암)

수선사 10세 혜감국사 만항 진영(송광사
국사전)

(2) 수선사 10세 혜감국사 만항

"산처럼 뜻을 세우고, 바다처럼 편한
마음을 지녀라(立志如山 安心似海)."

　많은 이들이 좋아하는 구절이
다. 이 게송을 읊은 선사는 수선사
10세 혜감국사慧鑑國師 만항(萬恒,
1249~1315)이다. 만항은 속성이 박
씨朴氏, 진사 박경승朴景升의 아들
로 유교 집안 출신이다. 어려서 유
학을 공부하다 불교에 관심을 갖고
14세에 원오국사 천영에게 출가하
였다.

　출가 이후 만항은 여러 곳을 행
각하며 수행하였고, 삼장사三藏寺
주지를 거쳐 낭월사朗月寺·운흥사

雲興寺·선원사禪源寺 등지에서 주지를 역임했다. 그는 1313년 남원
만행산 보현사寶玄寺를 창건한 뒤에 충렬왕의 부탁으로 삼장사에 머
물렀다. 만항은 충선왕의 귀의를 받아 영안궁永安宮에서 선리禪理를
강론하였다. 충숙왕으로부터 '별전종주別傳宗主 중속조등重續祖燈 묘
용존자妙用尊者'라는 법호를 하사받았다. 이후 만년에 만항은 조계
산 송광사에 머물다가 입적하기 전에 남원 보현사로 옮겨갔다. 후에
'혜감국사慧鑑國師'로 추존되었고, 탑호는 광조廣照이다. 제자는 700
여 명에 이르며, 특히 사대부들이 많았다. 대표적인 제자로는 보감

국사 혼구(混丘, 1250~1322)가 있다.

만항의 선풍은 특이하다. 지눌의 선풍을 계승하면서도 몽산 덕이
(蒙山德異, 1231~1308)의 선풍을 받아들인 대표적인 인물이다(몽산 덕
이에 관해서는 뒤에서 자세히 서술하기로 한다). 만항은 좀 더 적극적으
로 선법을 구하고자 덕이와 서신 교류를 하였다. 곧 만항이 덕이에
게 게송을 보내자, 덕이는 만항에게 10수의 게게로 화답하면서 선사
에게 '고담古潭'이라는 호를 주었다. 또한 만항은 1298년 상인을 통
해 덕이본『육조대사법보단경六祖大師法寶壇經』을 구하여 1300년경
에 이 단경을 선원사에서 간행하였다. 우리나라에서 최초로『육조단

경』이 편찬된 것이다. 만항이 편찬
한 덕이본『법보단경』은 우리나라
납자들의 기본 지침서 역할을 하고
있다(1980년대 돈황본 단경이 편찬되었
지만, 납자들은 덕이본을 선호함). 만항
이 덕이의 선풍을 받아들인 이래 근
래에 이르기까지 한국선에 덕이의
선풍이 전개되고 있다.

(3) 수선사 13세 각진국사 복구

복구(復丘, 1270~1356)는 스스로를
무언수無言叟라고 하였다. 8세 때 백
암산白巖山 정토사(현 백양사) 일린一
麟에게 출가해 10세 때 수선사 5세

수선사 13세 각진국사 복구 진영(송광사
국사전)

천영에게 구족계를 받았다. 20세 때 선과禪科에서 장원으로 급제하였다. 1320년 50세에 수선사 13세가 되어 80세까지 30년간 수선사를 맡았다. 이후 백암산 정토사로 옮겨가 머물렀는데, 이 무렵 복구는 각엄왕사覺儼王師로 책봉되었다. 이어서 복구가 원찰로 지은 영광 불갑사에 머물다가 공민왕이 즉위하면서 다시 왕사가 되었다. 그는 수선사계 출신 가운데 수선사 4세 혼원에 이어 왕사로 책봉된 인물이다.

복구는 고려말의 문신이자 재상을 지낸 이존비(李尊庇, 1233~1287)의 차남이다. 이존비의 비문에 복구에 대해 이런 내용이 새겨져 있다. "차남 정행은 수선사의 제5조인 원오국사에게 나아가 머리를 깎고, 조계종 사굴산에서 부도浮圖가 되었다."

복구는 1341년, 1348년, 1353년 등 세 차례에 걸쳐 백암산 정토사에서 전장법회轉藏法會를 개최하였다. 전장법회는 승려와 재가자들이 낮에는 삼장을 읽고, 밤에는 조도祖道를 행하며 참선하는 것을 말한다. 조계산 수선사 제14대 주지인 정혜국사를 회주로 청하고, 여러 사찰의 장로 100여 명을 초청해 100일간 대법회를 개최하기도 하였다.

수선사 13세 각진국사 비(전남 영광 불갑사 도량 내). 다행히도 비에 '覺眞国師'라 새겨져 있다. 정유재란 때 파괴되었고, 현재 귀부와 비신만 남아 있다.

간화선을 토착화한 선원사와 몽산 덕이의
선풍(연감과 혼구)

(1) 선원사의 불교사적 의의

선원사禪源社는 1245년 강화도로 고려의 도읍을 옮긴 최우(崔瑀, ?
~1249)가 몽골에 대한 항쟁을 상징하는 차원에서 창건되었다고 보
는 것이 정확할 것 같다. 강화도 선원사는 당시 수선사의 사주社主가
그곳의 주지를 하였을 만큼 순천 송광사와 사격寺格이 같았다. 선원
사는 현재 해인사에 있는 고려대장경의 재조사업再彫事業과 깊은 관
계가 있다. 『조선왕조실록』에는 1398년에 이 절에 있던 대장경판大

선원사지(강화도)

藏經板을 서울로 옮겼다고 기록되어 있다. 따라서 조선 초기에 대장
경판이 선원사에 보관되어 있었음이 틀림없다. 즉 대장도감大藏都監
의 본사本司가 선원사에 있었고, 승려들이 경판을 필사하고 조각한
점 등이 이를 뒷받침한다. 이와 같은 여러 정황들을 볼 때, 선원사가
당시 국가적으로나 불교계에 큰 역할을 하였던 대사찰이었지만, 고
려 왕실이 다시 개경으로 환도한 뒤에는 쇠퇴해 폐허된 것으로 추정
된다.

(2) 몽산 덕이와 고려의 선

국가적인 원조를 받았던 선원사이지만, 불교사적으로 두 가지 특징
을 보여준다. 첫째는 선원사의 창건 이유를 떠나 이 사찰은 제2의 수
선사로서 선찰禪刹이었다는 점이다. 둘째는 고려 말기로 접어들면서
몽산 덕이(夢山德異, 1231~1308)의 선풍을 수용해 간화선이 토착화되
는 데 지대한 역할을 한 도량이라는 점이다. 덕이는 '무자無字' 화두
위주의 간화선 수행법과 깨달은 후에 선지식을 찾아 인가받는 전통
을 강조하였다. 이 점이 우리나라 조계선풍의 큰 골격이었는데, 이
는 덕이의 선풍에 영향을 받아서다.

덕이는 원元나라 때 선승으로, 고균비구古筠比丘·휴휴암주休休庵主
라고 하였다. 덕이가 활동하던 시대는 송나라가 망하고 원나라로 접
어들 때이다. 덕이는 14세 때 어느 승려의 『반야심경』 독송 소리를
듣고, 승려에게 그 의미를 물었다. 승려는 덕이에게 죽암 묘인竹巖妙
印에게 찾아갈 것을 권유하였다. 죽암은 자신을 찾아온 어린 덕이에
게 "이 일을 잊지 마라. 다시 찾아오는 때가 있을 것이다."라는 말을

남겼다. 이후 덕이는 출가해 여러 스승에게 법을 구하다가 환산 정 응의 법을 받고 법맥을 이었다.

36세의 덕이는 늘 품고 있던 공안에 홀연히 의심이 풀리면서 크 게 깨달았다. 이후 덕이는 늘 사람들에게 "3년간 법답게 수행했는데 도 견성하지 못한다면 이 산승이 대신해 지옥에 들어가리라."라고 할 만큼 확고한 간화선의 선지식이었다. 덕이는 간화선의 무자 화두 를 중시했지만, 대중교화에도 힘을 기울였다. 그 예가 상례와 장례 를 직접 주관함으로써 전란으로 죽어간 이들의 극락왕생을 기원한 것이다. 한편 가혹한 현실에 시달리는 이들을 위해 염불화두를 적극 보급하기도 했다.

"나무아미타불을 염하는 시간을 가리지 말라. 혀는 움직이지 말 고 마음은 맑게 하라. 염불하는 때때로 점검하면서 다음과 같이 생각해 보라. '이 몸은 헛되고 임시로 빌린 것이라 오래지 않아 무 너지리니 나는 그때 어디로 돌아가는가?'"

덕이는 고려의 승려·재가불자들과 서신으로 많은 영향을 끼쳤다. 동안動安거사 이승휴(1224~1301)에게 서신으로 법어를 보냈고, 이승 휴도 답사를 보냈는데, 이 내용이 『동안거사집』에 전한다. 앞에서 언 급한 수선사 10세인 혜감국사 만항(萬恒, 1249~1319)과 일연의 법을 이은 보감국사 혼구(混丘, 1250~1322)도 덕이의 법을 찬탄했다. 특히 1296년에는 충렬왕과 고위관리 10여 명이 원나라에 들어가 휴휴암 을 찾아 덕이에게 법문을 직접 듣기도 하였다. 나옹 혜근은 원나라에 머물 때 덕이와 직접 만나 법거량을 하였다. 한편 덕이가 열반한 이후에도 천희(1307~1382) 등 고려 말기 고승들은 덕이의 유적지를 찾았다.

『몽산화상법어약록蒙山和尙法語略錄』(『몽산법어』)은 조선 초기 신미 信眉 혜각존자(慧覺尊者, 1403~1480)가 한글로 초역抄譯하였다.『몽산 법어』는 현재까지 우리나라 간화선의 지침서로 널리 유통되고 있으 며, 덕이본『육조단경』은 강원교재로 사용되고, 이외『몽산화상육도 보설』,『제경촬요』,『몽산행실기』,『행적기』,『염불화두법』등 그의 모든 저작이 국내에서 발견되었다.

다시 선원사로 돌아가자. 선원사의 첫 사주는 수선사 4세인 진명 국사眞明國師 혼원이고, 선원사 2세는 수선사 5세인 천영 원오국사圓 悟國師이다. 이어서 3세는 자오慈悟국사, 4세는 원명圓明국사 충감(冲 鑑, 1274~1388), 5세는 죽간 굉연竹磵宏演이다. 굉연은 원명국사 충감 의 제자이고, 충감은 수선사 5세인 천영의 제자로서, 선원사에 머물 며 덕이의 선풍을 수용 발전시켰다.

원명국사 충감은 직접 중국으로 건너가 덕이의 제자인 철산 소경 鐵山紹瓊을 만나 함께 고려로 귀국해 철산을 3년간 모셨다. 이후 충 감은 용천사에서 주지를 역임하며 백장 회해의『선문청규』를 발간 하였다. 철산 소경은 고려에 들어와 강화도 선원사에 머물렀다. 철 산이 1304년 7월부터 3년간 고려에 머물 때, 왕·관료·승려·유학자 에 이르기까지 고려인들은 덕이 선사를 대하듯 그에게 가르침을 청 했다.『고려국대장이안기高麗國大藏移安記』에 "부처님을 맞이한 듯 온 나라가 철산을 부처님 모시듯 존숭하고, 머무는 곳마다 사부대중이 구름처럼 모였다."는 기록이 전하는 것으로 보아 몽산 덕이의 선풍이 고려에 미친 영향을 짐작할 수 있다.

(3) 식영 연감

또 강화도 선원사에서 주지를 역임하며, 몽산 덕이의 선풍을 수용해 펼친 승려가 있다. 바로 식영 연감息影淵鑑인데, 그는 선원사를 크게 중창 불사하였다. 연감은 14세기 사굴산문 승려로서 생몰연대가 미상이며, 수선사 13세인 복구와 동시대 인물이다. 연감의 성은 양梁씨로, 이 집안에서 2대에 걸쳐 3명의 승려가 배출되었다. 전라남도 강진의 월남사月南寺 장로를 지냈으며, 말년에 강화도 선원사禪源寺에 오랫동안 머물렀다. 연감을 '식영암息影庵'이라고도 부른다. 선원사 주지로 있던 식영암은 사대부들과도 깊은 인연을 맺어 도속을 교화하는 데도 힘을 기울였다.

1324년 이래 선원사 주지로 주석한 식영암은 몇 해 전에 소실된 비로전을 중건한 뒤 제자인 전인全忍에게 송나라에 가서 비로전의 단청을 위한 채색 재료를 구해 오도록 하였다. 1325년에 비로전을 단청하고 그 동편 벽과 서편 벽에 40개 신중상을 그려 넣었다. 단청을 마치고 나서 식영암은 몸소 「선원사비로전단청기禪源寺毘盧殿丹靑記」를 지었다. 이는 『동문선』권65에 수록되어 있다. 식영암은 또한 일찍이 선원사의 중건을 발원하는 소疏를 지어 올려 선원사를 크게 중수하기도 하였다. 이색李穡이 쓴 행촌杏村 이암(李嵒, 1297~1364)의 비문에는 "이암이 선원사의 식영암과 함께 방외方外의 도반이 되어 절의 경내에 건물을 짓고 편액을 해운海雲이라 했다."는 기록이 있다. 식영암이 지은 글들을 문도들이 모은 것이 『식영암집息影菴集』이다. 『식영암집』은 고려 후기 불자와 유자의 사상적 교유의 흔적을 담고 있는 서적이라는 데에 의의가 있다. 또한 가전체 설화를 통해 삶의 의미와 가치를 일깨워주고 있다는 점에서 높게 평가되고 있다. 현재는 문집 형태로 존재하지 않는다. 『식영암집』은 지팡이를 의인한 가전체 설화 「정시자전丁侍者傳」을 비롯하여 그가 쓴 여러 글들을 모은 것으로 생각된다. 한편 식영암의 글 11편이 『동문선』에 「설說」, 「전箋」, 「소疏」, 「기記」 등의 이름으로 실려 있는데, 이와 같이 『식영암집』이 여러 분야에 걸쳐 관심을 갖고 한 시대의 문화계를 풍미하며 살았던 선사의 살림살이를 담고 있다는 점에서 주목된다.

식염암의 법제자로는 환암 혼수(幻庵混修, 1320~1392)가 있다. 환암 혼수는 이판과 사판에 경륜이 깊은 식영암의 법회에 참석했다가 그에게 감화를 받고 제자가 되었던 것으로 생각된다. 특히 환암은 식염암으로부터 『능엄경』의 진수를 터득한 것으로 기록되어 있다.

(4) 보감국사 혼구

혼구混丘(1251~1322)는 구을丘乙, 호는 무극노인無極老人, 시호는 보감寶鑑국사이다. 부모가 복령사福靈寺 관음보살에게 기도하여 낳았다. 어릴 적부터 탑을 만들거나 벽을 향해 앉아 사색에 잠겼으며, 용모가 단정하고 성품이 자애로워 소미타小彌陀라고 불렸다. 10세 때 무위사無爲寺로 출가해 천경天鏡 선사의 제자가 되었으며, 구산선九山選의 상상과上上科에 수석으로 급제하였다. 이후 『삼국유사』의 저자 일연 선사에게 귀의하였다. 일연과 혼구가 인연되는 기이한 일이 있다. 일연의 꿈에 어떤 승려가 나타나 '자신은 오조 법연(五祖法演, ?~1104, 임제종 양기파 승려로서 무자 화두의 효시)의 아류亞流'라고 말하였다. 그런데 다음날 혼구가 찾아온 것이다. 일연은 그 꿈을 꾸고 난 뒤에 혼구가 찾아온 것을 이상하게 여겼다. 한참 세월이 흘러 혼구가 영민하고 부지런한 모습에 감탄하고, 제자들에게 "내가 옛날 꾼 꿈이 징험이 있구나."라고 하였다. 이후 일연의 뒤를 이어 강석講席을 열어 승가의 모범이 되었다. 일연이 입적한 뒤에 혼구가 주관하여 일연의 비문을 세웠다.

혼구는 1284년 국청사國淸寺의 금탑金塔 속에 불아佛牙를 봉안하는 경찬법회慶讚法會에 참석하였으며, 1289년 이후 운문사·내원당內院堂·연곡사·보경사 주지를 역임하였다. 충렬왕이 '대선사' 품계를 내렸다. 충선왕이 즉위하여 양가도승통兩街都僧統을 제수하고, 대

밀양 영원사지에 모셔진 보감국사 묘응탑비. 8각의 평면을 기본형으로 하고 있다.

사자왕법보장해국일大師子王法寶藏海國一이라는 호를 내렸다. 1313
년 충숙왕이 즉위하면서 감지왕사鑑知王師로 임명하였다. 2년 후 은
퇴하여 밀양 영원사瑩源寺에 머물다가, 말년에 송림사松林寺로 옮겨
임종게를 남기고 좌선한 채로 입적하였다. 그의 임종게는 다음과 같
다. "가시나무 숲에 태어나 험한 시대를 살아왔네. 오늘 가는 길, 과
연 어디인가? 흰 구름 끊긴 곳이 청산인데, 떠나는 사람 다시 그 청
산 밖에 있네."

혼구도 몽산 덕이의 선풍을 적극적으로 수용하였다. 선사는 덕이
가 직접 지어 서신으로 보낸 무극설無極說의 뜻을 터득하고, 무극을
자신의 호로 삼아 '무극노인無極老人'이라고 하였다. 저술로는『어
록』3권,『가송잡저歌頌雜著』2권,『신편수륙의문新編水陸儀文』2권,
『중편염송사원重編拈頌事苑』30권 등이 있으나 모두 현존하지 않는
다. 밀양 영원사지에 온전한 형태는 아니지만 국사의 탑과 탑비가
있다. 혼구의 제자로 태고 보우와 나옹 혜근이 있다.

(1) 사회적 배경

고려는 원나라에 대항해 오랫동안 항전을 하였지만, 결국 패배하였다. 동시에 최씨 무신정권이 붕괴되고 왕정이 복구되었으나, 그 후 고려는 원의 지배를 받게 되었다. 고려에는 몽고 풍속이 많이 들어왔다. 고려 왕은 원의 공주와 결혼하여 원 황제의 부마가 되었고, 왕실의 호칭과 격이 자주국에서 제후국으로 격하되었다. 아울러 관제도 개편되었고, 역시 격이 낮춰졌다. 또한 고려는 더 이상 국왕에게 황제의 칭호인 묘호(태조·혜종·광종·의종·신종·희종·강종과 같은 조·종 호칭)를 붙일 수 없게 되었고, 6대 왕들은 원나라에 충성한다는 의미로 '충'자를 붙여 충렬왕·충선왕*·충숙왕·충혜왕·충목왕·충정왕으로 불리게 되었다. 한편 원나라는 일본 공략을 목적으로 설치한 정동행성征東行省을 통하여 고려를 직·간접적으로 지배하면서 고려의 정치에도 간섭하여 원의 속국이나 다름없었다.

　오랜 전쟁이 끝나고 사회가 변화되고 안정되면서 새로운 지배 세

---

* 1320년에는 원나라에 머물던 충선왕이 티베트로 2년간 유배를 갔다. 당시 티베트에서는 충선왕을 위해 기도법회를 열어주기도 하였다.

력이 등장하였다. 이러한 여러 변화는 지배 체제의 혼란을 초래했고, 이것은 또한 사회·경제면에서 새로운 양상으로 나타났다. 농장이 확대됨에 따라 국가의 공전公田이 침식되고 이에 따라서 국가재정의 곤궁과 궁핍이 초래되었다. 이때 권문세족이 등장하였는데, 고려 전기부터 있던 문벌귀족 일부와 무신 집권기에 성장한 가문, 그리고 몽고어 통역관이 출세하는 등 몽고와의 친선 관계를 통해 새로 등장한 가문으로 구성되었다. 권문세족은 권력을 앞세워 민중의 토지를 빼앗아 광대한 농장을 만들고 양민을 억압해 노비로 삼는 등 사회 모순을 다시 격화시켜 고려의 정치는 비정상적이었다. 권문세족의 불법행위로 말미암아 피해를 입은 일반 백성들은 살던 곳을 떠나 떠도는 신세가 되었고, 이것은 국가의 통치 질서를 위협하는 수준에 이르렀다.

무신정권으로 말미암아 기존의 귀족정치가 붕괴된 이후 새로운 관료층이 등장하였다. 그들은 학문적인 교양을 갖추었으며, 또한 정치 실무에도 능한 사대부들이었다. 이들의 사회 진출은 드디어 고려의 정치적 대세를 일변시켰다. 권문세가들 세력은 원나라의 강대한 세력을 배경으로 하였다.

그러나 명나라가 흥기하고 원나라는 점차 쇠퇴하였다. 명나라가 일어나기 시작하는 이런 원·명 교체기에 공민왕이 즉위하였다. 원나라에서 돌아온 공민왕은 자주적이고 혁신적인 개혁정치를 단행했다. 대외적으로는 반원反元 정치가 시작되었고, 대내적으로는 권문세가를 무력화시키는 두 가지 정책이었다. 후에 신돈辛旽을 등용하여 국정을 관할하게 하였다.

신돈은 권문세가 출신들을 축출하고, 문벌이 변변치 못해도 능력 있는 자를 등용하였다. 또한 전민변정도감을 설치하여 권문세가의 경제적 기반을 박탈하였다. 이러한 공민왕의 개혁은 권문세가의 반대로 만족할 만한 성과를 거두지 못한데다 홍건적과 왜구의 잇단 침략으로 개혁 정치는 실패로 끝났다. 그 결과 신진사대부와 무인세력이 형성되었다. 이런 고려 말기에 불교계는 세 명의 선사가 등장하게 된다.

(2) 불교사적 배경

그렇다면 고려 말기의 불교는 어떠했는가? 백련사(천태종의 결사)도 귀족불교적인 성향으로 기울어지면서 국가의 안녕을 빌어주는 원찰로 전락하였고, 해인사를 기반으로 화엄종단이 활동했지만 미비했다. 법상종 계통에서 충렬왕 이후 국사 및 왕사를 배출했지만 불교의 역할이 저조한 편이었다. 그나마 고려 중기부터 시작된 수선사(사굴산문)가 명맥을 유지하고 있었고, 가지산문이 등장하여 선종을 주도했으나 힘을 발휘하지는 못했다.

이런 가운데서도 희미하나마 고봉 원묘(高峰原妙, 1238~1295)의 『선요禪要』와 몽산 덕이(夢山德異, 1231~1308?)의 선풍이 진작되고 있었다. 덕이본 『육조단경』과 『몽산법어』가 간행되었고, 사굴산문이나 가지산문 선사들이 몽산 덕이의 간화선 선풍을 적극적으로 수용하였다. 정치적으로나 대외적으로 혼란한 이 시기에 세 명의 선사가 등장했는데, 태고 보우·나옹 혜근·백운 경한이다.

44 | 대한불교조계종의 중흥조, 태고 보우

(1) 한국 선사상적 위치에서 본 태고 보우

조계종 종헌(제2장 6조) 종법에 의하면, "본종本宗은 신라 헌덕왕 5년
(813)에 조계 혜능의 증법손 서당 지장에게서 심인心印을 받은 도의
道義국사를 종조宗祖로 하고, 고려의 태고 보우국사를 중흥조로 하여
청허와 부휴 양 법맥을 계승한다."라고 명시되어 있다.

　고려 말기 태고 보우(太古普愚, 1301~1382)가 남긴 업적이나 사
상은 한국 선사상적 측면에서 매우 중요한 역할을 차지한다. 그런
데 이 보우에 대한 평가는 학자에 따라 양분된다. 타락한 고려 말기
의 한국선을 중흥시킨 중흥조로 보기도 하지만, 권력승이라는 이미
지 또한 벗어나지 못하고 있다. 하지만 보우 선사는 한국선의 정체
성 성립에 중흥조 역할을 하였으니, 선사에 대해 이 점만큼은 과소
평가될 수 없다. 중앙승가대 전 총장 종범 스님은 "세간 속에서 중생
의 구염垢染이 없이 중생과 함께하는 화광동진和光同塵이 태고 스님
의 선풍禪風이다."라고 하였고, 열반한 성철 스님은 "달마는 서천에
서 동토에 법을 전하였으니 동토의 초조初祖가 되며, 태고 보우는 중
국에서 해동으로 등불을 전하였으니 해동의 종조가 된다."라고 평하
였다.

(2) 보우의 출가와 3차에 걸친 깨달음

보우는 나옹 혜근과 같은 시대의 인물이다. 이전 신라 말 고려 초기 선사들은 중국의 스승 문하에서 공부한 뒤 인가를 받고 법을 받아왔다. 하지만 보우는 오롯이 깨달음의 인가를 받고자 중국에 가서 임제종의 법맥을 받은 특수한 경우이다. 이런 점에서, 고려 말기 선사들은 중국의 임제종 승려들과 교류가 빈번했으며, 보조 지눌의 선사상이 후대까지 영향을 미쳤음을 유추해 볼 수 있다.

태고 보우 진영(봉암사 조사전)

태고 보우는 성은 홍씨이고, 법명은 보허普虛, 호는 태고太古이다. 경기도 홍주洪州 출신이다. 아버지는 홍연洪延, 어머니는 정씨이며, 해가 품에 들어오는 태몽이 있었다. 13세에 출가하여 양주 회암사檜巖寺 광지廣智*의 제자가 되었고, 얼마 뒤 가지산문으로 입문하였

---

* 광지 대선사廣智大禪師는 속명이 왕지인(王之印, 1102~1118)으로 고려 예종의 아들이다. 9세 때 혜소慧炤국사에게 의탁하여 15세에 승과에 급제하고, 18세에 법주사 주지가 되었다. 1127년에 삼중 대사三重大師, 1132년에 선사禪師, 1147년에 대선사大禪師가 되었다. 지륵사智勒寺·금강사金剛寺 등에 머물렀고, 선과 교리에 해박했으며, 고체시古體詩에도 뛰어났다.

다. 19세부터 만법귀일萬法歸一 화두를 혼자서 참구하여 깨달음의 첫발을 내딛었다. 26세의 보우는 화엄선華嚴選에 합격한 후 경전을 열람하면서 깊이 연구하였다. 그러나 보우는 경전은 방편일 뿐 참다운 수행이 되지 못한다는 것을 깨닫고 참선에 전념하였다. 이 점은 나옹 혜근과 비슷하게 사교입선捨敎入禪이라고 볼 수 있다.

1333년 33세의 보우는 성서 감로암甘露庵에서 7일 동안 용맹정진에 들었다. 이때 푸른 옷을 입은 두 아이가 나타나서 더운 물을 권하였는데 받아서 마셨더니 감로수였으며, 그때 홀연히 깨친 바가 있었다. 이때 1차 깨달음을 경험한 것이다. 보우가 예전부터 만법귀일 화

두를 놓지 않은 점으로 보아 이 화두 참구를 통해 정각을 이루었다고 볼 수 있다. 1337년 37세 때 보우는 불각사에서 『원각경』을 읽다가 "일체가 다 사라져버리면, 그것을 부동不動이라고 한다."는 구절에 이르러 모든 알음알이(知解)가 타파되었다. 바로 2차 깨달음인 것이다. 그 뒤 38세에 송도의 전단원栴檀園에서 조주의 무자 화두를 참구하여 마침내 크게 정각을 이루었다.

그 뒤 양근楊根의 초당에서 어버이를 봉양하며 1,700칙 공안을

태고보우 원증국사탑(고양시 태고암과 중흥사 부근)

보우는 고양 삼각산 중흥사에 오랜 기간 머물렀다.(비각은 중흥사 옆 태고암)

점검하였는데, 어떤 공안에도 전혀 막힘이 없었다. 그러다 '암두밀계처巖頭密啓處'에서 오랫동안 막혀 있었는데, 홀연히 그 뜻을 깨달았다. 1339년 소요산 백운암白雲庵에서 머물렀고, 이때 「백운가」를 지었다. 보우는 41세 때인 1341년(충혜왕 복위 2)에 삼각산 중흥사重興寺에서 후학들을 지도하였고, 중흥사 동쪽에 태고암太古庵을 지어 이곳에서 5년 동안 머물렀다. 이때 영가 현각(永嘉玄覺, 665~713)의 「증도가證道歌」에 견주어서 그 유명한 「태고암가」 1편을 지었다.

(3) 보우의 중국 행적 및 법맥 인가

보우는 중국 승려인 무극無極을 만났다. 무극은 보우의 행업이 순일함에 감복하여 '원나라로 들어가 임제종의 18대손인 석옥 청공(石屋淸珙, 1272~1352)을 만나 인가받을 것'을 권유하였다. 1346년 46세 때 보우는 원나라로 건너가 연경燕京의 대관사大觀寺에 머물렀다. 마침 황제 생일 때, 보우는 왕궁으로 초청되어 경을 설하였다. 그 다음해, 보우는 남소南巢의 축원성竺源盛을 찾아갔는데, 선사는 벌써 입적했다. 마침 보우는 축원성의 문인인 홍아종弘我宗·월동백月東白 두 사람을 만나 서로 선문답을 나누다가 그들로부터 역시 '이 시대 강호江湖에는 석옥 청공뿐'이라는 말을 들었다.

보우는 1347년 7월에 중국 절강성浙江省 호주湖州 하무산霞霧山 천호암天湖庵으로 가서 임제종 18대 법손인 석옥 청공을 만나 그의 문하에서 보름 정도 머물렀다. 보우는 청공에게 「태고암가」를 올렸고, 청공으로부터 그의 선적 경지를 인정받고 인가를 받았다. 청공은 보우에게 "불법이 동방으로 건너갔다(佛法東矣)"라며 그를 칭찬한 뒤에, "노승이 오늘에야 3백 근의 무거운 짐을 놓아버려서 그대에게 대신 걸머지게 하니, 두 다리를 편히 뻗고 자게 되었다(老僧今日旣已 放下三百斤 檐子遞你檐了且展脚睡矣)."라고 하였다. 청공은 「태고암가」에 발문을 지어주고, 가사를 주면서 이렇게 말했다.

"이 가사는 오늘의 것이지만 법은 영축산에서 흘러나와 지금에 이른 것이다. 지금 이것을 그대에게 전하노니 잘 보호하여 끊어지지 않게 하라."

보우는 청공의 문하를 떠나면서 이별의 아쉬움을 표현한 '사석옥화상辭石屋和尙'을 지어서 청공에게 올렸다. 보우는 여기서 '법을 전수한 은혜는 분골쇄신해도 다 갚을 길이 없다'는 성의를 담았다. 필자는 근래에 절강성 호주 천호암을 다녀왔다. 그래서인가 보우가 스승과 이별했을 그 날 그 시간에 함께 있는 느낌이다. 이 암자는 해발 1,000여 미터 정도 되는 곳에 위치하는데, 결코 쉽지 않은 여정이었다. 그 옛날 우리나라 선사들이 스승을 뵙고자 걸었을 그 험한 길을

절강성 호주 하무산 석
옥 청공의 절인 천호암
(현 운림선사)

걸으면서 우리나라 선사들의 구도심에 감사드렸다.

보우는 그해(1347년) 10월 무렵 다시 연경으로 돌아왔다. 그런데
벌써 보우가 청공으로부터 법맥을 받았다는 소문이 원나라에 퍼져
있었다. 보우가 도착하자, 연경의 장로들이 환영해 주었으며, 대신
들은 황제에게 상소를 올려 '보우를 영녕사永寧寺 주지로 봉할 것'을
청하였다. 보우는 영녕사의 주지를 받아들여 개당법회를 하였다. 당
시 보우가 3일3야三日三夜로 행한 영녕사의 법회가 얼마나 성대했는
지는, 법회를 직접 목도하고 그 체험한 것을 서술한 『박통사언해朴通
事諺解』에 자세히 기록되어 있다. 마침 고려의 공민왕이 보우의 이런
모습을 지켜보았다.

공민왕(1351~1374 재위)은 유년 시절 원나라에서 자랐다. 공민왕
은 '다시 고려에 돌아가 왕위에 오르면, 반드시 보우를 스승으로 모
시겠다'는 서원을 세웠다. 공민왕은 원나라의 공주인 노국과 결혼해
고국으로 돌아와 고려 31대 왕위에 올랐다. 공민왕이 왕에 즉위한
뒤 14년간 보우와 공민왕은 스승과 제자로서의 인연이 되었다. 공민
왕은 보우에게 홍건적 침입에 대한 대비나 한양 천도에 대해 고견을
물었고, 인재를 등용하는 일에도 선사의 의견을 묻는 등 국정 전반

에 관해 의견을 나누었다.

(4) 보우의 활동

1348년, 48세의 보우는 귀국하여 중흥사에 머물렀으며, 도를 더욱 깊이 수행코자 미원迷源의 소설산(小雪山: 현 경기도 양평)으로 들어가 4년 동안 농사를 지으며 보림하였다. 이때 '산중자락가山中自樂歌'를 짓기도 하였다. 1352년(공민왕 1) 궁중에서 설법하였으며, 경룡사敬龍寺에 있었는데, 홍건적의 난을 피해 소설산으로 옮겼다.

1352년 왕의 청으로 봉은사에서 설법하였고, 그해 4월 왕사王師로 책봉되어 광명사에 머물렀다. 보우는 왕사로서 광명사에 원융부圓融府를 설치해 구산선문의 통합을 꾀하며 불교의 여러 교단을 통합하고자 노력하였다. 그러면서 보우는 승가의 계율을 강조코자 백장청규 사상을 강조하였지만 교단 통합으로의 결실은 이루지 못했다. 보우는 사찰의 주지 임명권과 불교계를 통괄하는 권력을 가지고 있었다. 보우가 최고의 승직을 가지고 있었으나 결코 권력에만 머물러 있던 것이 아니다. 그는 수행 터인 소설산으로 돌아가 많은 제자들을 지도하였고, 간화선의 체계를 정립하였다.

태고 보우 원증국사 석종비(경기도 양평 사나사)

1359년(공민왕 8)에 신돈이 정치계에 표면화되기 시작했다. 신돈은 공민왕과 밀착되어 국정 전반에 걸쳐 참여하며 정치 일선에 나섰다.

1362년 보우는 희양산 봉암사鳳巖寺에 머물렀고, 다시 1363년 가지산 보림사로 옮겼다. 보우는 신돈을 경계하는 글을 올리고 전주 보광사普光寺에 가서 머물렀다. 1368년 신돈은 보우가 갖고 있던 사찰 임명권이나 불교계를 통괄하는 일을 도맡았다. 공민왕이 신돈과 점차 밀착 관계를 이루면서 신돈의 모함으로 보우는 속리산에 금고되었다.

이듬해 신돈이 죽임을 당하고, 공민왕은 보우의 고향인 홍주洪州를 목牧으로, 모친의 고향인 익화현益和縣을 양근군楊根郡으로 승격시키고, 그를 왕사로 책봉하였다. 공민왕은 보우를 영원사의 주지로 임명했는데, 보우가 사양하자 왕은 보우로 하여금 소설산에 있으면서 영원사에 머물 것을 청했다. 1381년, 보우는 양산사陽山寺로 옮겼으나 우왕이 다시 국사로 봉하였다. 1382년, 82세에 보우는 소설산으로 돌아가서 "사람의 목숨이란 물거품처럼 공허한 것, 팔십여 년이 꿈속에서 지나갔네. 임종하는 오늘, 이 몸 버리니 둥근 해가 서봉에 지네."라는 임종게를 설하고 입적하였다. 세수 82세, 법랍 69세였다. 보우의 탑과 탑비는 삼각산 중흥사에 모셔져 있으며, 또한 양평 사나사에 탑과 탑비(舍那寺圓證國師石鐘碑)가 모셔져 있다. 사나사의 비문은 정도전이 지은 것이다.

(5) 보우의 선사상
보우의 선사상은 오롯이 간화선 지향이지만, 법어를 통해 그 사상적 면모의 대강을 보자.

첫째, 사교입선捨敎入禪적인 측면이다. 지눌이 선교일치를 주장했던 반면, 보우는 오롯이 선만을 강조하였다. 『태고록』 「의선인宜禪人에게 내린 법어」에 이런 내용이 있다. "부처나 조사들이 전한 묘한 선은 경전 같은 문자나 언어에 있는 것이 아니다. 경전의 문자는 다만 중하근기를 위하여 심지를 가르쳐 주는 방편에 불과하다. 그러니 그것들을 버리고 오직 단 하나의 화두만을 참구하며, 소득이 있으면 조사를 찾아가 확인을 받으라." 또한 "공부에 진척이 없다면 선지식을 찾아가 확인을 받아야 하며, 화두를 참구하는 과정에서 어떤 알음알이(知解)도 용납치 말라."

둘째, 염불에서는 유심정토唯心淨土, 자성미타自性彌陀 등 자력적인 염불선을 강조하였다. 혜근은 염불에서 타력과 자력적인 면을 함께 강조하나, 보우는 자력적인 면만 강조하였다.

셋째, 간화선을 지향하였는데, 오로지 화두 챙길 것을 강조하였다. 보우가 강조한 몇몇 화두를 보자. ①보우는 조주의 무자 화두 참구를 강조하였다. 보우는 무자 화두가 간화선 수행 중에 최고이며, 이 무자 화두가 간화선의 출신활로이며, 선이 지향하는 유일한 길이자 최고의 경지라고 강조했다. ②보우는 19세부터 '만법귀일萬法歸一 일귀하처一歸何處' 화두를 혼자서 참구하였다. 보우는 만법귀일을 강조하면서 다음 법어를 내릴 정도였다. "그 하나는 곧 일물一物에 해당하며, 일물은 곧 만법이며, 만법이 곧 일물이다. 이러한 만법과 일물을 중도관으로 관하는 만법귀일의 화두는 곧 일물을 깨닫게 하기 위함이다." "놓아라! 망상하지 말라! 이것이 여래의 대원각이다. 하나 속에 일체이고 일체 속에 하나, 하나도 없는 데서 항상 또렷하네." ③『태고화상어록』에 담긴 몇몇 선시 및 법어를 보자.

"인간을 비롯한 모든 것은 파괴되어 없어지는데,
그 파괴되어 없어진 것은 어느 곳에 존재하는가?"

태고 보우 진영(경기도 양평 사나사)

"생각을 내기 전에 틀렸고 입을 열려할 때 더욱 부질없다.
비 오고 서리 온 봄가을이 얼마인데
어찌 한가롭게 오늘을 알겠는가.
거친 밥 고운 밥 모두가 제각각 먹으니
운문의 호떡과 조주의 차인들
어찌 이 암자의 무미식無味食만 하랴."

"한 물건이 있으니 밝고 또렷하여 거짓 없고 사사로움 없어 고요히 움직이지 않으면서 대영지大靈知가 있다.
본래 생사가 없고 분별이 없고 언설이 없다.
이 한 물건은 모든 사람이 구족具足하고 있다.
일상생활 속에서 분명하고 또렷하다.
낱낱 것에서 밝고, 어느 물건이든 각각에 나타나니
모든 일에 변함없이 밝게 나타남을 방편으로 '마음'이라 하고,
'도'라 하며, '만법의 왕'이라 하고, '부처'라 한다."

333

(6) 보우와 지눌의 행적 및 선사상 비교

보우와 지눌은 우리나라 선을 대표하는 양대 산맥이다. 두 선사의 사상을 비교해 보면 이러하다.

	보조 지눌	태고 보우
산문	사굴산문	가지산문
법맥	지눌은 고려를 벗어나지 않았으며, 중국의 법맥을 받지 않음.	보우는 중국에 가서 인가를 받고 임제계 법맥을 받음(이 점으로 인해 '누가 한국의 종조宗祖냐?'를 갖고 학문적으로 거론됨).
선교관	선교일치(지눌은 간화선을 수행법으로 하면서도 화엄이나 불교 교학을 적극적으로 수용)	오롯이 선만 강조(보우는 간화선만을 최고의 선이라고 함).
간화선	지눌은 간화경절문을 통해 화두의 요긴함을 강조하였고, 제자 혜심도 『선문염송집』을 통해 지눌의 가르침을 진작함.	천편일률적으로 무자 화두를 강조했을 뿐 간화선에 대한 보우의 독특한 일면은 드러나지 않음.

(7) 보우와 신돈

보우와 신돈은 영원한 평행선에 서 있다. 당시 같은 세대의 인물로 신돈과 보우는 원만한 관계가 아니었다. 신돈은 역사상 '요승妖僧'이라는 이미지로 평가받고 있다. 역사는 승자의 편! 신돈을 재해석해 평가하다 보면 자연적으로 보우에 대한 평가가 낮아질 수밖에 없다. 하지만 보우는 결코 평가절하될 수 있는 인물이 아니다. 단지 역사를 있는 그대로 보기로 하자.

공민왕(恭愍王, 1351~1374 재위)은 어린 시절 원나라로 건너갔는데,

	태고 보우	신돈
역사 기록	보우는 즉금에 '조계종 종헌 종법에 태고 보우국사를 중흥조'로 명시되어 조계종의 큰 선지식으로 남아 있음.	'요승妖僧'·'괴승乖僧'으로 기록됨.
출신	귀족 출신인 홍주 홍씨 가문으로서 보우는 원나라에 가서도 황제와 귀족들로부터 환대받음.	모친이 사찰의 노비로 천민 출신.
면모	보수파인 친원親元 세력과 친분 관계	서민 입장의 승려 출신 정치인
정치 적 행보	보우는 공민왕에게 홍건적 침입 대비, 한양 천도, 인재 천거 등을 건의하였고, 공민왕은 대체로 이를 수용하였다. 보우는 공민왕의 정신적 지주 역할을 함. 자연스럽게 보우는 사찰의 주지 임명권과 불교계를 통괄하는 승권을 갖고 있었으며, 광명사에 원융부를 설치해 종단의 화합을 꾀함.	'전민변정도감'이라는 토지개혁 관청을 두어, 당시 귀족이던 권문세족들이 양민들로부터 빼앗은 토지를 각 소유자들에게 돌려줌. 또한 노비로서 자유를 얻고자 하는 이들에게는 양인으로 신분을 상승시켜 줌. 국가재정을 관리하고 민중 편에 섰던 신돈은 민중이나 노비들에게는 인심을 얻음.

거기서 정략 결혼한 원나라 황족인 노국공주와 함께 고려로 돌아왔다. 이 공주가 아기를 해산하다 죽자, 공민왕은 모든 일에 흥미를 잃고 정사에 관여치 않았다. 이때 등장한 승려가 편조遍照인데, 바로 신돈(辛旽, ?~1371)이다. 그는 무인 김원명의 추천으로 기용되어 공민왕의 두터운 신임을 받았다. 신돈은 1365년(공민왕 14) 공민왕으로부터 진평후眞平侯라는 봉작을 받아 정치개혁을 단행했다. 곧 외부로는 공민왕을 도와 반원反元 세력을 키워 나갔고, 내부적으로는 혼탁한 사회적 폐단을 타개하는 데 중점을 두었다.

당시는 보수세력인 권문세족과 진보적인 사대부로 나뉘어져 있었다. 권문세족은 불법으로 대농장과 토지, 노비 등을 소유하였다. 이에 신돈은 '전민변정도감田民辨整都監'이라는 토지개혁 관청을 두어, 당시 귀족이던 권문세족들이 양민들로부터 빼앗은 토지를 각 소유자들에게 돌려주었다. 또한 노비로서 자유를 얻고자 하는 이들에게는 양인으로 신분을 상승시켜 주었다. 국가재정을 관리하며 서민 편에 섰던 신돈은 민중이나 노비들에게는 인심을 얻은 반면, 권문세족들과 사대부들의 질시와 미움을 한 몸에 받았다. 결국 이제현·이색 등 유학자와 권문세족들의 반발로 반역죄라는 죄명을 쓰고 죽음을 당했다. 신돈이 죽은 뒤 3년 만에 공민왕 또한 서거하여 고려의 자주회복이 좌절되었고, 결국 고려는 망하게 된다. 한편 공민왕의 뒤를 이은 우왕禑王은 신돈의 아들이라는 설로 죽임을 당하였다. 신돈의 활동 기간은 6년 정도의 짧은 시간이었지만, 이 기간에 추진된 개혁을 통해 다음 시대를 이끌어 갈 신진 사대부들이 성장할 수 있었다고 역사가들은 보고 있다.

45 | 세계 최초 활자본 『직지심경』의 저자, 백운 경한

영국인들은 "셰익스피어를 인도와도 바꾸지 않겠다."라고 하였다. 식민지 시대에 제국주의자들은 땅덩어리를 최고로 여겼지만, 그보다 문화가 더 소중한 유산이라는 뜻일 게다. 한 사람의 문화적 가치가 어떤 재물보다 귀중함을 의미한다. 중국의 문화평론가인 위치우위(余秋雨, 1946~)도 망명하고 싶었지만, 자국의 당시唐詩에 대한 애착 때문에 고국을 떠나지 않았다고 한다(이 점은 앞에서도 한번 언급함). 이처럼 한 국가의 문화 가치는 재화로 계산할 수 없는 귀중한 보물이다. 백운 경한의 저서인 『직지심경直指心經』은 세계 최고最古 활자본으로 인정받아 2001년 유네스코 세계기록유산으로 등재되었다. 이는 우리나라의 문화적인 가치가 하이클래스임을 드러낸 흔적이다.

2001년 유네스코 세계기록유산으로 등재된 『직지심경』 증서 (청주 인쇄박물관)

(1) 경한의 행적

백운 경한(白雲景閑, 1298~1374)은 태고 보우(1301~1382)·나옹 혜근(1320~1376)과 같은 시대의 인물이다. 경한은 전북 고부 출신으로 호는 백운白雲이고, 10세를 전후로 출가하였다. 그런데 출가 이후 50대 초반까지의 행적은 거의 보이지 않는다. 그의 행적은『백운화상어록』과『고려사』에 단 한 편의 기사만이 전할 뿐이다.『고려사』권54「오행지」에 의하면 "1346년(충목왕 2) 5월에 경한이 왕명을 받들어 국가설행 기신제忌晨祭를 주관했다."는 내용이 전한다. 이 점으로 봐서 경한의 50세 이전 행적을 두 가지로 추론해 볼 수 있다.

첫째는 선사가 후에 활동한 수행력이나 선어록 편찬으로 보아 젊었을 때에 여러 곳을 행각하며 수행했을 것으로 판단된다.

둘째는 경한이 왕명으로 불교 행사를 주관하는 주관자인 것으로 보아 당시 경한이 불교계 내에서 어느 정도의 위치나 위상을 갖고 있었음을 의미한다.

경한은 53세 때인 1351년 원나라에 가서 절강성浙江省 호주湖州 하무산霞霧山 천호암天湖庵에 주석하고 있던 임제종 18대 법손인 석옥 청공(石屋淸珙, 1272~1352) 문하에 머물렀다(이 시기에 태고 보우는 이미 3년 전에 법통을 받고 고려에 돌아감). 경한이 청공에게 육조 혜능의 '비풍비번非風非幡' 공안을 묻자, 청공은 '막착상호莫着相好'라고 답하였다. 경한은 천호암에서 여러 달 머물다가 떠났는데, 이때 스승으로부터 법을 받지 못했다. 아마도 선사께서 깊은 깨달음의 경지에는 이르지 못했던 것으로 보인다.

그런데 경한이 고려로 귀국한 다음해인 1352년 정월달에 큰 깨달음을 얻는다. 즉 영가 현각(665~713)의 『증도가』 중에서 "망상을 버리려 하지도 말고, 진심을 찾으려 하지도 말라. 무명의 실성實性이 곧 불성이요, 환화공신이 곧 법신이다(不除妄想 不求眞 無明實性 即佛性 幻化空身 即法身)."라는 내용에서 무심역용無心力用의 전체가 현성함을 깨닫는다.

경한은 스스로 "만일 그때(청공을 참문했을 때)에 무념의 참뜻을 내게 가르쳐 주지 않았더라면 어떻게 이런 큰 깨달음을 얻을 수 있겠는가?"라고 하면서, 청공 문하에 있을 때는 깨닫지 못했지만 훗날 깨달으면서 청공에게 감사의 뜻을 표현했다. 곧 경한은 임제종의 선법禪法을 전해 받은 것이다. 그의 깨달음의 게송은 "곧 내 마음에 맺혔던 의심은 얼음처럼 풀리고, 무심의 위없는 참뜻을 깊이 믿게 되었다(即我心疑願然永釋深信無心無上眞宗)."이다.

석옥 청공은 입적하면서 전법게(傳法偈, 辭世頌)를 지어 제자 법안法眼을 통해 경한에게 전했다. 즉 1354년(공민왕 3) 6월, 법안이 해주 안국사에 있던 경한에게 전법게를 직접 전한 것이다. 사세송의 내용은 다음과 같다.

백운을 사고 청풍을 팔았더니,

가세가 텅 비어 뼛속까지 궁핍하다.

한 칸의 초가집만 남았으니,

떠날 때가 되어 병정동자丙丁童子에게 주노라.

白雲買了賣淸風 散盡家私徹骨窮 留得一間茅草屋 臨行付與丙丁童.

『직지심경』은 경한이 입적한 지 3년만인 1377년 청주 흥덕사에서 금속활자
로 인쇄되었다.(경주 흥덕사지)

이 사세송은 해석에 따라 다르지만, 청공이 경한에게 법을 부촉한
것이라고 본다. 청공이 의도적으로 경한에게 전했기 때문이다. 또한
경한은 인도 출신 승려인 지공指空 화상에게서도 법을 받았다.

58세 때인 1355년, 나옹 혜근의 추천으로 경한은 해주 신광사神光
寺에 머물렀다. 이후 선사는 개풍 오관산 흥성사興聖寺, 김포 고산사
孤山寺 등지에 머물렀다.

1370년, 72세의 경한은 공부선功夫選의 시관試官이 되어 불교계
를 지도하였다. 77세에 경한은 여주 천녕川寧 취암사鷲巖寺에서 입
적하였다.* 저서로는 『백운화상초록불조직지심체요절白雲和尙抄錄佛
祖直指心體要節』, 『백운화상어록』 등이 있다. 어록은 제자 찬영(璨英,

---

* 경기도 여주 혜목산에 있던 절이다. 취암사지는 우두산(옛 혜목산) 정상부 남쪽
  에 위치하며, 이곳에 3단의 평탄대지와 각종 석조물들이 확인되고 있다.

1328~1390)이 기록하였다. 『직지심체요절』은 선사가 입적한 지 3년 만인 1377년 청주목의 흥덕사興德寺에서 금속활자로 인쇄되었다.

(2) 경한의 선시에 드러난 사상

경한의 선사상에는 조사선과 간화선이 함께 드러나 있다. 태고 보우가 간화선의 체계를 수립한 반면, 경한은 무심선無心禪의 선풍이다. 특히 무심을 읊은 「무심가無心歌」를 보자.

> 고요한 흰 구름은 허공에 일어났다가 사라지고,
> 잔잔히 흐르는 물은 큰 바다 복판으로 흘러든다.
> 물은 굽거나 곧은 곳을 만나도
> 언짢다고 불평하거나 좋아하지 아니하고,
> 구름은 스스로 뭉쳤다가 스스로 풀어져
> 친하다거나 서먹하지 않는다.
> 모든 것은 본래 고요해 '나는 푸르다 누르다'고 말하지 않는데,
> 사람들이 제각기 분주하게
> '이것이 좋고 저것은 나쁘다'는 분별심을 낸다.
> 경계에 부딪혀도 구름이나 물처럼 무심하듯이 세상에 살면서
> 마음이 자유로이 무심하면, 서로 서로 불편하지 않으리.
> 만일 사람 마음을 써서 억지로 이름 지어 명명하지 않으면,
> 좋고 나쁘다는 망상분별이 어디서 일어나겠는가!
> 어리석은 사람은 경계만 버리고 마음은 버리지 못하며,
> 지혜로운 사람은 마음을 버리고 경계를 버리지 못하니

마음을 버리면 경계는 저절로 고요해지고,

경계가 고요해지면 마음은 저절로 동요하지 않나니,

이것이 바로 무심의 참된 뜻이다.

白雲澹靜 出沒於大虛之中 流水潺湲 東注於大海之心 水也遇曲遇
直 無後無比 雲也自卷自舒 何親何疎 萬物本閑 不言我靑我黃 惟人
自鬧 强生是好是醜 觸境心如雲水意 在世縱橫有何事 苦人心不强
名 好醜從何而起 愚人忘境不忘心 智者忘心不忘境 忘心境自寂 境
寂心自如 夫是之謂無心眞宗.

경한의 임종게에도 조사선적 무심이 드러나 있다.

인생 70세면, 예로부터 희유한 일이다.

77년 전에 왔고, 77년 만에 돌아간다.

곳곳이 모두 비어 있는 길이요, 곳곳이 모두가 고향이로다.

이 몸 본래 있지 않았고, 마음 또한 머묾이 없으니

재로 만들어 시방에 뿌릴 것이요, 남의 땅 차지해 매장하지 말라.

人生七十歲 古來亦希有 七十七年來 七十七年去 虛濫皆歸路 頭頭
是故鄕 我身本不有 心亦無所住 作灰散十方勿占檀那地.

또한 차와 관련된 다시茶詩가 있다. 그의 소박하고 고절함이 담겨
있다.

차 마실 손님이 있으면 / 어서 와요, 어서 와. (『백운화상어록』)

어느 분이 지시했을까 / 내 마음도 바로 그대라네.

차 끓이는 일은 내가 할 테니 / 그대는 식사나 하게. (『직지심경』)

(3) 경한에 대한 재발견

백운 경한은 동시대의 인물인 보우나 혜근에 비해 상대적으로 낮게 평가되고 있다. 하지만 보우·혜근과 관련해 독특한 점이 있다.

첫째는 경한의 소박한 면이다. 보우나 혜근에 비해 왕실과 친분이 없었고, 몇몇 국가적인 공무를 맡았던 것은 보우와 혜근의 천거에 의해서이다.

둘째는 『태고어록』에 혜근의 기록이 보이지 않고 『나옹어록』에도 보우의 기록이 없는데, 경한만이 두 선사 사이의 중간자 역할을 하였다.

경한의 『직지심경直指心經』은 1377년 간행된 것으로, 구텐베르크보다 80년 앞선 현존 세계 최고의 금속 활자본으로 인정받았다. 이는 프랑스 파리국립도서관에서 유네스코 주최로 개최한 '책의 역사' 전시회에서 발견되었으며, 현재 파리 국립도서관에 소장되어 있다. 2001년에는 유네스코 세계기록유산으로 등재되었다. 이 책자는 경한이 원나라의 석옥 청공이 편찬한 『불조직지심체요절』 1권을 갖고 들여와 증보·편찬한 것이다. 역대 조사들의 게偈·송頌·찬讚·명銘·서書·시詩·법어法語 등 선의 요체要諦가 들어 있다. 또한 『백운화상어록』은 한국뿐만 아니라 중국 선사들의 법어집으로도 재평가받고 있다.

홍덕사지 옆 청주 고인쇄박물관

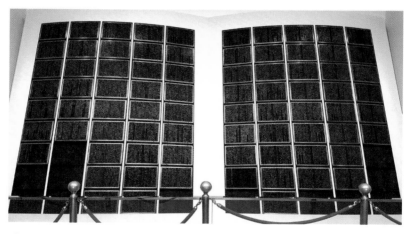

청주 고인쇄박물관 내부에 모셔진『직지심경』

조선불교의 초석을 세운 위대한 고승,
나옹 혜근

청산은 나를 보고 말없이 살라 하고,

창공은 나를 보고 티 없이 살라 하네.

탐욕도 벗어놓고 성냄도 벗어놓고,

물같이 바람같이 살다가 가라 하네.

青山兮要我以無語 蒼空兮要我以無垢

聊無愛而無憎兮 如水如風而終我.

이 선시는 고려 말 나옹 혜근의 작품으로, 불자들이 가장 많이 애송
한다. 대중가요의 가사로도 쓰일 만큼 널리 알려진 선시이다. 시에
서 말하는 대로 주변 모든 만물이 우리에게 진리를 설해 주건만 우
리는 예사로 보아 넘긴다. 삶은 길지 않고, 수행할 시간도 많지 않다.
짧은 인생에 탐욕과 성냄과 어리석음으로 인생을 가득 채우며 산다.
무거울 텐데 짊어지고 있지 말고, 조금 내려놓으면 어떨까?

(1) 혜근의 출가와 구도

나옹 혜근(懶翁惠勤, 1320~1376)은 경남 영덕에서 태어났다. 속성은
아牙씨, 속명은 원혜元惠, 호는 나옹 또는 강월헌江月軒이다. 종7품 선

관서령膳官署令 벼슬을 하던 부친 영해부인寧海府人 아서구牙瑞具와 모친 영산군인靈山郡人 정鄭씨 사이에서 태어났다. 선사의 모친은 태몽으로 금빛 나는 매 한 마리가 날아와 어머니의 머리를 쪼은 뒤 알을 품안에 떨어뜨리는 꿈을 꾸었다. 이미 꿈부터 상서로운 아이가 태어날 것이라고 예견하였다. 1340년 나옹의 나이 20세 무렵, 이웃 친구의 죽음을 목도하고 무상감에 방황하면서 이곳저곳을 떠돌아다녔다. 혜근은 주위 어른들에게 이렇게 물었다. "죽으면 어디로 갑니까?" 이 질문에 제대로 대답해 주는 분이 없었다. 혜근은 답답함을 풀고자 경북 문경의 공덕산 묘적암에 주석하고 있던 요연了然에게 출가하였다. 요연이 먼저 물었다.

"무엇 때문에 중이 되려고 하느냐?"

"삼계를 뛰어넘어 중생을 이롭게 하려고 합니다. 스님께서 제게 좋은 가르침을 주십시오."

"이곳에 온 것은 어떤 물건인고?"

"네, 능히 말하고 들을 줄 아는 자가 왔습니다. 그런데 보려고 하면 볼 수 없고, 찾으려 하면 찾을 길이 없으니 답답함을 풀 데가 없습니다. 스님, 어떻게 닦아 나가야 알 수 있는 겁니까?"

"나는 아직 공부가 부족하다. 너의 질문에 답할 만큼 나의 근기가 수승하지 못하다. 다른 훌륭한 선지식을 찾아가서 물어 보거라."

혜근은 요연의 충고를 듣고 요연 문하를 떠났다. 이때 요연 선사가 혜근의 질문에 당황해 적당히 둘러댔다면, 우리나라의 위대한 선사 혜근은 그냥 묻혔을지도 모른다. 선사상 가운데 사빈주(四賓主: 主

中主·賓中主·主中賓·賓中賓)가 있는데, 스승과 제자 사이에 견처見處에 대해 헤아리는 것을 말한다. 혜근의 경우는 학인의 견처가 스승보다 뛰어난 두 번째 빈중주賓中主에 해당한다고 볼 수 있다.[*]

나옹 혜근 진영(신륵사 조사당)

혜근은 스승과 헤어져 운수납자로 여러 곳을 유행하였다. 25세 무렵, 경기도 양주 첩보산 회암사로 들어가 4년간 장좌불와하며 용맹정진하였다. 마침 이 절에 일본 승려 석옹石翁이 머물고 있었는데, 석옹이 법문을 하다가 선상禪床을 치면서 말했다.

"대중은 이 소리를 듣는가?"

아무도 대답이 없자, 나옹이 일어나 게송으로 답했다.

---

[*] ①주중주主中主는 주인 가운데 주인이 있는 것으로서, 스승이 스승의 자격을 갖춘 것을 의미한다. ②빈중주賓中主는 손님 가운데 주인이 있는 것으로서, 학인의 견처見處가 스승보다 우세하여 스승이 학인에게 심경心境을 관파觀破당하는 경우이다. ③주중빈主中賓은 주인 가운데 손님이 있는 것으로서, 스승이 제자를 교화할 만한 역량이 없는 경우이다. ④빈중빈賓中賓은 손님 가운데 손님이 있는 것으로서, 학인이 어리석어 스승의 가르침을 받으면서도 알아차리지 못하는 경우를 말한다.

양주 회암사지

"선불장 가운데 앉아서 성성역력하게 보아라. 보고 듣는 것이 다른 물건이 아니요, 원래 그것은 옛 주인이로다(選佛場中坐 惺惺着眼看見聞非他物 元是舊主人)."

혜근은 회암사에서 4년간 수행한 뒤의 겨울(29세), 눈이 쌓인 뜰을 거닐다가 조금 일찍 꽃핀 매화를 보고 깨달았다.

(2) 혜근의 법맥과 법거량

1347년, 혜근은 29세에 원나라로 건너갔다. 스님은 연경燕京 법원사(法源寺: 당시 고려 사찰)에 머물고 있던 인도 승려 지공指空을 찾아갔다. 지공이 먼저 물었다.

"너는 어디서 왔느냐?"

"고려에서 왔습니다."

"배편으로 왔느냐, 육로로 왔느냐, 신통으로 왔느냐?"

"신통으로 왔습니다."

"그러면, 신통을 내게 보여다오."

그러자 혜근이 지공 앞에서 두 손을 잡고 서 있었다. 지공이 다시 물었다.

"고려에서 왔으면 동해를 보고 왔는가?"

"안 보고 어찌 올 수 있겠습니까?"

"12개 방자房子를 다 가지고 왔는가?"

"네 가져왔습니다."

"누가 이렇게 너를 오게 하였는가?"

"제가 스스로 이렇게 왔습니다."

"무얼 하러 왔는가?"

"후인을 위해서입니다."

이런 법거량을 통해 혜근은 지공 문하에서 2년을 머물으며, 그곳에서 자신만의 수행 기틀을 마련하였다. 지공 스님은 인도 마갈타국(磨竭提, Magadha) 왕자로서 출가하여 선종 법맥 108대 조사이다. 그는 중국으로 건너왔고, 충숙왕忠肅王 때에 고려를 다녀간 적도 있다.

이후 혜근은 지공 문하를 떠나 선지식을 찾아다녔다. 혜근은 강소성江蘇省 항주杭州 정자사淨慈寺의 평산 처림(平山處林, 1279~1361) 문하에 이르렀다. 혜근이 승당에서 거닐고 있으니 처림이 물었다.

"대덕은 어디서 왔는가?"

"대도(연경)에서 왔습니다."

"어떤 사람을 만났는고?"

"서천 지공 화상을 만났습니다."

"지공 화상은 일용에 뭘 하던고?"

"지공은 천검千劍을 쓰나이다."

"지공의 천검은 차치하고 그대의 일검一劍을 가져와 봐라."

나옹은 좌복으로 선사를 내리쳐서 넘어뜨린 다음, 다시 처림을 일으켜 세우며 말했다.

"내 칼은 사람을 죽이기도 하지만 살릴 수도 있습니다."

처림은 나옹의 법기를 알아보고, 그에게 법을 전했다.

혜근의 '내 칼은 사람을 죽이기도 하지만 살릴 수도 있다'는 말은 활인검活人劍 살인도殺人刀라고 한다. 이 공안은 스승이 제자를 제접할 때 자재한 작용을 칼에 비유하기도 하고, 선승들이 서로 선기禪機를 겨루는 데 활용된다. 여기서 유래되어 선방의 편액을 '심검당尋劍堂'이라고 한다.

혜근은 처림의 도량에서 몇 개월간 머물렀고, 처림은 혜근에 대해 "그대의 말이나 기운이 불조佛祖와 맞고, 종지宗旨의 안목이 분명하고 매우 높다."라고 평가를 해주었다. 혜근도 스승의 도량을 떠날 때, "서로 믿고 의지하지만 공부를 위해 떠난다." 하며 아쉬움을 토로하였다.

32세의 혜근은 다시 몽당蒙當·몽산蒙山·오광悟光·설창雪窓·무상無相·요당了堂·박암泊菴 등 여러 선지식을 찾아다녔다. 혜근은 이렇게 행각하면서 수많은 선사들과 법거량을 나누었다. 여기서 눈여겨볼 선사가 몽산 덕이다. 앞에서 본 대로 덕이는 고려 말기의 우리나라 선사들과 법연이 많은데, 혜근은 직접 덕이와 법거량을 했던 것이다. 혜근은 행각하는 중, 33세에 무주의 천암 원장千巖元長을 만났다. 이곳에서 하안거를 마치고 몇 년간 유행한 뒤, 다시 법원사의 지공을 찾아

지공 화상 진영(양주 회암사 조사전)

갔다. 혜근은 자신이 고려로 돌아가 어떻게 수행해야 하는지 앞길을 물었다. 지공은 혜근에게 이렇게 말했다.

"너는 본국으로 돌아가 삼산양수처三山兩水處*를 찾으면 불법이 흥하리라."

이 삼산양수처에 대해서는 여러 이설이 있는데, 인도의 나란타대학이 있었던 곳과 유사하다고 한다.

(3) 혜근의 활동

1358년, 39세의 혜근은 10년 만에 고려에 귀국했다. 혜근은 오대산 상두암象頭庵에 은신해 있다가 공민왕의 청으로 해주 신광사神光寺에 머물면서 제자들을 지도했다. 그해 홍건적이 침입해 사람들이 모두 남쪽으로 피난을 갔으나, 스님만은 대중을 안심시키고 평상시와

---

* 삼산三山은 개성 송악산·한성 삼각산·양주 회암사를 품고 있는 천보산天寶山을 지칭하는 것이고, 양수兩水는 임진강과 한강을 가리킨다.

똑같이 법을 설하고 정진하였다. 하루는 홍건적 수십 명이 절에 들어왔으나 스님은 매우 태연자약하였다. 오히려 그들이 법당에 향을 사르고 스님께 절을 하고 물러갔다. 이렇게 스님은 끝까지 신광사를 떠나지 않고 절을 지켰으며, 이후 홍건적이 사찰에 와도 사람과 물건을 해치지 않았다.

혜근이 신광사를 떠나 여러 곳을 순례하다가 회암사에 머물렀다. 이 무렵에 혜근은 지공의 유골을 받았다. 이 점은 뒤에서 자세히 서술하려고 한다.

1370년, 왕은 스님을 불러 광명사에서 오교양종五教兩宗의 납자들을 시험케 하였는데, 이를 공부선功夫選이라고 한다. 혜근은 공부선의 주맹主盟이 되어 법좌法座에 올랐다. 혜근은 선사상을 정립코자 노력하였고, 어떻게 하면 승려들의 공부를 높일 수 있을 것인지에 대해 고민하였다. 이때 혜근이 지은 것이 「공부십절목工夫十節目」이다. 이 무렵 혜근은 공민왕으로부터 왕사 책봉을 받았다.

이후 혜근은 수선사(송광사)에 머물렀다. 1371~1373년, 2년 동안 수선사의 사주를 역임하였으며, 이어서 혜근의 제자인 무학 자초(1373~1375)와 환암 혼수(1375~1376)도 수선사의 사주를 역임했다. 만년에 혜근은 지공이 말했던 '삼산양수처'로 회암사를 생각하고, 회암사에 머물며 도량을 정비하고 낙성회를 베푸는 등 회암사를 중수하였다.

(4) 혜근의 입적

56세 때 회암사에 머물고 있던 혜근에게 중신들이 모략하여 '경사 근처에 머물지 말고, 밀양 영원사瑩源寺로 옮겨가라'고 우왕에게 왕명을 내리게 했다. 『고려사』에 "지공 선사와 나옹 스님이 법회를 열면, 고려 귀족들과 사대부들이 수천 명이 운집하여 성황을 이루었다."라는 기록이 전한다. 아마도 혜근이 사회에 미친 영향력을 염려했던 것으로 보인다. 혜근은 어쩔 수 없이 회암사를 나와 영원사로 옮겨가다가 병이 깊어 여주 신륵사에서 멈추었다. 결국 혜근은 신륵사에서 열반에 든다. 입적 전에 한 제자가 물었다.

"이런 때는 어떻게 해야 합니까?"

선사가 주먹을 세웠다. 제자가 다시 물었다.

"사대四大가 흩어지면 어디로 갑니까?"

(스님은 주먹을 맞대어 가슴에 대고) "오직 이 속에 있다."

나옹 혜근의 부도 및 석등(양주 회암사)

"그 속에 있을 때는 어떻습니까?"

"별로 대단한 것이 없느니라. 노승은 오늘 그대들을 위해 열반 불사를 지어 마치리라."

저서로는 『나옹화상어록』1권과 『가송』1권이 전한다. 혜근의 세납 57세, 법랍은 38년이었다. 선사가 입적한 후, 스님의 법신에서 무수한 사리가 나왔으며, '나옹현창' 운동이 전개되었다. 혜근의 사리탑이 각지에 건립되고, 사람들은 그를 생불生佛로 숭앙하면서 석가의 후신으로 존숭하였다. 혜근은 국외에도 알려져, 조선 태종 때 일본 승려가 대장경 인본과 혜근의 초상화를 구하고자 요청한 일이 실록에 전한다. 또한 세종 초에는 묘향산의 적휴寂休라는 승려가 중국으로 입국하면서 나옹의 사리를 가지고 간 일도 있었다.

혜근에게 법을 받은 이는 42명이라고 하는데, 이 숫자보다 훨씬 많다. 대표되는 제자가 무학 자초(無學自超, 1327~1405)·정지 지천正智智泉·고봉 법장(高峰法藏, 1351~1428, 수선사 16세)·죽간 굉연竹磵宏演·절간 익륜節磵益倫·고암 일승杲菴日昇 등이다. 익륜과 일승은 회암사의 주지를 역임하였다.

(5) 혜근의 선사상

첫째, 사교입선捨敎入禪적인 임제종풍의 '간화선'을 강조하였다. 혜근은 그의 어록에서 임제종에 대해 "삼현삼구三玄三句·사료간四料簡·사빈주四賓主 등 할방喝棒은 임제종의 의지意旨일 수 없고, 보다 높은 차원에서 역력고명歷歷孤明함이 자기에게 현전할 수 있는 그 본

354

연의 세계를 얻는 것이 정종正宗이다.”라고 하였다. 혜근이 중시한 화두는 만법귀일萬法歸一 일귀하처一歸何處·부모미생전본래면목父母未生前本來面目·무자구불성無字狗佛性·시심마是什麼 등인데, 혜근은 이 가운데 시심마를 매우 중시하였다. 혜근의 간화선 사상을 알 수 있는 내용을 하나 보자. 다음 내용은 나옹이 각오선인覺悟禪人에게 보인 내용으로『몽산법어』에 수록되어 있다.

생각이 일어나고 사라지는 것을 생사生死라고 하니, 생사가 일어 나는 즈음에 힘껏 화두를 들어야 한다. 화두가 순일하면, 한 생각 일어나고 사라짐이 없어진다. 생각이 일어나고 사라지는 곳을 ‘고 요함(寂)’이라고 한다. 그러나 고요한 경계 가운데 화두가 없으면 무기無記가 되니, 고요한 가운데서 화두가 면면히 이어져야 신령 스러운 일이라고 할 수 있다. 이 공적空寂과 영지靈知가 무너짐도 없고 섞임도 없으니, 이처럼만 공부하면 반드시 성취한다.

念起念滅 謂之生死 當生死之際 須盡力提起話頭 話頭純一 起滅卽 盡 起滅卽盡處 謂之寂 寂中 無話頭 謂之無記 寂中 不昧話頭 謂之 靈 卽此空寂靈知 無壞無雜 如是用功 不日成之.

둘째,「공부십절목」을 통해* 수행자의 정진 단계를 점검하여 깨달

---

* ①각찰覺察: ‘깨달아 살핀다’는 글자의 뜻과는 달리, 생각을 멈추는 공부이다. 수도자가 처음에 망념妄念이 일어나지 않도록 노력하다가 망념이 일어나지 않 게 되면 이번에는 망념을 없앴다는 생각·깨달았다는 생각이 남게 되는데, 그것 마저도 없애는 공부를 각찰이라고 한다. 즉 화두話頭를 참구參究하는 수도자의

경우 화두만을 생각하고, 망념이 일어날 때는 곧 각찰해서 화두로 돌아가게 하는 수행법이다.

②휴헐休歇: 쉬고 쉬는 공부방법이다. 악은 물론 생각하지 말아야 하겠지만, 선에도 집착하지 않는 공부이다. 즉 선악·시비·명암 등 모든 이원화된 생각을 쉴 때 진심이 드러나는 것이므로 '바보같이, 말뚝처럼'이라는 말을 인용하면서 마음 쉬는 공부를 강조하였다.

③민심존경泯心存境: 마음속의 망상을 없애고 경계를 두는 공부로서, 모든 망념을 다 쉬어 바깥 경계를 돌아보지 않고, 다만 스스로 마음을 쉬는 것이다. 마음속의 망심이 모두 사라지면 대상의 경계가 있다고 해도 장애가 될 수 없다는 것이다.

④민경존심泯境存心: 경계를 없애고 마음을 두는 공부이다. 모든 대상세계가 헛된 것이라고 보고 대상에 집착하지 않게 되면 진심만이 온전히 남아 드러나게 된다는 것이다.

⑤민심민경泯心泯境: 마음도 없애고 대상도 없애는 공부이다. 먼저 자기를 둘러싸고 있는 바깥의 모든 경계가 헛됨을 알아서 경계를 없애고, 다음에 주관적인 망념이 일어나는 것을 없애는 것이다.

⑥존심존경存心存境: 마음도 두고 대상도 두는 공부방법이다. 공부를 할 때 마음이 있을 자리에 가 있고, 경계가 경계의 본자리에 머물러서 각각이 있을 자리에 분명히 있으면, 마음과 경계가 서로 맞서게 되더라도 마음은 경계에 집착하지 않고 경계가 마음을 사로잡으려고 하지 않으며, 서로가 남의 자리를 차지하려는 시시비비가 일어나지 않게 된다. 이렇게 되면 망념된 생각이 나지 않아서 진심이 저절로 드러나게 되는 것이다.

⑦내외전체內外全體: 안과 밖이 모두 체體라고 보는 공부방법이다. 천지가 나와 한 뿌리요, 만물이 나와 한 몸임을 깨닫는 공부이다.

⑧내외전용內外全用: 안과 밖이 모두 진심의 작용이라고 보는 공부이다. 말하고 밥 먹고 옷 입는 모든 행위는 진심에 근거하여 행할 수 있는 것으로서, 이 몸을 떠나서 따로 진심의 작용이나 도가 있을 수 없음을 깨닫고, 다른 데서 찾지 말

음의 길로 나아가는 방법을 제시하였다. 이는 공부선을 주관하면서
수행자의 수행 정도를 시험하기 위해 고안한 것이다.

셋째, 염불 정토에 자력적인 측면과 타력적인 염불문, 두 가지를
모두 수용하였다. 즉 유심정토唯心淨土 자성미타自性彌陀와 함께 칭명
염불과 관상觀像염불 등 타력염불도 강조하였다.

(6) 지공·혜근·무학의 법계 문제

혜근이 50세 무렵, 회암사에 머물고 있을 때 원나라의 사신이 지공
의 유골을 모시고 왔다. 혜근은 회암사 경내에 탑을 안치하고 지공
의 유골을 봉안했다. 혜근은 평산 처림과 지공, 두 선사로부터 법맥
을 모두 받았다. 유학자 이색(1328~1396)이 기술한 혜근의 탑명 및
문인門人 학굉學宏이 쓴 행장에도 혜근이 지공과 평산 처림에게서 법
을 받은 것으로 기록되어 있다. 하지만 혜근은 처림보다는 지공에게
서 많은 영향을 받았다. 혜근이 지공과 7회에 걸쳐 게송을 주고받은
행장이 전해 오고, 그의 문집에도 지공을 추모하는 내용이 여러 곳

라는 것이다.

⑨ 즉체즉용卽體卽用: 체가 곧 용이요, 용이 곧 체임을 깨닫는 공부이다. 공부를
할 때 고요한 진심의 체를 바탕으로 해서 밝게 보는 작용을 잃지 않는 것이다.
즉 마음을 고요히 하였을 때 밝게 보는 작용이 나오고, 밝게 보는 가운데 역시
고요함이 깃들어 있음을 알고 그렇게 되도록 하는 공부이다.

⑩ 투출체용透出體用: 체와 용을 함께 표출시키는 공부로서, 안과 밖·정신적인
면과 물질적인 면 등을 별개의 것으로 보지 않고, 완전히 조화를 이룬 하나의
큰 해탈문으로 만들어서 털끝만큼의 빈틈도 없이 온몸을 한 덩어리로 만드는
것이다.

에 언급되어 있다. 이런 점으로 볼 때도 혜근은 지공의 영향을 더 많이 받았을 것으로 생각된다.

다음 무학과의 법맥을 보자. 무학 대사는 조선왕조 창업을 적극적으로 도운 인물이다. 무학은 지공 문하에서 스승 혜근과 함께 수학했었다. 무학은 귀국 후에 신광사에서 혜근을 모시고 있었다. 그런데 주위 제자들이 무학을 시기해 무학은 스스로 혜근을 하직하고, 고달산으로 들어갔다. 이후 혜근이 회암사에서 낙성식을 할 때, 무학을 불러 의발을 전하고자 했으나 무학은 사양하고 오지 않았다(이후 혜근의 의발이 무학에게 전해졌다). 한편 무학은 왕실에서 국사로 모시고자 해도 사양하고 응하지 않았는데, 조선이 세워진 해 1392년 66세에 왕사로 책봉되었다. 이후 무학은 수도를 한양으로 옮기는 일에 적극적으로 참여하였다. 이 무학에게서 제자 함허 득통(涵虛得通,

지공 화상 부도비와 부도탑(양주 회암사)

1376~1433)이 배출되었다.

무학은 이후 회암사에 머물렀는데, 조선 태조는 회암사를 '작법作法'의 절로, 진관사를 '수륙재'의 절로 지정하고 노비와 재정을 지원하였다. 지공·혜근·무학 3대 스님을 '삼화상'이라고 하는데, 공민왕대 이후 조선 초기까지 불교계를 주도하였다. 삼화상은 조선 후기 불교의식집인 『선문조사예참문禪門祖師禮懺文』, 『범음집梵音集』 등에도 추대되었으며, 근래에 이르기까지 증명법사로 삼화상이 모셔지고 있다.

무학 대사 진영(양주 회암사 조사전)

(7) 혜근의 불교사적 의의

혜근이 살던 시대는 불교적으로나 사회적으로 매우 피폐된 상황이었다.

첫째, 혜근은 불교적으로 쇠락해 가는 선풍을 새롭게 진작시키며, 불교계의 통합과 정화에 노력하였다. 바로 이 점 때문에 혜근은 나말여초 구산선문과는 다른 임제의 선풍을 펼침으로써 조선불교의 초석을 세운 위대한 고승으로 평가받는다.

둘째, 사회적으로 중생들과 불자들의 권익을 위해 보살행을 실천

무학, 지공, 나옹 혜근(신륵사 조사당 삼화상)

하였지만 권문세족 체제 등으로 혜근의 법력과 영향이 사회 전반에
미치지는 못했다. 하지만 혜근의 사회참여와 보살정신은 불교사에
위대한 행적으로 남아 있다.

밤하늘에 달이 있고, 그 주위로 수많은 별들이 반짝거린다. 한 개의
달만으로는 밤하늘의 우주를 아름답게 하지 못한다. 달 주위에 수
백 수천 개의 별들이 서로 서로 비추이면서 반짝거리기 때문에 밤하
늘이 아름다운 법이다. 원고를 쓰면서 늘 이런 생각을 한다. 수많은
별이 각자의 위치에서 반짝거리는 것처럼 수많은 승려들이 각자의
위치에서 최선으로 살다갔기 때문에 현 한국불교가 살아 있는 거라
고……, 여기에서 소개하는 두 스님도 그러하다.

(1) 환암 혼수

환암 혼수(幻菴混修, 1320~1392)는 나옹 혜근이 공부선功夫選을 주관
할 때 유일하게 법기로서 인정을 받은 인물이다. 스님의 휘는 혼수
混修이고, 자는 무작無作이며, 시호는 환암幻菴이다. 성은 조趙씨이며,
아버지의 휘는 숙령叔鴒으로 사헌부 소속의 정6품의 벼슬아치였다.
어머니는 경慶씨로서 사대부 집 여인이다.

　환암은 어려서부터 몸이 허약하여 병치레가 잦았다. 주위에서 환
암이 출가하면 무병장수하고 큰스님이 될 거라는 말에 부모는 아들
을 절에 보냈다. 환암은 12세 이후 계송繼松 스님을 따라 출가하였는

데, 정확한 나이는 기록되어 있지 않다. 이후 스승 계송을 따라 불교 경전과 더불어 유학에 이르기까지 전반에 걸쳐 공부하였다. 선사는 22세에 선시禪試에 응시해 상상과上上科에 합격하였다.

환암은 29세에 금강산으로 들어가 수행에 전념했다. 대략 2년이 흐른 31세에 모친이 병환으로 위급하다는 소식을 듣고, 모친이 있는 곳(경북 성주)으로 내려가 그곳에서 5~6년을 지냈다. 모친이 별세하자, 환암은 모친을 위해『법화경』을 독송하고 사경하며 효도를 다했다. 일반적으로 승려들은 출가하면 부모 인연을 끊는다고 생각하는데, 꼭 그렇지만도 않다. 중국의 도륜(度輪, 1918~1995)은 15세에 출가해 18세에 모친이 세상을 떠나자, 3년간 염불하며 시묘살이를 하였다. 이 스님이 위앙종의 제9대요, 선화宣化 상인이다. 또한 본환(本煥, 1907~2012)도 모친의 병이 위독하자 모친 병간호를 하였고, 세상을 떠나자 모친을 위해 소지공양하였다. 고려 시대의 일연 스님, 조선의 진묵 스님도 효자로 이름나 있다.

환암은 강화도 선원사의 식영 연감을 찾아갔다. 환암은 연감 문하에 머물며『능엄경』의 25가지 방편수행을 수학하여 그 진수를 터득하였다. 환암은 연감에게서 감화를 받고 법제자가 되었다. 이 부분에 대해서는 앞 '식영 연감' 부분에서 언급했다. 환암에게 영향을 끼친 스승 계송과 연감은 모두 몽산 덕이의 선을 수용한 분들인데, 환암도 몽산의 선풍을 따랐다고 볼 수 있다. 한편 정확한 시기는 알 수 없으나 환암은 태고 보우의 제자가 되었다.

이후 환암은 휴휴암休休庵에서 사부대중을 위해『능엄경』을 강의하고, 이곳에서 3년을 주석한 후에 충주의 청룡사靑龍寺 연회암宴晦

庵으로 옮겼다. 환암은 경기도 양주 회암사 주지를 맡아 달라는 공민왕의 청을 거절하고, 금오산과 오대산에 주석하였다. 또한 궁에서 설법해 달라는 청을 거절하고, 산속에 은거하였다. 50세 무렵, 김황金璜의 초청으로 경기도 안성의 서운사瑞雲寺에 주석하면서 가람을 크게 일으키고 선법을 진작시켰다.

1371년 회암사에서 공민왕의 명으로 공부선장功夫選場이 실시되어 선교양종禪敎兩宗의 고승들이 참여하였는데, 환암도 이 선장에 동참하였다. 나옹 혜근이 감독관으로 있어 일착어一著語를 던졌는데 선사만이 당문구當門句·입문구入門句·문내구門內句 삼구三句 법문에 대답하였다.

이후 환암은 근방의 위봉산威鳳山으로 들어가 자취를 감추었다. 53세에 왕명을 받아 전남 나주의 불호사佛護寺에 머물렀다. 54세에는 내불당內佛堂을 맡아달라는 왕명을 피해 경북 영덕의 평해에 은둔하였다가, 다음해에 내불당에 들어갔다. 여기에서 왕과 그 권속들을 위해 널리 법문을 펼쳤다. 같은 해에 공민왕이 승하하고 우왕이 즉위하면서 선사는 왕으로부터 '광통무애원묘대지보제선사廣通無碍圓妙大智普濟禪師'라는 법호를 받았다.

56세에 송광사에 잠시 주석하고, 그 이듬해에 안성 서운사를 거쳐 충주 연회암으로 돌아왔다. 다시 왕명으로 광암사廣巖寺에 3년 동안 주지를 하다가 원주의 백운암으로 남몰래 피하였다. 환암은 용문산·청평산·치악산 등지에서 수행하였다. 1383년 64세에 환암은 '대조계종사선교도총섭오불심종흥자운비복국리생묘화무궁도대선사정편지웅존자大曹溪宗師禪敎都總攝悟佛心宗興慈運悲福國利生妙化無窮

都大禪師正遍知雄尊者'라는 호를 받고 국사로 책봉되었다.

65세에 충주 개천사開天寺에서 주석하였는데, 도적들이 빈번히 출현하여 광암사로 옮겨갔다. 다음해에 이곳에서 능엄법회를 개설하여 50일 동안 천재지변이 없도록 기원하는 법회를 열며 유학자들과 승려들에게 법을 설했다. 67세에 대비의 요청으로 개성의 보국사輔國寺에서 선왕(先王: 공민왕)을 위한 능엄법회를 개최하였다. 이어서 궁궐에서 국가의 재앙을 물리치는 소재법회消災法會를 개최하였다.

환암은 69세에 충주 개천사로 돌아갔다. 공양왕이 즉위하자 선사는 국사를 반납하였으나 재차 국사에 책봉되었다. 환암이 73세에 조선이 건국되었는데, 선사는 국사직을 반납하고 청룡사로 옮겨갔다. 이후 선사는 조용히 앉은 채로 입적하였다. 조선 태조는 선사의 입적 소식을 듣고, 시호를 보각普覺, 탑호를 정혜원융定慧圓融이라고 하였다. 그해 12월에 청룡사의 북쪽 봉우리에 부도탑을 세우고 유골을 봉안하였다. 환암의 비문은 선사가 입적한 지 2년 만인 1394년에 청룡사에 건립되었다. 비문은 고려 말부터 문장가로 이름이 높은 권근(權近, 1352~1409)이 태조의 명을 받아 지었다. 저서로는 『환암어록』이 있었으나 유실되었다. 환암의 제자로는 원규元珪·선진旋珍·천긍天亘·승준僧俊 등 수백여 명에 이른다.

더운 여름 충주시 소태면 청계산에 올랐다. 청계산 입구에 들어서면 그 옛날 큰 도량이었을 청룡사지가 눈에 들어온다. 몇 기의 승탑이 있고, 가장 윗부분에 환암의 탑과 탑비, 석등까지 온전한 모습을 띠고 있다. 환암의 탑은 국보답게 아름다운 모습이다. 어떻게 돌로 저런 작품이 나올 수 있었을까?

환암 혼수의 탑과 탑비(충주 청룡사지 보각국사 탑)로 국보 제197호이다.

환암의 행적과 사상에 대해 정리해 보기로 한다.

첫째는 조선 중기, 청허 휴정의 문도에 의해 법맥이 정리될 때, 환
암의 위상이 정립되면서 보우의 법맥을 받은 인물로 되었고, 다시
환암의 법은 구곡 각운(龜谷覺雲, 1318?~1383?)에게 전해지는 것으
로 되었다. 이런 계맥이 훗날 정설로 굳어져 오늘날까지 수용되고
있다.

둘째는 고려 중기 이자현거사도 『능엄경』의 능엄선을 중시했듯이
선사도 『능엄경』을 소의경전으로 삼았다.

셋째는 환암은 명예를 탐한 흔적이 보이지 않는다. 선사는 조용한
수행으로 일관하고자 했으나 그의 법력과 위의를 세상은 내버려두
지 않았다. 송곳이 날카로움을 감추고자 하나 언젠가는 밖으로 튀어
나오는 법이라고 했던가?!

(2) 목암 찬영

목암 찬영(木庵粲英, 1328~1390)은 경기도 양주 출신으로 성이 한씨韓氏, 자가 고저古樗, 호가 목암木庵이다. 아버지의 휘는 적적이고, 사복시직장司僕寺直長을 역임하였다. 어머니는 청주 곽씨로 선관서승膳官署丞인 영번永潘의 딸이다. 14세에 삼각산 중흥사로 출가해 태고 보우의 제자가 되어 그곳에서 5년간 머물렀다. 이후 수선사 14세인 정혜국사의 가르침을 받고, 가지산 총림의 제2 수좌首座가 되었다. 또한 금강산 유점사의 수자守慈 화상의 지도로 참선하였으나 보우의 법을 받는다.

찬영은 1350년 24세에 구산선과九山禪科의 상상과上上科에 급제하였고, 3년 후 공부선功夫選에서 다시 장원으로 합격하였다. 찬영은 젊은 나이에 대흥사 주지로 임명되었으나 공부에 뜻을 두어 양주 소설산과 삼각산에서 정진하였다. 1359년 공민왕은 선사를 '벽안碧眼 달마'라고 부르며 존경하였고, "승록사僧錄司의 일이 매우 중대하므로 보통 승려에게는 맡길 수 없다."라며 31세의 찬영을 양가도승록대사兩街都僧錄大師로 임명했다. 몇 년 후 찬영은 이 직책을 사양하고, 석남사·월남사·신광사·운문사 등지에 머물며 정진하였다.

1372년, 찬영은 공민왕으로부터 '정지원명무애국일선사淨智圓明無碍國一禪師'란 호를 받았다. 몇 년 후 우왕이 찬영을 부르자, 병을 핑계로 보개산寶蓋山에 운둔하며 나아가지 않았다. 이듬해 왕이 다시 불러 '선교도총섭정지원명묘변무애국일도대선사禪敎都摠攝淨智圓明妙辯無碍國一都大禪師'라는 호를 내린 뒤에 가지사에 머물도록 하였다. 곧 찬영은 44세에 '선사'로, 49세에 '대선사' 품계를 받은 것이다.

1382년 54세에 선사는 다시 청량산으로 들어갔으나, 그 이듬해 우왕은 찬영을 '왕사'로 봉하고(이때 환암 혼수는 국사로 책봉됨), 충주 억정사億政寺에 머물도록 하였다. 찬영은 1384년 스승인 보우의 비를 삼각산 중흥사에 세우고, 왕명에 따라 광명사로 옮겼다. 1388년 창왕이 즉위해 선사를 다시 왕사로 봉했으나 선사는 사임하였다. 그 이듬해 공양왕이 즉위해 선사를 왕사로 모시고자 하였으나 충주 억정사에서 제자들을 지도하며 두문불출하였다. 1390년 62세에 선사는 열반당으로 들어가 임종게를 남기고 입적하였다. 공양왕은 시호 '지감국사智鑑國師', 탑호 '혜월원명慧月圓明'을 내렸다. 조선이 들어서고 그 이듬해, 태조는 다시 시호를 '대지국사大智國師', 지감원명智鑑圓明이라는 탑호를 내렸다.

선사의 탑과 탑비가 충주 억정사에 있었으나 현재는 탑비만 전한다. 억정사지는 충주 엄정면 괴동리 마을인데, 사찰 터의 흔적은 전혀 찾아 볼 수 없다. 다만 언덕배기 위에 밭으로 둘러싸인 속에 비각만이 우뚝 서 있다.

찬영에게서 엿볼 수 있는 독특한 점은 세 가지다. 첫째, 수선사의 선풍을 수용한 뒤에 보우의 법을 받은 점이다. 둘째, 공민왕·우왕·공양왕·태조 등 역대 왕들로부터 존숭받은 인물로서 입적 후에 국사로 추대된 고려의 마지막 국사이다. 셋째, 선사는 높은 명예에도 불구하고 정치승려가 아닌 올곧은 선지식으로 남았다.

목암 찬영 비문(충주 억정사 대지국사비, 탑이 함께 모셔져 있었으나 유실됨)

통한의 역사 속에서도 한국선의 열매를 맺다

(1) 조선 초기의 불교 상황

고려 말기 선사들의 활동이 활발했지만 이성계를 비롯한 무인 세력과 성리학을 공부한 신진 사대부들에 의해 불교는 쇠락의 길로 접어들었다. 1392년 태조 이성계는 조선을 건국할 때, 고려 사회의 폐단 원인을 불교로 보고, 유교를 정치 이념으로 삼았다. 곧 억불숭유抑佛崇儒 정책을 내세움으로써 불교는 더 이상 설 자리가 없었다. 태조 즉위식 3일 후, 사헌부에 올린 건의서는 '불교 행사를 모두 없애야 하며, 나라를 좀먹고 백성을 병들게 하는 승려를 도태시켜야 한다'라는 내용이었다. 특히 정도전의 『불씨잡변』에서는 불교의 폐단을 조목조목 드러내 비판하였다. 이에 불교는 조선 시대에 들어 점점 가라앉기 시작하였다. 그런데 이런 배불排佛에 맞서는 이가 없었으며, 항거할 기반조차 없었다. 그나마 이런 유학자들의 배불에 항거한 선사가 함허 득통(涵虛得通, 1376~1433)이다. 득통은 『현정론顯正論』이라는 저술을 통해 배불의 이론적 모순을 타파하고 유교와 근접한 사상을 배대하였다.

조계종 총무원장 원행 스님은 박사학위 논문에서 "득통의 『현정론』이 마음의 깨달음을 근본으로 하는 불교의 진리를 밝히기보다는 불교의 사회적 기능과 역할이 유교 못지않게 실천적이며 긍정적인 면을 드러내고 있다. 이런 함허 스님의 입장은 불교와 유교의 관계에 대한 본격적인 논의의 시작이었다."라고 하고, 또 "동시에 불교적인 입장에서 유교를 바라보는 하나의 틀을 제시하고 있다는 점에서 한국불교사상사의 새로운 지평을 열었다. 조선 초기, 득통이 배불론에 맞서 그 부당성을 논리 정연하게 반박하며 갈등과 고난을 극복하고 평화로운 공존을 모색하고자 노력하였다."라고 하였다.

(2) 득통의 행적

득통의 행적 중에서 주목할 만한 사항은 배불에 항거한 선사요, 『금강경』을 선양한 점이다. 득통은 무학 자초(1327~1405)의 제자로서 법명은 기화己和, 법호는 득통得通, 당호는 함허, 처음 법명은 수이守伊이다. 득통은 속성이 유劉씨이며, 충북 충주에서 태어났다. 선사의 모친은 아들이 없어 관음기도를 통해 아들을 낳았다. 어려서 성균관에서 유학을 공부했으며, 승려 해월에게 『논어』를 가르칠 정도로 수재였다.

　선사는 벗의 죽음을 목격하고는, 무상을 느껴 21세에 관악산 의상암으로 출가하였다(1397년). 다음해에 양주 회암사로 무학 대사를 찾아가 제자가 되었다. 이후 여러 곳을 행각한 뒤에, 1404년 다시 회암사로 돌아와 깨달음을 얻고 무학으로부터 법을 받았다. 이때가 득통의 나이 28세이다. 그 후 공덕산 대승사·연봉사 등지에서 『반야경』·『금강경오가해』 등을 설하였으며, 천마산 관음굴에서 선풍禪風을 진작하였다. 1420년 44세에 득통은 오대산에 들어가 성인들과

나옹 혜근의 진영에 제사를 지내었는데, 꿈에 신승이 나타나 '기화己
和와 득통得通'이라는 이름을 주었다. 득통은 월정사에 머물며 오롯
한 수행으로 지내고자 했으나 세상은 선사를 밖으로 나오도록 재촉
하였다.

득통에게 신이한 이야기가 있다. 선사가 상주 사불산에 머물 때,
내용이 다른 두 권의 『금강경설의』를 지었다. 어느 날 득통은 제자들
을 불러 "하나는 태우고, 하나는 땅속에 묻으라."고 하였다. 얼마 후
『금강경설의』가 묻힌 자리에서 홀연히 상서로운 기운이 뻗쳤다. 제
자 홍예洪預 등이 임금께 아룀으로써 땅속에 묻혔던 『금강경설의』
가 다시 세상 밖으로 나오게 되었다. 조정에서는 승상 김수온(金守溫,
1410~1481)에게 주석을 붙이게 했고, 득통은 이 책에 서문을 써서
세상에 유통시켰다.

1421년, 45세에 득통은 세종(1418~1450 재위)의 청으로 개성 대자
사大慈寺에 머물렀고, 그 후 길상산·공덕산·운악산 등지에 주석하

함허 득통 부도탑(강화도 정수사)

함허 득통 부도탑(경기도 가평 현등사)

였다. 1431년 희양산 봉암사로 들어가 퇴락한 절을 크게 중수한 뒤에 이곳에서 57세로 입적하였다. 선사의 사리는 네 곳에 나누어 부도탑을 모셨다(가평 현등사·봉암사·강화도 정수사·연봉사).

(3) 득통의 반야사상

『금강경오가해』는 송나라 때 편찬되었는데, 다섯 분의 해석을 통합해 놓은 것이다.* 득통은 이를 대조對照하고 교정校訂하여 서문을 붙이고 설의說誼하였다. 그리고 『금강경오가해설의金剛經五家解說誼』라

---

* 『금강경오가해金剛經五家解』는 구마라집이 한역한 『금강경』에 대해 당대 규봉
종밀의 『금강반야경소론찬요金剛般若經疏論纂要』·육조 혜능의 『금강반야바라
밀경해의(구결)金剛般若波羅蜜經解義(口訣)』·양나라 부 대사傅大士의 『금강경제
강송金剛經提綱頌』·송나라 야보 도천의 『금강경金剛經』의 착어와 송頌·송宋나라
종경의 『금강경제강金剛經提綱』을 하나로 묶은 책이다.

는 제목으로 출간되었는데, 이후로『금강경』이 점차 대중화되었다. 득통의 이『설의』가 판본으로 출간된 이래 끊임없이 간행되었다. 현재도 우리나라에서는 전통 강원인 승가대학에서 교재로 사용되고 있다.

한편 그가『설의』에 주註를 붙이고 있는 곳은 야보冶父와 종경宗鏡 뿐이다. 특히 야보송에 대해서는 착어着語와 연송聯頌에 일일이 설의說誼를 붙이고 있다. 그러면서도 규봉 종밀·혜능·부대사에 대해서는 각각 한 곳에서만 평을 달았다. 이런 점에서 볼 때, 득통은 일상성에 바탕을 둔 현실적인 반야사상가라고 볼 수 있다. 또한 득통은 선적禪的인 입장을 견지하였다. 득통은『금강경오가해』에서 일물一物을 써서 "여기 한 물건이 있으니 이름도 모양도 없으나 고금에 통하고 한 티끌 속에 있으면서도 온 우주를 감싼다(有一物於此 絶名相 貫古今 處一塵圍六合)."라고 하였다. 혜능의 게송에서도 '본래무일물本來無一物'이 등장하며, 서산 휴정(1520~1604)도『선가귀감』에서 "여기 한 물건이 있으니 본래부터 밝고 신령스럽다(有一物於此 從本已來 昭昭靈靈)."라고 표현하고 있다. 이 '일물'이란 딱히 이름 붙일 수 없어 일물이라고 가정해 놓은 것으로 불성佛性·심지心地·여여如如·진여眞如·주인공主人公 등의 의미이다.

(4) 유불도 회통 및 배불에 항거

우리나라에 불교가 유입된 이래 고려 말까지는 선과 교의 일치가 강조되었다. 곧 고려 말까지는 문화와 사회가 불교와 공존하며 발전하였다. 그러나 조선으로 들어와서는 불교가 설 자리를 잃었다. 물론 조선 시대에 민중적인 불교로 굳건해진 것만은 사실이지만, 문화·사회·교육 등 전반적으로 유교에 자리를 내어주었다고 볼 수 있다.

득통은 정도전의 『불씨잡변』 등에 항거해 『현정론』 1권·『유석질의론儒釋質疑論』 2권 등을 저술하여 억불의 부당성과 함께 유불도 삼교의 회통을 천명하였다. 득통은 불교를 탄압하려는 분위기가 점점 커질 때, 의연한 목소리로 불교의 정당성을 널리 알렸다. 더구나 정도전의 배불론에 대하여 아무도 이의를 제기하지 못하는 상황에서 『현정론』이 저술되었기 때문에 그의 저술적 가치는 매우 높다고 본다.

『현정론』은 전체 서설과 14항목에 달하는 문답 형식으로 구성되어 있는데, 대부분이 배불에 대한 반론으로 구성되어 있고, 이후는 유불도 삼교의 상통성에 대해 논하고 있다. 득통은 저술에서 해박한 지식을 바탕으로 유불도를 상호 비교하였으며, 당시 배불론자들이 지적하던 사항들에 조목조목 논리적으로 반박하였다. 득통은 성리학자들이 비판하고 있는 내용이 불교 본래의 뜻을 이해하지 못한 상태에서 나온 궤변에 불과하다는 논리를 보여주었다. 정도전의 배불 서적이 뚜렷한 정치적 목적을 염두에 두고 작성되었다면, 득통의 저술은 학문적·논리적 자세를 견지하고 있다는 점에서 불교적 가치가 매우 높다고 하겠다.

(5) 만물일체사상 및 평등사상

첫째는 평등사상이다. 『금강경오가해설의』 가운데 "부처님께서도 눈은 옆으로 째지고 코는 밑으로 처졌으며, 사람마다 또한 눈은 옆으로 찢어지고 코는 밑으로 흘렀다."라고 하였다. 또한 득통은 "중생과 부처가 똑같이 동일한 열반이다."라고 표현하였다. 여기서 '열반'이란 번뇌가 소멸된 깨달음 그 자체를 의미하는데, 부처와 중생이 똑같이 구족하고 있음을 의미한다. 물론 이 점은 불교 전반에 걸친 사상이요, 인류 공통의 인권사상이라고 볼 수 있다. 득통은 종교를 초월해 모든 중생이 존중받을 존재임을 천명했다고 볼 수 있다.

함허 득통 진영(양주 회암사 조사전)

둘째는 만물일체사상이다. 이 사상은 불교의 모든 존재가 소중하다는 인도의 자비평등사상이 중국에 유입된 이래 만물과 더불어 일체라는 사상으로 변모되었다고 본다. 득통은 『현정론』에서 불교는 "만물일체사상"이라 하고, 유교에서도 "천지만물사일기天地萬物寫一己"라고 하면서 양교는 동일한 성품을 갖고 있다고 피력하였다.

셋째는 득통은 불교를 유교와 비견하면서도 불교의 우위성을 강조하였다. 불교와 유교의 근본적인 성정론性情論 측면에서 불교의 오계五戒는 인도人道이고, 십선十善은 천도天道라고 하면서 3장12부 경전이 다 사람들로 하여금 정情을 버리고 본성을 발현하는 것이라고 주장하였다. 불교의 5계를 유교와 비유해서 '살생하지 않는 것

377

은 인仁', '훔치지 않는 것은 의義', '사음하지 않는 것은 예禮', '술 마시지 않는 것은 지智', '거짓말하지 않는 것은 신信'에 비견하였다. 이와 같이 득통은 오계와 오상五常을 배대하여 양교의 근본이 같다고 하였다. 이에 불교의 자비와 유교의 인애仁愛는 사상적인 뿌리는 같지만 그 깊이와 행동은 다르다고 지적하였다. 유교가 살생을 하면서 인을 주장하는 것은 불교가 살생을 하지 않고 자비를 주장하는 것과는 다르다는 점을 피력하였다.

500여 년 전, 득통의 종교 비교가 구태의연한 사상인 것 같지만, 매우 합당하다고 본다. 오늘날에도 불교가 이교도들에게 적잖은 곤혹을 치루는 일이 종종 발생하기 때문이다. 달라이 라마는 "모든 종교와 제도는 인간을 존중하고 행복하게 하기 위한 수단일 뿐, 그 자체가 목적으로 전도되어서는 안 된다. 종교가 다양하면 다양할수록 인간의 삶도 그만큼 풍요로워진다."(달라이 라마, 공경희 역, 『마음을 비우면 세상이 보인다』, 문이당, 2002)라고 하였다. 말씀처럼 남의 종교를 다양성으로 여기고 존중해 주는 성숙한 종교인이 참 종교인이라고 생각한다. 『현정론』이 그 시대에 획기적인 사상이었던 것처럼, 이를 본받아 현 시대에 적합한 불교사상을 개발하는 것도 매우 중요하다고 본다.

49 | 납자들의 요람 벽송사 주인장, 벽계 정심과 벽송 지엄

(1) 시대적인 배경 및 선사들의 활약

중국 역사에서 당나라는 문화적으로나 불교적으로 최고로 번성했던 시기이다. 그런데 안사의 난(755~763)을 계기로 당나라의 태평성대가 흔들렸고, 정치·경제·군사·외교·사상·문화·종교까지도 변화되었다. 불교계도 당연히 큰 변화가 있었다. 안사의 난 이후, 경전을 토대로 발전한 8종 가운데 교종은 쇠퇴 혹은 명맥만 겨우 유지되었고, 정토종과 선종만이 번성하였다. 언제 어디서나 쉽게 실천할 수 있는 것이 선과 염불이었기 때문이다. 또 당 무종武宗 때 회창파불(會昌破佛, 845~847)이 일어나 교종은 타격을 입었어도 선종은 크게 발전하였다. 이때 암두 전활(巖頭全豁, 828~887)은 속복을 입고 동정호 기슭에서 뱃사공 노릇을 하였다.

조선 시대에 벽계 정심은 신분을 감추고 속복을 입고 황악산 고자골 물한리에 들어가 호수 곁에 움막을 짓고 재가자처럼 살았다. 선사는 아침에 호숫가에 앉아서 낚싯대를 드리워 놓고 참선하였고, 땔나무를 해서 김천 장터에 내다 팔아 생계를 이어갔다. 이처럼 선사들이 법난에도 굴하지 않고 일상에서 선이 전개되었기 때문에 조선 500년간 통한痛恨의 불교사에도 한국불교 조계종은 살아 있는 것

정지국사 부도탑(양평 용문사)

이다.

조선 초기의 열악한 상황에도 활발히 활동했던 선사들이 있어 선의 명맥이 이어졌다. 정지국사正智國師 지천(智泉, 1324~1395)은 『능엄경』을 간경하다가 도를 깨우쳤고, 무학 대사와 함께 원나라에 가서 지공에게 인가를 받았으며, 나옹 혜근에게 법기法器로서 인정받았다. 지천은 무학 대사와 함께 용문사에 대장경을 봉안했으며, 홀로 은둔하며 수행하였다. 지천의 탑과 비가 양평 용문사에 모셔져 있다.

또한 고봉 법장(高峰法藏, 1351~1428)은 수선사 16세로서 나옹 혜근의 문도이다. 법장은 머리를 기르고, 풀피리를 불며, 표주박을 들고 다니는 등 기이한 모습으로 걸림 없이 살았다고 한다.

수선사 16세 고봉국사(송광산 국사전)

함허 득통이 『현정론』 저술을 통해 불교 배척의 부당함을 토로했지만, 역부족이었다. 조선 초기는 무학 대사의 노력으로 불교탄압을 어느 정도 막을 수 있었지만, 무학 대사가 입적한 후에는 불교 배척이 수면 위로 떠올랐다.

(2) 벽계 정심과 벽송 지엄의 법맥 및 행적

연산군·중종 대에 이르러 불교 핍박으로 인해 선맥이 실낱처럼 위급한 즈음, 법맥을 계승한 선사들이 있다. 정심과 지엄이다. 벽계 정심(碧溪正心, ?~?)에 대한 행적은『불조원류佛祖源流』와『동사열전』에 단편적인 기록뿐 자세히는 전하지 않는다. 정심은 금산金山 출신으로 성은 최씨崔氏, 호는 벽계碧溪, 별호는 등계登階이다. 선사는 구곡 각운(龜谷覺雲, 1318?~1383?)의 법을 받았으며, 환암 혼수의 손제자에 해당한다(태고 보우 → 환암 혼수 → 구곡 각운 → 벽계 정심 → 벽송 지엄). 『불조원류』에 의하면, 정심의 선은 벽송에게 전해졌고, 교는 정연법 준(淨蓮法俊)에게 전수되었다.

정심은 명나라에 가서 임제종 총통 화상摠統和尙의 법을 받고 귀국하였다. 선사는 공안을 참구하고, 임제의 할을 썼으며, 조주의 선풍을 고수했다. 연산군의 척불이 심한데다 승려를 강제로 환속시키는 일이 비일비재하자, 정심은 황악산에서 재가자처럼 살았다. 이 무렵에 제자가 찾아왔는데, 바로 벽송 지엄이다.

벽송 지엄(碧松智儼, 1464~1534)의 법명은 지엄, 법호는 야로野老, 당호는 벽송이다. 속성은 송宋씨, 전북 부안 출신으로 아버지는 복생, 어머니는 왕씨이다. 지엄의 모친 꿈에 한 인도 스님이 예를 올리고 자고 간 뒤에 잉태하여 태어났다. 아이는 특이한 골격과 기상이 웅혼하였고, 어려서부터 글공부와 칼 쓰기를 좋아하며 병서兵書에 능했다. 1491년 지엄은 여진족이 쳐들어오자 도원수都元帥 허종과 함께 니마차尼麻車와 싸워 큰 공을 세웠으나 사람을 죽이는 일에 허무함을 느끼고 출가를 결심한다. 그는 "대장부로 태어나 심지心地

를 지키지 않고, 헛된 명예를 좇아 외부로 치달아서야 되겠는가!"라고 결심한 뒤, 28세에 계룡산 상초암上草庵 조징祖澄을 찾아가 출가하였다. 지엄과 똑같은 상황에서 출가한 중국 선사가 있는데, 우두종의 윤주 지암(潤州智巖, 577~654)이다. 지암은 '사람이 사람을 죽여서 영광과 명예를 얻는 군인이란 존재가 무엇인가?'를 궁구한 뒤에 전쟁에 환멸을 느끼고 40세에 출가하였다. 한편 인도의 아쇼카 대왕도 정복군주로서 칼링가에서 수많은 이들을 죽인 뒤, 무상함을 느끼고 불교로 귀의해 백성들에게 선정을 베풀었다.

　이후 지엄은 교학에 밝은 연희衍熙를 찾아가『능엄경』등 경전을 공부하였다. 지엄은 선지식을 찾다가 벽계 정심이 황악산에 있다는 말을 듣고 한걸음에 달려갔다. 정심은 유생들의 눈을 피해 산에서 나무를 해 시장에 내다팔며 겨우 생활하고 있던 터였다. 지엄은 스승과 함께 생활하며 궂은 일을 도맡아 했다. 선사는 하루 종일 일을 하다가 겨우 짬을 내어 스승에게 도를 물으면, 대답이 한결같았다.

벽송사 도량(함양군 마천면 추성리 지리산)

"도란 멀리 있는 것이 아닐세. 행주좌와에 '내 마음이 무엇인고?'라고 궁구하게나."

몇 달간 지엄은 땔나무를 지고 김천 시장에 내다팔면서 '내 마음이 무엇인고?' 하고 골똘히 참구하며 지냈다. 조급증이 난 지엄이 스승에게 선지禪旨를 물으면, 스승은 똑같은 답변만 늘어놓았다.

"허, 그걸 알면 그것도 알아지는 걸세."

지엄이 재차 물으면, "답을 해줄 수 없지."라고 퉁명하게 말했다.

벽송당 지엄 진영(벽송사 지객실)

마침내 지엄은 스승의 무성의에 폭발할 지경이었다. 지엄은 하산하기로 마음먹고, 보따리를 싸서 산을 내려가는데, 스승이 쫓아오면서 계속 이름을 불렀다. 지엄은 들은 체도 않고 걸음을 재촉했다. 이때 스승이 "나를 보고 가게나!"라고 소리치자, 지엄이 고개를 돌렸다. 이때 스승이 말했다.

"옜다, 내 법을 받아라!"

지엄은 스승의 말을 들으며 주먹을 보는 순간, 활연대오하였다. 이후 지엄은 스승을 하직하고, 금강산 묘길상암妙吉祥庵으로 들어갔다.

지엄은『대혜어록』을 보면서 '구자무불성'을 참구해 의심을 타파하였고, 고봉 원묘의『선요』를 보고 알음알이(解)를 내려놓았다. 지엄은 평생 대혜와 원묘의 선사상을 기반으로 선풍을 전개하였다. 이점은 서산 휴정이 지엄의 문집을 간행하고 행장을 찬술했는데, 여기서 밝힌 바이다.

지엄은 지리산으로 들어가 옷을 갈아입지 않고 하루 한 끼 공양을 하며, 문을 걸어 잠그고 외부와 교류를 두절한 채 오롯이 정진하였다. 1520년 56세에 지엄은 함양 지리산에 벽송사를 창건하였다. 이 벽송사는 16세기 창건 이후 근래에 이르기까지 수많은 선사들을 배출한 수행납자들의 요람 터이다. 필자가 그곳을 찾아갔을 때는 녹음이 우거진 여름이었다. 높은 고도로 오르는 길녘, 몇 번이고 감탄하면서 선방에 이르렀다. 고즈넉한 선방의 분위기, 앉아만 있어도 번뇌가 사라질 것 같은 도량이었다. 이번 생은 어렵고, 다음 생엔 이곳에 와서 정진하리라!!

이후 지엄은 영관靈觀·원오圓悟·일선一禪 등 60~70명에게 여러 대승경론을 강의하였다. 1534년 겨울, 지엄은 지리산 수국암壽國菴으로 옮겨가『법화경』을 강설하다가「방편품」에 이르러 "이 노승은 여러분을 위해 적멸상寂滅相을 보이고 가리니, 여러분은 밖에서 찾지 말고 더욱 정진에만 힘쓰라." 하고 당부한 뒤 열반에 들었다. 선사는 세납 70세, 법납 42세에 입적하였다. 입적한 뒤에도 얼굴빛이 변함이 없고, 팔다리는 마치 산 사람처럼 부드러웠다고 한다. 통도사에『벽송집』판목이 있는데 행장은 휴정이 저술하였다. 지엄의 저서로는『벽송당야로송碧松堂野老頌』·『훈몽요초訓蒙要鈔』·『염송설화

절록拈頌說話節錄』등이 있다.

(3) 지엄 업적의 한국불교사적 의의

첫째, 지엄의 체계적인 선사상은 승가대학 교과목 제정의 효시가 되었다. 곧 지엄은 종밀의『선원제전집도서』와 지눌의『절요』를 통해 불법을 밝힌 다음,『대혜어록』과 고봉 원묘의『선요』를 공부함으로써 지해의 병통을 제거해야 한다고 하였다. 즉 보조 지눌은 선에 대한 접근 방식으로 자교명종藉敎明宗을 주장했는데, 언설로 불법을 이해한 뒤에 간화선을 통해 지해병知解病을 제거하고, 이어서 대승경전을 공부토록 하였다. 지엄도 지눌의 사상을 본받아 선교를 골고루 배등하였다. 이 점은 강원의 교과목이 사집과로 출발해 17~18세기에 이르러 사미과(『서장』·『도서』·『절요』·『선요』), 사교과(『능엄경』·『기신론』·『금강경』·『원각경』), 대교과(『화엄경』)로 완성되었다.

둘째는 (앞의 첫째에 이어서) 선교겸수의 체계를 세우고, 간화선풍을 선양하였다. 곧 몽산 덕이의 선풍과 고봉 원묘의 선풍이었다. 이 점은 윗대 조사인 지눌의 선교일치 사상을 이어받았다고 볼 수 있으며, 지엄의 사상은 후대 제자인 휴정에게서 완벽하게 정립된다.

벽송 지엄(고창 선운사 부도밭)

셋째는 삼문(教禪淨)의 불교수행 방법을 지양한 면이 드러나 있다. 지엄은 "조사선을 참구하고, 여러 교학을 공부하며, 여기에 정토왕생을 희구한다."라고 하였다. 이 점은 후대 서산이 확고하게 체계화하였다.

지엄은 법통 면에서 임제 태고의 법통을 이어받았고, 그 문하에 부용 영관을 배출하였다. 다시 영관 문하에서 휴정과 부휴 선수가 배출되었다. 사상적으로도 지엄은 고려 지눌의 사상을 계승해 발전시켰고, 지엄에게서 정립된 사상은 후대 휴정에 의해 완성되었다. 한국불교사적인 위치에서 선사를 볼 때 조선 전·후기, 그리고 현대에 이르기까지 그의 영향이 미치고 있다.

(1) 시대적인 배경

세종과 세조는 정책적으로는 불교를 배척했지만, 개인적으로는 호불적이었다. 배불정책 속에서도 대왕의 호불적인 면이 있었기에 행적이 전하는 몇몇 고승이 있다. 묘각국사妙覺王師 수미守眉는 선에 뜻을 두어 구곡 각운(龜谷覺雲, ?~?)을 찾아 도를 구했으며, 벽계 정심의 제자가 되었다. 수미는 세조 때 왕사로 책봉되었으며, 전라도 영암 도갑사(도선국사의 도량)를 중창불사하였다.

선종판사禪宗判事 수미왕사비(전남 영암 도갑사)

혜각존자慧覺尊者 신미(信眉, 1403~1480)는 세종의 충신인 김수온金守溫의 친형으로 한글창제의 주역이다. 설잠雪岑 김시습(金時習, 1435~1493)은 생육신生六臣 가운데 한 명으로, 단종의 하야를 계기로 출가하였다. 그러나 세조 이후로 승려들의 지위는 바닥으로 추락한다. 이런 척박한 상황에도 선사들의 법맥은 이어졌다. 앞에서 언급한 벽송 지엄으로부터 기라성 같은 선지식이 두 분 배출된다. 경성 일선과 부용 영관이다.

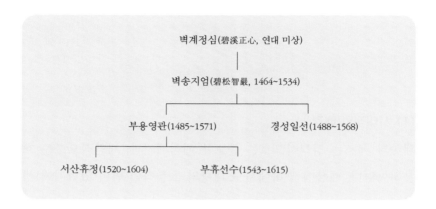

벽계정심(碧溪正心, 연대 미상)

벽송지엄(碧松智嚴, 1464~1534)

부용영관(1485~1571)　　　　경성일선(1488~1568)

서산휴정(1520~1604)　　　부휴선수(1543~1615)

(2) 부용 영관의 행적

부용 영관(芙蓉靈觀, 1485~1571)은 경남 진주 출생이다. 아버지는 원연袁演이고, 스님의 속명은 구언九彦, 법명은 영관靈觀, 당호는 부용芙蓉이다. 부용이란 연꽃을 말하는데, 몸은 비록 세속에 머물러 있지만 마음은 항상 서방정토에 가 있기 때문에 부용이라는 호를 썼다. 영관은 스스로 은암선자隱庵禪子 또는 연선도인蓮船道人이라고 하였다.

　스님의 집안은 대대로 미천하고 어려운 가정으로, 아버지는 남의 집 머슴이었다. 영관은 어린 시절에 아버지와 함께 고기를 잡으러 갔는데, 아버지가 고기를 잡아 바구니에 담으면 스님은 몰래 물에 놓아주었다. 아버지가 그 사실을 알고 종아리를 때리자, 스님이 울면서 말했다.

　"사람이나 미물이나 목숨을 아끼는 것은 마찬가지입니다. 그 물고기도 살고자 하는 욕망이 있을 것 같아 그런 것이니, 용서해 주십시오."

또한 스님은 어릴 적에 소꿉놀이를 할 때도 돌맹이를 세워놓고 그 앞에 부처님께 공양올린다고 하면서 모래로 공양을 올렸다. 이런 모습을 보고 어느 스님이 영관의 부모에게 "이 아이는 세상에 묻혀 살 아이가 아니다."라는 말을 하였다. 13세 되던 1498년, 영관은 집을 나왔다가 그 길로 출가하였다. 삼천포에서 30리를 걸어 사천沙川에 당도하여 돌아보니 집에서 기르는 개가 따라오고 있었다. 스님은 개를 보고 "너는 돌아가 아버님을 모셔라. 나는 지금 출가하는 것이니 따라오지 말라." 하니, 개도 말귀를 알아들은 듯 오던 길로 되돌아갔다.

스님은 길을 재촉하여 지리산 화개동으로 들어가 고행선자苦行禪子 문하에서 3년 동안 행자생활을 마치고 사미계를 받았다. 17세(1501, 연산군 7년)의 영관은 신총信聰에게서 경전을 배웠고, 위봉威鳳에게 선지禪旨를 공부했다. 이후 영관은 덕유산 무주구천동으로 들어가 토굴에서 9년 동안 용맹정진하였다. 24세(1509, 중종6년)에 영관은 경기도 용문산 조우祖愚 대사를 만나서 경전과 노장사상을 배운 뒤, 29세에 청평산 학매學梅 대사를 찾아가 공부하였다. 이후 영관은 경을 강의할 때는 마치 파도치는 물결처럼 변재가 훌륭했고, 선지를 논할 때도 깊이가 매우 뛰어났다. 다시 금강산 대존암大尊庵을 거쳐, 미륵봉 내원암에서 9년 동안 면벽 좌선하였다. 영관은 9년간 묵언을 하였는데, 사람들이 질문을 하면 손수 써서 벽에 붙여놓은 시를 가리키곤 했다.

이렇게 공부가 무르익은 영관은 46세 무렵, 9년간의 묵언을 트고 나서 문득 고향 부모님이 생각났다. 남쪽으로 발걸음을 옮겨 진주 삼천포 땅에 들어섰다. 문득 한 노인이 소를 몰고 오고 있었다. 영관은 노인에게 물었다.

"여기가 진주입니까?"

노인은 진주 땅에서 '진주냐?'고 묻는 것을 괴이하게 여기고 답했다.

"그렇소만, 이곳이 바로 진주 땅이오?"

"여기는 제 고향입니다. 아버님의 함자는 원袁자, 연演자이고 저의 아명은 구언입니다. 혹시 모르십니까?"

노인은 소고삐를 떨구며 스님의 손을 덥석 잡았다.

"아이고! 내가 죽지 않고 산 보람이 있었구나. 오늘에야 너를 만났으니 이젠 죽어도 여한이 없다. 내가 너의 애비다. 네가 집을 나간 지 30여 년, 아무리 알아봐도 알 길이 없어 네가 돌아오기만을 기다리며 죽지 않고 기다렸단다. 너의 어머니는 10년 전에 세상을 떠났다. 누이는 네가 떠난 지 7일 만에 개와 함께 죽었단다."

스님은 눈물을 훔치며 그동안의 불효를 엎드려 절하며 용서를 빌었다. 아버지는 주인집에 가서 주인에게 인사를 올리며, 노비로서 승려가 된 것을 사죄하고 그 값을 하겠다고 하자 주인은 스님을 흔쾌히 용서해 주었다. 이튿날 영관은 부친을 하직하고 지리산 화개골로 벽송 지엄을 찾아갔다. 지엄 앞에 당도해 예배를 하고 말했다.

"영관이 스님의 법풍을 흠모하여 멀리서 찾아왔으니 섭수하여 주소서."

"영靈도 감히 올 수 없거늘 관觀이 어디서 왔단 말인가(靈且不敢 觀從何來)?"

"청컨대, 스님께서 감찰鑑察하소서."

"조탁彫琢할 만하구나."

영관은 지엄 문하에 머물며 참구하여 20년 동안 품었던 의심이 풀렸다. 그리하여 영관은 지엄의 법을 받았다. 영관이 지엄의 곁에 머문 지 3년 만에 지엄은 열반에 들었다. 영관은 스승이 열반한 후에도 지리산에 머물면서 학도들을 가르쳤다. 스님의 성품은 온화하고 자비로웠으며, 식량이 부족할지라도 대중과 똑같이 공양하였다. 영관은 의리義理에 뛰어나 천문이나 의술에까지 통달하였으며, 유교와 장자 학문에도 조예가 깊어 삼남지방의 선비들이 스님을 찾아와 공부하였다.

이후 영관은 황룡산·팔공산(전북 장수)을 거쳐 말년에는 지리산 쌍계사·대승암·연곡사·의신암 등지에서 살다가, 1571년 의신암에서 입적하였다. 세수 87세, 법랍 74세이다. 전법 제자로는 서산 휴정과 부휴 선수 등이다. 영관의 열반송은 이러하다.

하릴없이 소림을 생각하다가
터럭이 희게 덮인 현 즉금에 이르렀네.
베살리 옛일은 소리도 냄새도 없고,
마갈타국에서 부처님 전법 음향조차 끊기었네.
말뚝인 양 앉았으니 분별망상 끊어지고,
어리석은 듯 지내니, 시비 가릴 것 없네.

그런고로 헛된 생각 산 밖으로 날리노니,

하루 종일 망상 잊고 푸른 산만 마주보네.

空非悠悠憶少林 人遁裏髮到如今 毘耶昔日無聲臭 摩竭當年絶響音

似机能防分別意 如痴必禦是非心 故將妄計飛山外 終日忘機對碧岑

(3) 경성 일선의 행적

경성 일선(敬聖一禪, 1488~1568)은 청허 휴정의 사숙으로, 휴정이 일선의 행장을 찬술하였다. 일선의 성은 장張씨, 울산 출신으로, 호가 휴옹休翁·선화자禪和子·경성敬聖·광성廣聖이다. 일선의 모친이 명주明珠를 삼키는 태몽을 꾸고 낳았다. 일선은 어려서부터 마늘이나 파, 고기를 싫어하였고 불교 놀이를 좋아했다. 일찍이 양친을 여의고 3년 동안 몹시 슬피 울다가 무상함을 느끼고 13세에 단석산 해산海山에게 의지하였다가, 16세(1503년, 연산군 9)에 승려가 되었다. 23세의 일선은 묘향산 문수암에서 고행 정진하다가, 지리산 벽송사의 지엄을 찾아갔다. 지엄으로부터 "모름지기 조사관祖師關을 참구하라." 는 지도를 받아 활구活句를 깊이 참구한 뒤에 지엄에게서 법맥을 받았다.

이후 금강산 시왕동十王洞에서 좌선하다가 깨달음을 얻었고, 이로부터 간화선에 있어서는 경절문(經截門: 문자나 언어를 떠나 수행의 지위나 절차를 거치지 않고 바로 증과證果를 얻는 교법)의 언구를 사용하였다. 그 뒤 표훈사表訓寺의 승당에서 한 해를 보내고 상원암에서 2년의 안거를 성만했다.

1536년 나라에서 승려들에게 신천新川의 제방을 쌓게 하였는데,

50세였던 일선은 그 부근을 표연히 걸어갔
다. 일선의 의연하고 걸림 없는 모습에 감
독관이 스님을 세우고, 대화를 나누었다.
감독관은 스님의 물외도인적인 풍모에 감
탄해 스님을 모시고 집으로 가서 보름간
유숙케 하며 법을 물었다. 이런 동안 주위
에서 스님을 친견코자 찾아오는 사람이 문
전성시를 이루었다. 이를 염려한 어느 유
생이 사헌부에 '경성당이라는 중이 혹세무
민하니 빨리 잡아가라'는 투서를 올렸다.

경성 일선 선사의 진영

스님은 의금부에 갇혔는데도 얼굴빛이 조
금도 달라지지 않았고, 의연히 가부좌를 한 채 평상시와 다름없이 정
진하였다. 관리들은 일선의 의연한 태도에 죄가 없다고 판단하고 스
님을 방면하였다.

이후 일선은 묘향산(西山)에서 9년 동안 은거하다가 1544년에 보
현사 관음전에 머물면서 후학들을 지도하였다. 이때 의웅義雄 등 문
인들이 당을 세우고 경성당敬聖堂이라고 하였다. 80세의 일선은 제
자들에게 이런 당부를 내렸다. "모든 인자仁者들은 정념正念을 가지
고 애착을 품지 말며, 또한 세속을 따라 쓸데없이 일을 떠벌이지 말
라." 그런 뒤 일선은 "팔십 년 삶이 허공의 꽃이요, 지난 일들은 여전
히 눈앞의 꽃이로다. 다리 끝이 문을 넘기 전에 본국에 돌아왔으니
옛 동산의 복숭아꽃이 벌써 피어 있더라(八十似空花 往事悠悠亦眼花 脚
末跨門還本國 故園桃李已開花)."라는 열반송을 남기고 입적하였다.

일선은 자신의 시체를 새와 짐승에게 먹이라는 말을 남긴 뒤 단정히 앉아 입적하였다. 제자로는 의웅·의변義卞·선등禪燈·일정一精·성준性峻 등이 있다.

(4) 영관과 일선의 한국불교사적 위치

첫째, 오염된 연못에서 연꽃이 피어나듯 척박한 환경에서도 올곧은 수행자가 배출되었다는 점이다. 영관과 일선은 사형사제로, 두 분의 행적에서 보았듯이 조선 땅 곳곳에 많은 수행자들이 의연한 모습으로 살았음을 알 수 있다.

둘째, 영관의 당호가 부용芙蓉으로, 선사는 만년에 정토를 발원한 선정일치禪淨一致 선풍으로 추론된다. 이는 물론 고려 말기 나옹 혜근에게서도 드러나 있고, 제자 서산의 사상에도 정토가 드러나 있는데, 조선 불교사에 선정일치는 꾸준히 이어지고 있음을 볼 수 있다.

셋째, 일선은 당시 묘향산에서 선풍을 펼칠 때, 전국에서 선자들이 몰려와 조선의 절상회折床會를 이루었다. 일선의 선풍은 지엄의 임제선이며, 간화선적 활구 참선을 강조하였다. 그는 늘 제자들에게 이렇게 설하였다. "활구活句 참参할 것을 간절히 당부한다. 한 생각으로 회광回光하면 보리菩提의 바른 길이다." 그런데 일선에게서 아쉬운 점이 남는다. 후대까지 선사의 법맥이 전하지 않는다는 점이다. 필자가 순례한 선찰 조사전에서 일선의 진영을 한 번도 뵙지 못했다(일반적으로 법맥으로 선사의 진영을 모시기 때문). 하지만 휴정이 삼로(三老: 지엄·영관·일선)의 한 분으로 일선을 존경하였고, 후손들(승려들)의 마음속에 위대한 선지식으로 자리매김하여 있다.

(1) 중국과 조선의 법난

불교사를 보면 우리나라뿐만 아니라 중국도 법난이 많았다. 대표적
인 법난이 삼무일종三武一宗이다. 삼무三武는 북위北魏의 태무제太武
帝·북주北周의 무제武帝·당唐의 무종武宗을 말하며, 일종一宗은 후주
後周의 세종世宗을 말한다. 법난이 이렇게 많이 일어난 데는 여러 이
유가 있으나 표면적으로는 유儒·불佛·도道 3교의 대립, 특히 불교와
도교의 대립항쟁이 표면적 원인이다. 중국 속담에 "천자天子가 한 번
노하면 송장이 만 리에 덮인다."고 하였다. 이 가운데 가장 큰 법난
은 무종의 회창폐불(845~847)이다. 『구당서』의 「무종본기」에 의하
면, 회창폐불로 인한 불교계의 피해는 매우 컸는데, 파괴된 유명 사
원은 4만 6천여 개, 무명 사원 4만여 개, 환속한 승려와 비구니는 26
만 5백 명, 몰수된 전답은 수천만 경, 양세호로 바뀐 사원 소속의 노
비는 15만 명이었다.

　이런 몇 년 간의 대규모 법난으로 교종은 큰 피해를 입었지만, 선
종과 정토종은 발전되었다. 선종은 이때부터 5가7종이 형성되는 등
기라성 같은 선사들이 등장하기 시작했다. 물론 회창폐불 때 선사들
이 재가자로 환속해서 수행한 경우도 부지기수였다. 위앙종의 위산

영우(771~853) 선사도 폐불 때 재가자로 머리를 기르고 숨어 살았고, 암두 전활(828~887)은 뱃사공 노릇을 하였다. 바로 일상성의 선이 전개되었다. 법난에도 다음 시기에 뭔가 회복될 여지가 있었다고 할까? 조선 불교는 중국의 몇 차례 법난과는 상황이 다르다. 법난이 아닌, 아예 불교 말살이었다. 조선이 건국되면서 시작해 500년간, 장기전도 이런 장기전이 없었다. 보우는 1358년 이런 시를 남겼다. "불교가 쇠퇴하기가 이 해보다 더할 손가! 피눈물을 뿌려 수건을 적시네. 구름 속에 산이 있은들 발 붙일 데 없네. 티끌세상 어느 곳에 이 몸을 붙이어 가리(釋風衰薄莫斯年 血淚潛潛滿葛巾 雲裏有山何托跡 塵中無處可容身)." 통한痛恨의 불교사이다.

(2) 시대(조선 중기)적 배경

성종 때 다시 억불정책이 시작되었다. 성리학을 기반으로 유학을 장려하여 사라진 집현전의 기능을 담당할 홍문관을 설치하고, 수많은 역사책을 편찬했으며, 세종 때부터 이어온 법전 편찬인 『경국대전』이 완성되었다. 『대전』에 조선 사회의 기본 통치 방향과 이념을 제시했는데, 척불강화가 명시되었다. 도첩제를 실시해 출가를 금하였고, 간경도감(1461년, 세종 때 경전을 번역하기 위해 설치한 기관)을 폐지하였다. 연산군 때는 승려를 관노로 삼고, 토지를 몰수했으며, 승과도 폐지하였다. 중종 때에 이르러 철저한 유교적 개혁정치를 실시하면서 철저한 배불이 최고조에 달했다. 선교 양종이라는 말조차 존재 자체가 희미했다. 이런데도 사찰과 승려는 늘었다. 계급의 가혹한 수탈로 파산한 민중이나 도적들, 부역 기피자들이 사찰로 들어간 것이다. 승려들은 사회적 지위를 완전히 상실하게 되었다. 인종(명종의 형)이 후사가 없이 8개월 만에 타계하자, 12세의 명종明宗이 왕위에 오른다. 명종이 왕위에 오르자, 명종의 모친인 문정왕후文定王后가 수렴청정을 하였다. 문정왕후가 정치를 할 때 불교가 잠깐 활발히 살아났다. 문정왕후는 당시 수많은 사람을 죽여 마음에 큰 가책을 느꼈기 때문에 불교에 깊이 의지했던 것이다. 문정왕후가 허응당 보우를 기용함으로써 불교는 잠깐 부흥하였다.

(3) 허응당 보우의 행적

허응당 보우(虛應堂普雨, 1509~1565)는 고향이나 출생지가 정확하지 않다. 법명은 보우, 법호는 나암懶庵, 당호가 허응당이다. 어려서 부모를 여의고, 용문사에 머물다가 15세에 금강산 마하연으로 출가하였다. 이곳에서 학문을 익혔고 수행하였다. 6년 동안 정진하고, 그외 주역이나 유학까지 학문을 쌓았다. 보우도 출가해서 보통의 승려들처럼 살았다. 불교의 암울한 시기에 어떤 특별한 명예나 이름을 구하고자 했던 것은 아니었을 것이다. 폐불의 끝이 보이지 않는 어두운 터널에서 출세 지향의 길은 생각할 수조차 없었다.

　보우는 여러 지역에서 수행하다가 1548년(명종 3) 함흥 국계암을 떠나 호남 쪽으로 내려갔다. 보우는 당시 병이 나서 요양 차 회암사에 머물렀다. 이때 평소 친분이 두터웠던 함경감사 정만종이 보우를 문정왕후에게 추천하였다. 39세의 스님은 선종판사禪宗判事와 봉은사 주지를 맡고, 수진守眞은 교종판사와 봉선사 주지를 맡는다.

　스님이 봉은사 주지로 머무는 8년 동안, 제일 먼저 문정왕후로 하

봉은사 편액

여금 『경국대전』의 금유생상사지법禁儒生上寺之法을 적용해 능침에 들어와 난동 부린 사람들 중에서 가장 과격했던 황언징을 처벌하였다. 이 무렵부터 보우는 봉은사(선종)와 봉선사(교종)에 방榜을 붙여 유생들의 횡포를 막았다. 이때부터 유생들의 상소가 빗발치기 시작했다. 1551년 42세의 보우는 명종에게 세 가지를 건의한다. 첫째는 선교양종을 부활시키고 승과를 부활시킬 것, 둘째는 승려 도첩 제도를 실시할 것, 셋째는 유생에게 빼앗긴 절이나 황폐한 절을 불사할 것 등이었다. 이때 승과에 응시해 급제한 인물이 서산 휴정과 사명 유정이다.

허응당 보우 대사 진영(봉은사 영각)

1555년 9월 종단이 안정되어 가자, 보우는 판사직과 봉은사 주지직을 사양하고 춘천 청평사로 물러났다. 보우는 서산 휴정을 불러 종단 일을 맡기고, 보우는 청평사에서 5년을 머물렀다. 그런데 보우는

1560년 5년 만에 다시 선종판사와
봉은사 주지를 맡는다. 아마도 보우
가 다시 정치 일선에 나올 수밖에
없었던 여러 일들이 얽혀 있었던 것
으로 보인다. 1565년 56세에 보우
는 회암사 중창불사를 마치고 4월
무차대회를 열기로 하였다(명종의
아들인 순회세자의 명복을 빌기 위함).
그런데 행사 전날 문정왕후가 세상

허응당 보우 대사 탑(봉은사 도량)

을 떠나자, 그 비난의 화살이 온통 보우에게 쏟아졌다.

　왕후의 장례를 치른 직후 보우를 향한 유생들의 배불상소가 쌓이
기 시작했다. 결국 이이李珥가 올린 「논요승보우소論妖僧普雨疏」를 계
기로 보우는 승직을 박탈당하고, 제주도로 유배되었다. 이후 스님은
유배지에서 제주목사 변협에 의해 장살杖殺 당해 입적하였다. 이때
보우의 세납이 56세였다.『허응당집』에 실린 보우의 임종게는 이러
하다.

　허깨비가 허깨비 마을에 들어가
　50여 년간 미치광이 놀이를 하였네.
　인간 영욕의 일을 다 내려놓고,
　승려 탈을 벗고, 푸른 하늘에 오르네.
　幻人來入幻人鄕 五十餘年作戱狂 弄盡人間榮辱事 脫僧傀儡上蒼蒼

보우의 저술로는 『허응당집』 상·하, 『나암잡저懶庵雜著』, 『수월도량몽중문답水月道場夢中問答』, 『권념요록勸念要錄』 각 1권이 전한다. 『허응당집』은 보우가 젊었을 때부터 입적 전까지의 시를 엮은 것이다. 보우가 입적한 다음해에 선교양종 승과가 폐지되었다. 불교가 잠깐 햇빛을 본 지 15년 만에 불교계는 다시 검은 구름으로 뒤덮였지만, 보우는 조선 후기 불교의 명맥을 잇게 한 견인차 역할을 하였다.

(4) 보우의 사상

첫째, 보우는 유불일치론儒佛一致論을 주장하였다. 보우는 유학에도 매우 조예가 깊었다. 유교와 불교는 국가 사회에 나타난 면에서는 각기 다르지만 그 이치의 근본을 따지자면 서로 일치하여 다를 바가 없다고 주장했다. 똑같이 인간의 본심과 본성을 근본으로 하기 때문이다. 선사는 "고금에 불교와 유교는 공인된 가르침이라는 점과 그 구체적인 상통성으로는 공자가 말한 상(常: 五常)과 불교의 권(權: 방편)은 손등과 손바닥과 같은 것이다."라고 하였다. 또한 "일—이란 1·2·3도 아니며 성실하여 허망하지 않은 것으로서, 곧 하늘의 이치를 말한 것이다. …… 정正이란 치우치지 않고, 사라지지 않으며, 순수하여 섞임이 없는 것으로서, 곧 사람의 마음을 말한다."라고 하면서 보우는 일심의 일—과 『대학』의 성의정심誠意正心의 정正을 합하여 '일정—正'이라는 설을 내세우면서 불교와 유교의 일치를 주장하였다.

둘째, 보우의 선사상을 보자. 선사는 마음을 진심과 허망심으로 나누고, 허망심이란 곧 진심의 묘한 작용에 의한 영상이라고 보았다. 그러면서 진심은 물이요, 허망심은 파도에 비유하였다. 이에 한 생각이 일어나 일념에 집착하면 허망심이요, 일념에 집착이 없으면 진실심이라고 하였다. '한 생각도 망심이 생기지 않음이 부처요, 이 경지가 묘각妙覺의 경지'라고 주장하였다.

셋째, 선교일치禪敎一致적인 면이 드러나 있다. 선은 행行의 철학이며, 화엄은 이理의 철학이라고 하면서 선과 화엄의 융합을 주장하였다.

(5) 한국사와 불교사의 충돌

보우와 동시대 인물이었던 서산 휴정은 보우를 일러 "천고에 둘도 없는 지인(至人: 聖人)"이라고 극찬하였다. 그런데 그 반대의 평가가 있다. 보우는 입적 이후 400여 년간 한국사에서 '요승'으로 기록되어 있다. 역사는 승자의 편이다. 몇 년 전, 어느 학자가 사학 잡지에 선사를 '괴승'으로 매도해 불교계가 발칵 뒤집힌 적이 있었다. 괘씸한 일이지만 어쩔 수 없는 일이다. 어떤 사건이나 인물 평가에 대해 불교학자와 사학자가 다르게 보는 경우가 많다. 한국사 기록을 바꿀 수 없으니, 앞으로도 보우를 매도하는 사학자가 나올 가능성이 있을 것이다. 다시 한 번 불교계도 옷매무새를 단단히 해야 할 것이다.

52 │ 조선의 간화선 선풍을 정립한 서산 휴정

(1) 청허 휴정

옛 선사가 말하길 "태어남은 윗옷을 입는 것과 같고, 죽음은 바지를 벗는 것과 같다."라고 하였다. 서산 대사도 "태어남은 한 조각 구름이 일어남이오, 죽음이란 한 조각 구름이 흩어짐이라. 구름은 본래 실체가 없는 것, 삶과 죽음도 바로 이와 같다(生也一片浮雲起 死也一片浮雲滅 浮雲自體本無實 生死去來亦如然)."라고 하였다. '생사가 구름 한 조각이 일어나고 사라지는 것과 같다'고 읊을 정도로 공부가 익었다면 얼마나 좋은 일인가? 그 생사일여生死一如를 향한 끊임없는 정진이 필요하리라. 부용 영관(芙蓉靈觀, 1485~1571) 문하에서 청허 휴정과 부휴 선수(浮休善修, 1543~1615)가 나오게 된다. 바로 이 법맥이 19세기 구한말 경허 선사로 이어지고, 현재에까지 이른다.

(2) 휴정의 출가와 오도

청허 휴정(淸虛休靜, 1520~1604)은 속성 최씨崔氏, 이름은 여신汝信, 자는 현응玄應, 호는 청허淸虛 · 서산西山, 본관은 완산完山이다. 휴정은 평안도 안주에서 태어났다. 별호는 백화도인白華道人 또는 풍악산인楓岳山人 · 두류산인頭流山人 · 묘향산인妙香山人 · 조계퇴은曹溪退隱 ·

병로病老 등이다. 어머니 김씨는 노파가 찾아와 '아들을 잉태하였다'며 축하하는 태몽을 꾸고, 이듬해 3월에 그를 낳았다. 3세 되던 해 4월 초파일에 아버지가 등불 아래에서 졸고 있는데 한 노인이 나타나 "꼬마 스님을 뵈러 왔다."라고 하며, 두 손으로 어린 여신을 번쩍 안아 들고 몇 마디 진언을 하며 머리를 쓰다듬은 뒤, 아이의 이름을 '운학雲鶴'이라 할 것을 지시하였다. 그 뒤 아명은 운학이 되었다. 어려서 동네 아이들과 놀 때에도 돌을 세워 부처라 하고, 모래를 쌓아 올려놓고 탑이라 하며 놀았다.

서산 대사 진영

운학은 9살에 어머니를, 10살에 아버지를 잃고 의지할 데가 없었다. 총명하고 글재주가 뛰어나 안주목사 이사증이 그를 서울로 데려가 12세에 성균관에 입학시켜 3년 동안 글과 무예를 배우도록 하였다. 운학은 15세에 과거에 응시하였으나 떨어졌다. 그해 그는 스승을 찾아 동료들과 전라도로 산천 구경을 나섰다가 지리산에 들어가 쌍계사 숭인崇仁을 만나 출가하였다. 18세 무렵엔 부용 영관에게서 선을 배웠다. 21세에 깨달은 바가 있어 영관에게서 인가를 받았다. 이렇게 공부를 해나가던 중, 문자를 초월한 선에 마음을 기울이고 "일생동안 어리석은 사람이 될지언정 다시는 말만 중얼거리는 문자법사는 되지 않으리라." 하고 다짐한 뒤 수행에만 전념했다. 이후 8년 만에 남원의 한 마을을 지나다가 닭 우는 소리를 듣고 크게 깨닫고, 다음과 같은 오도송을 읊었다.

머리털 세어도 마음은 늙지 않는다고
옛사람이 일찍이 말하였다.
닭 울음소리 한번 듣고 대장부 할 일을 마쳤도다.
홀연히 자기 집을 얻고 보니, 모든 것이 다만 본래 이러할 뿐
천만금의 보배창고도 원래 한 장의 빈 종이라네.

髮白非心白 古人曾漏洩 今聞一聲鷄 丈夫能事畢
忽得自家處 頭頭只此爾 萬千金寶藏 元是一空紙

(3) 휴정의 호국정신과 입적

휴정은 33세에 승과에 급제하고, 대선大選·중덕中德을 거쳐 36세에 교종판사敎宗判事가 되었고, 이어서 선종판사禪宗判事가 되어 선교양종판사를 모두 맡았다. 판사를 맡은 지 2년 만인 38세에 승직僧職을 버리고 운수납자의 길을 걸었다. 이후 휴정은 금강산·두류산·오대산·묘향산 등지에서 수행하며 제자들을 제접하였다. 이때가 40대에서 60대에 해당한다.

70세 되던 해, 삼몽사(三夢詞: 주인은 손님에게 꿈 이야기를 하고, 손님은 주인에게 제 꿈 이야기를 하는구나)를 짓고 향로봉에 올라 시를 지었다.

만국의 도성은 개미집과 같고,

천하의 수많은 호걸들도 하루살이 삶이로다.

청허한 베갯머리 위로 흐르는 은은한 달빛,

끝없는 솔바람 소리 하염없이 들리네.

萬國都城如蟻垤 千家豪傑若醯鷄 一窓明月淸虛枕 無限松風韻不齊

휴정은 선조 22년(1589), 정여립의 역모에 연좌된 승려 무업의 무고로 투옥되었다. 후에 무고함이 밝혀져 석방되었을 뿐만 아니라 선조로부터 어필御筆 흑죽黑竹에 시까지 받았고, 이에 휴정도 왕에게 화답하였다. 1592년에 임진왜란이 일어나 선조가 의주로 피신 갔을 때, 서산은 선조를 만났다. 이때 선조는 휴정에게 8도16종도총섭八道十六宗都摠攝의 직위를 주며 승군을 부탁하였다. 휴정은 의승義僧 5천을 모집 인솔하여 관군을 도와 공을 세웠다. 이 당시 휴정은 70여 세로, 사명과 처영에게 도총섭 지위를 맡기고 산으로 되돌아갔다.

선조는 휴정에게 '국일도國一都 대선사大禪師 선교도총섭禪敎都摠攝 부종수교扶宗樹敎 보제등계존자普濟登階尊者'라는 최고의 존칭을 하사하

청허 휴정 부도(대흥사 부도전)

였다. 선사는 말년에 금강산에 상주하다가 1604년 원적암圓寂庵에서 설법을 마치고, 자신의 진영에 임종게를 쓰고 좌선한 채 입적하였다.

팔십년 전에는 그대가 나이더니,
팔십년 후에는 내가 그대로다.
八十年前渠是我 八十年後我是渠

세납 85세, 법랍 67세였다. 제자로는 사명·소요 태능·정관 일선·진묵 일옥·처영·편양 언기 등 깨달음을 이룬 제자만 해도 70여 인이다. 문집으로는『청허당집』을 비롯하여『선가귀감禪家龜鑑』·『도가귀감道家龜鑑』·『유가귀감儒家龜鑑』·『선교석禪教釋』·『선교결禪教訣』·『운수단가사雲水壇歌詞』·『설선의說禪儀』·『제산단의문諸山壇儀文』·『심법요초心法要抄』·『삼로행적三老行蹟』·『선가금설록禪家金屑錄』등이 있다.

(4) 휴정의 사상

첫째, 간화선의 활구를 강조하였다. 휴정은 당시 불교계가 선과 교로 나뉘어 갈등을 부를 즈음 간화선을 중시하면서 선교를 겸수하는 선풍을 정립하였다. 휴정은『선가귀감』에서 "참선에 세 가지가 필요한데, 신근信根·분지憤志·의심이다."라고 강조하였다. 그러면서 진실로 그 한 가지라도 갖추지 못하면 다리 부러진 솥과 같다고 하며, 간화선의 세 요소를 강조하였다. 한편『선가귀감』에 '조주 무자'를 중시하며, 일물一物 용어를 활용하면서 "이 일물을 깨달으면 만법을 깨달으며, 만법을 깨달으면 일물을 깨닫는 것이며, 이를 견성見性이라 하고 성불成佛이라고 한다."라고 하였다.

둘째, 서산의 선교관은 선 입장에서 교를 받아들이는 입장의 사교입선捨敎入禪이다. 『선가귀감』에서 선교를 이렇게 말하고 있다. "선은 부처님의 마음이고, 교는 부처님의 말씀이다(禪是佛心 敎是佛語). …… 선·교의 근원은 부처님이고, 선과 교가 시작된 근원점은 가섭존자와 아난존자이다. 말 없음으로써 말 없는 데 이르는 것은 선이요, 말 있음으로써 말 없는 데 이르는 것은 교이다. 또한 마음은 선법禪法이요, 말은 교법敎法이다. 법은 비록 일미一味이지만 뜻은 하늘과 땅같이 동떨어진 것이다." 또한 『선교석禪敎釋』에도 진귀조사설을 싣고 있는데, 서산의 선관은 선교일치라기보다는 사교입선적인 측면이라고 본다. 선이 주主가 되고 교는 종從이 되어 깨달음으로 나아

청허 휴정 진영(해인사)

청허 휴정(대흥사)

간다고 보았고, 선을 교보다 우위에 두고 있다. 선교의 관계에 대하여 교는 부처의 가르침으로 먼저 모든 법을 가려서 보이고, 다음에 공空의 이치를 가르친 것인데, 이 공의 이치에 곧바로 들어가서 체득하는 것이 선이며, 특히 조사선祖師禪은 그 자취가 뜻의 자리에서 끊어지고 이치가 마음의 근원에서 이루어진 것이라고 하였다.

셋째, 선정쌍수 및 여러 수행법을 제시하였다. 이 점은 현 조계종의 취지와 부합된다. 조계종도 선을 근본으로 하지만, 방편으로 다양한 수행법을 인정하고 있다. 서산은 사람에 따라 근기가 다르므로 어떤 이에게는 타력他力이 필요하다고 하면서 염불·주력·참회·보시 등 여러 수행법을 중시하였다. 염불신앙과 관련되어 휴정은 유심정토와 타방정토 사상 두 가지를 다 언급한다. 즉 "입으로만 부를 때는 송誦이요, 마음으로 할 때에야 염念이라고 할 수 있다. 다만 송에 그치고 염을 잃어버리면 도에는 아무 이익이 없다. 나무아미타불 여섯 자는 윤회를 벗어나게 하는 지름길이다. 마음으로는 부처님의 경계를 연緣하여 여일하게 생각하여 잊지 않으며(憶持不忘), 입으로는 부처의 명호를 칭하여 분명하여 산란하지 않는다면 마음과 입이 부합되어 진정한 염불이 된다."라고 하였다.

넷째, 유·불·도 삼교일치를 강조하였다. 유불도 삼교일치는 조선 시대로 들어오면서 두드러진 특징 가운데 하나이다. 휴정도『삼가귀감』을 통해 이 점을 강조하고 있다. 휴정은 삼교가 모두 근원적인 마음을 구명究明하고 그것을 개발하는 데 역점이 있음을 부각시켜 그들이 조화롭게 병행할 수 있는 가능성을 제시하였다. 물론 불교사에서 삼교회통을 드러낸 경우는 매우 많다. 당대의 규봉 종밀

(780~841)은『원인론原人論』으로 불교 입장에서 유교·도교를 회통시켰고, 송대의 불일 계숭은『보교편輔敎篇』을 통해 유불일치를 강조했으며, 이외 설두 중현과 중봉 명본도 유불일치를 강조하였다. 물론 사상적으로 철학적인 입장에서 일치를 주장하기도 하지만, 대체로 시대적인 위기감에서 불교를 보호하려는 차원이 더 강하다고 본다.

(5) 청허의 불교사적·선사상적 위치

첫째, 조선 시대에 꺼져가는 선을 중흥시킨 한국선의 중흥조이다. 조선 초기의 법맥은 나옹 혜근 → 무학 자초 → 함허 득통 법맥이었으나, 조선 후기로 가면서 태고 보우의 법맥이 주류를 이루게 되었다. 이 점은 1592년 임진왜란 때 휴정과 사명·영규 등 의승군이 활약했으며, 1627년 병자호란 때 벽암 각성·허백 명조 등 의승군의 활동으로 인해 사회적인 인식이 심어졌기 때문이다. 서산 자신이 법맥을 '벽송은 조祖요, 부용은 부父며, 경성은 숙叔'이라고 밝혔다. 이렇게 서산 자신이 밝힌 대로 서산은 태고 보우의 7대손에 해당한다. 우리가 보조 법통설과 태고 법통설 등 법맥에 있어서는 문제가 더러 발생하지만, 전반적으로 이 법맥을 보편적으로 따르고 있다.

둘째, 한국불교사에서 선교융합 및 선교회통인데, 휴정이 이 점을 확고하게 확립시켰다는 점이다.

셋째, 간화선을 중심으로 하는 수행방법 체계를 정립하였다.

넷째, 호국불교 사상에 입각해 중생 제도의 길을 보여주었다.

다섯째, 서산이라는 큰 나무에 수많은 선자를 배출시킴으로써 현

불교의 구축점을 이루었다. 휴정이 아니었다면 '현 한국불교가 존재했을까?'라는 의구심이 들 정도로 그는 한국사로나 불교사에 중요한 위치를 점한다. 그 문하에서 기라성 같은 제자들이 배출됨으로써 현 한국불교의 초석을 이루었다. 제자로는 사명 유정(四溟惟政, 1544~1610)·편양 언기鞭羊彦機·소요 태능逍遙太能·정관 일선靜觀一禪·현빈 인영玄賓印英·완당 원준阮堂圓俊·중관 해안中觀海眼·청매 인오(靑梅印悟, 1548~1623)·기암 법견奇巖法堅·제월 경헌霽月敬軒·기허 영규騎虛靈圭·뇌묵 처영雷默處英·영허 해일(暎虛海日, 1541~1609) 등이 있다. 이 가운데서 유정·언기·태능·일선, 네 선사는 대표적인 제자로서 휴정 문하의 4대 문파이다. 한편 청허 휴정의 제자 가운데 화엄학자도 배출되었다.

제월당 대사 탑비(경기도 연천군 심원사지). 조선 시대 탑비로는 가장 화려하다.

제월 경헌(1544~1633)은 승장으로 참여하였으며, 선교양종판사를 사양하고 수행에 전념, 승려 교육과정인 사집四集으로 제자들을 가르쳤다. 『제월당집』 서문에 당시 선풍을 반영하면서 혜근을 조사로 내세운 법통설이 제시되어 있다.

중관 해안(1567~?)은 처영에게서 득도하고, 휴정 문하에서 임제종의 맥을 전수받았다. 그는 법통설 정립에 관여하였고, 시문집과 함께 화엄사 및 금산사의 사적기를 지었다.

(1) 승려 본연의 삶은?

당대唐代에는 '행도승行道僧·행승行僧'이 있었다. '걸어가는 승려'라
는 뜻이다. 혜교의 『고승전』과 도선의 『속고승전』에서는 산야를 두
루 돌아다니며 중생을 제도하는 승려들을 '행도行道'라고 표현하였
다. 한편 문맹인들에게 부처님의 진리를 들려주는 속강승俗講僧도
있었다. 일명 대중강사인데, 이들은 청나라 말기까지 존속하였다. 석
가모니 부처님을 비롯한 비구들도 길 위의 삶, 유행遊行의 연속이었
다. 천하를 다니면서 밥을 빌어먹고, 법을 설해 주며, 잠은 나무 밑에
서 자는 것이 비구의 삶이었다.

　승려 본연의 행(실천)이란 무엇일까? 중국의 행도승이나 남방 비
구의 유행은 자신만의 해탈이 아닌 중생과 더불어 중생을 보듬는 이
타적 삶이라고 할 수 있다. 이런 사상에서 비롯되어 어록에서는 화
광동진和光同塵·회두토면灰頭土面·말토도회抹土塗灰·대수타니帶水拖
泥·입니입수入泥入水 등의 단어가 등장한다. 곧 중생이 살고 있는 진
흙밭에 들어가고 재를 뒤집어쓴다는 뜻이다. 『대승기신론』의 마명
보살은 논을 저술하게 된 인연을 "중생들이 모든 고통을 여의고 궁
극적인 즐거움을 얻게 하기 위함이지, 세속의 명예나 이익, 존경을

사명대사탑비(합천 해인사 홍제암)

사명대사 탑(해인사 홍제암)

구하기 위해서가 아니다(爲令衆生 離一切苦 得究竟樂 非求世間名利恭敬故)."라고 하였다.『돈오입도요문론』에도 똑같은 내용이 서술되어 있다.

간혹 스스로에게 물어본다. 나라 잃은 시대, 혹은 전란의 시대에 승려였다면 필자는 전쟁터에 나가 목탁 대신 총칼을 들었을까? 필자는 'No'라고 할 것 같다.

전란기의 의승義僧들은 자신과 국적이 동일한 중생이 화살과 칼을 맞아 고통받으니, 상대 중생에게 칼을 들어야 했다. 한국사에서는 한국불교에 '호국불교'라는 타이틀을 주지만, 왠지 씁쓸할 때가 있다. 호국이라는 말 속에서 불교 본연의 정신이 조금 결여된 점도 찾아볼 수 있기 때문이다. 부처님이 다시 오신다면, 어떤 방법을 택했을까?

어떻든 조국이 있어야 종교도 존재하는 법, 우리의 의승들을 살펴보자. 고려 시대, 1232년 몽골의 2차 침입이 있었다. 살리타이(撒禮塔)가 이끌던 몽골군은 기병 500여 기로 처인성 일대를 공격하려 하였다. 이때 승병장 김윤후金允侯 스님이 화살로 몽골 장수 살리타이를 쏴 죽이는 일이 발생하자, 몽골군은

기가 죽어 줄행랑을 쳤다. 이어서 조선 시대로 들어와서 대표적인 의승으로는 사명 대사와 기허 영규(騎虛靈圭, ?~1592)*가 있다. 영규는 임란 최초의 의승장으로 스스로 의승군을 이끌어 청주성을 탈환하였고, 이어서 8백 의승군을 일으켜 조헌趙憲의 7백 의병과 함께 왜군과 맞서 싸웠다. 영규는 왜군과 치열한 전투 끝에 전사했으며, 금산의 700의총에 묻히고 종용사從容祠에 제향祭享되었다. 영규가 일으킨 승병은 전국의 승려들이 궐기하는 계기가 되었다.

(2) 사명의 행적

사명 유정(四溟惟政, 1544~1610)은 자가 이환離幻, 호는 사명당四溟堂 또는 송운松雲, 법명은 유정惟政이다. 증조부가 문과에 급제해 장락원정掌樂院正을 거쳐 대구의 수령으로 재직하다 밀양에 살았다. 7세를 전후하여 『사략』을 배우기 시작하면서 『맹자』 등 유학을 공부하였다. 15세를 전후로 부모를 모두 여의고, 김천 직지사 신묵信默의 제자가 되었다. 마침 허응당 보우에 의해 승과제도가 부활되자, 사명은 18세에 승과에 합격하였다. 사명의 행적에서 20대 기록이 보이지 않는데, 아마 이때 출가자 신분이지만 유생들과 교류가 잦았을 것으로 생각된다.

　이후 사명은 직지사 주지를 역임한 뒤 1575년 31세에 봉은사 주지로 천거되었으나 이를 사양한다. 묘향산 보현사에서 주석하고 있

---

* 본관은 밀양이며, 호는 기허騎虛, 속성은 박씨이다. 충청남도 공주에서 출생하였는데 출생일은 알려진 바가 없다. 계룡산 갑사에 출가하여 휴정의 고제高弟로

던 서산 휴정을 찾아가기 위해서였다. 휴정 문하에서 3년간 수행하였고, 휴정의 『선가귀감』에 발문을 썼다. 이후 팔공산·금강산·청량산·태백산 등지를 행각하며 수행하다, 43세에 옥천산 상동암上東庵에서 깨달음을 얻었다. 이때 사명이 읊은 오도송을 보자.

어제 핀 꽃, 오늘은 빈 가지뿐 인생도 이와 같은 법.
삶 역시 하루살이 같건만 세월을 어찌 허송할 건가.
……
부처도 내 마음속에 있거늘 어찌 밖으로만 내달리는가.
昨日開花今日空枝 人世變滅亦復如是 浮生若蜉蝣而 而虛度光陰
… 如來在我肚裏 何必走外求而蹉過.

사명대사 부도(장성 백양사 부도전)

1589년 46세 때, 사명은 정여립의 역모사건에 연루되었다는 모함을 받았으나 유생들이 항변해 주어 석방되었다. 47세에 금강산에 들어가 머물렀는데, 2년 뒤에 임진왜란이 일어났다. 이때부터 사명은 입적할 때까지 구국의 길에 앞장

공주公州 청련암에서 수도하였으며 선장禪杖으로 무예를 익혔다. 법도法徒·대인大仁 등에 의하여 진락산進樂山에 영각影閣이 세워졌으며, 의선毅禪이란 편액扁額이 하사되었다. 계룡산 갑사에서는 해마다 '기허당 영규대재'가 개최된다.

섰다. 해인사 홍제암에서 세납 66세에 법을 설한 뒤 결가부좌한 채 입적하였다. 저서로는 문집인 『사명당대사집』 7권과 『분충서난록奮忠紆難錄』 1권 등이 있다.

(3) 사명의 호국정신과 역사적 위치

1592년 임진왜란이 발생하자, 사명은 스승 휴정의 격문을 받고 의승병을 모아 순안으로 가서 휴정과 합류하였다. 그곳에서 의승도대장義僧都大將이 되어 승병 이천 명을 이끌고 평양성과 중화中和 사이의 길을 차단하여 평양성 탈환의 전초 역할을 하였다. 이어서 1593년 서울 근교의 삼각산 노원평 및 우관동 전투에서도 크게 전공을 세우자, 선조로부터 선교양종판사禪敎兩宗判事를 제수받았다. 전후 네 차례에 걸쳐 가토 기요마사(加藤淸正)와 회담을 가졌는

사명 대사 동상
(서울 동국대)

데, 네 차례 회담에서 강화 5조약으로 제시된 여러 조항들을 하나하나 조목조목 들어 논리적인 담판으로 왜장을 굴복시켰다.

사명은 이렇게 회담하는 와중에 선조에게 백성을 편안토록 해야 하며, 농업을 장려하는 동시에 군수무기를 준비할 것 등을 건의하였다. 그리고 사명은 불교와 관련된 여덟 가지를 제안하는 상소를 올렸다. 그 가운데 하나가 '승려들에 대한 침해가 너무 심해 고통받고 있으니, 국가적인 배려를 해주는 것'이었다. 선조는 이를 철썩 같이 약속했는데, 막상 임란이 끝나자 유생들의 반발로 승려에 대한 사회

적 배려는 물거품이 되었다.

1594년 사명이 의령에 주둔했을 때, 군량을 모으기 위하여 각 사찰의 전답에 봄보리를 심도록 하였고, 산성 주위를 개간하여 정유재란이 끝날 때까지 군량미 4,000여 석을 비장하였다. 선조는 그의 공로를 인정하여 '가선대부동지중추부사嘉善大夫同知中樞府事' 벼슬을 내렸다.

사명은 1604년 휴정이 입적했을 무렵에도 선조의 부탁으로 일본에 들어갔다. 사명은 일본에 가서 성공적인 외교성과를 거두고, 전란 때 잡혀간 3,000여 명의 동포를 데리고 1605년 4월에 귀국하였다. 선조는 왜란이 종결된 뒤 몇몇 고승들에게 벼슬을 내렸다. 이 가운데 사명을 도성 가까이 두고자 요청하여 사명은 잠시 도성에 머물렀다. 그러다 사명은 영의정의 벼슬을 받았지만, 곧바로 물리고 승려의 본분으로 돌아갔다.

(4) 사명의 사상 및 선시

첫째, 사명은 스승 휴정과 같이 자력과 타력을 모두 제시하였다. "자력自力은 일념회기一念回機로서 본각本覺과 동일해지는 것이요, 타력他力은 자부慈父에 귀의하여 십념十念의 공功을 이루는 것이다." 즉 어리석은 사람도 '한 생각을 돌이킨다면(一念回機)' 단박에 부처의 경지에 이르게 됨으로써 범부와 성인에 본질적인 차별이 없음을 설파하고 있다. 다만 근기가 각각이므로 개인에 따라 아미타불에게 정성껏 염불하면 극락세계에 태어나는 타력문을 함께 강조하고 있다. 이는 당시 전쟁으로 인해 수많은 인명피해가 있어 고인들의 영혼을 달

래주기 위한 자비사상에서 염불정
토를 강조한 것이라고 생각된다.

둘째, 그의 선사상적 면모(禪詩)를
보자. 『사명집』에는 교학으로 『화엄
경』과 『법화경』 발문만이 전하고,
대부분이 선시이다. 『사명집』의 서
문을 쓴 허균(許筠, 1569~1618)은 사
명의 선시에 대해 "또 그의 시를 보
았다. 뜻이 맑고도 격조가 높다. 내
중형도 몹시 칭찬하면서 그는 족히
당나라의 아홉 승려와 비교할 만하
다."라고 평가하였다. 사명의 선시

사명 진영(영천 은해사 백흥암)

하나를 보자.

낭떠러지 깎아지른 절벽에 발 붙일 곳 없어도
목숨 버리고 내 몸 잊고 의심하지 말고 나가야 하리.
다시 칼날 향해서 몸을 한번 뒤쳐야만
비로소 공겁 이전의 일을 알 수 있으리라.

懸崖峭壁無抴泊 捨命忘形進不疑 更向劍鋒翻一轉 始知空劫已前時

(『사명당대사집』)

한 재가자가 도를 물었을 때 사명이 그에게 화답한 시로, 화두 참
구 방법을 설명하고 있다. 다음 시구는 일본 적장과 만난 뒤에 쓴 선

시이다.

> 만나고 헤어짐은 모두 과거세의 인연
> 누가 이 자리에 함께할 줄 알았으리.
> 시원한 정자에서 달여 주는 차를 마시노니
> 푸른 풀잎 연기 꽃이 눈앞에 가득하네.
> 聚散皆因宿有緣 海東那料此同筵 春亭烹進仙茶飮 靑草烟花滿眼前
>
> (『사명당대사집』)

(5) 사명의 불교사적 위치

사명 대사의 의승군 활동으로 인해 승려에 대한 사회적 인식은 물론
이요, 법맥의 흐름까지 변화되는 역할을 하였다. 앞에서 언급했지만,
조선 초기 법맥의 주류는 나옹 혜근 → 무학 자초 → 함허 득통 법맥
이었다. 이후 조선 중기와 후기로 들어가면서 태고 보우, 즉 서산 휴
정과 사명의 법맥이 주류로 이어간다. 그 원인은 사명·영규·의엄
등 여러 의승군 가운데 사명 대사의 역할이 매우 컸기 때문이다. 의
승군들의 사회적인 인식이 높아지면서, 나옹 혜근에서 태고 보우 법
맥(환암 혼수 → 구곡 각운 → 벽계 정심 → 벽송 지엄 → 부용 영관 → 청허
었다고 보는 것이 옳을 듯하
으로 따르고 있다.

단속사지(경남 산청) 입구에
있는, 조식이 사명당에게 준
시비이다.

54 | 서산의 제자들(일선·태능)

(1) 서산의 제자들에 대한 평

사명 대사처럼, 당시 승군으로 활동했던 스님들이 살생의 업보인 줄 뻔히 알면서도 살육현장에 나가야 했던 심정이 어떠했을까? 게다가 당시 승려들의 신분은 사회적으로 보장된 위치도 아니었다. 사명 대사는 사숙인 부휴 선수(浮休善修, 1543~1615)와 매우 가까웠는데, 사명이 선수에게 이런 편지를 보냈다. "나라가 어지러워 저는 승려로서의 본분사를 다하지 못하고 있으니, 저 대신 스님께서 열심히 정법을 이어주십시오." 서산의 제자 중 사명처럼 의승군으로 활동한 경우도 있지만, 그렇지 않은 부류도 있었다. 곧 제자들 중에는 '승려가 어찌 칼을 들고 사람을 살상해야 하는가'에 대해 탐탁지 않게 보는 이들도 있었다.

당시 서산의 제자는 70여 명인데, 네 부류로 나눌 수 있다. 첫째는 의승군을 이끄는 의승장으로 활약했던 인물들로 기허 영규·뇌묵 처영·사명 등이다. 둘째는 의승군도 아니고 산중에서 수도하는 것도 아닌 중도적인 입장을 견지했던 분들인데, 편양 언기가 이에 해당한다. 셋째는 의승군으로 잠깐 활동했다가 전쟁이 마무리되면서 은둔한 경우인데, 경헌敬軒·청매 인오·기암 법견 등이다. 넷째는 수도에

호국사상의 선사들. 왼쪽부터 사명, 휴정, 기허 진영(계룡산 갑사)

만 전념하면서 승려의 본분을 지켜야 한다는 이들로서 소요 태능·
정관 일선·부휴 선수(휴정과 동문) 등이다.

　어느 선사가 더 옳은 길을 걸었는가? 누가 더 승려다운 본분을 지
켰는가? 누가 더 자비로운 인물인가? 근래에 한국불교 위상을 드러
내는 한 방편으로 호국정신의 승려들을 내세우지만, 필자가 볼 때

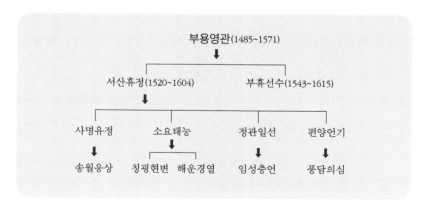

누가 옳고 그르다는 평을 한다는 것 자체가 어불성설이다. 모두가 각자의 입장에서 옳은 선택을 한 것이요, 제삼자가 어떤 관점을 두고 평을 할 수 없다. 필자에게는 어느 분이든 모두가 다 선지식이다.

(2) 정관 일선

앞에서 선사들의 부류 가운데 네 번째에 해당하는 선사, 일선을 만나보자. 정관 일선(靜觀一禪, 1533~1608)은 '승려로서 전란에 참여하는 것은 불도에 어긋나는 일'이라고 하면서 수행자는 산중에서 청정하게 수행해야 한다고 주장하였다. 일선은 휴정의 제자 가운데 장자 급에 해당하는데, 사명이 전쟁 후에도 산중으로 돌아오지 않자, 빨리 산중으로 돌아올 것을 당부하는 편지를 보내기도 하였다. 이는 『정관집靜觀集』 '상도대장년형上都大將年兄'으로 전한다. 일선은 서산대사 문파의 맏형으로서 중심을 잡아 주었던 것이다.

앞에서도 한 번 언급했지만, 일선은 사명 유정·편양 언기·소요 태능과 함께 휴정계의 4대 문파 가운데 한 파를 이루었다. 선사의 속성은 곽郭씨이며 충청남도 연산連山에서 태어났다. 15세에 출가하여 1547년(명종 2)에 백하 선운白霞禪雲에게서 『법화경』을 배웠고, 후에 휴정 문하에서 수행한 뒤 법을 전해 받았다. 일선의 행적에 대해서는 널리 알려진 것이 없으나, 전란에 운둔해 살면서 수행자의 본분을 잃지 않은 인물이다. 임진란이 발생했을 때는 일선의 세납 60에 해당하는데, 일선은 전쟁에 참여하지 않고, 수륙재를 지내며 홀로 수행하였다. 선사 만년에는 대암사·복천암 등에서 주석하면서 200여 명 제자들에게 『법화경』을 강론하며 제자들을 양성하였다.

일선은 입적하면서 "세 척 취모검吹毛劍을 오래도록 북두칠성에 감추어 두었더니 텅 빈 하늘에 구름이 다 걷히고 난 후 비로소 한 치 어긋남도 없이 날카로운 칼날이 드러나도다."라는 임종게를 남기고 세수 76, 법랍 61세로 덕유산 백련사에서 입적하였다. 제자에는 임성 충언任性沖彦·호연 태호浩然太浩·운곡 충휘雲谷沖徽 등이 있다. 정관파는 18세기 이후까지 법맥이 전했는데, 무경 자수(無竟子秀, 1664~1737)를 끝으로 정관의 법맥은 더 이상 전하지 않는다. 제자들은 선사의 사리를 수습하여 속리산 법주사와 덕유산 백련사에 부도를 세웠다. 백련사 부도는 입적한 이듬해 광해군 원년에 세워졌으며, 현재도 천왕문 앞에 있다. 선사가 입적한 지 13년이 지나 1621년, 제자 보천普天이 시문을 모아 펴낸 『정관집』1권이 전한다.

그럼, 일선의 선풍과 선시를 보자.

첫째, 일선은 『법화경』을 중시하였고, 도솔산·약수암 등지에서 간화선 수행을 하며 염불도 중시하였다. 일선의 수행관은 (조선 후기 선사들에게 전반적으로 드러난) 삼문수업三門修業이라고 볼 수 있다. 삼문은 염불문念佛門·원돈문圓頓門·경절문徑截門이다. 즉 선사는 염불정토(念佛門)와 선(徑截門), 교학(圓頓門)에서 어느 것 하나 소홀하지 않는 삼문일치를 표방했다고 볼 수 있다.

정관 일선 부도(전북 무주 백련사)

둘째, 일선은 은둔하며 독자적인 선풍

을 진작시켰던 대표적인 인물이다. 일선은 "승려들이 절을 떠나 활동하면서 속세의 습관이 싹터서 출가한 뜻을 잊고 계율을 버려둔 채 허명만을 좇는 폐해가 생겼다."라고 하며 당시의 세태 풍조를 따끔하게 비판하였다. 대사의 이런 수행관은 시에서도 드러난다. 시문에서는 혼란 가운데서도 본분을 잃지 않는 수행자의 풍모를 보여주고 있다. 시는 서정적인 풍경이 전개되는 속에서도 선미禪味가 깃들어 있다.

> 수행자는 모름지기 세속을 떠나 발우 하나 지니고,
> 세상사를 벗어 던진다.
> 속세를 벗어난 노을과 안개, 마음에 흡족하니
> 중생의 어지러운 욕심과 번뇌, 좇을 일이 없구나.
> 유유悠悠한 세월, 마음 따라 한가로이 보내며
> 산천을 따라 자재로이 노닌다.
> 언어문자로 자성을 찾는 일은 불구덩이 속에서
> 물거품을 찾는 것과 같다.

(3) 소요 태능

소요 태능(逍遙太能, 1562~1649)은 처음 부휴 선수에게 배운 후 휴정 문하에 들어 휴정의 법을 받았다. 편양 언기와 함께 휴정의 양대 법맥(편양파와 소요문파)을 이루었다. 태능의 선禪은 침굉 현변(枕肱懸辯, 1616~1684), 교敎는 해운 경열(海雲敬悅, 1580~1646)이 이었으며, 전법 제자가 30여 명에 이른다. 태능은 구례 연곡사를 중심으로 활약

소요 태능 진영(해남 대흥사 조사전)

하면서 벽송 지엄과 부용 영관의 사상을 강조하였다.

태능의 성은 오씨, 호는 소요逍遙, 전라남도 담양 출신이다. 어머니가 신승神僧으로부터 대승경大乘經을 받는 태몽을 꾸었으며, 태어나면서부터 살갗이 선명하고 골격이 씩씩했다. 어려서부터 탐욕이 없고 도훈道訓 듣기를 즐겨하였으며, 베풀기를 좋아하고 자비심이 많아 마을 사람들이 그를 '성동聖童'이라고 불렀다. 13세에 백양산에 놀러갔다가 뛰어난 경치를 보고 곧 세속을 떠나기로 결심한 뒤 진대사眞大師에게 출가하였다. 이 무렵 부휴(浮休: 휴정과 동문)가 속리산과 해인사로 다니면서 교화를 폈는데, 그 문하에서 경과 율을 공부하였다.

부휴 문하에 수백의 제자들이 있었으나, 부휴는 태능·충휘沖徽·응상應祥을 삼걸三傑이라 칭했다. 이후 태능은 서산 휴정의 선풍이 크게 진작되고 있음을 알고 찾아가 조사서래의祖師西來意를 물었다. 태능은 휴정으로부터 바로 인가받고, 문하에서 3년간 공부하였다. 이후 얼마 되지 않아 서산으로부터 "그림자 없는 나무를 베어 와서, 물속의 거품을 다 태우네. 우습도다. 소를 탄 사람이여! 소를 타고 다시 소를 찾는구나(斫來無影樹 燋盡水中漚 可笑騎牛者 騎牛更覓牛)."라는 전게傳偈를 받았다. 태능이 깨달음을 이루었을 이때가 20세이다. 30세 무렵 임란이 발발했을 때, 승려들이 전쟁터로 나가자 태능은 사

424

찰을 지키며 폐허된 절을 불사하고, 전쟁 희생자들을 위해 수륙재를 지냈다. 이후 1624년(인조 2) 62세에 조정에서 남한산성을 축조할 때 서성西城을 보완케 하는 임무를 받아 이를 완수하였다. 태능은 만년에 지리산의 신흥사와 연곡사를 중건했는데, 태능의 도력에 감화된 사람들의 도움으로 짧은 시간에 불사를 마쳤다. 한편 그가 법을 설하면 짐승들과 이류異類들까지도 감복하였다고 한다.

1649년 열반이 가까웠음을 알고 제자들에게 설법하다가, 붓을 찾아 "해탈이 해탈 아니거늘 열반이 어찌 고향이겠는가! 취모검 빛이 빛나고 빛나니 입으로 말하면 그 칼날 맞으리(解脫非解脫 涅槃豈故鄕吹毛光樂 樂口舌犯鋒鎚)."라는 임종게를 남기고 세납 87세, 법랍 75세로

입적하였다. 사리를 연곡사·금산사·보개산寶蓋山 세 곳에 나누어 봉안하고 부도를 건립하였다. 태능의 도를 흠모한 효종이 1652년에 '혜감 선사慧鑑禪師'라는 시호를 내렸다. 제자로는 현변懸辯·계우繼愚·경열敬悅·학눌學訥·처우處愚·천해天海·극린克璘·광해廣海 등이 있다. 저서로는 『소요당집逍遙堂集』 1권이 있다.

소요 태능 부도(지리산 연곡사)

태능 사상의 특징을 보자.

첫째, 태능은 13세에 이 세상을 진로塵勞로 여기고 출가함으로써 수행자로서의 본분을 지켰다. 이 점은 그의 선시

에 자연만물과 합일된 탈속적인 이미지로 드러나 있다. "얼마나 많은 벼슬아치들이 부침을 하는가! 누가 알겠는가? 한 조각 흰 구름 골짜기, 하늘이 가난한 납자에게 준 것이 만금 같아라." "뜨락에 내리는 비에 꽃은 웃음 짓고, 난간 밖 바람에 소나무 운다. 참선을 해야만 깨닫는가. 있는 그대로가 원만한 깨달음인 것을(花笑階前雨 松鳴檻外風 何須窮妙旨 玆個是圓通)."

둘째, 선과 교를 하나의 근원에서 파생되었다고 보는 관점이 드러나 있다. 교학적인 측면에는 '찬화엄불법이보' '독화엄일부우제' 등의 작품에 화엄사상이 드러나 있으며, 『원각경』이나 『능엄경』 등의 사상이 언급되어 있다. 하지만 이 점은 스승 휴정과 일맥상통하는데, 교학보다는 선 쪽에 기울어져 있다는 점이다. 물론 이런 측면은 조선 시대 스님들의 보편적인 사상이요, 현 한국 승려들의 풍조이기도 하다.

셋째, 태능의 선풍에는 조사선 사상이 드러나 있다. 그의 문집에는 마조·황벽·임제·덕산, 그리고 조동선풍까지도 아울러 수용하고 있다. 그의 선사상 일부분을 요약해 보자. '본래청정本來淸淨하고 자재하며 완전한 일물一物이 있다. 그런데 이 일물은 밖으로부터 얻어지는 것이 아닌 자신에게 내재된 자성自性에서 구해진다. 이 자성이란 추상적이거나 관념적인 것이 아니라 우리가 살고 있는 현실 속에 있으며, 모든 사물에 작용하면서도 그 스스로는 초월적이다. 자성인 참된 주인공이 모든 것의 주인이다. 참 주인공을 철두철미하게 자각한 사람은 무위진인無位眞人으로서 어떤 것에도 의존하지 아니하고, 올곧은 주인으로 살아간다.'

55 | 서산의 막내 제자, 편양 언기

(1) 행적

편양 언기(鞭羊彦機, 1581~1644)는 청허 휴정(淸虛休靜, 1520~1604)의
말년 제자이다. 『청허당집』에 수록된 휴정의 생애는 편양이 쓰고 정
리하였다. 이외 편양은 스승의 문집을 간행하고, 선풍을 정리했으며,
임제 태고 법통설의 정비 등 교단의 내실을 기하였다. 무엇보다도
스승 휴정의 사상을 본받아 선·교·염불의 삼문수업三門修業 체계를
정비하였다. 휴정이 입적한 후 편양을 비롯한 그의 문도들은 금강산
과 묘향산에서 활동하였다.

　편양은 경기도 안성 출신으로, 호가 편양이고, 휘가 언기이다. 11
세에 출가하여 현빈(玄賓: 휴정의 제자)에게 배우고, 후에 묘향산 휴
정의 문하에서 심법을 얻었다. 임진왜란이 끝나고, 휴정의 문하에서
본격적으로 수행하였다. 이후 금강산 천덕사天德寺·구룡산 대승사·
묘향산 천수암天授庵 등지에서 선교를 강의하며 학인을 지도하였다.
편양은 숯장수와 물장수를 하면서 시장에 나가 중생을 교화하였다.
참고로 조선의 승려들은 생업에 종사하는 경우가 많았고, 선사의 호
인 '편양'은 양을 기른다는 뜻으로 중생을 제도한다는 의미이다. 편
양의 시문이나 법문은 초심자들도 이해할 수 있을 만큼 매우 간결하

면서 쉬웠다.

편양은 묘향산 내원암에서 입적할 때까지 수많은 제자를 길렀다. 풍담 의심(風潭義諶, 1592~1665)·석민釋敏·홍변弘辯·계진契眞·의천義天·천신天信·선불의숭選佛義崇 등 뛰어난 이들이 수백에 이른다. 편양은 당대 문장가이자 정치가인 이정귀에게 스승 휴정의 비문을 부탁했다. 또 이정귀의 아들 이명한은 언기의 비문을, 이정귀의 손자 이단상은 풍담의 비문을 썼다. 편양의 저서로는 『편양당집』 2권이 있는데, 상권에 실린 「선

편양 언기의 법을 받은 풍담 의심의 탑이다. 풍담의 문하에서 수많은 제자들이 나왔다. 해남 대흥사 13대 종사 가운데 초대 종사이다(경기도 연천군 원심원사지).

교원류심검설禪敎源流尋劍說」은 그의 사상을 알 수 있는 중요한 글이다. 풍담 의심 문하에 월담 설제·상봉 정원·월저 도안이 있는데, 편양 문파의 제자들은 대체로 화엄사상을 중시하였다.

(2) 편양의 사상

첫째, 편양의 교상판석을 보자. 선사는 "경전은 중생의 근기에 따른 것일 뿐, 일승이니 이승·삼승, 혹은 대승과 소승에 본질적인 차이가 있지 않다."라고 보았다. 그러면서 "화엄은 상근기의 보살이 단번에 깨달음에 이름을 설한 것이고, 아함은 성문과 연각을 위해 설한 것이며, 방등은 보살을 위하여 6바라밀을 설한 것이고, 법화는 성문·

연각·보살에게 구경의 대도大道를 설한 것이다. 그리고 이상의 네 가지 교의 근본 원리는 곧 묘심妙心이다."라고 하였다.

편양 언기 진영(해남 대흥사 조사전)

둘째, 선문禪門에서의 방편설을 주장하였다. 선은 교외별전教外別傳으로서 단적으로 부처의 마음을 전한 것인데, 이것은 최상의 근기를 가진 사람만이 비로소 들어갈 수 있는 법이라고 하였다. 하지만 선문에서도 방편으로 교의 방법에 의해 하근기 사람을 포섭한다고 보았으며, 의리선義理禪·조사선祖師禪·격외선格外禪이라는 구분 또한 수행자의 근기에 따른 것이요, 주관적인 차별에 불과하다고 보았다.

셋째, 상근기 격외선의 사상을 보자. "경절문의 공부는 조사의 공안을 때때로 거각擧覺하고 의심을 일으켜 성성惺惺하되 조급하지도 않고 느리지도 않아야 하며, 혼침과 산란에 떨어지지 않아야 하고, 간절한 마음으로 잊지 않되 아기가 어머니를 생각하듯 하면, 마침내 눈 깜짝할 사이에 한 번 터지는 묘한 경지를 본다."라고 하였다.

넷째, 편양의 삼문수업 사상이다. 편양은 수행자는 삼문을 모두 아우르거나 택해서 수행할 것을 다음과 같이 강조하고 있다. "부처님이 세상에 나와 온갖 법을 말하는 것은 다만 생사와 열반의 두 가지 그릇된 견해를 제도하려는 것뿐이요, 따로 할 일이 있는 것은 아니

다. 교외별전의 선지禪旨가 바로 ①경절문徑截門이요, ②원돈문圓頓
門 공부는 번뇌와 보리, 둘이 없는 경지인 분별이 일어나기 전에 '그
마음이 어디서 일어나는가?'를 궁구해야 한다. ③염불문 공부는 다
니거나 섰거나 앉았거나 누웠거나 항상 서방을 향하여 존안尊顏을
바라보고 생각하며 잊지 않아야 한다. 무엇보다 마음이 곧 육도만법
이다. 마음을 떠나 부처나 육도六道, 선악의 경계가 있는 것이 아니
다. 임명종시에 부처의 경계가 나타나도 끌려가지 말고, 지옥 경계
가 나타나도 두려워 말아야 한다. 이런 불이不二의 경지임을 명심해
야 한다."

편양은 의리선과 격외선을 근기에 따른 구별이라고 하면서 선·
교·염불 3문 수행의 입장을 취하고 있는데, 이는 보조·휴정의 사상
을 계승하고 있다. 편양은 종밀(780~841, 당나라)의 『도서』뿐만 아니
라 제관(諦觀, ?~970, 고려)의 『천태사교의』를 중심으로 제자를 가르
쳤다.

(3) 편양의 사상에서 비춰본 한국선

여기서는 편양 언기를 기점으로 조선의 선풍 및 법맥을 정리해 보
자. 물론 조선의 선풍이라고 하지만, 근래에 이르기까지 현 한국불
교의 선사상이기도 하다.

첫째, 신라·고려 때까지만 해도 불교는 선과 교, 이 두 가지였다.
선과 교 중에서 어떤 것을 우선으로 하는가에 관점을 두었다. 그러
나 조선으로 오면서는 입장이 달라진다. 곧 불교와 유교의 일치를
논하는 것으로 관점이 옮겨갔다. 물론 이 점은 중국도 유사하다. 당

대까지만 해도 왕권이나 정치에 있어 불교가 우위를 점했으며, 선이 교보다 우세한 입장이었다. 하지만 송대로 넘어오면서 유불도儒佛道 삼교일치 주장으로 발전되었다. 이는 송나라가 유교를 국가 이념으로 삼았기 때문이다. 그러면서 송대에는 당대에 발전했던 불교학과 선사상을 조직화하는 데 역점을 두었다. 다시 우리나라를 보면, 신라와 고려가 불교적인 성향이었다면, 조선에서는 종합적인 종교 속의 불교라는 점이 다르다.

둘째, 불교적인 입장에서만 보자. 조선 시대에 들어와서 종파가 10종에서 7종으로 축소되었다가 다시 양종으로 나뉘었다. 후에는 양종마저 사라졌다. 곧 특색 있는 종파가 사라지고 통불교적인 교단이 되었다. 물론 종파 통합은 국가에 의한 강제 통합이었다. 이렇게 교단이 흘러오면서도 그 중심은 선종이었다. 한편 선종에서도 조선 후기로 들어가면 화엄 분야의 강사들이 많이 배출되었다. 또한 염불정토+선, 진언+선으로 발전되었다. 이 점은 대부분 스님들의 삼문수업으로 드러났다. 곧 염불문(淨土)·원돈문(敎)·경절문(禪)의 양태이다. 이처럼 한국불교는 선교일치禪敎一致·교관겸수敎觀兼修이면서도 선을 중심에 두는 선주교종禪主敎從·통교귀선通敎歸禪이라고 할 수 있다. 모순적으로 들리겠지만, 전체적으로는 통불교적인 양태를 띠고 있다.

셋째, 선은 간화선 중심이다. 이 점은 고려 중기의 보조 지눌·진각 혜심으로부터 시작해서 고려 말기에 태고 보우·나옹 혜근으로 이어졌고, 원나라 몽산 덕이의 선이 전래되면서 간화선 중심으로 흘러갔다. 또한 조선의 휴정과 편양 선사가 발전시켰으며, 현 우리나라 주류 선도 간화선이다.

  넷째, 휴정의 제자 가운데 최대 문파를 이룬 파는 편양파이다. 휴정(휴정과 동문인 부휴계 포함)과 제자들의 의승병 활동으로 불교계의 위상 변화가 있으면서 휴정 문도의 법맥이 주류를 이루게 되었다. 그리고 휴정 문도들에 의해 진행된 법통설이 정비되면서 휴정의 제자 가운데 편양파의 법맥이 주류를 이루었다. 사명의 문도들은 18세기 이후 저조하였고, 편양의 문하에서 기라성 같은 제자들이 배출되었다고 보는 것이 타당하다. 근대의 경허 선사가 여기에 해당하며, 현대까지 이어지고 있다.

바람에 나부끼며 어촌을 지난다.
구름 장삼 모래 울리는 백리의 명사길,
그대 생각에 애가 닳는구나.
飄飄過海村 雲衲帶風飜 百里鳴沙路 思君獨斷魂

　부휴 선수浮休善修가 사명당을 그리워하며 보낸 시다. 선사가 아닌,
따스한 인간의 정이 절절히 배어 있다. 부처님도 열반에 들기 직전
에 아난존자가 서럽게 울자, 아난을 가까이 오라고 한 뒤에 이런 말
씀을 하신다. "아난아, 나의 입멸을 한탄하거나 슬퍼해서는 안 된다.
아무리 사랑하고 마음에 맞는 사람일지라도 마침내 이별할 때가 있
고, 마음도 변하는 상태가 찾아오는 것이다. 이것은 피할 수 없는 일
이다. …… 너는 오랫동안 사려 깊은 행동으로 나를 편안케 해주었
다." 마치 아버지가 아들에게 하듯 따스한 인간의 모습이 드러나 있
다. 사리불은 부처님과 함께 있다가 유행을 떠날 때마다 부처님과의
헤어짐에 슬피 울었다. 예전에는 냉정한 모습이 마음에 와 닿았는
데, 이제는 정감어린 승려의 모습에 눈길을 돌리게 된다. 아무래도
세월 탓인가?!

(1) 선수의 행적

부휴 선수(浮休善修, 1543~1615)는 성은 김씨, 호는 부휴浮休이며 남원 출신이다. 어머니가 신승神僧으로부터 원주圓珠를 받는 태몽을 꾼 뒤에 태어났다. 어릴 때부터 비린내를 좋아하지 않았으며, 어린 나이의 선수는 부모님께 이렇게 말했다. "뜬 구름 같은 세상, 시끄러우니 저는 장차 출가할 것입니다." 그 말대로 20세에 부모의 허락을 얻어 지리산으로 들어가서 신명信明의 제자가 되었고, 그 뒤 부용 영관(芙蓉靈觀, 1485~1571)에게 심요를 얻었다. 서산 휴정과는 사형사제로 20여 세 아랫사람이며, 사명당과는 동시대의 인물이다.

그 뒤 덕유산·가야산·속리산·금강산 등의 이름 있는 사찰에서 정진하다가 서울로 가서 노수신盧守愼의 장서를 7년 동안 읽었다. 선

부휴 선수 진영(전남 구례 화엄사 영전)

수는 유불을 넘나들며 여러 책을 섭렵했다. 선수는 왕희지 체를 익혔는데, 사명당과 함께 당대의 2난二難이라 불릴 정도로 글씨가 뛰어났다. 선수는 사명당과 사숙과 조카이지만 도반의 법연을 유지했으며 법형제처럼 서로를 매우 존중하는 인연이었다.

임진왜란이 일어나 덕유산 초암에 은신하고 있던 중 왜적 수십 명을 만났다. 왜적이 칼날을 휘두르는데도 선수는 차수叉手를 한 채

의연하였다. 선수의 태연 부동한 모습에 왜적들이 오히려 절을 하고 물러갔다. 이렇게 역경에도 태연한 선사들이 있었다. 덕산 선감(782~865)의 법을 받은 제자 암두 전활(巖頭全豁, 828~887)은 만년에 동정의 와룡산에서 법을 펼쳤다. 그런데 나라에 도적떼들이 일어나 민심이 혼란하자, 그 지역 사람들은 모두 떠났으나 스님만 홀로 절에 남았다. 어느 날 도적떼들이 절에 몰려와 공양거리를 달라며 스님을 칼로 찔렀다. 스님은 칼을 맞고도 태연한 자세로 소리를 한 번 외치고 입적하였다. 그런데 이 소리가 수십 리 밖까지 들렸다고 한다. 백 년 만에 한 분 나올 만한 고승이 이런 업보를 받으면서도 의연함을 잃지 않았던 것이다. 우리나라의 한암 스님도 한국전쟁 때 상원사에 남아 있으며 피신하지 않았다. 1.4후퇴 때에 국군이 월정사와 상원사가 적의 소굴이 된다고 하여 모두 불태우려고 했다. 월정사를 불태우고 상원사에 올라온 군인들이 상원사 법당을 불태우려고 하자, 스님은 가사와 장삼을 수受하고 법당에 들어가 정좌한 채로 자신과 함께 법당에 불을 지르라고 하였다. 결국 군인들은 법당 문짝만 뜯어내 불 지르고 떠났다.

다시 부휴 선수로 돌아오자. 이후 선수는 가야산 해인사에 머물고 있었는데, 마침 명나라 사신 이종성李宗城이 찾아왔다. 사신은 명 황제의 명을 받고 '풍신수길豊臣秀吉을 일본 국왕에 봉하라'는 서책과 함께 바다를 건너려다가 해인사에 들려 선사를 찾은 것이다. 그는 선사를 한 번 보고는 감복 받아 며칠 간 법문을 듣고 선사 옆에 머물다 떠났다.

얼마 뒤 선수는 무주구천동으로 자리를 옮겼는데, 하루는 『원각경』을 외우고 있을 때 큰 뱀이 나타나 계단 아래에 누워 있었다. 『원각경』을 다 외운 다음, 뱀에게 가서 한 발로 그 꼬리를 밟자 뱀이 머리를 들고 물러났다. 그날 밤 꿈에 한 노인이 절하고는 "스님의 설법의 힘을 입어 이미 고신苦身을 여의었습니다."라고 하였다.

선수는 광해군 때 두류산에 머물고 있었다. 이때 어떤 사람의 무고를 받고 제자와 함께 감옥에 투옥되었다. 선사는 옥에 갇혀 있으면서도 의연한 풍모를 유지하자, 주위 사람이 광해군에게 '스님이 그런 죄를 짓지 않았을 것'이라고 변호해 주었다. 광해군은 이 말에 선사를 방면하였다. 광해군은 내전으로 선사를 모셔 법문을 듣고, 가사 한 벌과 푸른 비단장삼 한 벌, 푸른 비단바지 한 벌, 금강석 염주 하나와 진완珍玩을 주었다. 또 광해군은 봉인사에서 재齋를 설하게 한 뒤, 그를 증명법사로 모셨다. 선사는 평생토록 신도들로부터 받은 것을 한 물건도 소지한 적이 없었고, 모두 흩어서 사람들에게 베풀었다. 선사의 기품과 도량은 의연하여 선사를 따르는 이가 7백여 명에 이를 정도였다.

1614년에는 조계산 송광사에 머물다가 칠불암으로 거처를 옮겼다. 다음해 7월 제자 벽암 각성(碧巖覺性, 1574~1659)에게 법을 전하고, 목욕한 뒤 임종게를 남기고 입적하였다.

전남 순천 송광사 비림 정중앙에 모셔져 있는 부휴 선수 선사비

꿈같은 이 세상 노닐기를 일흔세 해

오늘 아침 이 육신 허물 벗고 고향으로

돌아가네.

고요한 적멸세계, 본래 아무것도 없거늘

보리와 번뇌의 근원처가 어디인가?

七十三年遊幻海 今朝脫殼返初源 廓然空

寂元無物 何有菩提生死根

세납 73세, 법랍 57세였다. 선사의 유해
는 송광사·해인사·칠불사·백장사 등에
나뉘어 부도탑이 세워졌다.

부휴 선수 부도탑(순천 송광사 부
도밭)

(2) 부휴계 문하

선수에게는 제자 고한과 벽암 각성이 있다. 벽암에게서 취미 수초翠
微守初·백곡 처능白谷處能·모운 진언慕雲震言이 있으며, 수초 문하에
백암 성총栢庵性聰 → 무용 수연無用秀演으로 이어진다.

취미 수초는 사육신 중 성삼문의 후손으로 선교를 겸비하였다.

백암 성총은 불전간행과 저술로 유명하다. 1681년 임자도에 배 한
척이 표류했는데, 배 안에 『화엄경소초』·『회현기會玄記』·『정토보서
淨土寶書』등 190여 권의 경전이 실려 있었다. 성총은 이 불서들을 보
성군 벌교읍 징광사澄光寺에서 15년간에 걸쳐 5,000매를 간행하였
다. 또한 화엄대법회를 개설하고, 경전의 보급과 강경법회를 곳곳
에서 개설하였다. 성총은 『기신론소필삭기』·『치문경훈』의 주석서,

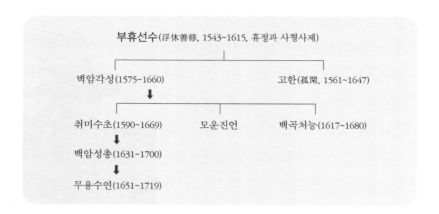

『사경지험기四經持驗紀』도 저술하였다. 『사경지험기』는 『화엄경』·『금강경』·『법화경』·『관음경』을 사경하고 수지 독송하며 간행 유포한 이들의 영험담을 엮은 책이다. 당시 얻어 보기 힘든 불서를 습득해 간행 홍포하였다. 성총은 1678년 보조 지눌의 비를 다시 세우고, 지눌을 일러 '동토의 대성'이라고 불렀다.

영관, 선수, 벽암, 백암, 응암 진영(쌍계사 성보박물관 제공)

이렇게 부휴계 선풍도 서산계 선풍 못지않게 활발하였다. 부휴 선수 입적 후, 1615년 벽암 각성 등이 간행한 선수의 문집에서 "그는 영관의 정통을 이었고, 도통을 회통하여 집대성했다."며, 자파의 자긍심을 드러내었다. 곧 부휴계는 송광사를 주된 본거지로 하면서 보조 지눌의 유풍을 강조하고 선교겸수의 선풍을 진작하였다. '보조의 사상에서 선풍을 잇는다'는 면모를 느끼게 한다.

백암 성총 진영(전남 구례 화엄사 영전)

(3) 부휴 선수의 선사상

첫째, 격외선格外禪의 도리를 종지로 삼고 있다. 선사의 시에 이런 내용이 있다. "기틀을 당해서 활안을 열며, 사물에 응해서 현풍玄風을 떨쳐라. 여기서 한 걸음 더 나아가 비로자나의 정수리를 밟으면 연꽃이 불 속에서 피어나리라." "조주 무자에 의단을 일으켜 십이시 중에 오롯하여라. 물이 다하고 구름이 다한 자리에 이르면 곧바로 조사의 관문을 파하리라." 한편 선수는 선의 3요(大信根·大憤志·大疑情)를 중시하면서 자성에 대한 깊은 믿음을 강조한다. "도는 다른 데 있지 않고 오직 자신에게 있으니, 부디 먼 곳에서 구하지 말라. 마음을 거두고 산창 밑에 조용히 앉아 밤낮으로 조주선을 참구한다."

둘째, 선수는 선과 교를 겸해 닦는 선교겸수를 강조하며, 교는 화엄을 중심에 두고 있다. 말년에 선수는 보조 지눌의 도량인 송광사에 머물렀는데, 지눌의 유풍을 본받아 선교겸수를 지향했다고 본다. 그러면 선수의 법어를 보자. 그는 "부처님 법은 배(船)가 되어 중생들을 열반 언덕으로 건네주시니, 삼계 화택을 면하려면 삼보의 위신에 힘입어야 한다." 또한 선수는 "『금강경』에서 '여래는 진어자眞語者·실어자實語者·여어자如語者·불광어자不誑語者·불이어자不異語者'라고 했는데, 부처님의 말씀은 절대 거짓이 없다."라고 하면서 교를 강조하고 있다. 선수는 오롯한 선사로서의 모습을 보였지만, 경전과 교리를 바탕으로 선지禪늡를 정립하고 있는 점이 특징이다.

셋째, 앞에서 선시를 몇 편 소개했지만, 선수는 조선 시대 대표적인 서정 시인이다. 그중 한 편만 소개한다.

야반 삼경, 흰 눈에 달빛 어리는데,
떠나온 고향 생각 아득히 만 리를 가네.
맑은 바람에 한기가 뼛속 깊이 파고들어
홀로 떠도는 나그네, 시정에 젖어드네.
雪月三更夜 關山萬里心 淸風寒徹骨 遊客獨沈吟

57 | 진정한 도반, 벽암과 고한

(1) 진정한 도반

부처님께서 가장 아끼셨던 사리불과 목련 존자는 원래 당시 유명한 외도 산자야(Sañjaya)의 제자였다. 어느 날 사리불이 우연히 길에서 마승(馬勝, Assaji) 비구의 기품 있는 모습에 감동 받고 그에게 '누구의 제자냐?'고 물었다. 마승은 '고타마 싯달타의 제자'라고 하면서, 부처님의 진리를 간단히 언급하였다. 사리불은 그 길로 목련 존자를 찾았다. 두 분은 매우 가까운 도반인데, 누구라도 먼저 위대한 선지식을 만나면 함께 하기로 약속한 상태였다. 이런 인연으로 사리불과 목련은 제자 250명을 데리고 부처님의 제자가 되었다. 그 당시 이는 엄청난 사건이었다. 출가 이후 사리불 존자는 '마승 비구가 자신을 부처님께 인도한 스승'이라고 하여 잠을 잘 때에도 마승 비구가 있는 쪽을 향해서는 발을 뻗지 않았다고 한다.

불교사에는 도반의 소중함과 진정성 있는 이야기가 많이 전한다. 덕산 선감(782~865)의 법을 받은 설봉 의존(雪峯義存, 822~908)과 암두 전활(巖頭全豁, 828~887)은 사형사제 간이다. 두 사람은 매우 친했는데, 설봉이 암두보다 나이가 여섯 살이나 많다. 그런데도 설봉은 스승보다 전활에게 영향을 더 많이 받았다. 이 장의 주인공인, 부휴 선수의 제자 벽암과 고한도 사형사제이지만, 매우 절친한 도반이다.

(2) 벽암 각성의 행적

벽암 각성(碧巖覺性, 1575~1660)은 보은에서 태어나 10세에 설묵雪默에게 출가하였다. 14세에 보정寶晶에게 구족계를 받았으며 부휴 선수의 제자가 되었다. 이후 속리산·덕유산·가야산·금강산 등을 유력하며 정진하였다. 임진왜란 때 명나라 장군과 함께 수군으로 참전하여 명의 장수로부터 칭송을 들었다. 그 뒤 지리산에서 충휘冲徽·태능太能·응상應祥 등과 함께 수행하며 선시를 많이 남겼다.

벽암은 25세에 병환 중인 스승의 부촉으로 지리산 칠불암에서 강석을 열었다. 37세 무렵 벽암은 스승 부휴가 감옥에 투옥되면서 함께 연루되어 옥에 갇혔다. 이후 누명을 벗고 무사히 풀려났다. 광해군이 그의 덕에 감화를 받아 판선교도총섭判禪敎都摠攝으로 임명한 뒤에 봉은사 주지를 겸직케 한다. 이 무렵에 동양위東陽尉·신익성申翊聖을 비롯한 많은 사대부와 교우 관계를 가졌다.

40세에 선사는 지리산 칠불암에 주석하다가 인근 지역으로 옮겨갔다. 지리산을 다녀간 사대부들이 자신의 유람록에 선사의 이름을 언급하였는데, 대체로 벽암에 대해 '용모가 수려하고, 경서에 통달했다'는 표현을 하고 있다. 선사의 명성이 점차 높아지자, 벽암은 사람들을 피해 다녔다. 얼마 후 광해군이 청계사에서 큰 재를 열었는데, 벽암에게 설법을 요청했다.

1624년 선사 49세 때, 인조로부터 다시 판선교도총섭을 임명받고, 도총섭으로서 3년 동안 남한산성 축성을 감독하였다. 이로 인해 벽암은 인조로부터 '보은천교원조국일도대선사報恩闡敎圓照國一都大禪師'라는 시호를 받았다.

1632년 57세에 벽암은 화엄사를 중수하여 대총림으로 만들었다. 몇 년 후 병자호란이 발생하자, 의승군 활동을 하면서 3천 명의 승병을 소집해 '항마군'이라 이름하고 호남의 관군에 편입되어 스스로 의승대장이 되어 북상했으나 도중에 왕이 항복했다는 소식을 듣고 진군을 중지하였다. 전쟁이 끝나자, 벽암은 지리산으로

벽암 각성 진영(해인사 국일암)

들어가 『도중결의圖中決疑』와 『참상선지參商禪旨』 등을 저술하였다.

65세 때 선사는 쌍계사를 중수하였고, 그해 8월에 호남관찰사 원두표의 청으로 규정도총섭糾正都摠攝의 직을 맡아서 무주 적상산성赤裳山城에 있는 사고史庫를 보호하였다. 선사는 66세 때 백운산 상선암上仙庵에 머물렀으며, 다음해 보개산에 들어가 법석을 열 때, 왕자였던 효종이 화엄사상을 배웠다. 선사는 85세에 화엄사로 되돌아와 이곳에서 입적하였다. 저술에는 『간화결의看話決疑』·『선원집도중결의禪源集圖中決疑』·『석문상의초釋門喪儀抄』(승가의 상례喪禮를 정돈한 것) 등이 있으며, 스승의 시문집인 『부휴당집』 5권을 편찬하였다. 벽암의 부도는 완주 송광사·해인사·화엄사·법주사에 있다.

(3) 벽암의 불교사적 역할 및 사상

첫째, 벽암 문하에 취미파翠微派·백곡파白谷派·침허파枕虛派·고운파孤雲派·동림파東林派·연화파蓮花派·벽천파碧川派 등 7파가 세워졌다. 어느 설에는 벽암의 제자가 700여 명에 이른다고 하였다. 이 점으로 보아 부휴·벽암계가 휴정계 못지않게 활동을 하였음을 알 수 있다. 한편 벽암의 승병활동으로 인해 휴정계 못지않게 부휴계 문도들의 사회적 인식이 높아졌다.

둘째, 벽암은 사찰 불사 및 경전 편찬에 힘을 기울였으며, 남한산성과 적상산성을 수축했다. 선사는 임진왜란과 병자호란의 두 난으로 인해 유실되거나 불에 탄 사찰을 중창하고, 불교미술문화재를 조성하는 데 큰 역할을 하였다. 중창불사한 곳은 보은 법주사·순천 송광사·합천 해인사·쌍계사·화엄사·안변 석왕사·속초 신흥사 등이다. 선사는 만년에 여러 사찰의 중창을 주도하며 건축·불상·불화 등을 조성하였다. 불상을 조성한 곳은 서울 자인수양사慈仁壽兩寺 비로자나 삼신불상, 속초 신흥사 아미타삼존·지장시왕상, 고창 문수사 지장시왕상 등이다. 벽암은 한국불교 역사상 가장 많은 불사를 주도했던 선사라고 볼 수 있다.

(4) 고한의 행적

고한(孤閑, 1561~1647)의 법명은 희언熙彦, 속성은 이李씨, 함경도 길주 명천明川 출신이다. 12세에 칠보산 운주사에 출가해 교학을 공부하면서 풀로 신을 삼아 파는 등 경제활동을 하였다. 앞서 '편양 언기' 편에서 언급한 대로 조선 시대에는 스님들도 경제활동을 하였다. 어느 해 고한은 세포細布 16필을 짜 원산 등지로 팔러 다니다가 길가에 앉아 잠시 조는 사이에 세포를 도난당했다. 그 길로 개골산에 들어가 정진하였다. 20대에 고한은 덕유산에 머물고 있던 부휴 선수를 찾아갔다. 그는 3년 동안 스승 곁에 머물며 『화엄경』을 공부하고, 수행법을 지도받았다. 이 무렵 함께 머물던 벽암은 고한이 법기임을 알아보고 도반이 되었다.

어느 해 고한이 남쪽 지역으로 내려가던 중, 낙동강 가를 지날 때 아이들이 선사를 붙잡아 모래밭에 파묻고는 목만 나오게 해놓았다. 지나는 사람이 스님을 구해 주었더니, 선사는 툴툴 털고 일어나 아무렇지도 않은 듯 연신 '고맙다'는 인사를 하였다. 누군가 음식을 공양 올리면 '공양 받을 만한 덕이 부족하다'며 거절하였다. 혹은 선사의 방문 앞에 누군가가 누룽지를 몰래 갖다 놓으면 고한은 반드시 그릇을 그 주인에게 돌려주었다. 간혹 법문을 청하면 성심껏 가르쳐 주었다. 고한은 평생 채소반찬이라도 좋은 것은 먹지 않았고, 남이 입던 옷만 입었으며, 옷도 단 한 벌뿐이었다. 그러면서 고한은 추운 한파에도 춥다고 하지 않고, 열흘을 굶고도 배고프다고 하지 않았다. 또 선사는 한번 가부좌를 맺으면 잠자지 않고

벽암 각성 부도(완주 송광사). 구례 화엄사에 안치된 부도는 종 모양인 반면, 송광사 부도는 16판의 단엽單葉 연화문蓮華紋을 돌려 장식하고 탑신부를 안치했다.

장좌불와와 묵언으로 정진하였다. 선사의 도명을 듣고 사람들이 찾아오면 만나주지 않았다. 그리고는 "가시오! 가시오!, 성불하세요! 성불하세요!"라는 말만 되뇌었다.

광해군 때 광주 청계사에서 재齋를 베풀었는데, 광해군이 선사를 청했다. 이때 대군이 선사에게 비단으로 수놓은 금란가사를 하사했다. 고한은 이 가사를 수하고 재를 지낸 뒤 이튿날 새벽에 가사를 그대로 벗어놓고 사라졌다.

고한은 벽암과는 사형사제이며, 벽암보다 세납이 14세 위였지만 각별한 인연이었다. 고한이 먼저 팔공산에 머물면 벽암이 팔공산으로 가서 함께 머물렀고, 반대로 벽암이 가야산으로 옮겨가면 고한도 가야산으로 옮겨갔다. 또 한 번은 벽암이 속리산으로 옮겨가자 고한도 속리산으로 가서 오랫동안 주석하여, 훗날 고한은 '속리산 스님'으로 불리었다.

훗날 『천모록』의 저자 천모 스님이 속리산에 가서 벽암·고한·수일 세 스님의 진영을 보고, '이들 중 누가 제일 나으냐?'고 물었더니 절의 스님이 '고한 스님이 제일'이라고 답했다고 한다.

고한은 세납 87세, 법랍 71세에 이르러 제자 각원覺圓에게 부촉하고, 가부좌한 채 입적하였다. 입적 전에 선사는 "다비를 하지 말고, 시신을 숲속에 갔다 버려 새와 짐승에게 밥이 되도록 하라."고 유언했다. 그런데 주위 스님들이 만류하여 다비하였다. 다비하는 날, 홀연히 바람이 일어나더니 정골이 튀어 올라 소나무 가지에 날아가 앉았다. 새벽이 되자, 연기와 화염이 마치 탑塔 형상을 그리더니 곧 사라졌다. 영골을 방에 모셔놓았더니 상서로운 빛이 뿜어져 나와 밤에도 희뿌연 빛이 방광하기를 보름간 계속되었다고 한다.

고한의 비문을 지은 백헌白軒 이경석(李景奭, 1595~1671, 당시 영의정에 오른 인물로 불교에 대한 이해가 깊었음)은 "백곡(白谷處能, 1619~1680) 대사의 고한 스님 생각하는 마음이 간절해 거절하지 못하고, 비명을 짓는다."라고 하면서 다음과 같은 명을 지었다(고한의 비문은 유실되었지만, 비문 내용이 『백헌집』에 실려 있음).

학의 외로움이여!
구름의 한가로움이여!
학 날아가고 구름 걷히니
오직 높은 산만 보이네.
鶴之孤耶 雲之閑耶 鶴去雲消 惟見高山

고한의 부도를 세 곳에 나누어 모셨는데, 가야산·팔공산 동화사·속리산이다. 해인사 국일암에 가면 입구 언덕에 부도 3기가 나란히 서 있다. 부휴·벽암·고한의 부도이다. 국일암國一菴은 벽암이 인조에게 하사받은 '국일도대선사國一都大禪師'에서 '국일'을 따서 명명한 것이다. 벽암이 이곳에 머물 때 고한도 함께 머물렀던 점

국일암 편액(해인사 암자 국일암)

왼쪽부터 부휴, 벽암, 고한의 부도(가야산 해인사 국일암)

을 인연해 스승과 제자의 부도를 함께 모신 듯하다. 주목 나무는 살아서 천 년, 죽어서 천 년이라고 하는데, 벽암과 고한의 인연 또한 천년 그 이상의 빛을 뿜어내고 있다.

58 | 불의에 항거한 백곡 처능

(1) 불의에 항거한 수행자들

북주(北周, 557~581 재위)의 무제가 폐불정책을 실시했다. 무제의 폐불은 중국의 유명한 법난 가운데 하나이다.* 이 법난 때 정영사 혜원(慧遠, 523~592)은 목숨을 버릴 각오로 무제에게 충고를 하였다. 혜원은 승조(僧稠, 374~414, 구마라집의 제자이며 『조론肇論』의 저자)의 제자로서 『기신론』의 주석서를 쓴 학승이자 선사이다. 당시 무제에게 항변하는 승려가 없었는데, 유독 혜원만이 무제에게 당당하게 맞섰던 것이다. 당시 승통僧統이던 담연 법사는 혜원의 손을 잡고 울면서 '혜원 스님의 용기는 참다운 호법보살'이라며 연신 감사하다고 말했다. 이때 혜원은 이런 말을 하였다. "올바른 도리는 반드시 주장해야 합니다. 이 한 목숨을 뭣 때문에 아낄 필요가 있겠습니까?" 이후 혜원은 산서성 부근 서산에 은거하면서 이런 말을 남겼다. "법은 절대로 멸하지 않습니다. 모든 대덕들이여! 걱정할 것 없습니다." 선사는

---

* '허응당 보우' 편에서도 언급했는데, 중국의 대표적인 법난은 삼무일종三武一宗이다. 삼무는 북위北魏의 태무제太武帝·북주北周의 무제武帝·당唐의 무종武宗을 말하며, 일종一宗은 후주後周의 세종世宗을 말한다.

깊은 산골에 머물면서 『법화경』·『유마경』을 천 회 이상 강독하기도 하고, 깊은 선정에 들기도 하였다.

또 앞의 혜원보다 이른 시대의 승려로서 똑같은 이름의 여산 혜원(廬山慧遠, 334~416)도 비슷한 사상의 소유자다. 혜원은 산문 밖을 나오지 않고 30여 년을 여산에 은거한 승려이다. 그의 저서 『사문불경왕자론沙門不敬王者論』에서 '승려는 황제에게 예를 하지 않는다'고 주장하였다. 그만큼 승려는 출가수행자로서 세속의 왕과는 감히 비교될 수 없으니 굽실거리지 말라는 의미라고 본다.

또 『인천보감』에도 이런 내용이 전한다. 송나라 진종(眞宗, 998~1022 재위) 황제가 한 번은 태평흥국사太平興國寺를 없애고 창고로 만들려고 하였다. 조서가 내리던 날, 한 스님이 절을 없애서는 안 된다고 온몸으로 항의했다. 황제는 중사中使에게 칼을 주며 "그 승려가 절을 없애라는 명령을 듣지 않으면 목을 베어라."라고 한 뒤 다시 이렇게 말했다. "그 스님이 이 칼을 보고 겁나서 떨거든 목을 베고, 그렇지 않거든 용서해 주어라." 중사가 황제의 명대로 스님에게 칼을 들이댔더니, 그 스님은 만면에 웃음을 띠고 목을 길게 내밀며 "불법을 위해 죽는다면 칼을 핥으라고 해도 달게 받겠다."라고 하였다.

황제가 이 말을 듣고 스님의 용기와 기백에 감탄하며, 사찰을 폐사하지 않았다. 이 이야기처럼 권력의 부당함과 폐불에 당당히 맞선 우리나라 스님이 있다. 바로 조선 중기의 백곡 처능(白谷處能, 1617~1680)이다. 조선 18대 왕 현종顯宗이 즉위해 폐불정책을 실시하자, 백곡은 「간폐석교소諫廢釋敎疏」라는 8천여 자에 이르는 조선시대 가장 긴 장문의 상소문을 올렸다.

(2) 백곡 처능의 행적

백곡은 벽암 각성(碧巖覺性 1575~1660)의 제자이다. 벽암은 제자들에게 세 가지로 경책했는데, "허망한 생각을 하지 말고, 부끄러운 얼굴을 하지 말며, 허리는 굽히지 말라."이다. 벽암은 제자들에게 승려로서의 당당함과 호방함, 진보적인 측면을 강조하였다. 스승의 이런 경책을 삶과 수행에 그대로 실천한 제자가 백곡이다. 우선 백곡의 행적부터 보자.

백곡은 광해군 9년에 태어났으며, 속성은 전全씨, 법명은 처능, 백곡은 법호이다. 선사는 12세에 의현에게 글을 배우다가 경전의 깊은 이치에 감동해 출가를 결심한다. 백곡은 15세에 출가해 속리산에서 2~3년 동안 불법을 배웠다. 18세 무렵, 서울에 올라간 백곡은 학문과 유학에 전념하기 위해 신익성(申翊聖, 1588~1644)의 집에 머물며 유교 및 제자백가를 배우고 시문을 익혔다. 이렇게 유학을 익힘으로써 사대부들과 교류할 정도로 시문에 탁월했다. 이곳에서 4년을 머문 뒤 지리산 쌍계사의 벽암 각성을 찾아가 제자가 되었다. 벽암은 앞에서 언급한 대로 부휴 선수(1543~1615)의 제자 가운데 장자에 해당한다. 백곡은 출가는 일찍 했지만, 스승 벽암과 인연이 되면서 진정한 출가의 의미를 알게 된다. 선사는 벽암의 문하에서 20여년 간 수행에 전념한다.

이후 40세가 넘어 서울 근교의 산사에 머문다. 1674년(현종 15) 김좌명의 주청으로 팔도선교도총섭八道禪敎都摠攝이 되어 남한산성에 머물렀으나 3개월 만에 사임했다. 그 후 백곡은 운수행각하며 속리산·성주산·청룡산·계룡산 등지에서 산림법회를 열어 후학들을 지

대둔산 안심사 도량. 백곡 처능이 생전에 오랫동안 머물던 사찰이다.

금산사 도량. 백곡 처능이 만년에 머물렀고, 이곳에서 열반하였다.

도하고 전법활동을 하였다. 그가 가장 오래 머물렀던 사찰은 대둔산 안심사이며, 64세에 모악산 금산사에서 큰 법회를 개최한 이후 7월에 열반에 들었다. 저술로는『대각등계집大覺登階集』, 제자로는 귀암 승각龜巖勝覺·식영진명息影眞明 등이 있다.

백곡 처능 선사 부도(금산사 부도전)

선사의 사리를 금산사와 대둔산 안심사, 계룡산 신정사神定寺에 각각 나누어 모셨다. 사실 필자는 두 차례 금산사를 다녀왔으나 선사의 부도를 확인할 수 없었다. 염려하던 차, 총무원장 스님께서 부도 장소와 탑 모양을 알려주었다. 2019년 봄날 새벽 3시 반에 금산사로 향했다. 부도전을 몇 바퀴 돌고서야 백곡의 부도를 알아내었다. 묘하게도 선사의 기백과 당당함이 부도에 그대로 서려 있었다.

(3)「간폐석교소」의 정황과 내용

현종은 왕위에 오르자마자 양민의 출가를 금지하였다. 마침 부제학 유계兪棨가 상소를 올려 '이단 척결의 의지를 보여줘야 한다'고 주장하자, 현종은 이를 수용해 양민이 출가해 비구니가 되는 것을 금하고, 이미 비구니가 된 사람은 환속할 것을 권하거나 명령하였다. 문정왕후의 내원당으로 5천의 비구니를 수용했던 자수원慈壽院·인수원人壽院을 철폐하고, 사찰 노비는 모두 본사本司로 돌려보냈다. 또한 선종 사찰 봉은사와 교종 사찰 봉선사까지도 폐하여 승려를 환속시키고, 폐쇄 조치를 취하였다.

이렇게 왕의 부당한 처사가 발생하자, 백곡은 상소문을 올렸다. 선사는 이때 "삼가 조보朝報에 인하여 엎드려 성지聖旨를 받잡건대, 승니를 모두 사태시켜 비구니는 환속시키고, 비구도 역시 없애기로 의논이 되었다 하는데, 신은 실로 우둔하여 전하께서 무슨 생각을 하는지 알지 못하겠습니다."라고 시작된다.

「간폐석교소諫廢釋教疏」는 크게 두 가지 내용으로 구성되어 있다. 첫째는 폐불의 이유로 추정되는 여섯 가지 주장에 대해 반박하는 내용이고, 둘째는 불교 무용론無用論에 대한 여섯 가지 조항에 대한 반박 글이다. 전·후자 모두 여섯 가지 조항으로 구성되어 있으며, 주로 폐불 이유로 거론되고 있는 사항들에 대한 백곡의 반박 담론이다. 간략하게 여섯 가지 호법론의 내용을 보자.

①'이방역異邦域'은 불교가 중국에서 발생한 종교가 아니고 타 지역에서 생긴 것이므로 폐지해야 한다는 주장이다. 이 점에 백곡은 중국인이라고 다 뛰어나지 않으며, 사상의 탄생지보다는 사상 내용이 중요하다고 반박하였다.

②'수시대殊時代'는 석가모니부처님이 중국인들로부터 절대적 지지를 받는 요·순·우·탕·문무·주공이 통치했던 상고시대에 출현한 성인이 아니므로 배척되어야 한다는 논리이다. 이 점에 선사는 시대는 다르나 이치는 하나라고 강조하였다. 곧 진리는 영원한 보편성을 갖고 있으므로 시대를 불문한다고 반박하였다.

③'무윤회誣輪回'는 윤회는 없으며 꾸며낸 것이라는 주장이다. 이

윤회설은 고려 말기부터 꾸준히 공격받은 설이다. 이에 선사는 업력의 결과가 다양한 인간군상과 사회현상을 만들어낸다고 밝히고 있다.

④ '모재백耗財帛'인데, 승려가 농사를 짓지 않고 놀고 먹으면서 재물을 소비한다는 비난이다. 이 점에 선사는 농업에 종사하는 것만이 생업이 아니며, 공자와 맹자도 정신적인 수양에만 힘썼고, 벼슬자리 하는 사람들이 반드시 농사지어 밥 먹지 않으며, 안방에 깊이 사는 사람들 모두가 반드시 길쌈하여 옷을 지어 입는 것은 아니라고 주장했다.

⑤ '상정교傷政敎'는 출가자들이 정교를 손상시킨다는 주장이다. 승려들이 유교의 국가 정책을 따르지 않으니, 곧 해를 끼치고 있다는 논리이다. 이 점에 대해 선사는 '유생들이 죄가 있어도 공자를 탓하거나 유교를 폐지할 수 없고, 승려가 잘못해도 석가를 탓하거나 불교를 폐지할 수 없다'는 논리를 전개하면서, 설령 유교 국가 정책에 따르지 않아 손상을 준다고 해도 불교를 폐지해서는 안 된다고 주장하였다.

⑥ '실편오失偏伍'는 승려들이 요역을 기피하여 병역에 지장을 초래한다는 주장이다. 하지만 조선 시대에 승려들은 각종 공역이나 사역에 동원되었으며, 임진왜란과 병자호란 때 의승군으로 전쟁에 참여해 국가에 이익을 주었다. 이런 점에서 승려들이 병역을 기피하는 것이 아니라고 반박하였다.

(4) 백곡의 사상과 「간폐석교소」의 불교사적 의의

첫째, 선교설에 있어 백곡은 "선자심야禪者心也 교자회야敎者誨也"라고 정의하고 있다. 즉 선은 마음으로 전하고, 교는 말을 빌려 널리 전한다고 보았다. 대체로 선사들은 선교일치를 강조하면서도 선을 바탕에 두는 측면이 강하다. 그런데 백곡은 선과 교를 구분하는 것조차 잘못이라고 보았다. 곧 선과 교를 나누어 서로를 비방하는 경우를 통렬히 비판하였다. 그는 선과 교가 다르지 않으면서 다르고, 다르면서도 다르지 않은데, 그 이유는 선과 교가 한 근원이라고 보았기 때문이다. 한편 유불 문제에 있어서도 두 사상이 회통될 수 있는 것은 맞지만, 불교는 유교에 비해 훨씬 수승한 사상을 갖고 있음을 역설하고 있다.

둘째, 선사는 적극적으로 호법론을 전개하였다. 대체로 중국이나 우리나라의 경우, 호법론은 불교와 유교의 차이점을 논함으로써 불교의 우수성을 밝히는 것이 일반적이다. 종밀(宗密, 780~841)은 유·불·도 삼교의 회통會通을 시도해 『원인론原人論』을 지었다. 불일 계숭(佛日契嵩, 1007~1072)은 한유(韓愈, 768~824)의 배불에 항거해 『보교편輔敎扁』을 지었다. 또한 송나라 때, 장상영(張商英, 無盡居士, 1043~1121)은 『호법론護法論』을 저술했는데, 이 논은 대장경에 입장入藏될 정도로 뛰어나다. 우리나라는 고려 말기에 환암 혼수가 승준과 만회에게 명하여 『호법론』을 청룡사본으로 간행하였다. 또한 함허 득통은 『현정론』을 저술함으로써 삼교일치 사상을 주장하였고, 청허 휴정도 『삼가귀감』을 통해 유불도 일치 및 배불에 대응하였다. 득통의 삼교융합론은 유가의 배불론을 반격하면서 삼교의 조화론적인 입장을 보이며 불교를 현정顯正시키고 있다. 그런데 백곡의 경우는 다르다. 왕의 권력이 절대적인 시대, 목숨을 내놓으면서까지 부당하다고 항거한 선사는 백곡이 처음이자 마지막일 것이다.

2019년 강남 봉은사 신년 간담회에서 주지 스님은 "백곡 처능 선사가 없었으면 봉은사와 봉선사가 없었습니다. 백곡 선사를 기리고「간폐석교소」를 책으로 만들어서 널리 알리는 역할을 하려고 합니다."라고 하였다. 반드시 그렇게 되기를 간절히 소망한다.

(1) 명리에 굴하지 않은 의연한 승려들

『인천보감』에 이런 내용이 있다. 은산隱山 스님이 영공靈空 스님에게 이런 편지를 보냈다. "사문이 고상한 것은 부처님의 큰 자비 덕분인데, 후세 이렇게 시끄러워진 것은 스스로가 비천하게 굴기 때문입니다. 두셋씩 짝지어 산속에 나타났다가는 사라지는데, 그 모양이 마치 천태산 바위동굴과 다를 바가 없습니다. 왕·공·재상들 앞에 가서 꼽추처럼 등을 구부리고 아첨을 하니, 뜻있는 사람이 보면 말문이 막히지 않을 수 없습니다. 근자에 와서는 똥불에 감자를 구워먹고 살면서 사신이 와도 일어나 인사하지 않았던 옛 선지식의 풍모는 찾아볼 수 없습니다."

사신이 와도 쳐다보지도 않았다는 스님이 바로 당나라 때 나잔(懶殘: 형악사衡岳寺의 고승인 명찬 선사明瓚禪師의 별호)이다. 나잔은 '누더기를 걸친 노쇠한 노인'이라는 뜻인데, 당시 현종이 그의 덕을 칭송해 관직에 기용하려고 몇 번이나 칙사를 보냈어도 스님은 그때마다 그 칙사를 거들떠보지도 않았다. 권력과 명예에도 굴하지 않은 수행자로서 영원히 귀감이 되고 있다. 중국불교사나 사찰 기록을 읽다보면, 지나치게 왕권과 밀착된 곳이 많을 뿐만 아니라, 사찰 연혁에도

458

왕권과의 관계를 무슨 벼슬자리라도 되는 듯 기재되어 있다. 규모가 큰 사찰에는 어김없이 '행궁行宮'이 있다. 이는 황제가 사찰에 다녀갔다는 것을 상징하기 위해 만든 당우이다.

조선 시대 승려들은 어떠했겠는가? 우리나라에서는 조선이 세워지기 이전부터 불교 배척이 시작되었다. 이색(李穡, 1328~1396)이 1352년 복중服中 상소문에서 사원경제의 폐단에 대한 개혁책을 제기하면서, 함부로 세워진 사찰을 철거하고, 도첩이 없는 승려는 군역에 편입시키며, 양민이 함부로 출가하지 못하도록 해야 한다고 주장하였다. 조선이 아닌 고려 말기부터 불교는 침체일로에 접어들었고, 승려들 활동에 제약이 시작되었다. 1592년의 임진왜란 때 의승군의 활동으로 불교계 위상이 높아진 것은 사실인데, 이를 역이용하는 승려도 있었다. 즉 권력과 사대부에 아부하며 인정받고자 시문이나 서예를 익힘으로써 승려의 본분을 지키지 않는 자도 있었다. 대표적인 승려가 성지性智다. 물론 이런 경우는 극소수에 해당한다.

서산 휴정의 제자인 의엄義嚴은 스승의 도총섭 역할을 대신하여 승군 모집이나 군량 보급 등 어려운 일을 도맡아 했다. 전쟁이 끝나고 조정에서 그에게 벼슬을 내리려고 하자 극구 사양했다. 이런 의엄이 1596년 여주에 바사산성婆娑山城을 쌓는데, 조정에서는 지원도 제대로 하지 않으면서 독촉하였다. 이때 의엄이 꼿꼿하게 조정에 맞서자, 관리들로부터 '방자하게 조정을 업신여긴다'는 말을 들으면서도 그는 당당했다.

(2) 보살행의 승려들

조선의 불교를 공부하면서 의외의 인물을 많이 만난다. 조선 시대 스님들 가운데 누가 알아주지 않는데도 중생 편에 서 있는 스님들이 많아서 환희심이 일어날 때가 있다. 사람대접도 제대로 받지 못하는 천민이나 다름없는 신분으로서 보살행을 실천하는 스님들이 적지 않았다. 이번에는 이런 보살행 실천자들을 소개하려고 한다.

장원심長遠心 스님은 가뭄이 심해지자, 홍천사(서울 돈암동)에 들어가 기도하였다. 마침 스님이 기도를 시작하자, 하늘이 움직였다. 기도 이틀 만에 비가 내리기 시작한 것이다. 오랜 가뭄을 해갈하고도 남을 만큼 충분한 비가 내렸다. 이 소식을 전해들은 백성들과 조정의 신하들은 장원심 스님을 칭송하기 시작했다. 사실 스님은 이 일

삼각산 홍천사 전경. 홍천사는 태조 이성계가 둘째 부인인 신덕왕후 강씨의 명복을 빌기 위해 1397년에 세운 왕실 원찰이다. 170여 칸에 이르는 대가람에다가 조선불교의 총본산격인 선종도회소禪宗都會所로 지정되는 등 억불숭유정책의 시대에도 왕실의 지원을 받았다.

이 있기 전부터 저잣거리에서 매우 유명한 인물이었다.

장원심 스님은 굶주린 백성이 있으면 밥을 빌어다 먹이고, 추위에 떨고 있는 사람을 보면 옷을 벗어 주었으며, 병든 자가 있으면 반드시 힘을 다해 구휼하였다. 또 죽은 사람을 장사지내 주고, 도로를 만들고 교량을 건설하면서 보살행을 실천했다. 사람들이 어떤 옷을 주면 가리지 않고 입었고, 누가 달라고 하면 분별심 없이 주었다. 옷이 없으면 알몸으로 있거나 풀 옷을 엮어 입어도 부끄러워하지 않았다. 이런 스님이었기에 백성들이 그를 칭송했다.

태종이 스님을 경계한 이유가 있었다. 비를 내리게 해준 것은 고맙기도 했지만 그에게 관심을 보이면 지금까지 추진했던 숭유억불 정책이 힘을 잃을 수도 있었다. 고민하던 태종은 조용히 황희를 불러 "비는 하늘에서 내리는 것이다. 장원심의 자비행이 가상하니 후한 상을 주어 돌려보내라." 하고 하명했다. 결국 장원심 스님이 비를 내리게 한 기도력을 높이 산 것이 아니라 평소 자비행에 대해 치하를 하겠다는 뜻이다. 『태종실록』에 의하면 1406년 윤7월 6일 태종은 장원심 스님에게 저포 1필과 정포 25필, 미두 20석 등을 상으로 주었다. 장원심에 대해서는 성현의 『용재총화』와 『조선왕조실록』에 기록이 전하는데, '중생의 고통을 결코 외면하지 않았고, 중생을 위해서라면 목숨까지도 걸었던 승려'로 전한다. 이후 장원심 스님에 대한 기록은 더 이상 발견되지 않는다. 때문에 스님이 이후 어떤 사찰에서 주석했으며, 언제 입적했는지 등에 대해서는 알 수 없다.

다음은 자비慈悲 스님을 만나보자. 스님은 성질이 곧아 재상이나 벼슬아치를 만나도 굽실대지 않았으며, 어떤 물건이든지 받아서는 남이 달라고 하면 모두 주었다. 또 어떤 물건을 일컬을 때도 '돌님', '나무님', '사자님', '토끼님' 등으로 반드시 '님'자를 붙였다. 『용재총화』의 저자 성현이 자비 스님에게 이렇게 물었다.

"스님은 산에 들어가 수도하지 않고, 왜 고생스럽게 사람들 속에 살면서 다리나 길, 우물 따위를 수리해 주십니까?"

"나의 스승이 산에 들어가 10년을 공부하라고 하기에 5년 동안 수행했는데 보람이 없었고, 『법화경』을 또 백번 읽으라고 해서 백번 읽었는데 깨달은 바가 없었소. 그래서 승려로서 나라를 도울 길이 없나 고민하다 길과 우물을 수리하고, 다리를 놓아 사람들에게 도움되는 일을 하고 있습니다."

또 조선 초기 탄선坦宣 스님은 의료행위를 통해 민중을 구제했던 인물이다. 『세종실록』에 따르면, 스님은 화엄종 승려로서 서울 도성을 쌓을 때 전염병이 돌자, 성 쌓는 일꾼들을 돌보며 환자들을 치료해 주었다. 탄선의 의료사업은 조정의 주목을 받게 되었고, 결국 조정에서 1422년 축성 때 도성의 동쪽과 서쪽에 구료소(救療所: 치료소)를 두어 스님이 거느리는 승려 300명과 혜민국(국가의료기관) 소속 의원 60명을 배치하여 병자와 부상자를 치료하였다.

다음은 세종 때 의술을 행한 천우天祐·을유乙乳 스님을 보자. 이들은 선종 승려로서 온천 치료를 통해 민중 의료사업에 힘썼다. 스님들은 1427년 가난한 병자들을 치료해 주면서 조정에 청원을 하였다. 보(寶: 기름 조성)를 만들어 병자들을 꾸준히 치료해 줄 것을 건의한 것이다. 조정에서는 건의를 받아들여 예종에서 온천 치료 사업을 관할토록 하였다. 일종의 온천 치료 기관인 묵사墨寺는 한증승汗蒸僧이라 불리는 이들에 의해 운영되었는데, 1445년까지 존속되었다는 기록이 전한다.

해선海宣 스님은 백성들 집에 기와지붕을 해주었다. 그는 당시 서울 민가의 지붕들이 짚으로 덮여 있어 대외적으로 나라의 위신이 떨어지고, 화재에 취약하다며 기와를 구워 공급하였다. 그리고 기와를 구워 팔아 10년 이내에 성안의 민가 지붕을 모두 기와로 덮겠다고 조정에 '별요別窯'를 설치할 것을 건의했다. 이렇게 착수해 일을 하면서 조정에 의지하지 않고 스스로 모은 쌀 1,000석을 호조로 하여금 '삼색지보三色之寶'라는 기금으로 마련하게 해서 민가의 지붕을 개량해 주었다. 삼색지보란 쌀값이 쌀 때 사들였다가 비쌀 때 팔아서 그 이익금으로 기와를 굽는 것을 말한다. 한편 이외 승려들은 '활인원活人院'·'귀후소歸厚所' 등 복지기관을 만들어 중생들의 복지에 앞장섰다.

조선의 승려들이 푸대접을 받는 때에도 민중 편에서 중생을 보듬은 승려들, 이들이 있었기에 현재의 한국불교가 존립하는 것이리라.

60 | 조선의 혜능인 화악,
자비의 화신보살인 정암

(1) 시절인연

부처님 재세 시에도 승가에는 천민이나 여인이 있었다. 모든 존재는 평등하기에 부처님은 교단에 들고자 하는 어느 누구든 받아들였다. 어느 누구든, 어떤 존재이든 성불할 수 있는 본성(불성)이 구족具足되어 있기 때문이다. 한 발 더 나아가 학문이 뛰어나다고 해서 깨닫는 것이 아니라, 글자를 모르는 무지한 사람도 당연히 성불할 수 있다. 이를 여실히 드러낸 선사가 육조 혜능(六祖慧能, 638~713)이다.

혜능은 영남(현 광동성) 사람으로 홀어머니를 모시고 땔나무를 팔아 생계를 이어가는 나무꾼이었다. 어느 날 나무를 해 집으로 돌아가던 중, 주막집에서 잠깐 쉬었다. 마침 방에서 한 승려가 읊는 『금강경』의 "응무소주應無所住 이생기심而生其心(마땅히 머무는 바 없이 그 마음을 내라)"이라는 구절에 시절인연이 닿아 출가를 결심한다. 이렇게 경전 한 구절에 정각을 이룬 수행자들이 많다.

사리불 존자는 조카인 디가나카 비구가 경전 독송하는 소리를 듣고 그 의미를 새기다가 선정에 들어 깨달았다. 중봉 명본(中峰明本, 1263~1323)은 『금강경』 독송 중 '여래를 짊어진다(荷擔如來)'는 구절에서 깨달음을 얻었고, 만공(1871~1946)은 『화엄경』의 "법계의 성품을 관하니, 오직 이 마음이 모든 것을 만든다(應觀法界性 一切唯心造)."
라는 구절에서 만법귀일萬法歸一 화두를 타파하였다.

혜능이 호북성湖北省 황매黃梅의 오조 홍인을 찾아가 '영남 사람인
데, 법을 구하고자 왔다'고 하자, 홍인은 이렇게 말한다.

"그대는 오랑캐 땅에서 온 하천한 신분인데, 어찌 부처가 될 수 있
겠는가?"

"사람에게는 비록 남북이 있을지언정 불성에 어찌 남북이 있겠습
니까? 스승님과 오랑캐가 다르지 않은데, 어찌 불성에 차별이 있겠
습니까?"

바로 이 점이 불교의 핵심이다. 모든 존재는 지적으로 뛰어나든,
글자를 모르는 무지한 사람이든 누구나 시절인연이 도래하면 성불
할 수 있는 것(여기서는 점수적漸修的인 측면이 아니라 직각直覺의 돈오頓悟
를 의미)이다. 우리나라에도 혜능과 같은 인물이 있는데, 바로 화악
문신(華嶽文信, 1629~1707) 선사이다. 선사는 해남 대흥사에 상주했
던 인물로 대흥사 13대 종사 가운데 세 번째에 해당하며, 법맥으로
는 서산 휴정의 소요파 문도이다.

(2) 화악 문신의 행적

화악은 전라도 색금현(塞琴縣: 현 해남) 화산방花山坊의 김金씨 가문에
서 태어났다. 어릴 때 집안이 가난해 사찰에 들어가 승려가 되었지
만, 글자를 모르니 경전과 담을 쌓고 살았다. 당연히 사찰의 부목이
나 다름없이 일만 하였다. 그러다 나이가 들자, 화악은 호구지책으
로 농기구 보부상을 시작했다(조선 시대에는 스님도 경제활동을 함). 곧

낫·호미·팽이·보습 같은 농기구를 잔뜩 짊어지고 이 절 저 절 다니며 행상을 한 것이다. 정약용의 『다산시문집』에 화악의 비명碑銘이 전하는데, 다산이 선사의 비명을 쓰게 된 동기를 이렇게 밝혔다. "선사가 호매豪邁하되 어린 시절 불우했던 것이 매우 슬프고, 이를 극복해 큰 선지식이 된 것에 감명을 받아 비명 쓸 것을 허락했다."

그러던 어느 날, 화악은 해남 대흥사 상원루 부근에 이르렀다. 그는 많은 짐을 짊어지고 다니다 보니, 지치고 힘들어 누각 밑에서 잠깐 쉬었다. 마침 누각 위에서는 야단법석이 열리고 있었다. 당시 화엄의 대가인 취여 삼우(醉如三愚, 1622~1684) 선사가 승려들과 신도들을 모아놓고 화엄종지를 강의하고 있었다. 삼우는 유년 시절에 출가해 해운 경열(海運敬悅, 소요 태능의 제자)에게서 법을 받았다. 삼우는 평소에 얼굴빛이 붉고 윤택해 '술 취해 있는 사람(醉如子)'이란 뜻으로 '취여'라는 별호를 갖게 되었다. 삼우는 담론을 아주 잘해서 듣는 이로 하여금 마력에 빠져들게 할 정도였다고 한다.

화악이 『화엄경』 구절을 듣는 순간 '쿵' 하며 심중에 와 닿았다. 화악은 옆의 동료 행상에게 농기구를 다 건네주며, 앞으로 자신은 장사를 하지 않고 정진할 것이라고 말한 뒤 누각 위로 성큼성큼 올라갔다. 화악은 사람들 사이를 헤치고 삼우 스님에게 다가가 절을 한 뒤에 참회하며, 눈물을 비 오듯이 흘리며 흐느꼈다. 주위 사람들이 이상한 사람이라며 화악을 끌어내려 했지만, 삼우 스님은 주위 사람들을 저지했다. 화악은 '자신은 본래 승려인데, 대사의 법문 한 구절에 깨달은 바가 있어 대사 밑에서 공부하고 싶다'는 의지를 밝혔다. 마침 이때 대흥사는 불사가 한창이었는데, 그는 낮에는 도끼질과 벽바르는 일 등 부목이나 다름없이 일했으며, 밤에는 솔방울을 주어다가 부엌에 불을 밝힌 뒤에 경전을 읽었다. 이와 비슷한 선사로는 수월(1855~1928, 경허 선사 제자)과 송나라 때 석두 자회石頭自回가 있다.

석두는 대수 원정(大隨元靜, 1065~1135) 문하에 출가했지만, 부목이나 다름없었다. 석두는 출가 전 직업이 돌을 깨고 다듬는 석공石工이었던 터라 출가해서도 불사에 동참하였다. 석두 또한 문자를 알지 못해 사람들이 법당에서 『법화경』 독송하는 소리를 듣고 따라 외웠다. 그러던 차에 스승이 석두의 모습을 보고, 이런 화두를 주었다. '오늘 돌 부딪치는 소리, 내일도 돌 부딪치는 소리 속에서 생사生死가 오고간다. 그대는 무엇을 쪼개고 다듬고 있는가?' 그러던 어느 날 그는 단단한 돌이 쪼개지지 않아 힘껏 망치를 내리쳤는데, 돌과 망치가 부딪치면서 불꽃이 튀었다. 그 순간 석두는 불꽃을 바라보며 크게 깨달았다.

화악이 낮에 일하고 밤에 간경한 지 3년이 지나자 공부가 일취월장하였다. 그는 경전에 어느 정도 혜안을 얻었음을 느끼고, 여러 해 동안 운수행각을 하며 정진하였다. 이렇게 행각하며 선지식을 찾아다니면서 서래밀지西來密旨를 물어 정각을 이루었다. 화악이 40세가 되어 다시 삼우 선사를 찾아가 입실 제자가 되어 법을 받았다. 이때 받은 호가 '화악 문신'이다. 이런 소문이 전국에 퍼지자, 화악에게 공부코자 승려들이 구름 떼처럼 몰려왔다. 선사가 대흥사에서 화엄산림법회를 열자, 전국 각지에서 1,000여 명의 승속이 모였다.

혜능이 『육조단경』을 설하면서 자신의 과거 행적과 자성自性의 종지를 언급했듯이, 문신도 '지난날 자신의 행상부터 시작해 발심하던 이야기를 들려주며, 누구든지 확고한 신심을 갖고 원력을 세워 열심히 정진하면 깨달을 수 있다'고 강조하였다. 그러면서 화악은『화엄경』의 도리를 마치 강물 흐르듯이 설하였다. 마침 이 대중 속에는 묘향산에서 온 월저 도안(月渚道安, 1638~1715)이 있었다. 월저 또한 화엄의 종장으로 풍담 의심(서산 → 편양 언기 → 풍담 → 월저)에게서 법을 받은 선사이다. 이때 화악은 법을 설해 마친 뒤에 "나의 법문은 이것으로 마치고, 내일부터는 묘향산에서 온 월저 스님이 이 법회를 주관할 것이다."라고 하였다. 대중들이 한결같이 '월저 스님은 아직 미흡하다'며 선사께서 산림법회를 모두 해줄 것을 간청했지만, 선사의 뜻을 꺾지는 못했다. 이때 화악은 이런 말을 했다.

"하나를 보면 열을 아는 법, 내가 다 알고 하는 일이니, 그대들이 늙은 나를 언제까지 쉬지 못하게 할 참인가?"

다음날부터 화악보다 9세가 적은 월저가 상당上堂하여 열흘 간에

월저 도안의 진영(대흥사 조사전)

걸쳐 '화엄산림법회'를 무사히 마쳤다. 월저는 법회를 마치고 묘향산으로 돌아가 이렇게 말했다. "이번에 내가 남방에 내려갔다가 육신肉身보살을 만나고 돌아왔네!"

화악 문신이 열반할 즈음 두륜산에 벼락이 치고 천둥이 쳤다. 선사를 다비한 뒤에 나온 사리를 대흥사에 모셨다. 화악은 서산 소요파의 한 문도이다. 법맥을 정리하면,

서산 휴정 → 소요 태능 → 해운 경열 → 취여 삼우 → 화악 문신 → 설봉 회정(雪峰懷淨, 1678-1738) → 송파 각훤 → 정암 즉원에 이른다. 이제 화악의 증조뻘 제자인 정암 즉원(晶巖卽圓, 1738~1794)에 대해 살펴보자.

(3) 정암 즉원

정암은 16세에 출가해 20세에 화악의 손자인 송파 각훤(松坡覺喧, ?~?)에게서 사집四集과 사교四敎를 배웠다. 이어서 연담 유일(蓮潭有一, 1720~1799)에게서 화엄을 공부했다. 정암은 당시 학덕이 뛰어나 제자들이 구름같이 몰려들었다. 선사

월저 도안의 탑(해남 대흥사). 월저는 화악 문신에게서 화엄 종지를 공부하였고, 대흥사 13대 종사 가운데 네 번째에 해당한다.

에게 '수계하고 호를 받은 자가 삼대같이 많았다'는 기록이 전할 정도이다. 글씨는 구불구불 기괴했지만 몇 글자만 써도 사람들의 마음을 감동시켰다. 무엇보다도 정암은 자비를 일로 삼고, 베푸는 것을 업으로 삼았다(以慈悲爲務 捨施爲業).

늘 허름한 모자에 떨어진 옷을 입고 다녀 누가 필요하다면 어떤 옷이든 벗어주었다. 사찰 논 붙이는 소작인들로부터 도지賭地를 받을 때는 되를 깎아 받아 이득을 주는 반면, 벼를 살 때는 좋은 되로 주었

다. 당연히 사찰 논 붙이는 사람들이 정암이 있을 때 도지를 바치려고 하였다. 또한 선사는 어떤 물건이든 좋다고 하면 무엇이든지 다 주어 남아 있는 물건이 없었다.

마을의 거지들도 스님 머무는 절 주변에 배회하는 일이 많았다. 간혹 스님의 자비심을 이용해 배고프지 않은 거지도 찾아가 음식이나 물건을 얻어갔다. 그래도 스님은 퍼주었다. 이를 아는 거지들이 회의를 한 뒤에 '누구든지 정암 스님에게 찾아가 물건을 얻어오는 자는 공동으로 치아를 뽑는다'는 약속을 하였다고 한다. 훗날 정암이 알고는, 크게 노하며 거지들을 꾸짖었다.

또한 간혹 마을에서 볼일을 보고, 저물어 사찰로 돌아갈 때면 호랑이가 뒤를 따랐다. 호랑이는 스님의 소매 자락을 물고 매달리고, 정암은 막대기로 치며 희롱함이 마치 주인이 큰 개를 놀리는 것 같았다. 일주문 앞에 이르러 스님이 '이제 가거라!' 하면 호랑이는 꼬리를 흔들며 주위를 몇 바퀴 돌다가 멀리 사라졌다.

전남 해남 미황사 부도밭에 모셔진 정암 즉원 탑

정암은 순천 궁북도 弓福島 중암中庵에서 세수 57세, 법랍 42세로 입적했다. 스님이 입적한 후 스님에게 제자로 입실했거나 그 밑에서 공부한 제자들이 정암 스님 이야기가 나오면 자비로운 모습을 떠올리며 눈물을 글썽였다고 한다. 정암의 비석은 가장 오래 머물렀던 해남 대흥사와 강진 만덕사 두 곳에 모셔져 있으며, 정암이 출가한 달마산 미황사에도 스님의 사리탑 부도가 모셔져 있다. 대둔사 제12대 강사인 아암 혜장(兒庵惠藏, 1772~1812)에게 법을 전했다.

61 | 화엄선의 선구자, 환성 지안

(1) 수행자들의 고난

석가모니 부처님의 10대 제자 가운데 목련 존자는 신통 제일이다. 존자는 신통력을 방편 삼아 외도들의 해코지로부터 교단을 보호했다. 당연히 외도들은 목련에게 앙심을 품고 존자를 죽이기 위해 모의했다. 목련은 두 번의 죽을 고비를 넘겼지만, 세 번째는 외도들이 산 위에서 던진 돌에 맞아 입적했다. 목련은 신통력으로 죽음을 피할 수 있었지만, 자신의 업보로 받아들였다.

불교사에 수행자들이 타의로 입적하거나 곤란을 당하는 경우가 적지 않다. 『대승열반경』의 한역자 담무참(曇無讖, 5세기)은 북량北凉의 저거몽손 황제에게 죽음을 당했다. 담무참은 『열반경』의 다른 판본을 구하기 위해 북량을 떠났는데, 황제는 그가 다른 나라로 입국하는 것으로 오해하고, 그를 살해한 것이다. 또 명나라 때의 감산 덕청(憨山德清, 1546~1623)은 평생 두 번의 유배를 겪었다. 덕청과 절친이었던 자백 진가(紫柏眞可, 1543~1603)는 덕청을 옹호했다가 미움을 사게 된데다 황제에게 상소문을 올린 것이 화근이 되어 감옥에 갇혔다. 결국 스님은 고문 후유증으로 입적했다. 또한 간화선을 제창한 대혜 종고(大慧宗杲, 1089~1163)는 16년간 유배생활을 하였다.

472

우리나라 선사들 중에도 고난 받은 이들이 많다. 고려 말기 조정에서 나옹 혜근(1320~1376)에게 위압감을 느끼고, 그에게 밀양 영원사로 떠나라는 왕명을 내렸는데, 나옹은 유배 가던 도중 신륵사에서 열반하였다. 명종 때의 허응 보우(虛應普雨, 1509~1565)는 제주도로 유배갔다가 장살당해 입적했다. 목련 존자의 말씀대로 '스님들의 업 보려니……' 하고 받아들이려니 권력자에 괘씸한 생각이 든다. 조선 시대에도 억울하게 입적한 선사가 또 있다. 선사이자 화엄강사인 환성 지안이다.

(2) 환성 지안의 행적

환성 지안(喚惺志安, 1664~1729)은 임제종의 선지禪旨를 굳건히 주장한 선사로서, 편양파 월담 설제(月潭雪齊, 1632~1704)의 제자이다. 한편으로 조선 후기 화엄과 선의 일치를 주장한 환성파喚惺派의 시조로서 대흥사 13대 종사宗師 가운데 6대 선지식이다. 지안은 성이 정鄭씨, 호는 환성喚惺, 자가 삼락三諾이다. 지안이 대흥사에 머물 때, 부처님께 공양 올렸는데 공중에서 스님 이름을 부르는 소리가 세 번이나 들려 지안이 세 번

환성 지안 진영(통도사)

답했다. 이로 인해 자를 '삼락'이라 하고 법호를 '환성'이라 불렀다.

지안은 춘천 출신으로 어려서부터 기골이 장대하고 용모가 단정했으며, 15세 때 미지산 용문사로 출가해 상봉 정원(霜峰淨原, 1627~1709)에게서 구족계를 받았다. 스님의 골상은 맑고 엄하며(淸嚴), 목소리는 낭랑하고, 말은 간단명료하며, 얼굴빛이 화락하다는 기록이 전한다. 17세 때 금강산에 들어가 화엄학의 대가인 풍담 의심의 직계인 월담 설제에게 법을 받았다. 지안은 법을 받은 이후 침식을 잊고 경전을 연구하였다. 이후 지안은 춘천 청평사淸平寺에서 선과 교를 겸비해 수행하다가 크게 깨달음을 얻는다.

1690년 27세 되던 해에 지안은 부휴계 모운 진언(慕雲震言, 碧巖覺性의 제자)이 직지사에서 법회를 연다는 소식을 듣고, 그곳으로 갔다. 모운은 지안을 보고 기뻐하며 대중에게 그를 소개하기를, "나의 사자좌를 이을 사람이 나타났으니, 그에게 법을 들으라." 하고는 다른 산으로 잠시 옮겨갔다. 이에 지안은 화엄학 강의를 했는데, 이때 모인 대중이 400여 명이었다. 기록에 의하면, 당시 지안의 강연은 '머리 가르마 타듯 명쾌하고, 넓고 밝음이 강과 하천을 구분하는 것과 같아서 대중들이 활연히 개오하게 되니, 종풍이 크게 드날리었다'고 한다. 그런데 이때 지안의 법문이 조금 다른 점이 있어 의심을 품는 이들이 있었다. 그러던 중 지안이 전라도 낙안의 징광사澄光寺에 머물고 있을 때, 경전의 여러 주석서가 실린 빈 배가 안착했는데, 주석서들과 지안의 설법을 대조해 보고, 지안의 혜안에 모든 이들이 탄복했다고 한다.

이후 지안은 포대 하나를 걸머지고 여러 지방을 행각하였다. 이렇게 행각하는 와중 지리산에 머물 때, 어떤 도인이 나타나 다른 곳으로 옮겨가라며 성화를 부렸다. 그곳을 떠난 며칠 뒤에 그 절이 화재가 발생해 사찰이 불타버렸다. 또 한 번은 지안이 금강산 정양사正陽寺에 머물던 중 큰비가 쏟아져 절을 떠났다. 도중에 한 부잣집에서 유숙할 것을 권유받았으나 지안은 그 집을 떠나 작은 오두막집에 머물렀다. 그런데 그날 홍수로 인해 정양사와 부잣집이 휩쓸려 흔적도 없이 사라졌다.

1725년 62세에 선사가 김제 금산사에서 화엄대법회를 열 때, 그곳에 모인 대중이 1,400여 명이었다. 선사가 불자를 들고 대중에게 법을 설하면 대중이 모두 기뻐하며 미증유의 깨달음을 얻었다. 지안의 이런 법석이 거듭되자, 조정이나 고을 관리들이 긴장하기 시작했다.

1729년 66세 때 지안이 법석을 열어 사람이 많이 모였던 차, 무고를 받아 호남의 옥사에 갇혔다. 얼마 후 무고함이 밝혀졌으나 선사를 곱지 않게 보던 반대파에 의해 다시 제주도로 유배당했다. 선사는 유배지에 도착한 지 8일 만에 병을 얻어 입적하였다.

입적할 무렵, "산이 사흘을 울고, 바닷물이 넘쳐 오른다(山鳴三日 海水騰沸)."라는 임종게를 남겼다. 세납 66세, 법랍 51세이다. 선사가 유배를 당해 문도들과 제자들이 비를 세우지 못하다가 100년이

환성 지안 부도(대흥사 부도전)

지나 선사의 억울함이 밝혀져 해남 대흥사에 비가 세워졌다. 비문을 지은 이조판서 홍계희(1703~1771)는 비문 끝에 "훌륭한 대도인을 알아보지 못하고, 유배 보내 입적케 한 일은 조선의 비극임을 극렬히 통탄한다."고 하였다. 지안은 평소에 "오래 살아서 단월의 시주 밥만 축내고, 죽어서도 여러 사람에게 번잡함을 줄 터이니, 여기서 죽는 것보다 멀리 떨어진 곳에 가서 소리 소문 없이 죽고 싶다."라고 했는데, 결국 유배되어 열반하였다. 지안의 법맥은 휴정 → 언기 → 풍담 의심 → 설제 → 지안 → 체정 → 연담·상언 등이다. 저서로는 『선문 오종강요禪門五宗綱要』1권과 『환성시집』1권이 있다.

(3) 환성 지안의 불교사적 의의

첫째, 지안이 강석을 펼친 사찰만 해도 수여 곳인데, 이후에도 지안의 사상이 이어졌다. ㉮직지사에서 모은 진언으로부터 화엄법회 강석을 물려받을 정도로 화엄학에 뛰어났다. ㉯금산사 화엄법회에서는 1,400여 명이 운집할 정도였다. ㉰통도사에서도 강론을 펼친 바가 있는데, 지안의 문중에서 20세기 초까지 통도사 주지 소임자가 배출되었다. ㉱조계종 종정을 역임한 서옹(1912~2003) 스님의 증언과 각종 비문을 통해서 볼 때, 백양사는 지안이 '운문강원'이란 이름으로 강원을 설립하였다고 한다. 이후 지안의 손제자인 연담 유일(蓮潭有一, 1720~1799)이 17년간 강설하며 교학을 크게 진흥시켰다.

둘째, 지안은 조선의 서산 휴정 다음으로 선교일치에 뛰어난 면모를 드러냈다. 스님의 교학 강의에 있어서는 요지가 현묘하고, 혹 전에 듣지 못한 사람이 있으면 의문이 없도록 풀이해 주는 등 강석에

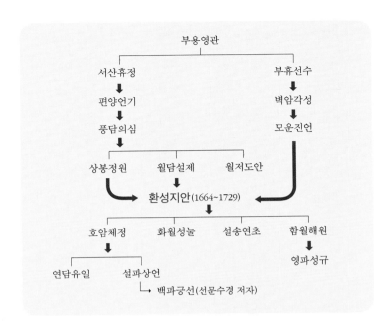

부용영관

　서산휴정　　　　　　　부휴선수

　편양언기　　　　　　　벽암각성

　풍담의심　　　　　　　모운진언

상봉정원　　월담설제　　월저도안

환성지안(1664~1729)

호암체정　　화월성눌　　설송연초　　함월해원

　　　　　　　　　　　　　　　　영파성규

연담유일　　설파상언

　　└→ 백파긍선(선문수경 저자)

매우 뛰어났다. 한편 지안은 임제종의 선지를 철저히 주장한 선사로서 화엄사상과 선을 함께 공부하는 종풍을 남겼고, 강을 해도 선강禪講을 하였다. 그 한 예가 벽송사로, 40세의 지안이 벽송사에 머물며 사찰을 크게 중창해 선방과 강원을 동시에 갖춘 선교겸수의 중심 도량으로 만들었다. 이후 200여 년간 벽송산문의 중흥 시대를 열었다.*

─────────

* 1900년 경허 선사가 이곳에서 선원을 개설하고, 서룡(1814~1890) 선사 행적기를 집필하는 등 도량을 정비하였다. 이후 구하(1872~1965) 스님이 안거에 들어 선맥을 이어갔으나 한국전쟁으로 산문이 닫히게 되었다. 폐허로 남겨진 터에 1960년 원응 스님이 가람을 중건하고 선원을 개원하여 새로운 면모를 갖추게 되었다. 이후 벽송선원은 수많은 선객들의 요람이며, 선지식을 배출하고 있다.

셋째, 지안은 자신도 훌륭하지만, 걸출한 제자를 많이 배출했다. 설송 연초雪松演初는 수제자로 통도사에 주석하며 선풍을 떨쳤다.* 함월 해원(涵月海源, 1691~1770)·호암 체정(虎巖體淨, 1687~1748)은 스승 지안과 함께 대흥사에 비가 모셔져 있다. 지안의 손제자 연담 유일은 조선 후기 최고 강사로서 인정받았다. 대흥사 13대 종사 가운데 체정은 아홉 번째, 해원은 열한 번째 종사이며, 연담은 열두 번째 종사이다.

---

* 통도사에 비가 있으며, 최근 문화재로 지정되었다.

해남 대흥사는 서산 휴정의 문파를 중심으로 교와 선이 발전해 13대
종사를 배출했다.

1. 풍담의심(楓潭義諶, 1592~1665)	8. 설봉회정(雪峰懷淨, 1678~1738)
2. 취여삼우(醉如三愚, 1622~1684)	9. 호암체정(虎巖體淨, 1687~1748)
3. 화악문신(華嶽文信, 1629~1707)	10. 상월새봉(霜月璽封, 1687~1767)
4. 월저도안(月渚道安, 1638~1715)	11. 함월해원(涵月海源, 1691~1770)
5. 설암추붕(雪岩秋鵬, 1651~1706)	12. 연담유일(蓮潭有一, 1720~1799)
6. 환성지안(喚惺志安, 1664~1729)	13. 초의의순(草衣意恂, 1786~1866)
7. 벽하대우(碧霞大愚, 1676~1763)	

다음은 환성 지안 제자들의 행적을 보기로 하자.

(1) 체정

호암 체정(虎巖體淨, 1687~1748)은 해인사·통도사·대흥사에 비가
모셔져 있다. 속성은 김金씨, 전라도 고창 출신이다. 지안에게 편양
파 주류 법맥을 계승하였고, 화엄교학에 뛰어나 대흥사의 9대 종사
가 되었다. 금강산 장구산長丘山의 53불 조성 때 증명법사로 가게 되

호암 체정 진영(지안의 직계 제자, 선암사)

었는데, 가기 전에 연담 유일蓮潭有一에게 법을 부촉하였고, 금강산 표훈사 내원통암內圓通庵에서 게송을 쓰고 입적하였다. 31명의 문도를 두었다.

(2) 설송

설송 연초(雪松演初, 1676~1750)는 운문사와 통도사에 탑이 있다. 속성은 백白씨이며, 경상도 경산 출신이다. 그는 청도 운문사로 출가하였다. 설송은 사명파 명암 석제銘崟釋齊에게 배우고 환성 지안의 법을 이어 사명파의 교와 편양파의 선을 합일시켰다는 평을 듣는다. 제자 태허 남붕太虛南鵬이 청원하여 1738년 사명 유정의 출생지인 밀양에 표충사가 사액되었는데, 설송이 초대 원장을 맡았고 남붕은 표충사 도총섭으로 제수되었으며, 유정 관련 기록을 모은 『분충서난록奮忠紓難錄』을 펴냈다.

(3) 성눌

화월 성눌(華月性訥, 1689~1762)은 전주 이李씨로, 강원도 평강 출신이다. 별호는 부암斧巖, 평강 운마산 보월사寶月寺에서 출가하고 입적하였다. 환성 지안에게 경학을 배우고 심인을 전수받았다. 1,400명이 운집한 지안의 금산사 화엄대회 때 법좌에 올라 강설하였고, 금강산·보개산 등에서 강석을 열었다. 60세에 보월사로 돌아가 수행에 전념했으며, 입적 후 비가 세워졌다. 저술로는 『천경집天鏡集』이 있다.

(4) 해원

함월 해원(涵月海源, 1691~1770)은 완산 이李씨이고, 함경도 함흥 출신이다. 법호가 함월, 자字가 천경天鏡이다. 모친이 어느 날 큰 물고기가 몸을 감싸는 태몽을 꾼 후에 12개월 만에 아기를 낳았다. 해원은 세 살 때 어머님을 여의고, 어린 시절 계모 슬하에서 유학을 공부하다가 14세 때, 문주(현 북한 강원도 문천) 도창사道昌寺의 석단 장로에게 출가하였다. 출가 후 해원은 당대의 선지식들을 두루 찾아다니며 학업과 수행에 정진해 경율론 삼장에 모두 통달했으며, 환성 지안의 법맥을 이었다. 특히 선사는 『화엄경』과 『선문염송』에 정통한 학자이면서 대중교화에 힘썼다. 선사가 구족계를 받고 서원을 세워 용맹정진했는데, 어느 해 가을 밤 갑자기 불어온 회오리바람에 낙엽이 창에 떨어지는 광경을 보고 크게 깨달았다. 그때 해원은 이렇게 읊었다(覺心). "돌아보니 천지는 삼천대천세계, 견줄 수 없는 마음 어떻다 말하리. 마음을 보았다는 자, 우습기만 하구나. 마음의 크기와 무게를 어떻게 논하리(範圍天地大 絶對有何終 可笑觀心者 量空又繫風)." 해원의 법손들은 스승께서 깨친 혜안慧眼을 일컬어 현종玄宗이라고 하였다.

해원은 세납 79세, 법랍 65세로 함경남도 안변 석왕사釋王寺에서 염불을 하면서 입적하였다. 석왕사에 탑이 있고 해남 대흥사에 비가 세워졌으며, 대흥사 13대 종사 가운데 제11대 종사이다. 제자로는 성규聖奎·궤홍軌泓 등 24인이며, 저서에 『천경집天鏡集』이 있다. 대둔사에도 영의정 김상복金相福의 글씨로 된 비가 있다.

해원은 보살행과 무소유 사상을 실천한 조선의 대표적인 선사로 알려져 있다. 평생을 가난한 사람들을 도와주며 널리 베풀었다. 정작 당신 살림이라곤 벽에 걸어놓은 표주박 하나뿐이었다. 그는 친소親疎에 관계없이 병자를 보면 도와주고, 주검을 보면 극락왕생을 빌어주었다. 아무리 값진 물건도 애착이 없어서 옷 없는 자에게는 베풀고, 주린 자에게 밥을 주었다. 그래서 당시 사람들은 해원을 부처님 마음으로 산다고 '불심佛心 스님', 또는 살아 있는 부처라는 뜻으로 '활불活佛'이라 불렀다. 한편 인욕행이 남달라서 사람들의 존경을 받았다고 한다. 어느 재가자가 "어떤 것이 행복한 삶이냐?"고 질문하자, 선사는 다음 선시로 답했다.

하루 종일 모든 일 잊고 앉았노라면
하늘에서 꽃비가 내리네.
내 평생 무슨 살림이 있겠는가?
벽에 걸린 표주박 하나뿐일세.
終日忘機坐 諸天花雨飄 生涯何所有 壁上掛單瓢

달빛 들어 솔바람 소리는 희고,
달빛 머금은 소나무는 차가워라.

482

그대에게 지혜의 검 보내노니,

돌아와 달과 소나무 사이에 누워 지내려무나.

月入松聲白 松含月色寒 贈君般若劍 歸臥月松間

　두 번째 선시는 선지식을 찾아 만행 중인 제자(月松)에게 보낸 선시이다. 세속적인 명리를 좇지 말고, 담백하게 수행에 힘쓰라는 당부가 담겨 있다.

(5) 새봉

상월 새봉(霜月璽封, 1687~1767)은 편양파 설암 추붕의 제자이다. 상월은 전라도 순천 출신으로 성은 손孫씨이다. 선암사 극준極俊에게 출가하였다. 소요파 화악 문신華岳文信에게 구족계를 받고, 18세에 편양파 월저 도안의 제자 설암 추붕의 법을 이었다. 1754년 선암사에서 개설한 화엄강회 때에 1,287명이 참여하는 등 강회로 유명하였다. 선사는 부휴계 무용 수연無用秀演으로부터 환성 지안 이후 화엄에 눈 밝은 제1인자라는 평을 들었다. 대흥사 제10대 종사로서 선암사와 대흥사에 탑과 비가 세워졌다. 저술로는 『상월대사시집』이 있다.

(6)연담

연담 유일(蓮潭有一, 1720~1799)은 속성이 개성 천千씨, 전라도 화순 출신이다. 자는 무이無二, 법호는 연담이며, 호암 체정의 제자이다. 5세 때 『천자문』을 배우기 시작하여 10세에 『통감通鑑』, 12세에 『맹자』를 읽었다. 7세 때 아버지, 13세 때 어머니가 세상을 떠난 뒤 숙부의 보살핌을 받았다. 『대학』·『중용』 등 유교경전을 공부한 뒤, 18세 때 승달산 법천사의 성철에게 출가해 19세 때 안빈安賓에게 구족계를 받았다. 보흥사普興寺에서 사집四集을 배운 뒤 대둔사 벽하碧霞(대흥사 13대 종사 가운데 일곱 번째 종사) 선사로부터 『능엄경』을, 용암龍巖 스님에게서 『기신론』과 『금강경』을, 취서사鷲棲寺 영곡靈谷 스님으로부터 『원각경』을 배웠다. 22세 때 해인사의 호암 체정에게서 3년 동안 공부해 선리를 터득하였고, 상언尙彦에게서 『화엄경』을 배우면서 28세까지 시봉하였다. 29세 때 강원도 장구산長丘山에 53불을 조성하고, 체정을 증명법사로 모셨다. 연담은 스승 체정을 비롯

연담 유일 부도(대흥사 부도전)

한 당대의 강백 10여 명에게 교학을 공부했다.

31세 때 보림사寶林寺에서 『반야경』과 『원각경』을 강의하였고, 32세 때부터 『현담玄談』을 강의하기 시작하여 60세까지 30여 년 동안 『화엄경』 등을 강론하며, 주석서인 사기私記를 다수 남겼다. 당시 인악 의첨(仁岳義沾, 1746~1796)과 함께 당대 강학의 쌍벽을 이루었다. 곧 화엄학에 있어 인악은 영남에서, 연담은 호남의 대가였다. 근래에도 학계에서 연담과 인악의 화엄학 비교 연구

논문이 발표될 정도로 두 분이 쌍벽을 이루었다. 58세 때, 연담은 영남의 종장으로 해인사에 주석하였다. 60세 때 시기하는 승려의 투서로 인해 퇴암退庵 스님과 함께 수일 동안 옥사에 갇힌 적도 있다.

78세 때 보림사 삼성암三聖庵으로 옮겼다가 80세에 장흥 보림사에서 입적하였다. 연담은 교학뿐만 아니라 선을 함께 닦은 고승으로, 법맥상으로 볼 때는 호암 체정의 제자이고, 설파 상언과는 동문이면서 스승으로 받들었다. 연담은 대흥사 13대 종사 가운데 12대 종사이다. 그의 문도들이『대둔사지大芚寺志』찬술을 주도하였다. 연담은 평생 교학을 공부하며, 많은 저술을 남겼다. 저술에는『임하록林下錄』·『대교유망기大教遺忘記』·『서장사기書狀私記』1권·『도서사기都序私記』·『선요사기禪要私記』1권·『절요사기節要私記』·『금강하목金剛蝦目』1권·『기신사족起信蛇足』1권·『원각경사기圓覺經私記』2권·『제경회요諸經會要』·『대교유망기大教遺忘記』5권·『염송착병拈頌着柄』2권·『화엄현담사기華嚴玄談私記』등 다수이다.『화엄현담사기』는 오늘날까지『화엄경』이해의 지침서로 널리 유통되고 있다.

63 | 조선 후기, 200여년에 걸친 선禪 논쟁

어느 승려가 파릉(巴陵, ?~?, 운문 문언의 제자)에게 물었다.

"조사선과 여래선은 같은 겁니까, 다른 겁니까?"

"닭은 추우면 나무에 오르고, 오리는 추우면 물에 들어간다."

파릉은 이론적인 설명을 하지 않고 선문답을 하였다. 추운 상황은 똑같지만, 추위를 피하는 방법에 있어서는 각기 다르다. 목표지점은 하나요, 각각의 길이 다름을 제시할 뿐이다. 선종사를 대략 여래선 – 조사선 – 문자선 – 간화선·묵조선–염불선으로 나눈다. 시대상으로 선을 이해하기 위해 방편으로 나누고, 학문적으로도 분류하고 있다. 다른 것은 논쟁의 문제가 없지만, 여래선과 조사선의 구별이 난제요, 근래에도 문제시되고 있다. 우리나라에서는 이 문제를 가지고 120년간 첨예하게 논쟁이 있었다. 그 논쟁의 발단이 된 것은 백파가 편찬한 『선문수경禪文手鏡』이다.

(1) 백파의 행적

백파 긍선(白坡亘璇, 1767~1852)은 속성이 이李씨, 전북 고창 출신이며, 별호는 구산龜山이다. 12세에 선운사 시헌詩憲 장로를 은사로 출가하였다. 초산 용문암에서 안거 중에 심지心地가 열렸다. 지리

백파 긍선 진영(고창 선운사 조사전)

산 영원암의 설파 상언(雪坡尙彦, 1707~1791)에게 입문해 서래종지 西來宗旨를 전해 받았으며, 화엄교학도 함께 공부하였다. 26세에 백양산 운문암에서 강사로서 개당 開堂하였다. 한편 구암사(龜巖寺, 전라도 순창) 설봉 거일雪峰巨日의 법통을 이었다. 백파 긍선의 법맥을 보면, 환성 지안 → 호암 체정 → 연담 유일 → 설파 상언 → 백파로 이어진다.

백파는 구암사에서 선강법회禪講法會를 개최할 때, 팔도의 납자들로부터 선문禪門 중흥의 종주宗主로 추앙받았다. 백파는 45세 무렵, "진제眞諦는 문자 밖에 있다."라고 하면서 교학을 버리고 참선에 전념했다. 또한 백파는 「정혜결사문」에서도 "나는 어려서 출가해 공부해 왔으나 온통 다른 이의 보석만을 세었을 뿐, 나 자신은 반푼어치도 없었다."라고 하면서 사교입선의 뜻이 굳건했다. 이후 청도 운문사에서 선풍을 드날렸으며, 선 관련 주석서인 사기私記를 다수 남겼다.

백파는 화엄·율·선에 모두 조예가 깊었다. 조선 철종 3년에 세수 86세, 법랍 75세로 화엄사에서 입적하였다. 저서로는 「정혜결사문」·「수선결사문修禪結社文」·『법보단경요해』·『선문오종강요사기

490

禪門五宗綱要私記』·『선문염송집사기禪門拈頌集私記』·『금강경팔해』·『선요기』·『작법귀감作法龜鑑』 등 다수이다. 추사 김정희는 백파를 비판했지만, 선사 입적 후에 '화엄종주 백파대율사 대기대용지비華嚴宗主白坡大律師大機大用之碑'라는 비문을 지었다.

백파 긍선의 비문(고창 선운사). 이 비문은 추사 김정희 글씨다. 추사는 백파의 선론을 비판했지만, 사적으로는 매우 절친했다.

(2) 백파의 선사상 및 『선문수경』

백파는 임제의 3구에 입각해 선문禪文을 판석하였다. 『선문수경』 첫머리에 "삼세제불과 역대 조사, 천하의 선지식이 남긴 언구는 이 3구三句를 벗어나지 않는다."라고 하였다. 그러면서 백파는 이 3구를 선종 5가(위앙·임제·운문·조동·법안)에 비교하고, 삼처전심을 분류했으며, 유식 3성·『금강경』의 사구게·삼신불관三身佛觀·사홍서원四弘誓願·오분법신五分法身 등을 3구와 3종선의 입장에서 독자적인 선론을 전개하였다. 더 나아가 『기신론』의 2문에 의한 본분本分·신훈新熏, 수연隨緣·불변不變, 진공眞空·묘유妙有, 대기大機·대용大用, 가리사家裏事·도중사途中事, 살인검殺人劍·활인도活人刀 등을 논리로 삼아 선문禪文을 비추어 보는 손거울을 만든 것이다. 백파는 마지막에 '구자무불성화간병론狗子無佛性話揀病論'의 과목을 나투고 해설(科解)하는 장에서는 '무자無字 화두' 드는 방법으로 단제單提·전제全提·근제勤提를 제시하고 그 장단점을 소상하게 소개한다. 결론적으로 일념만념, '이것이 무엇인가'에만 집중하여 일체의 사량분별을 끊고 또 끊어서, 그렇게 한다는 생각마저 지우라고 한다. 이것이 임제선의 골수骨髓이며 극칙極則이기 때문이다.

『임제록』*「시중」에서 "만약 제1구에서 깨달으면 조불祖佛의 스승이 되고, 제2구에서 깨달으면 인천人天의 스승이 되며, 제3구에서 깨달으면 자신도 구제하지 못한다."라고 하였다. 백파는 제1구는 조사선, 제2구는 여래선, 제3구는 의리선이라고 재해석하였다.

백파는 임제3구를 온총삼구蘊總三句라고 하면서 각각 분석하였다.

①제1구를 삼요三要, 즉 대기대용大機大用·기용제시機用齊施라고 보았으며, 이 도리를 얻으면 부처와 조사의 스승이 된다고 하였다. 그러면서 이를 조사선의 근기라고 보았다. 여기서 백파는 우리나라

---

* 임제는 행동이나 할을 활용하여 제자를 지도했지만, 이론적인 방편설도 함께 제시하여 그의 몇 가지 선기방편설이 고금을 막론하고 지침이 되고 있다. 즉 임제는 체體와 용用이 일치되며 용用을 위한 체體를 확립한 것이다. 선기방편禪機方便은 3구三句·3현三玄·3요三要와 4할四喝·4빈주四賓主·4료간四料簡 등이다. 3현이란 체중현體中玄·구중현句中玄·현중현玄中玄을 말한다. 여기서 '현玄'이란 원래 도가道家의 용어로서 인간의 감관으로서는 인지할 수 없는 존재를 가리키는 것으로 현묘한 정신세계를 표현한 것이다. 3요는 대기원응大機圓應·대용전창大用全彰·기용제시機用齊施를 말한다. 3구·3현·3요는 제자들을 가르치고 인도하는 하나의 방법, 즉 공부하는 방법을 말한다. 『임제록』에서는 "일구一句의 언어는 삼현문三玄門을 갖춰야 하며, 일현문一玄門은 모름지기 3요를 갖추어서 방편과 작용이 있다."라고 하였다. 즉 제1구는 3구·3현·3요를 갖추고 있으니, 거기에는 방편도 있고 작용도 있다.

의 '진귀조사설'을 소개하고 있다. 제2구는 삼현三玄, 즉 체중현體中玄·구중현句中玄·용중현用中玄으로 보았다. 이 도리를 얻으면 인천人天의 스승이 된다고 하였다. 이를 여래선의 근기에 해당한다고 보았다. 제3구는 유有·무無·중中을 희롱하는 것으로 의리선에 해당하는데, 곧 자기 자신조차도 구제할 수 없다고 보았다. 중생이 어리석어 성불의 방편은 알지만 무수무증無修無證 본래성불의 경지는 알지 못한다고 하였다. ②3구 원리에 의해 선문 5가를 분류하였다. 즉 제1구는 임제종·운문종에 해당하며, 제2구에는 조동종·법안종·위앙종이 해당하며, 제3구에는 하택종·북종·우두종이라고 분류하면서 3구에 의한 선문판석禪門判釋을 시도하였다. ③백파는 제1구의 조사선과 제2구의 여래선을 교외별전의 격외선으로, 제3구를 의리선으로 분류하였다. 그러면서 여래선과 의리선을 같은 것으로 봐서는 안 된다고 강조하였다. ④삼처전심 가운데 영산회상염화미소·사라쌍수곽씨쌍부는 제1구에, 다자탑전분반좌는 제2구에 해당한다고 보았다. ⑤『금강경』의 '범소유상凡所有相'은 제3구, '개시허망皆是虛妄'은 제2구, '약견제상비상若見諸相非相 즉견여래即見如來'는 제1구에 배대하였다. ⑥유식 3성에 있어서는 변계소집성遍計所執性을 제3구, 의타기성依他起性을 제2구, 원성실성圓成實性을 제1구에 배대하였다.

백파의 『선문수경』은 조선 후기의 선을 대표하는데, 여기에 세 가지 의의가 있다. 첫째로 송대宋代 이후 공안을 염롱拈弄한 선사들의 염拈·송頌·거擧·평評과 찬讚·화話·창唱·화和 등을 판석判釋한 책이라는 점이다. 이 책은 진각 혜심의 『선문염송집禪門拈頌集』, 구곡 각운의 『선문염송설화禪門拈頌說話』 등 방대한 자료들을 섭렵해 선을 판석한 결과물이다. 둘째로 화엄의 종주 백파가 당대 선의 정통성을 정립코자 임제의 3구를 기준으로 여러 견해를 펼쳤다는 점이다. 기존의 선은 의리선=여래선, 격외선=조사선 2종선이었는데, 백파는 의리선·여래선·조사선 3종선의 구도를 세웠다. 셋째로 선교이론禪教理論을 전개함에 있어『금강경』과『육조단경』의 핵심 사상을 선구에 배대한 점이다.

(3) 선 논쟁 전개의 흐름

백파가『선문수경禪文手鏡』을 발표하자, 대흥사 초의 의순은『선문사변만어禪文四辨漫語』를 저술해 비판하였고(→ 1차 비판), 추사 김정희는『백파망증십오조白坡妄證十五條』로 이의를 제기했다. 다음 부휴계 10대손인 우담 홍기(優曇洪基, 1822~1881)는『선문증정록禪門證正錄』을 통해 백파를 비판한다(→ 2차 비판). 다시 이어서 백파의 4대 법손인 설두 유형(雪竇有烔, 1824~1889)은『선원소류禪源遡流』를 통해 백파의 사상을 두둔한다. 그러자 축원 진하(竺源震河, 1826~1926)가『선문재정록禪門再正錄』을 발표하면서 백파를 비판한다(→ 3차 비판).

(4) 초의의『선문사변만어』

초의는『선문수경』에 문제점이 있다고 하면서 3종선 이론을 논박하며 네 가지(四辨: 조사선·여래선, 격외선·의리선, 살활의 기용, 진공眞空·묘유妙有)로 선리를 변론하였다. 초의는 의리선과 격외선을 방편상의 분류로는 받아들이지만, 차별의 관점으로는 볼 수 없다고 주장한다. 또한 조사선과 여래선도 법을 전하는 주체의 차이가 있을 뿐 두

선은 우열을 가릴 수 없으며, 조사선만이 최고라고 보는 선법은 잘못이라고 비판한다. 즉 초의는 '조사선·여래선·의리선'이라고 나눈 단계는 언어 방편일 뿐이므로 3종선을 단계적으로 나눈 것은 오류이며, 평등하게 봐야 한다는 것이다. 또한 교를 통해 선을 이해코자 하는 것이므로 선과 교는 불이不二의 관계로서 다른 것이 아니라고 보았다. 그러면서 초의는 ㉮조사선과 여래선의 경우, 백파는 선문의 5가를 각각 조사선과 여래선으로 배분하여 그 우열을 나누었는데, 5가는 결코 그 우열을 가릴 수가 없다. ㉯격외선과 의리선의 경우, '격외'와 '의리'라는 말은 있으나 '격외선'과 '의리선'이라는 용어는 없음을 강조하고, 이들은 조사선과 여래선을 법의 입장에서 달리 부른 용어라는 점을 밝혔다. ㉰살활殺活과 기용機用의 경우, 즉 살인도와 활인검은 마치 본체와 작용의 관계와 같아서 결코 분리시킬 수 없는 것이다. 이에 여래의 삼처전심 중에서 분반좌分半座는 살인도殺人刀로서 그 성격이 오직 죽이는 용도로 쓰일 뿐 살리는 기능이 없고, 염화미소는 활인검活人劍으로서 살殺과 활活이 겸비되어 있다고 본 것에 대해 비판하였다.

백파는 당대의 화엄학자요 대선사로서, 초의의 입장에서는 감히 거론키 어려운 상대였을 수도 있다. 하지만 초의가 변론한 선사상은 근래에도 긍정적인 평가를 받고 있다. 초의가 내세운 사상은 첫째는 방편적인 언어를 긍정하고 있다는 점, 둘째는 조선 후기 실학적인 관점에서 전개되었다는 점, 셋째는 흙덩이가 던져졌을 때, 흙덩이를 쫓는 것이 아니라 흙덩이를 던진 원래의 근원을 쫓고 있다는 점이다. 곧 선리의 근원을 면밀하게 짚었다는 것이다.

(5) 우담 홍기의 『선문증정록』

우담 홍기(優曇洪基, 1822~1881)는 부휴계 연월蓮月의 제자이다. 안동 권權씨이며, 경상도 안동 사람이다. 보조 지눌의 『초심장初心章』, 원효의 『발심장發心章』, 야운野雲의 『자경문自警文』을 보고 발심해서 팔공산 혼허渾虛에게 사교과를 배웠다. 송광사에서 침명 한성에게 교학을 연마하고 인파에게 선을 배웠다.

초의가 『사변만어』를 발표해 백파를 비판하자, 우담 홍기도 『선문증정록禪門證正錄』을 발표한다. 우담은 선문판석을 둘러싼 논쟁은 언어로써 해결할 수 없으며, 진정한 견성자가 나와야 한다고 하면서 "능히 깨닫지 못했으면서 '나는 지견을 갖추었다'고 하면 망령된 설이다."라고 지적하였다. ㉮삼처전심은 선문의 원천이며, 선의 근본을 보인 소식이므로 원천이 맑다면 흐름도 맑다. ㉯의리선·격외선·여래선·조사선, 그 어떤 선이든 모두 명칭일 뿐이다. 명칭이 바르면 실질도 바르다. ㉰살인검과 활인도는 선문의 방편 비유인데, 그 비유가 바르면 가르침도 지극하다. ㉱백파는 『전등록』·『인천안목』·『선문염송』 등을 참고하였지만, 오류를 보인 것이므로 후세 선자들이 참조해서는 안 된다. 우담은 초의보다 백파를 좀 더 적극적으로 비판하고 있다.

(6) 설두 유형의 『선원소류』

설두 유형(雪竇有炯, 1824~1889)은 편양파 백암 도원의 제자이다. 완산 이李씨로, 전라도 곡성 출신이다. 조계산의 침명 한성枕溟翰醒과 백파 긍선에게 『화엄경』을 비롯한 교학을 배웠고, 긍선의 강석을 이어받아 화엄강주로서 후학을 지도하였다. 불갑사·용흥사龍興寺를 중창하였고, 양주 천마산에서『선문염송』강회를 주관하였다. 선 논쟁에서 백파의 입장을 옹호하였으며 구봉 인유龜峰仁裕 → 도봉 국찬道峯國燦 → 정관 쾌일正觀快逸 → 백암 도원白巖道圓의 법맥을 이었다.

저술에는『선원소류』이외『산사약초山史略抄』·『소림통방정안少林通方正眼』이 있다. 설두는 우담의『선문증정록』이 발표되자, 백파가 주장한 원래의 근본 자리로 돌아가야 한다고 주장하면서『선원소류禪源遡流』를 저술했다. 즉 설두의 주장은 이러하다.

여래선은 여래께서 보인 성도한 내용으로 인천을 위해 설법한 것이고, 조사선은 진귀조사가 여래에게 전한 선인데, 여래는 이를 조사선으로 받아들여 후에 석가가 가섭에게 전했다. 의리선은 말과 언어를 사용하는 것으로 진흙으로 흙투성이 몸을 닦는 것이니 자신 스스로도 구하지 못한다. 그

설두 유형 진영(고창 선운사 조사전). 설두는 백파의 4세에 해당하는데,『선원소류』를 저술해 백파의 사상을 변호하였다.

설두 유형 비문(영광 불갑사)

러면서 설두는 백파의『선문수경』에서 설한 삼종선 내용과 삼처전심설을 더욱 구체적으로 논증하며 변호하고 있다.

(7) 축원 진하의『선문재정록禪門再正錄』

축원 진하(竺源震河, 1862~1926)는 성은 서徐씨, 호는 진하이며, 12세에 금강산 신계사로 출가해 상운 화상常雲和尙을 스승으로 삼았고, 서호 화상西灝和尙으로부터 구족계를 받았으며, 탄종坦鍾의 법맥을 이었다. 이후 설두 유형과 해주海珠에게 경전을 배웠다. 1912년 중국으로 건너가 천암天庵 율사에게 구족계를 받고 율사가 되었다. 만년에는 법주사에 상주하면서 교학을 강의하였다. 1926년 제주도에 잠시 다니러 갔다가 그곳에서 입적하였다.

축원은 백파와 설두를 비판하면서 초의의 입장에 서 있다. 축원은 선 논쟁이 무의미한 일이라고 하면서, 선을 논할 때 인명을 사용하여 여래선과 조사선으로 나누었고, 법명을 사용하여 의리선과 격외선이라고 하였다. 백파는 격외선(여래선·조사선)과 의리선으로 분류했는데, 의리선도 본래 여래의 법이고 조사의 법이라고 주장하였다. 이에 의리선을 열등하다고 폄훼할 수 없다고 보았다. 다만 '활구活句인가, 사구死句인가?'의 문제가 중요하다고 주장하였다.

(8) 조선 후기 선 논쟁의 의의

조선 후기에는 백파의 선 논쟁 이전에 또 다른 논쟁이 있었다. 대강백인 대흥사 연담 유일(蓮潭有一, 1720~1799)과 송광사 묵암 최눌(默庵最訥, 1717~1790, 풍암楓巖의 제자)*의 심성心性에 관한 논쟁이다. 연담과 묵암**은 운봉 대지(雲峰大智, 휴정의 문하)가 1687년에 저술한 『심성론心性論』***을 주제로 논쟁을 펼쳤다. 두 번째는 앞에서 언급한 백파와 초의이다. 선 논변은 조선 후기 지성사의 한 면을 장식한 일대 사건이며, 시간상으로도 1790년에서 1926년에 이르는 약 1세기 반에 걸친 대논쟁이었다. 이능화는 『조선불교통사』에서 "임제3구를 중심으로 벌인 논쟁이지만 변증과 고증만을 내세운 보잘 것 없는 논쟁이다. …… 문자·의리·지해에 사로잡혀 있다."라고 혹평하였다. 현대의 학자들 또한 이에 가세한 경우도 있다. 학자들의 관점에 따라 다를 수 있으니, 왈가왈부할 일은 아니다. 하지만 필자는 긍정적인 면이 더 많다고 본다.

첫째, 논쟁이 있었던 18~19세기 초는, 중국도 불교가 낙후되어 학

---

* 풍암 세찰(楓巖世察, 1688~767)은 부휴계 영해 약탄影海若坦의 제자이다. 전라도 순천 사람이다. 부휴계의 적전으로 무용 수연과 그 제자 영해 약탄에게 경전을 배우고 약탄의 의발을 전수받았다. 50년을 강경에 힘쓰며 화엄대회를 열었고, 묵암 최눌默庵最訥과 응암 낭윤應菴朗允 등에게 법을 전하였다. 송광사 보조암普照庵에서 입적하였다.

** 묵암 최눌(默庵最訥, 1717~1790)은 경상도 밀양 사람이며, 박朴씨이다. 부휴계의 적전 풍암 세찰의 전법 제자이며, 화엄을 비롯한 교학에 정통하였다. 송광사에서 입적하였다. 송광사 부도전에 탑이 세워졌다. 1770년 해남 표충사 원장을 맡기도 했다. 저서로는 『묵암집』·『화엄품목』·『제경문답반착회요諸經問答盤着會要』 등이 있다.

*** 운봉에 관한 행적은 알 수 없으나, 휴정 문하로 알려져 있다. 본문은 모두 32장인데, 그 논지는 다분히 『기신론』에 입각해 있으며, 당나라 규봉 종밀의 사상을 많이 언급 인용하고 있다. 또 역학易學의 태극太極과 불교의 심성心性 및 불성을 비교·논술하고 있다.

문적 발전이 없는 답보 상태였다. 이런 때 백파가 선리를 정립하고, 이에 맞서 반박하고 비판했다는 점은 한국불교의 저력을 보여준다.

둘째, 조선 시대에는 불교가 수백 년 동안 억압을 받아 불교학이나 선사상이 발전할 수 없었다. 이런 척박한 상황에서 벌어진 치열한 선 논쟁이야말로 현 조계종의 연원이 되었다고 본다.

(1) 차와 인생

차茶 한잔에 쓰고·떫고·시고·짜고·단, 5가지 맛이 다 들어 있다.
차는 바로 인간의 삶과 같다. 어느 선사가 『전다훈煎茶訓』에 "첫잔은
달고, 두 번째 잔은 쓰며, 세 번째 잔은 시다."라고 한 것처럼, 사람이
한평생을 살면서 다양한 경험을 하며 살아가듯 차는 인간의 삶과 닮
아 있다. 중국인들은 '차를 통해 벗을 만난다'라고 하며 인간관계의
개선책으로 차를 즐긴다. 또 "아침에 차 맛이 좋으면 날씨가 좋다."
고 했는데, 봄철 맑은 고기압권일 때는 차 맛도 좋고, 날씨가 저기압
에다 비 오는 날은 차 맛도 떨어진다. 또 그날의 컨디션이나 기분 상
태에 따라서도 차 맛이 좌우된다. 다양한 면에서 차와 인생은 닮아
있다. 육우(陸羽, 727~808?)는 『다경茶經』에서 "덕이 있는 사람이 마
시기에 가장 적당한 것이 차이다."라고 할 정도로 차 마시는 것 자체
를 양생養生과 관련시키고 있다. 우리나라의 최치원도 "차를 얻었으
니 근심을 잊게 되었다."라고 하였다.

　원래 차는 사찰에서 스님들이 수행하면서 마셨고, 신도들과 함께
음용하면서 차가 발달하는 기회가 되었다. 차는 오감五感으로 마신
다. 귀로 찻물 끓이는 소리를 듣고, 코로 향기를 맡으며, 눈으로 다구

와 차를 보고, 입으로 차를 맛보며, 손으로 찻잔의 감촉을 즐기기 때문이다. 이렇게 온 교감을 통해 차를 만나기 때문에 선과 함께 발달된 것이다. '다반사茶飯事'는 밥 먹고 차 마신다는 일상적인 용어로 쓰이고 있으며, '끽다거(喫茶去: 차나 한잔 마셔라)' 등 차와 관련된 공안이 많이 있다. 정성스럽게 잘 만들어진 차와 좋은 물, 차를 끓이는 여러 가지 일을 '다도茶道'라고 하였고, 차를 마시는 행위와 수행(禪)을 하나라고 보면서 '다선일미茶禪一味'가 저변화되었다. 고려 때 이규보는 "한 잔의 차로 곧 참선이 시작된다."라고 할 정도였다. 중국에서는 당나라 때부터 다도가 발달되어 일반화된 반면, 우리나라는 조선 후기에 다도 관련 서적이 처음 나왔고 다도가 정립되었는데, 바로 초의 선사에 의해서다.

(2) 초의의 행적

초의 의순(草衣意恂, 1786~1866)은 전남 나주 사람으로, 속성은 장張씨, 자子는 중부中孚, 법명은 의순, 호는 초의, 별호가 일지암一枝庵이다. 모친이 큰 별이 품안으로 들어오는 꿈을 꾸고 잉태하였다. 5세 무렵에 강가에서 놀다가 깊은 곳에 빠졌는데, 그를 건져준 분이 스님(碧峰珉聖)이었다. 다시 살아났으니 새로운 삶을 시작하라는 스님의 권유로 출가 인연이 되었다. 16세에 선사는 나주군 다도면 덕룡산 운흥사雲興寺에서 벽봉 민성碧峰珉聖 문하에 출가하였다. 19세에 영암 월출산에 올라 산세에 감격하던 중 바다에서 떠오르는 달을 보고 깨달음을 얻는다. 이후 대흥사의 완호 윤우(玩虎倫佑, 1758~1826)로부터 구족계를 받고 초의라는 법호를 받았다. 초의의 법맥을 보면, 편양 언기 → 풍담 의심 → 월담 설제 → 환성 지안 → 호암 체정 → 연담 유일 → 백련 도연白蓮禱演 → 완호 → 초의이다.

초의는 불학 이외에도 유학과 도교 등 당시 학문에 통달하였고, 범서梵書에도 능통했다. 초의는 선과 교에 모두 정통했으며, 시詩·서書·화畵에도 뛰어났다. 곧 내전과 외전 모두에 두루 뛰어난 면모를 갖추었다. 또 초의는 예술방면에도 뛰어나 탱화를 잘 그렸는데, 현재 대흥사에 보관되어 있는 영정신상影幀神像은 초의가 금어金魚가 되어 그렸거나 증사가 되었던 작품이다. 초의는 유독 관음상 그리기를 좋아했는데, 대흥사 유물관에 사십이수십일면관세음보살상四十二手十一面觀世音菩薩像 두 점이 현존한다.

다산茶山 정약용이 강진에서 유배생활(1801~1818)을 하였는데, 초의는 이때 다산에게 유학과 시학을 배웠다. 정약용이 유배지에서 풀려나 고향으로 돌아가자, 다산의 제자들과 함께 다신계茶信契를 만들었고, 다산이 절목節目을 손수 써주었다. 또한 추사 김정희와 그의 동생 김명희·김상희와도 친분이 있어 시문을 나누었고, 이외 당시 수많은 유학자들과도 교류가 깊었다.

41세에 초의는 일지암一枝庵을 중건했다. '일지'란 『한산시집』에 나오는 시구이다. 뱁새가 나뭇가지 하나에만 골라 앉듯이 납자는 '나뭇가지 하나면 족하다'는 무소유사상에서 비롯된다. 즉 초의는 청빈한 삶을 갈망했다고 볼 수 있다. 초의는 이곳에서 자신의 사상과 철학을 정립했고, 우리나라 최초로 다도茶道를 체계화시켰다.

55세 무렵, 초의는 헌종(1834~1849 재위)으로부터 '대각등계보제존자초의대선사大覺登階普濟尊者艸衣大禪師'라는 시호를 받았다. 호를 받

일지암

게 된 사연은 헌종이 소치(小痴, 許鍊, 1809~1892)에게 '초의라는 승려의 지행知行'에 대해 물었고, 소치는 초의를 '덕 높은 고승이요, 내외전에 정통한 학승'이라고 추켜세웠다. 고려 말 이후 '선사와 대선사' 법계가 사라진 지 몇백 년 만에 초의가 대선사 법계를 받은 것이다.

62세 무렵, 초의가 전주에 갔을 때 진묵조사에 대한 실기를 은고隱皐 김기종金箕鍾 선생으로부터 자세히 들었다. 마침 전주 봉서사鳳棲寺의 승려가 찾아와 진묵의 기문記文을 청하자, 선사는 『진묵조사유적고震黙祖師遺蹟考』를 저술하였다.

추사가 유배로 제주도에 머물 때 3~4차례 유배지를 방문했고, 한 번은 그곳에서 반년을 함께 있기도 하였다. 추사가 서울에 머물 때도 그를 방문해 2년 정도 머물며 우의를 다졌다. 실은 추사와 초의는 동갑내기이다. 추사 김정희가 71세에 서울 관악산에서 숨을 거두자, 초의는 그의 묘소에 찾아가 제문을 낭독하고 눈물을 흘리며 애도하였다. 이 무렵부터 초의는 사람과의 인연을 멀리하였다. 시를 짓거나 차 마시는 일보다 깊은 선정에 드는 일이 많았다. 만년에 초의는 산문 밖 출입을 금하며 은둔한 것으로 보인다. 봉은사에서 『화엄경』 목판을 간행할 때 증명법사로 참석한 뒤 곧바로 암자로 돌아왔으며,

또 해남 미황사에서 무량지회無量之會를 열었을 때도 모임의 주선主禪 자리에 응해 참석하고 일지암으로 곧바로 돌아왔다.

어느 날 초의는 시자를 부르더니, 서쪽을 향하여 가부좌를 하고 홀연히 입적하였다. 세납 81세요, 법랍 65세이다. 스님이 입적하고도 오래도록 방안에 기이한 향기가 가득하며 안색이 평상시와 같았다고 한다. 초의는 대둔사 제13대 종사 가운데 마지막 종사에 해당한다.

선사가 입적한 지 5년 무렵, 부도와 탑비를 대흥사에 모셨다. 송파거사松坡居士 이희풍李喜豊 선생이 초의대사탑명艸衣大師塔銘을 찬술했고, 병조판서를 지낸 의금부사 신헌(申櫶, 김정희의 제자)이 '사호 보제존자 초의대종사 의순탑비명賜號普濟尊者艸衣大宗師意洵塔碑銘'을 지었다. 저서에는 다산 정약용의 지도를 받아 편찬한 『대둔사지』를 비롯해 『일지암시고一枝庵詩藁』·『일지암문집』·『다신전茶神傳』 1권·『동다송東茶頌』 1권·『선문사변만어』·『초의선과艸衣禪課』·『초의집』·『초의시고草衣詩藁』 2권·『진묵조사유적고』·『문자반야집文字般若集』 등이 있다.

추사 김정희 비석(서울 봉은사)

초의 부도탑(해남 대흥사)　　　　초의 선사(태평양박물관 소장)

(3) 초의의 선사상

앞 '백파' 대목에서 서술했듯이 초의는 『선문사변만어』를 저술해 백
파 긍선과 선 논쟁을 펼쳤는데, 조사선·여래선·의리선에 있어 선의
경지를 구분함은 옳지 않다고 주장하였다. 또한 선교禪教에 있어서
도 "선에 전념하는 것과 교학에 전념하는 것은 다르지 않다."라고 했
는데, 선교일치적인 면이 드러나 있다. 초의의 행적(事的인 면)에서나
선사상(理的인 면)을 추론해 볼 때, 초의의 선은 중도(不二) 사상에 입
각해 있음을 엿볼 수 있다. 탑비명을 쓴 신헌은 초의의 인물됨을 "세

간에 처하되 더럽지 않으며, 출세간에 처하되 깨끗하지도 않네(處世 非染 出世非淨)."라고 표현하고 있다.

신헌이 쓴 탑비명에 이런 내용이 전한다. "선사가 백파의 잘못된 곳을 지적하며 내 의견을 물었다. 내가 '스님도 그릇된 곳이 있습니다'라고 하자, 선사가 웃으면서 '백파 스님과 나의 잘못, 모두가 허물이 되지 않는다. 그릇된 그 자리가 곧 깨닫는 곳이다'라고 말씀하셨다." 초의 자신이 백파에게 오류라고 지적을 하면서도 그 허물을 상대에게 돌리지 않았던 것이다. 어느 승려가 마조에게 '즉심시불'의 뜻을 물었을 때, 마조는 "네가 알지 못한다고 하는 마음(卽汝所不了心)"이 곧 부처의 경지라고 하였다. 곧 '번뇌를 일으키는 그 자리가 보리菩提'라는 의미이다. 초의는 오류를 일으키는 그 자리가 곧 깨달음의 자리라고 하는 것을 볼 때, 초의의 선적禪的 대기대용大機大用을 엿볼 수 있다.

(4) 다선일미

우리나라 다도 역사 1,000년에 처음으로 다도를 정립한 저서가 초의의 『동다송』이다. 스님의 비문에 "스님의 풍채는 범상梵相으로 위엄이 있고 뛰어난 존자의 모습을 갖추었으며, 여든이 넘어서도 가볍고 건강하기가 마치 소년의 모습과 같았다."라고 한다. 스님께서 오랫동안 차를 즐겨 마신 데서 본 다인의 모습으로 생각된다.

초의가 36세에 저술한 『다신전茶神傳』에는 차에 대한 모든 것이 실려 있다. 즉 차를 따는 시기와 요령·차 제조법·차 보관법·물 끓이는 법·차 마시는 법 등 22개 항목으로 나누어 알기 쉽게 만들어진

초의 동상(대홍사)

책이다.

이어서 52세에 『동다송』을 저술하였다. 『동다송』은 해거도인 홍현주(1793~1865, 학자·서예가, 정조의 사위)가 부탁하여 저술한 것인데, 동국에서 생산되는 차에 대한 모든 것을 게송으로 지었다는 뜻이다. 모두 31구句의 송頌으로 되어 있는데, 차의 기원·차나무의 생김새·차의 효능·제다법·우리 차의 우월성 등을 언급하고 있다. 또 각 구마다 주註를 달아 자세한 설명을 첨가해서 알아보기 쉽도록 해놓았다. 『동다송』은 한국 차의 성전으로 높이 추앙받고 있지만, 초의가 지은 친필 저서는 현존하지 않는다.

초의는 "차는 군자와 같아 그 품성에 삿됨이 없다."고 하였고, "차를 마시되 법희선열식法喜禪悅食한다면 얼마든지 마셔도 좋다."라고 하였다. 선사는 우리나라 다도와 다선일미를 정립한 영원한 다성茶聖이다.

(1) 견줄 이 없는 위대한 선지식, 경허!

천만고千萬古의 영웅호걸 북망산의 무덤이요,
부귀문장 쓸데없다 황천객을 면할쏘냐?
오호라 나의 몸이 풀끝의 이슬이요 바람 속의 등불이라.

위 내용은 「경허 선사 참선곡」의 첫머리에 등장한다. 사찰의 불교 대학에서 선학 강의를 할 때면, 불자들과 「참선곡」을 함께 독송한다. 서산 휴정의 선시에도 "만국의 도성은 개미집과 같고 천하의 수많은 호걸들도 하루살이 같도다."라고 하였다. 우리 삶에서 진정으로 가치 있는 것이 무엇인가?를 사유토록 해준다. 인간에게 재물과 명예가 아닌 무엇인가의 소중함을 일깨우는 대목이다. 불교는 수행의 종교로서, 존재의식을 자각케 하고 삶에서 소중한 것이 무엇인지를 궁구케 하며, 진정한 행복의 길(離苦得樂)을 제시한다. 불조의 진리가 넘쳐나건만 우리는 왜 그렇게 번뇌의 구렁에서 헤어나지 못할까?

19~20세기 중반, 중국의 선을 개혁한 선사가 허운(虛雲, 1840~1959)이다. 대만이나 해외에 체류하는 중국 선사들이 대부분 허운

의 법맥이다. 허운이 아니었다면 현 중국의 선은 존재하기 힘들었을지도 모른다. 필자는 이 허운과 비교해 우리나라 선사로 늘 경허 선사를 말한다. 곧 경허가 없었다면, 현 한국선이 제대로 존립했을까? 의문이 들 정도이다. 비록 경허가 보인 기행奇行으로 인해 그에 대한 평가가 다양하지만, 여기서는 근현대의 한국선을 개척한 선지식 측면에서 경허를 만나보자.

(2) 경허의 행적

경허 성우(鏡虛惺牛, 1849~1912)는 1849년 전주에서 출생, 법호는 경허, 법명은 성우惺牛이다. 9세 때 어머니의 손에 이끌려 경기도 과천 청계산으로 출가하였다. 계허桂虛에게 득도해 5년을 보내고, 13세에 한학을 배우기 시작했다. 이어서 14세에 스승 계허가 경허를 동학사 만화萬化 강백에게 소개를 해 선사는 경전을 공부하기 시작했다. 1872년 23세에 경허는 동학사에서 강사가 되어 경전을 강했다.

31세 되던 해, 속세로 돌아간 옛 은사를 찾아가기 위해 길을 나섰다가 한밤중에 비가 퍼붓자, 하룻밤 묵고자 마을에 찾아들었다. 마침 어느 집 추녀 밑에 서 있다가 대문을 두드리며 하룻밤 재워 달라고 소리치자, 그 집 주인이 대문을 열고 말했다.

"지금 이 동네 근방에 전염병이 돌아 사람이 계속 죽어나가는데, 스님께서도 빨리 도망가십시오."

선사는 전염병에 걸려 죽어가는 사람들을 목도하고 무상함을 느꼈다. 사찰로 돌아오면서 죽음이라는 단어에 두려움을 느끼는 자신에 대해 깊은 회의감을 느낀다. 선사는 동학사로 돌아와 '앞으로 강의하지 않겠다'고 선언하고 학인들을 흩어 보냈다.

다음날부터 골방에 들어가 정각을 이루지 못하면 일어나지 않겠다는 각오로 장좌불와를 하며 턱밑에 송곳을 대놓고 용맹정진에 들었다. 선사의 「참선곡」에도 "예전사람 참선할제 마디그늘 아꼈거늘 나는어이 방일하며, 예전사람 참선할제 잠오는것 성화하여 송곳으로 찔렀거늘 나는어이 방일하며, 예전사람 참선할제 하루해가 가

경허 선사 진영(마곡사 조사전)

게되면 다리뻗고 울었거늘 나는어이 방일한고……"라고 하였는데, 선사의 해탈에 대한 간절함이 얼마나 절실했는지를 느끼게 한다. 경허는 영운 지근(?~866, 위산 영우의 제자)의 '나귀의 일이 끝나지 않았는데, 말의 일이 닥쳐왔다(驢事 未去馬事到來)'라는 화두를 잡고 참선을 시작했다.

이 무렵 선사의 정진을 시봉하는 사미가 동학사 아랫마을 사는 이처사와 대화를 하는 중에 의문이 있는 채로 절에 돌아왔다. 경허는 사미로부터 "중이 수행하지 않고 죽으면, 콧구멍 없는 소가 된다."라는 말을 하자, 그 말끝에 홀연히 법안이 열렸다. 이때 경허는 다음 오도송을 읊었다.

문득 무비공이란 말을 듣는 순간에
삼천세계가 내 집임을 몰록 깨달았네.
6월이라 연암산 내려오는
야인이 무사 태평가를 부르네.
忍聞人語無鼻孔 頓覺三千是我家 六月燕岩山下路 野人無事太平歌

여기서 무비공無鼻孔이라는 유명한 화두가 되었다. 일반적으로 선사들은 소리를 듣거나(聞) 풍광을 봄(視)으로써 시절인연이 도래하는 경우가 많다. 일본의 잇큐(一休, 1394~1481)는 26세에 까마귀 울음소리를 듣고 깨달았고, 무문 혜개(1183~1260)는 점심식사를 알리는 큰 북소리를 듣고 홀연히 깨달았다. 서산 휴정은 닭 우는 소리에, 허운은 정진하던 중 찻잔이 깨지는 소리에, 반산 보적(盤山寶積: 마조의 제자)은 시장에서 상인과 고객 간의 대화 소리를 듣고 깨달았다.

1880년 31세에 경허는 용암龍巖의 법통을 이었으며, 서산 휴정의 11대손, 환성 지안의 7대손이라 스스로 밝혔다(지금 현재 법맥도는 이 기준을 따름). 그런데 이렇게 법통을 거론하지만, 경허는 무사독오無師獨悟인 셈이다. 선사는 서산 천장암으로 옮겨가 보림을 하였다. 『경허집』에 의하면, 선사의 보림 과정을 이렇게 전한다.

한 벌 누더기 옷으로 추운 겨울이나 찌는 여름에도 갈아입지 않았다. 옷 속에는 빈대와 이가 득실거렸는데, 스님의 온몸은 이와 빈대에 의해 헐어 있을 정도였다. 혹 누워 있을 때 구렁이가 배에 기어 다녀도 태연했고, 구렁이가 어깨와 등을 타고 기어 다녀도 마음에 조금도 동하지 않았다.

선사가 이곳에 머물 때, 1884년 수월水月이 왔고, 한 달 후 14살의 어린동자 만공滿空이 왔으며, 비슷한 시기에 혜월慧月이 입문했다. 이들은 모두 선사의 제자들인데 '세 달(三月)'이라고 불린다(수월은 상현달, 혜월은 하현달, 만공은 보름달). 선사는 충청남도 일대 개심사와 부석사를 왕래하면서 선풍을 드날렸다.

이후 20여 년간 도처 곳곳 사찰에서 선풍을 떨치며 제자들을 지도하였다. 1898년 50세에 범어사에 최초의 선원을 개설했다. 다음해에 해인사로 옮겨갔는데, 대장경 인출 불사와 수선사修禪社를 설치하는 불사에 법주法主로 추대되었다. 이 밖에 경허는 해인사에서 결사문을 작성한다. 그 다음해에는 조계산 송광사에 머물다 실상사 백장암 중수문을 작성하였다. 이렇게 선사는 영호남을 오가며 선풍을 전개하던 중, 54세에 범어사에서 『선문촬요禪門撮要』를 편찬한다.

1904년 56세 되는 해에 경허는 천장암으로 돌아온다. 선사는 천장암에서 염불승 무용無用을 만나 「참선곡」과 「중노릇 잘하는 법」을 가사문학으로 만들었

경허 선사가 정각 후 보림을 하였던 서산 천장암 도량

다. 다음해 57세에 광릉 봉선사 월초 스님을 만나고, 오대산 금강산을 거쳐 안변 석왕사에서 오백나한 개분불사 증명법사로서의 모습을 마지막으로 자취를 감추었다.

경허는 삼수갑산三水甲山, 강계江界 등지에서 박난주朴蘭州라고 개명하고 서당 훈장 선생을 하다가 1912년 4월, 64세에 갑산 웅이방 도하동에서 입적했다. 선사는 게송을 읊은 뒤 게송 말미에 동그라미 일원상(○)을 그렸다.

홀로 마음 달이 뚜렷이 밝아 그 빛이 만상을 삼키었네.
빛과 경계를 모두 잊거니, 다시 이 무슨 물건인가?
心月孤圓 光吞萬像 光境俱忘 復是何物

1913년 만공과 혜월이 갑산으로 가서 스승의 시신을 꺼내어 다비하였다. 선사는 집착 없는 자재함으로 참 자유를 즐기다 헌옷을 버리고 새 옷을 갈아입는 것처럼 해탈 언덕으로 건너갔다.

(3) 경허의 선시

『경허집』에 실린 경허의 선시 몇 편을 만나보자. 먼저 '막론시비莫論是非'인데, 승속을 막론하고 많은 이들이 애송하는 시구이다.

누가 옳고 누가 그른가. 모두가 꿈속의 일이로다.
북망산 아래 누가 너고, 누가 나이더냐.
誰是孰非 夢中之事 北邙山下 誰爾誰我

514

살 때는 온몸으로 살고,

죽을 때는 온몸으로 죽어라.

높이 서려면 산꼭대기에 서고,

깊이 가려면 바다 밑으로 들어

가라.

生也全機現 死也全機現 萬高頂上

立 深深海底行

고요히 고향 생각 떠오르네.

세상만사 뜬구름 같거니, 진실한

것이 무엇인가!

백년을 두고 흐르는 물처럼 뜨내

기 인생인 것을

억지로 만나기 힘들어 오늘도 늦었고

무단히 이별한 지 몇 해나 되었던가?

백발도 슬프거니 이별 또한 어이하리!

그대 가고 나면, 나 혼자 여기에서 어찌 견딜 것인가?

경허 선사 열반 100주년 기념탑(서산 천
장암)

위의 시는 선사가 도반인 청암사의 만우당 선사와 함께 있다가 헤
어지면서 남긴 이별시이다. 선사는 제자 한암에게도 이렇게 표현했
다. "덧없는 인생은 늙기 쉽고 좋은 인연은 다시 만나기 어려운데,
이별의 섭섭한 마음을 어떻게 표현할 수 있으랴. …… 진실로 자신
을 알아주는 이가 몇이나 되겠는가! 과연 한암이 아니면 내가 누구

515

와 더불어 지음知音이 되라!" 이별시에 경허의 인간적인 풍모가 스며온다. 승려는 깨달음과 관련된 선시를 남기는 것이 여법하다고 하겠지만, 인간 본연의 모습인 감정에 애틋함이 전해 온다.

일없음을 일삼아
빗장을 걸어 잠그고 대낮에 낮잠을 즐기는데,
깊은 산속의 새들이 나 홀로 있는 줄 눈치 채고,
창문으로 왔다갔다 날아다니며, 그림자를 비추는구나.
無事猶成事 掩關白日眠 幽禽知我獨 影影過窓前

『유마경』에서는 '법法을 구하는 사람은 일체법에 무언가 구하지 말라'고 하였다. 임제는 구하는 마음이 없는 것이 무사無事라고 하였다. 곧 밖을 향해 구하지 않으며, 집착심이 사라진 안락한 경지를 드러내고 있다.

(4) 경허 선사상의 한국불교사적 의의

경허는 평생 무사한無事漢이 되어 걸림 없는 언행으로 입적할 때까지 무애자재한 수행자였다. 일반적으로 한 인물에 대한 평가가 상이한 점이 있지만, 의도적으로 경허를 폄훼하는 사람들이 적지 않다. 이 점에 있어서 글쎄? 적어도 경허와 같은 오도悟道 경지가 아니라면, 부정적으로 매도하거나 학문에 입각한 평가는 자제해야 한다고 본다. 경허의 한국 선사상적 위치를 보자.

첫째, 경허는 결사정신에 의한 수행풍토를 정립시킨 근현대 한국선불교의 중흥조이다. 선사는 보조 지눌·서산 휴정과 어깨를 나란히 할 수 있는 한국선의 등불 같은 존재이다. 1899년 경허는 오도 후에 해인사에서 정혜결사를 시작으로 통도사·범어사·송광사 등 여러 곳에 선원을 개설해 수행풍토를 조성하였다. 이 결사를 통해 한국선의 정체성을 확립시켰다고 본다. 한편 선사의 결사 특징의 하나는 정혜를 닦는 가운데서도 현실적인 구원 사상이 담겨 있다는 점이다. 곧 근기가 미치지 못한 중생들에게 미륵 사상을 도입함으로써 중생들의 근기에 맞추는 방편을 허용하였다.

둘째, 경허의 선은 화두 참구의 간화선이다. 경허가 제자 만공에게 무자無字 화두를 주면서, "무문관을 통하여 다시 깨닫도록 하여라. 반드시 원돈문圓頓門을 짓지 말고 경절문徑截門을 다시 지어보도록 하라."고 하며 간화선의 직절을 강조하였다. 「경허 선사 참선곡」에 의하면 "나의 마음 어떻게 생겼는고? 의심하고 의심하되 고양이가 쥐 잡듯이, 주린 사람 밥 찾듯이, 목마른데 물 찾듯이, 육칠십 늙은 과부 외자식을 잃은 후에 자식 생각 간절하듯, 생각생각 잊지 말고 깊이 궁구하여 가되 일념만년 되게 하여 폐침망찬할 지경에 대오하기 가깝도다."라고 하였는데, 간화선의 대의정大疑情이 거듭 강조되어 있다.

셋째, 경허는 근현대 한국선의 선자들에게 큰 영향을 미쳤다. 바로 현 한국선의 근원지라고 할 수 있다. 수덕사의 만공·부산 선암사 혜월·오대산의 한암·수월 등이 경허의 선풍을 전개하였다. 곧 현재의 선풍은 경허선이라고 볼 수 있으며, 현대 조계종사의 주역이다.

66 | 경허의 세 아들, 삼월

(1) 수월

① 수월의 출가 및 득도

불교사 한 모퉁이에 선사라기보다는 묵묵히 보살의 길을 걸은 스님이 있다. 바로 구한말 경허 선사의 제자인 수월 음관(水月音觀, 1855~1928) 스님이다.

수월은 충남 홍성에서 태어나 어려서 부모를 잃고, 남의 집에서 머슴살이를 하였다. 우연히 탁발승과의 인연으로 1884년 29세에 서산군 천장암天藏庵으로 출가하였다. 천장암은 경허 선사의 속가 형인 태허 스님이 살던 곳이다.

수월이 천장암에 온 지 한 달 무렵, 14살의 동자 만공 월면과 혜월이 천장암으로 출가했다. 이들 모두 경허 선사의 제자들인데 '세 달(三月)'이라고 불린다. 곧 수월은 상현달, 혜월은 하현달, 만공은 보름달이라고 한다.

수월은 출가한 뒤에도 출가 전 생업이었던 업業의 연장으로 나무하고 불 때는 부목이나 다름없었다. 수월은 글자를 몰랐기 때문에 경전을 공부할 수 없었을 것이다. 수월은 법당에서 스님들이 염하는 『천수경』 독송을 듣고 따라 하기 시작했다. 나무를 할 때나 밥 먹을 때, 방아 찧을 때 등 어떤 일을 할 때나 오로지 「천수다라니」만을 지송했다. 한 번은 얼마나 열심히 염송에 몰두했는지 밥이 타서 솥이 시뻘게질 정도였다고 한다.

천장암 부엌. 수월 스님이 천수다라니를 염송하다가 삼매에 빠졌음을 상징한다.(서산 천장암)

수월이 절에 들어와 33세가 되었을 무렵이다. 어느 날 밤 천장암 주지 스님이 방앗간을 바라보니, 방앗간에서는 불빛이 새어나오고 물이 세차게 물레방아에 떨어지고 있는데 방앗공이 소리가 들리지 않았다. 방앗간으로 뛰어 들어가 보니, 물레방아 공이가 금방이라도 내리찍을 듯이 허공에 매달려 있는데 수월은 돌확 속에 머리를 박고 잠이 들어 있었다. 수월이 일념一念을 다해 지극 정성껏 「천수다라니」를 외우니, 관세음보살의 손이 방앗공이조차 멈추게 하였던 것이다. 이 일이 있은 뒤, 수월은 태허를 은사로 '음관音觀'이라는 법명을 얻어 수계를 받았다.

② 수월의 증득(일통일체통一通一切通)

이후에 주지 스님은 수월에게 방을 한 칸 내주었다. 수월은 7일 동안 용맹정진에 들어 밥도 먹지 않고 잠도 자지 않으면서 「천수다라니」만을 염송하였다. 7일째 되는 날 밤, 수월의 몸에서 빛이 얼마나 광열하게 내뿜었는지 아랫마을 사람들이 천장암에 불이 났다고 뛰어 올라올 정도였다.

수월은 천수다라니 삼매를 증득한 뒤에 그 수행공덕으로 몇 가지 힘을 얻었다. 첫째는 글을 모르는데도 학인들이 경전 구절의 의심나는 점을 물으면 대답하는 데 망설임 없이 답변해 주었다. 둘째는 한 번 들은 축원문의 이름을 잊지 않았다(不忘念智). 즉 글자를 모르지만, 옆에서 축원문에 적힌 이름을 말해 주면 그 이름을 각인했던 것이다. 셋째는 잠이 없어져 거의 잠을 자지 않았다. 넷째는 병색이 짙은 환자가 수월이 머물고 있는 곳에 찾아와 한 번만 대면해도 환자의 병이 나았다는 전설 같은 이야기가 전한다.

조계종은 근본이 선이지만, 염불·간경·주력을 수행법으로 하고 있다. 중국 수나라 때 혜원과 혜공 스님의 일화에도 이런 내용이 있다. 두 스님은 도반인데, 20년 만에 만나서 누가 더 공부를 잘했는지에 대해 대화를 나누었다. 혜원은 유명한 강사가 되었지만, 혜공은 20년 동안 『관음경』만을 독송했다. 혜공이 『관음경』을 독송하자, 기이한 향기가 방안에 충만하며 천상의 음악소리가 울려 퍼지면서 꽃비가 내렸다. 결국 혜원은 혜공의 수행력에 고개를 숙였다는 이야기다. 중생은 각자의 근기에 따라 수행법도 다양할 수밖에 없다. 불법의 세계는 일통일체통一通一切通이다. 하나를 통달하면 모든 것을 통달할 수 있는 법이다. 수행의 길을 정했으면 반드시 일관되게 나아가야 한다. 중국 허운의 법문에도 이런 내용이 있다.

신심이 갖추어졌다면, 이것저것하면서 바꾸지 말고 그 한 가지를 밀고 나가야 한다. 염불·주력·참선 어떤 것이든 좋다. 하나를 일관되게 수행하되 물러서거나 후회하지 않아야 한다. 어떤 이들은 마음을 정하지 못하고 어제는 어떤 선지식이 염불이 좋다고 하니까 염불해 보다가, 오늘은 다른 선지식이 참선이 좋다고 하니까 또 며칠 참선하는 이도 있다. 동쪽으로 갔다 서쪽으로 갔다 하면서 한평생을 허비하다 죽으면 지금까지 해놓은 수행이 모두 허송세월 되어 해탈에 도움 되지 못한다. 그러니 반드시 한 가지를 일관되게 수행해 나가라. 신심만 견고하다면 진언을 염하든 참선하든 아미타불을 염하는 그 어떤 것이든 간에 정각을 완성시킬 수 있다. 모든 것은 동일한 법이다.

수월의 법문에도 이런 내용이 있다.

도를 닦는 것은 마음을 모으는 거여. 별거 아녀, 하늘 천 따지를 하든지, 하나 둘을 세든지, 주문을 외우든지 간에 어쨌든 마음만 모으면 그만인 겨. 무엇이든지 한 가지만 가지고 끝까지 공부해야 하는 겨……. (김진태, 『물 속을 걸어가는 달』 참고)

③ 수월의 보살행

수월 스님은 금강산 마하연 선방에서 조실을 지내다 홀연히 자취를 감추었다. 스님께서 말년에 머무신 곳은 중국 간도지방이었다. 당시 이곳에 비적들의 출몰이 잦아 집집마다 사나운 개를 키웠는데, 수월이 지나가면 조용히 엎드렸다고 한다. 스님은 북간도 왕청현 나자구 화엄사 작은 암자에 주석했다.

화엄사는 마을과 마을을 잇는 고갯마루 위에 있었다. 스님은 아침

수월 스님을 기리는 비(서산 천장암)

일찍 일어나 짚신을 수십 켤레 삼아 집 앞 처마에 매달아 두면 지나가는 나그네가 짚신을 갈아 신고 갔다. 또한 스님이 주먹밥을 해서 집 앞 샘터에 놓아두면 지나가던 길손이 시장기를 달래었다고 전한다. 대승불교에서는 보살의 길을 지향하는데, 수행을 완성한 뒤 정각을 중생들에게 회향하는 일이다. 수월은 묵묵히 무주상보시無住相布施를 실천한 보살행자이다.

스님은 목욕해 마치고, 스스로 쌓아놓은 장작더미에 올라 입적했다. 입적한 날부터 7일 동안 스님의 법신에서 방광이 있었고, 다비한 뒤에도 많은 사리들이 쏟아져 나왔다. 수월은 제자가 없는데다 법문을 남기지 않아 어록은 전하지 않는다. 그런데도 근현대 경허 선사의 제자 중 수많은 이들이 수월 스님을 흠모하고 존경한다. 필자도 그러하다.

(2) 혜월

① 혜월의 행적

혜월(慧月, 1861~1937) 선사는 충남 예산에서 태어나 11세에 동진으로 출가했다. 15세에 정혜사 혜안 스님을 은사로 득도하였다. 임제의 무위진인無位眞人을 화두로 삼아 정진한 뒤, 1890년 24세에 경허 선사에게 제자로 전법게傳法偈를 받았다. 다음은 그 전법게이다.

모든 법을 알고자 한다면
자성에 어떤 것도 마음 두지 말라.
이와 같은 법성을 알게 된다면
곧 노사나부처님을 친견하리라.
세속의 모든 일을 놓아버리고 무생법인을 말하노니,
청산의 다리 한 빗장으로써 서로 발라 의지하노라.
了知一切法 自性無所有 如是解法性 卽見盧舍那
休世諦倒提唱無生印 靑山脚一關以相塗糊

혜월 선사의 활인검 살인도에 관한 극명한 이야기가 있다. 선사는
대중법회 때 이런 설법을 하였다.

"나에게는 사람을 살리기도 하고 죽이기도 하는 활인검活人劍, 살
인도殺人刀 두 자루의 명검이 있다."

경상남도 전 지역을 관할하고 있던 일본인 헌병대장이 어떤 경로
로 소문을 들었는지 혜월을 찾아와 선사에게 이렇게 말했다.

"스님께서 활인검과 살인도, 두 자루의 명검을 가지고 있다는 소
문을 듣고 구경하러 왔소이다."

"그러신가. 그럼 보여줄 테니 나를 따라 오시게."

혜월은 말을 끝내자마자, 섬돌 축대 위로 성큼성큼 올라섰다. 헌병
대장도 선사의 뒤를 따라 섬돌 축대 위로 올라갔다. 그런데 그 순간,
혜월이 느닷없이 돌아서서 헌병대장의 뺨을 후려쳤다. 순식간의 일

인지라 헌병대장은 축대 밑으로 굴러 떨어졌다. 선사는 축대 밑으로 내려와 한 손을 내밀어 헌병대장을 일으켜 세우며 말했다.

"방금 전에 내가 당신의 뺨을 때린 손은 죽이는 칼이요, 지금 당신을 일으켜 세우는 손은 당신을 살리는 칼이오."

헌병대장은 그제야 깨닫고 선사에게 삼배를 올리고 돌아갔다는 이야기다. 혜월 선사는 만년에 선암사에서 머물다, 76세에 소나무 가지를 붙들고 선(立) 채로 입적하였다. 3조 승찬(三祖僧璨, ?~606)도 법문을 마치고 선 채로 입적했는데, 생사해탈의 자재로운 모습이라고 보면 맞을 듯하다. 제자로는 혜월 → 운봉 → 향곡 → 진제 스님으로 법맥이 전하고 있다.

② 지족과 무소유의 귀감

혜월은 자비가 깃든 무소유 사상으로 평생을 일관한 수행자로 널리 알려져 있다. 후대에 선사를 '천진불天眞佛'이라 부른다. 혜월의 지족知足과 무소유無所有 사상은 남들이 이해하지 못할 정도로 숱한 일화를 남겼다. 그 이야기 몇 가지만 보기로 하자.

혜월이 머물고 있던 정혜사에 도둑이 들었다. 쌀을 훔쳐 지게에 지고 가려던 도둑은 가마니가 무거워 쩔쩔매고 있었다. 이 때 혜월 스님이 이 모습을 지켜보고 가만히 지게 짐을 들어 올려 주자, 도둑이 깜짝 놀라 뒤돌아보았다. 혜월 스님이 말했다.

"쉿, 아무 소리 하지 말고 어서 내려가게. 양식이 떨어지면 또 찾아오게나."

또 한 번은 이런 일이 있었다. 스님이 머물고 있던 절에 49재가 들어왔다. 스님이 제사 준비를 위해 장을 보러 가던 중, 빚쟁이에게 빚을 갚지 못해 온 가족이 길바닥에 나앉아 울고 있는 모습을 보았다. 스님은 그 자리에서 불쌍한 가족에게 돈을 다 주어버리고, 사찰로 돌아와 제자들에게 말했다.

"49재는 벌써 길에서 다 지내고 왔네."

또 혜월의 자비와 무소유 사상 이야기가 있다. 스님이 선암사에 상주하며 주지로 주석할 때의 일이다. 겨울철이 되자, 마을 장정들이 사랑방에 모여 술을 마시거나 도박을 하였다. 장정들의 이런 생활에 동네 아낙들의 한숨은 점점 깊어갔다. 사찰에 온 신도로부터 이런 상황을 들은 스님은 '절 앞에 황무지를 개간한다'는 소문을 내고, 동

혜월 스님 동굴. 혜월이 이 바위굴에서 경허 스님의 짚신을 삼다가 마무리하면서 나무망치로 짚신을 '탁탁' 두드릴 때, 문득 깨달음을 얻은 곳이다.(서산 천장암)

네 장정들을 불러들였다. 절에 일거리가 생겼다는 말을 듣고 장정들이 모여들었고, 일이 시작되었다.

그런데 겨울 내내 장정들이 모여 황무지를 개간하기는 했으나 결과적으로 겨우 논 두 마지기에 불과했다. 막상 그들에게 품삯을 지불하려고 하니, 논 열 마지기 값에 해당되었다. 혜월은 겨우겨우 돈을 마련해 그들에게 품삯을 주었다. 그러자 젊은 스님들이 분통을 터뜨리며 말했다.

"스님, 우리가 그 농부들에게 속은 겁니다. 겨우 논 두 마지기를 위해 논 열두 마지기를 손해 본 겁니다."

이 말을 들은 스님께서 진지한 표정을 지으며 말했다.

"논 두 마지기가 절 앞에 새로 생겼고, 열 마지기는 그대로(장정들에게 품삯 지불한 돈) 저들에게 있지 않은가? 겨울 내내 놀지 않고 일을 했으니 장정들이나 그 가족들에게도 얼마나 좋은 일인가? 내년 겨울에도 그들을 하릴없이 놀리지 않고, 또 논을 만들 생각이네."

곱씹고 곱씹는 스님의 (이상한) 계산법이다. 왜 혜월을 '천진도인'이라고 하는지 이해될 것이다. 혜월은 평소에 동물들을 좋아했는데, 특히 소(牛)를 제일 좋아했다. 소에게 '우순于順'이라는 이름을 지어주며 '다음 생에 사람 몸 받으라'며 수기를 주었고, 논밭을 지나다가 '너무 일만 시킨다'고 주인 몰래 묶여 있는 소만 보면 풀어주었다. 한편 혜월은 출·재가의 구별을 두지 않았으며, 어떤 재가자라도 그 사람의 지위에 차별을 두지 않고 제도했다고 한다.

(3) 만공

만공 월면(滿空月面, 1871~1946) 선사는 13
세에 동학사로 출가하였다. 14세에 경허
선사를 만나 천장암으로 온 뒤 태허를 은
사로, 경허를 계사로 득도했다. 만공이 23
세 무렵, 한 동자가 물었다.

만공 스님 진영

"만법이 하나로 돌아가는데, 그 하나는
어디로 돌아갑니까(萬法歸一 一歸何處)?"

만공은 이 물음에 대답을 하지 못했다. 만공은 동자의 질문에 답을
못했던 자신을 한탄하며 큰 발심을 한 뒤, 앉으나 서나 밥을 먹으나
일을 할 때에도 오롯이 '만법귀일' 화두에 전념했다. 이후 만공은 더
욱 정진하기 위해 온양 봉곡사로 옮겨왔다. 이곳에서도 염념念念에
화두를 챙겼다.

그러던 어느 날 밤, 자신이 화두를 들고 있는 생각조차 잊은 무념
처無念處에 이르더니 자신이 바라보고 있는 서쪽 벽이 사라지고 텅
빈 허공이 드러나면서 일원상一圓相이 나타나는 경지를 경험했다.
만공은 다음 날 새벽에 종을 치면서, 염불하는 의식 중에 '응관법계
성 일체유심조' 구절에 이르러 '만법이 하나로 돌아가는 그 하나의
실체'인 진여를 깨달았다.

다시 공주 마곡사 토굴로 옮겨와 2년간 보림을 한 뒤에 스승 경허
선사를 만났다. 만공이 자신의 수행 경지를 말하자, 경허 선사가 말
했다.

"아직 너는 완전한 깨달음을 이루지 못했다. '만법귀일' 화두로는

진전이 없는 것 같으니, '조주 무자無字' 화두를 들어라. 무문관을 통하여 다시 정각을 얻도록 하여라. 반드시 원돈문圓頓門을 짓지 말고 경절문徑截門을 다시 지어보도록 하여라."

만공의 나이 31세 때, 통도사 백운암에서 무자 화두를 붙잡고 씨름하던 중에 새벽 종소리를 듣고 홀연히 깨달아 경허 선사로부터 '만공'이라는 법호와 전법게를 받았다. 만공은 세 번의 깨달음을 통해서 대각大覺의 경지에 이른 것이다. 세 차례에 걸친 만공의 깨달음을 숭산(1927~2004) 스님의 저서를 인용해 사유해 보자.

많은 스승들이 깨달았다고 주장하지만 깨달음에도 수준이 있다. 첫 번째 깨달음이 있고, 본래 깨달음이 있고, 마지막 깨달음이 있다. 첫 번째는 '공空'을, 본래 깨달음은 '여여如如'를, 마지막 깨달음은 '즉여卽如'를 깨닫는 것이다. (『선의 나침반』, 열림원 참고)

숭산 스님의 말씀을 빌려 말한다면, 만공은 분명히 완전한 깨달음인 세 번째 즉여卽如의 단계에 이르렀다고 볼 수 있다. 중국 송나라 때, 청원산 정거사의 청원유신 선사도 깨달음에 대해 세 차례로 말하고 있다.

30년 전 참선을 제대로 하지 않았을 때는
산이 산이고, 물이 물로 보이더라.
조금 선리禪理를 깨닫고 보니
산은 산이 아니고 물은 물이 아닌 것으로 보이더니,

528

이제 크게 대각大覺을 이루고 보니

산은 산이요, 물은 물로 보이더라.

만공은 큰 깨달음을 이룬 후, 금강산 마하연·수덕사·통도사 등 여러 수행 터에 머물렀다. 당시 일반 백성들의 삶이나 절집도 경제적으로 매우 어려운 시절이었다. 그런데 만공 스님이 머무는 곳에는 항상 공양거리가 많이 들어와 대중들이 양식 걱정을 하지 않았다고 한다. 이를 눈여겨 본 한 승려가 선사에게 물었다.

"스님께서는 과거 전생에 쌓아놓은 복덕이 많은가 봅니다."

"전생에 나는 여자였는데, 집이 가난하여 전라도 전주에서 기생 노릇을 했지. 그때 주위의 굶는 사람들과 사찰의 스님들께 공양을 많이 베풀었는데, 그때 베풀었던 양식들이 이번 생에 조금씩 들어오는 것이다."

만년에 만공은 덕숭산 수덕사에 머물며 많은 제자들을 길러냈다. 보월·고봉·혜암·전강·금오·춘성·법희·일엽 등 걸출한 제자들을 배출하였다.

67 | 자랑스런 그 이름, 한국불교

(1) 한국 선사상의 역사적 단계

필자가 전개한 한국 선사상의 역사적 분류는 대략 아홉 단계이다.

첫째, 신라 말기 이전 : 구산선문 이전 최초로 선을 전한 법랑과 중국 정중종의 무상 대사

둘째, 나말여초 : 구산선문 및 여러 산문의 전개, 특히 마조계 선풍의 도입

셋째, 고려 초기 : 위앙종·조동종·법안종의 전개와 교종의 발달

넷째, 고려 중기 : 보조 지눌의 간화선 전개 및 결사운동

다섯째, 고려 말기 : 태고·나옹·백운을 중심으로 임제 간화선 도입 및 몽산의 선풍 전개

여섯째, 조선 초기 : 척불과 통한의 불교계(무학·함허 득통·벽송 지엄)

일곱째, 조선 중기 : 서산 휴정의 휴정계와 부휴 선수의 부휴계 선풍 전개

여덟째, 조선 말기의 선 논쟁 : 백파의 『선문수경』을 중심으로 130년 간에 걸친 선법 논쟁

아홉째, 구한말~현대 : 경허 및 경허계 문하·용성의 선풍 전개

(2) 법맥 및 사자상승에 대한 재고(조선 이후부터)

법맥은 조선 중기 이후부터 재고해 보자. 17세기 전반 무렵, 중기만 해도 청허 휴정(1520~1604)과 동문인 부휴 선수(1543~1615)의 계보가 나란히 번성했다. 휴정은 할아버지 벽송 지엄, 스승 부용 영관, 수계사 경성 일선의 행적을 다룬 「삼로행적三老行蹟」에서 법맥 계보를 표명하였다. 이는 벽송 지엄(1464~1534)이 송대의 대혜 종고(1089~1163)와 원대의 임제종 고봉 원묘(1238~1295)를 계승했다고 밝힌 데서 유래한다. 그러다 사명 대사와 친분이 깊은 허균이 1612년(휴정과 사명 입적 후)에 법통을 정리했다. 허균은 법안종·임제종·조동종의 선 계보를 이은 고려의 보조 지눌에 이은 '나옹 법통(평산 처림과 지공의 법맥)설'을 주장했다.

그러다 허균이 역적죄로 죽음을 당한 이후 휴정의 만년 제자인 편양(1581~1644)이 다시 법통설을 주장했다. 고려 말 나옹이 아닌 '태고 법통'을 주장한 것이다. 곧 석옥 청공 → 태고 보우 → 환암 혼수 → 구곡 각운 → 벽계 정심 → 벽송 지엄 → 부용 영관 → 휴정이다. 근대의 경허 선사도 이를 강조했으며, 현재까지 이어지고 있다. 물론 20여 년 전부터 태고와 보조의 법통 문제로 논쟁이 있었다. 현 조계종 종법에 종조는 도의, 조계종 중천조 보조 지눌, 중흥조 태고 보우라고 명시되어 있다. 이는 당시 편양이 고위관료에게 부탁해 휴정의 비문과 문집에 명시한 것이다.

이 점은 당시 사회 상황과도 관련된다. 명 → 청 교체기에 1627년 정묘호란과 1636년의 병자호란을 겪으면서 조선은 청나라를 거부하며 명나라에 대한 사대의식이 팽배했는데, 당시 유학자들이 정통성을 주장하기 시작했다. 불교도 '임제 태고 법통'을 통해 승가의 정체성을 드러내면서 조선 후기에 들어 서산 휴정의 휴정계와 부휴 선수의 부휴계 양대 문파로 나뉜다. 휴정계는 편양파·사명파·소요파·정관파 등이 크게 발달했다. 편양파는 최대 문파로서 묘향산과 금강산 등 북방에서 활동했고, 사명파는 18세기 이후부터 저조해 문하가 드러나지 않았다. 소요파는 지리산을 중심으로, 정관파는 호남을 근거지로 문중이 발전하였다. 한편 부휴계는 청허계 못지않게 문중이 크게 번성했는데, 의승군으로 활동한 벽암 각성(1575~1660)이 화엄사·쌍계사·법주사 등지에서 활동했고, 이후 순천 송광사를 중심으로 본산을 삼았다.

(3) 한국불교사 흐름에 나타난 '조계종' 종명

조계종 종명이 언제부터 쓰였는지는 정확하지 않지만, 역사에 몇 차례 등장하였다. '조계曹溪'라는 명칭은 육조 혜능이 주석했던 곳(廣東省 韶關)의 명칭에 연원을 둔다.

'조계'는 신라 말 887년에 세워진 쌍계사 '진감국사비'부터 등장하며, 고려 전기 승과에 '조계업曹溪業'이라는 말이 등장한다. 그러다 조계종 종명이 처음 등장하는 곳은 1172년(고려 명종 2)에 지어진 대감국사 탄연(사굴산문)의 비명이다. 이 비문에 '고려국 조계종 굴산하 단속사 대감국사비高麗國曹溪宗堀山下斷俗寺大鑑國師碑'라는 구절이다. 여기서 더 나아가 '조계종풍을 크게 떨쳤다' 혹은 '동국의 선문을 중흥하였다'는 표현이 등장하였다.

고려 초기~중기에는 화엄·유식·천태종 등 교종이 발전하면서 선종이 주춤하였다. 원응국사 학일의 비문에 전하듯이 대각국사 의천이 1097년에 천태종을 개창하자, 선종 승려의 70%가 천태종으로 개종을 하였다. 이때 구산선문 교단이 분열되는 양상을 보였다. 그나마 담진(사굴산문)과 학일(가지산문)이 외부세력에 흔들림 없이 선종 승려로 남았다. 이때 구산선문에서 천태종과 확실하게 구분하며, 선종의 정체성을 확립하기 위해 조계종이라는 종명을 썼던 것으로 본다. 이렇게 쓰인 조계종 종명은 조선 초기에 이를 때까지 300여 년간 지속되었다.

정확한 전거는 알 수 없지만, 이후 조계종은 독자적인 종파의 하나로 유지되었다. 조선 시대로 접어들어 태종 6년(1406)에 선종 11개종 → 7종으로 통폐합될 때 조계종이 포함되어 있었다.

세종 때 국가에 의해 선교 두 종파로 통폐합되면서 '조계종' 명칭은 사용되지 않았다. 이후 교종이니 선종이니 하는 것조차 사라진 무종파로 불교가 흘러왔다. 조계종 종명이 다시 등장한 것은 조선 역사 500년이 지나서이다. 1941년 4월 23일자로 일제의 사찰령 시행규칙이 개정되면서 1945년까지 조계종 종명이 다시 쓰이게 되었다.

조계종 종명이 세 번째로 등장한 것은 1954년이다. 이승만 대통령의 불교정화 담화에 자극받은 불교계는 6월 20일 조선불교 교헌을 개정하여 종명을 조선불교 → 대한불교조계종으로 변경하였다. 이런데도 1954년부터 1962년까지 비구·대처 간의 분규가 끊이지 않았다. 마침내 1962년 비구·대처의 통합종단인 '대한불교조계종'이 출범하였다. 다시 비구와 대처 간의 불협화음으로 난항을 겪던 중,

1970년 대처 측에서 '한국불교태고종'을 창종함으로써 조계종은 청정 비구·비구니만의 교단이 되었다. 현 조계종은 1940년대 초대 종정인 한암(1876~1951) 스님을 시작으로 현재에 이르고 있다.

(4) 한국선의 정체성

조계종은 한국불교의 장자격이요, 대표 종단이다. 조계종의 수행법은 염불·간경·주력·참선 등이다. 하지만 조계종은 선을 근간으로 하며, 선풍은 임제선풍으로 전 세계에서 유일한 간화선 종주국이다. 한국선의 정체성에 대해 구체적으로 보자.

첫째, 우리나라 선사들은 오롯이 선만을 지향한 선사들도 많지만, 선과 교를 모두 인정하며 일치를 강조한다. 허응당 보우(1509~1565)는 '선과 교가 물과 얼음의 관계처럼 일체'라고 보았다. 그런데 선사들은 전반적으로 선을 바탕에 두고, 교를 일치시켰다. 선주교종禪主敎從·통교귀선通敎歸禪 적인 선교일치이다. 지눌은 「보조비문」에서 선에는 『육조단경』과 『대혜어록』, 교에는 이통현의 『화엄론』과 『금강경』을 강조하였다. 화엄과 선에 관한 융섭이나 일치점이 신라 말기를 비롯해 조선 후기에 이른다. 대표 인물이 보조 지눌·환성 지안·연담 유일·백파 긍선·설두 유형 등이다. 한편 고려 초기에 선이 쇠퇴하는 무렵, 대각국사 의천에 의한 교선일치가 있지만 이 또한 천태교관과의 회통으로 선을 바탕에 두고 있다.

둘째, 수행법에 있어서는 삼문三門을 지향한다. 물론 앞 선교일치의 한 일환이기도 하지만, 조선 중기부터 시작해 어느 것 하나 소홀하지 않는 삼문일치가 강조되었다. 즉 염불문念佛門(淨土)·원돈문圓

頓門(教)·경절문徑截門(禪)이다. 허응당 보우는 어리석은 중생은 자력이 어려우므로 "아미타불을 염하면 극락으로 인도될 것이라는 가르침이 필요하다."라고 하였다. 이 점은 지눌의 사상과 비슷하다. 벽송 지엄(1464~1534)은 "조사선을 참구하고, 여러 교학을 공부하며, 여기에 정토왕생을 희구한다."라고 하였고, 서산 휴정도 『선가귀감』에 염불문·원돈문·경절문으로 분류하였다. 여기서 염불문은 유심정토와 서방정토가 합일되어 염불 그 자체로서 인정되었다. 고암(1899~1988) 스님은 참선을 통해 삼매에 들든, 염불을 통해 삼매에 들든 차이가 없다고 하면서 '염불도 그 자체로서 화두가 된다'고 보았다.

셋째, 우리나라는 이론적으로는 조사선祖師禪이지만, 수행방법 상에 있어서는 간화선이다. 나말여초에 조사선이 전개되었고, 보조 지눌·진각 혜심의 주도로 간화선이 보급되었다. 고려 말기에는 태고 보우·나옹 혜근·백운 경한이 직접 송나라에 들어가 법을 받아와 간화선을 전개하였고, 몽산 덕이(蒙山德異, 1231~1308)의 간화선 선풍이 유행하였다. 이어서 조선 중기 들어 서산 휴정과 편양 언기에 의해 간화선적인 흐름이 주류가 되어 현대에까지 이르고 있다.

넷째, 나말여초~고려 말까지 선교일치였다면, 조선으로 들어와서는 불교와 유교와의 일치이다. 조선에 들어와서는 함허 득통·청허 휴정 등이 유불도 일치를 강조하였다. 선교일치가 불교계 입장에서 자발적인 사상 정립이라면, 유불도 일치는 외부 세력에 대한 견제 의식과 불교의 정당성을 드러내기 위한 것으로 타의적인 요소가 담겨 있다. 하지만 그 이면에는 어떤 사상이나 이념과의 대립이 아니라 불이不二·화쟁 사상을 바탕에 두고 있다.

(5) 한국선에 화두를 던지다

원고를 마치는 시점, 필자가 한국불교, 곧 조계종에 던지는 몇 가지 화두가 있다.

첫째, 승려가 어느 역할을 하든, 어느 위치에 있든 여래의 사명을 짊어지고 있다(荷擔)는 마음가짐이 있어야 한다. 조선 후기 이후, 승려들은 이판과 사판으로 나뉘어졌다. 경전 강사와 선승을 이판理判이라고 한다면, 사찰을 경영하는 이들을 사판事判이라고 한다. 이판은 산중에서 공부에만 힘썼는데, 마치 사찰 소임을 불명예로 여겼다. 하지만 아이러니하게도 사판승의 역할은 매우 지대했다. 고려에 비해 조선 시대에는 승려들이 직업을 갖고 있을 만큼 끼니 걱정을 할 정도였다. 게다가 쌍계사는 승려가 조정에 녹차를 진상으로 올렸고, 경남 고성 옥천사는 조정에서 어람지御覽紙 제조 사찰로 지정받아 사찰이 한지공장이나 다름없었다. 이외 기름을 짜거나 가죽 신발을 만드는 전문 사찰로 지정되면, 승려는 부역과 노동이 더욱 가중되었다. 승려들이 이렇게 노동을 하는 데서 사판승의 역할이 매우 컸고, 사판승은 이판승에 비해 훨씬 많았다. 불교가 핍박 받던 조선 시대에 이판승[선사·강사]에 의해 그나마 불조佛祖의 혜명慧命이 이어진 것은 사실이다. 하지만 사판승에 의해 사찰이 유지되고 사찰 재산을 보호할 수 있었다. 현 조계종이 존립하기까지는 이판승의 역할보다는 사판승의 역할이 매우 컸다는 점을 기억하자. 이에 사판이니, 이판이니, 하는 것 자체가 무의미하다. 적어도 이판과 사판을 두루 겸비한다면 좋겠지만, 그렇지 못할 경우 강사·선사·율사 어느 위치든 서로에 대해 존중하고 배려해야 한다고 본다.

둘째, 승려에게 진리와 깨달음 추구는 필수이지만, 중생을 위한 걸음을 늦춰서는 안 된다. 입전수수(入纏垂手; 십우도에서 열 번째 그림, 깨달은 뒤 중생을 제도하기 위해 손을 뻗음)가 반드시 수반되어야 한다.

셋째, 법고창신法古創新의 한국선으로 거듭나야 한다. 근래에는 전 세계적으로 위빠사나와 명상이 유행이다. 위빠사나와 명상이 세계적으로 보편화되었다고 한국의 조사선·간화선을 버리고 좇아갈 필요는 없다고 본다. 근래에 조계종 유일의 종립대학에서 원래 있던 선 관련 과목을 없애고, 그 자리에 서양 심리학이나 명상을 채워 넣고 있다. 불교대학에서 한국선의 정립이 되지 않은 상황에 선학이 냉대받고 있는 현실이다. 참으로 안타까운 일이다. 한국선의 학문적 체계를 수립함은 실참만큼 중요하다고 본다.

넷째, 세상은 끊임없이 변하고 있다. 승가교육도 세상의 흐름과 무관할 수 없다. 예전에 비해 출가연령이 점점 높아지고 있다. 그러니 옛 것만 고집할 수 없는 상황이다. 이전 전통 강원의 승가교육 체계를 되살펴 현대식 교육방법과 더불어 함께 운영되도록 해야 한다. 승가교육은 불교의 미래요, 100년 대계이다. 새로운 교육법이 개발되고, 진보되어야 한다. 용수보살이나 구마라집 같은 인물이 나올 수 있도록 과감한 교육 투자를 해야 한다.

다섯째, 출·재가를 지나치게 구분해서는 안 된다. 우리나라는 대승불교 국가이다. 대승불교가 일어난 데에는 당시 부파교단에 반기를 들며, 출·재가를 떠나 모든 이들이 함께 열반언덕에 오른다는 일승사상一乘思想을 바탕에 두었다. 재가자도 등급 제도를 만들어 어느 정도의 위치가 되면, 스님들처럼 결제에 참여할 수 있도록 제도적인 장치가 마련되어야 할 것이다. 한편 재가자도 사찰 경영에 직접 참가해 스님과 똑같이 역할 분담할 수 있도록 해야 한다. 앞으로 출가자가 부족한 시대가 오면, 이렇게 훈련받은 재가자가 제2의 대승불교 운동을 할 수 있다고 본다.

에필로그

10년 전 미얀마 파옥(pa-auk) 센터에서 몇 달간 머문 적이 있다. 결제철이 아닌데도 자국인과 외국인[400여명] 모두 합쳐 800여명이 상주했고, 결제철에는 천 명이 넘는다고 한다. 파옥 센터는 수도 양곤과 315km 정도 떨어진 시골인지라 외국인은 살기 힘든 곳이다. 오래 머물고 싶었으나 비자 문제로 한국에 돌아와야 했다. 당시 미얀마는 군부독재 체재였던지라 비자 받기가 쉽지 않았다. 그곳에서 필자는 고국의 불교를 염려했다. '이렇게 척박한 곳에 외국인이 넘쳐나는데, 간화선 종주국인 우리나라 선에는 왜 외국인들이 매력을 느끼지 못할까?' 한국에 돌아가면 내 조국의 불교 발전을 위해 노력해야겠다는 다짐을 했었다. 그런데 10년이 넘도록 그냥 저냥 시간이 흘렀다. 그런데 이번에 책을 내면서 마음 한켠에 짓누르고 있던 빚을 갚은 느낌이다.

선사들의 탑과 진영을 친견하기 위해 우리나라 전역, 수천 킬로를 다녔다. 다른 사람이 볼 때는 그 탑이 그 탑이고 그 탑비가 그 탑비로 보이겠지만, 필자에게는 전혀 아니다. 불교미술 전공이 아닌데도 어떤 탑이든 감탄에 감탄을 하였고, 어느 탑이든 새롭게 느껴졌다. 어느 선사의 탑과 탑비이든 필자에게 소중함이요, 아련하게 선사의 따스함이 전해온다. 솔직히 고생도 많이 했다. 탑을 못 찾아 종무소에 물어보면 불친절한 분도 있는 반면 직접 탑의 위치까지 데려다 주며 도리어 '고맙다'는 인사를 전하는 분도 있었다. 고려 때 선사인 적연국사 영준의 탑을 찾기 위해 합천 영암사지 부근에서는 몇 시간을 고생했으며, 강원도 양양 선림원지에서는 차 기름이 바닥나서 애를 먹기도 했다.

한 가지 아쉬운 점도 있다. 부도밭에 가면 탑이 누구 탑인지 정확히 확인되지 않는 경우가 많았다. 탑 앞에 탑 주인의 이름을 명기하고, 그 선사의 행적을 간단히 서술하는 팻말을 세우는 등 부도밭을 정비했으면 하는 바람이다. 과거 역사를 잊으면 불교의 미래는 없다고 본다. 여하튼 이번 기회에 내 조국이 얼마나 아름다운 강산인지를 뼈저리게 깨달았다. 게다가 산과 계곡 곳곳마다 선사들의 얼[탑]이 서려 있으니, 한국불교의 영원한 유산이다. 탑과 탑비는 사찰과 사지만이 아닌, 전혀 알려지지 않은 곳에도 많이 산재해 있다. 우리나라 불교사에서 정치 일선에 드러난 스님이든 민초 같은 삶을 살다 간 스님이든 한국불교의 영원한 등불이다.

신문에 연재하는 동안 원고를 꼼꼼히 읽고, 의견을 나누었던 불교신문 기자들.
많은 분량의 원고량에도 흔쾌히 출판해준 운주사.
부족한 글을 읽어주신 독자님들.
감사하옵고, 부처님의 광명이 두루 비추이기를 발원한다.
나무아미타불

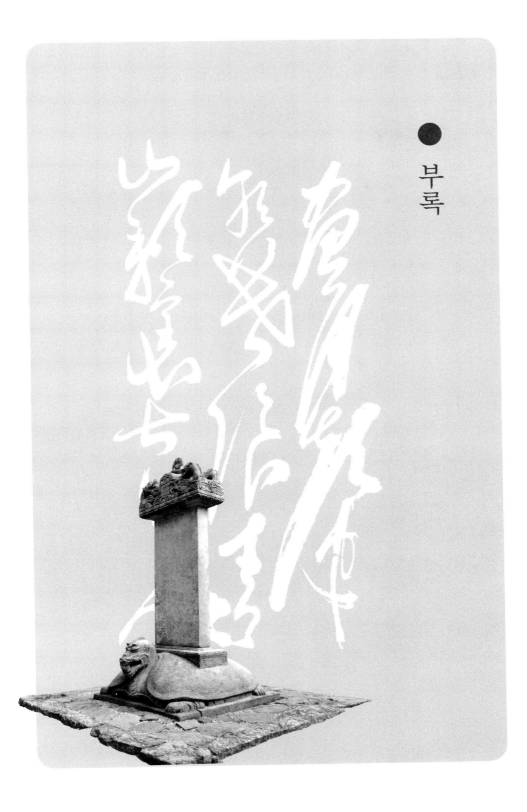

부록

동아시아〔중국·한국·일본〕 선종사 법맥도

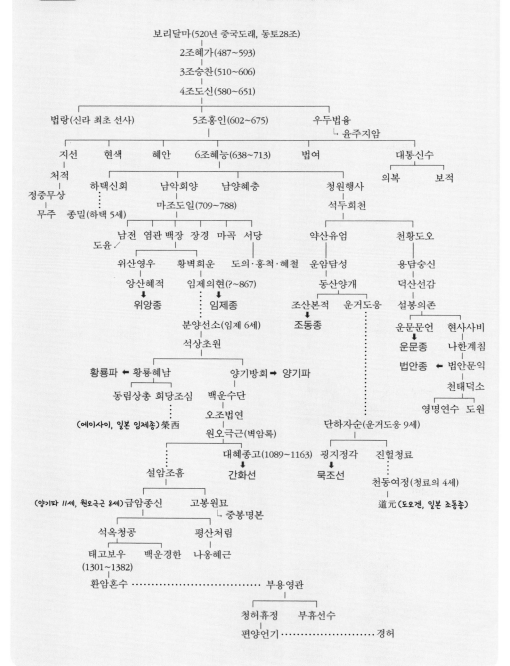

보리달마(520년 중국도래, 동토28조)

2조혜가(487~593)

3조승찬(510~606)

4조도신(580~651)

법랑(신라 최초 선사)　　5조홍인(602~675)　　우두법융
　　　　　　　　　　　　　　　　　　　　└ 윤주지암

지선　현색　혜안　6조혜능(638~713)　법여　　대통신수

처적

정중무상　　하택신회　남악회양　남양혜충　　청원행사　　의복　보적

무주　종밀(하택 5세)　마조도일(709~788)　석두희천

남전 염관 백장 장경 마곡 서당　　약산유엄　　천황도오
도윤

위산영우　황벽희운　도의·홍척·혜철　운암담성　　용담숭신

앙산혜적　임제의현(?~867)　　동산양개　　덕산선감

위앙종　　임제종　　조산본적　운거도응　설봉의존

분양선소(임제 6세)　　조동종　　운문문언　현사사비

석상초원　　운문종　　나한계침

황룡파 ← 황룡혜남　　양기방회 → 양기파　　법안종 ← 법안문익

동림상총 회당조심　백운수단　　천태덕소

(에이사이, 일본 임제종)榮西　오조법연　　영명연수 도원

원오극근(벽암록)

단하자순(운거도응 9세)

대혜종고(1089~1163) 굉지정각 진헐청료

설암조흠　　간화선　　묵조선

(양기파 11세, 원오극근 8세)급암종신　고봉원묘　천동여정(청료의 4세)

└ 중봉명본　　道元(도오겐, 일본 조동종)

석옥청공　　평산처림

태고보우　백운경한　나옹혜근
(1301~1382)

환암혼수 ······························ 부용영관

청허휴정　부휴선수

편양언기 ························· 경허

고려말~근현대, 한국 선사 법맥도

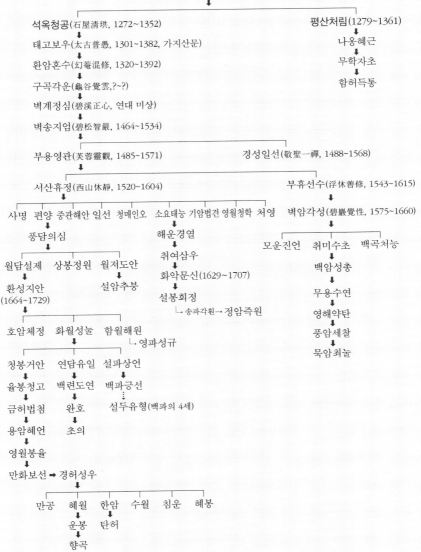

급암종신(及庵宗信, ?~?)
↓

석옥청공(石屋淸珙, 1272~1352)　　　　　　　　　　　　평산처림(1279~1361)
　　　↓　　　　　　　　　　　　　　　　　　　　　　　　　　　　↓
태고보우(太古普愚, 1301~1382, 가지산문)　　　　　　　나옹혜근
　　　↓　　　　　　　　　　　　　　　　　　　　　　　　　　　　↓
환암혼수(幻菴混修, 1320~1392)　　　　　　　　　　　　무학자초
　　　↓　　　　　　　　　　　　　　　　　　　　　　　　　　　　↓
구곡각운(龜谷覺雲,?~?)　　　　　　　　　　　　　　　　함허득통
　　　↓
벽계정심(碧溪正心, 연대 미상)
　　　↓
벽송지엄(碧松智嚴, 1464~1534)
　　　↓
부용영관(芙蓉靈觀, 1485~1571)　　　　　　　경성일선(敬聖一禪, 1488~1568)
　　　↓

서산휴정(西山休靜, 1520~1604)　　　　　　　부휴선수(浮休善修, 1543~1615)

사명 편양 중관해안 일선 청매인오　소요태능 기암법견 영월청학 처영　벽암각성(碧巖覺性, 1575~1660)
　　　↓　　　　　　　　　　　　　　　　　↓　　　　　　　　　　　　　　　　　↓
풍담의심　　　　　　　　　　　　　해운경열　　　　　　　　모운진언 취미수초 백곡처능
　　　　　　　　　　　　　　　　　　↓　　　　　　　　　　　　　　　　　　　↓
　　　　　　　　　　　　　　　　취여삼우　　　　　　　　　　　　　　백암성총
월담설제　상봉정원　월저도안　　　　↓　　　　　　　　　　　　　　　　↓
　　↓　　　　　　　　설암추붕　　화악문신(1629~1707)　　　　　무용수연
환성지안　　　　　　　　　　　　　　↓　　　　　　　　　　　　　　　↓
(1664~1729)　　　　　　　　　　설봉회정　　　　　　　　　　　영해약탄
　　↓　　　　　　　　　　　　└→송파각훤→정암즉원　　　　　　　↓
　　　　　　　　　　　　　　　　　　　　　　　　　　　　　　　풍암세찰
호암체정　화월성눌　함월해원　　　　　　　　　　　　　　　　　↓
　　↓　　　　　　　　└ 영파성규　　　　　　　　　　　　　　　묵암최눌

청봉거안　연담유일　설파상언
　↓　　　　↓　　　　↓
율봉청고　백련도연　백파긍선
　↓　　　　↓　　　　⋮
금허법첨　완호　　　설두유형(백파의 4세)
　↓　　　　↓
용암혜언　초의
　↓
영월봉율
　↓
만화보선 ➡ 경허성우
　　　↓

만공　혜월　한암　수월　침운　혜봉
　　　　↓　　↓
　　　운봉　탄허
　　　　↓
　　　향곡

*상단 붉은 글씨의 세 선사는 중국 선사

지은이 **정 운**

1982년 명우 스님을 은사로 서울 성심사에 출가하였다. 운문승가대
학을 졸업하였으며, 동국대학교에서 박사학위를 받았다. 현재 동국
대학·중앙승가대학에서 강의하고 있으며, 대한불교조계종 교육원
불학연구소 소장 소임을 맡고 있다.

저서로는 『붓다의 메시지가 도착했습니다』, 『붓다의 가르침』, 『맨발
의 붓다』, 『환희-중국사찰기행 1』, 『떠남-중국사찰기행 2』, 『구법-
선의 원류를 찾아서』, 『허운-중국 근현대불교의 선지식』, 『경전숲
길-한권으로 읽는 경전』(2012년 문광부 우수도서), 『동아시아 선의 르네
상스를 찾아서』, 『명상, 마음치유의 길』(2014년 문광부 우수도서), 『대승
경전과 선사상』(2015년 단나학술상), 『그대와 나, 참 좋은 인연입니다』
(2018년 세종도서 교양부문), 『도표로 읽는 경전입문』, 『경전의 힘』, 『전심
법요·완릉록』(역주) 등이 있다.

인물로 보는 한국 선사상사

초판 1쇄 인쇄 2020년 5월 27일 | 초판 1쇄 발행 2020년 6월 5일
지은이 정운 | 펴낸이 김시열
펴낸곳 도서출판 운주사

(02832) 서울시 성북구 동소문로 67-1 성심빌딩 3층
전화 (02) 926-8361 | 팩스 0505-115-8361
ISBN 978-89-5746-604-9 03220 값 27,000원
http://cafe.daum.net/unjubooks 〈다음카페: 도서출판 운주사〉